知己知彼 掌握形勢

編者話

每年升中派位結果公布，難免「有人歡喜有人愁」。要提高孩子入讀心儀中學的機會，家長便要知己知彼，了解子女的能力及個性之餘，也要對派位機制、學校要求及特色、學位競爭情況、面試安排、各區校網形勢等瞭如指掌，才可訂定適合的選校策略。

為協助 2022/23 學年升中的學生選報中學，《明報》一如以往，向全港所有開辦中一的中學發出問卷，蒐集各校收生情況、面試內容及評分準則、文憑試表現等資料，經過整理、分析，並蒐集自行分配學位階段常見的面試題目，協助學生及家長掌握最新、最實用的升中資訊，調整部署。

《2022/23 升中選校全攻略》更邀請資深中、小學校長接受訪問，拆解升中派位機制、建議選校策略等。過去幾年，升中人口持續減少，但 2022/23 學年升中人口升跌，剩餘學額增減，對競爭情況有何影響，本書也會探討。

「18 區校網分析」由各區中、小學校長分析區內升中形勢，提醒選校注意事項等。另有 2022/23 學年升中的學生家長分享於自行分配學位、統一派位及「叩門」階段的經驗及心得，以供借鑑。

家長為子女選校前，宜以教育局公布的學校名單作準，以本書內容作為部署選校策略的補充及參考。

本書能順利出版，承蒙各校百忙中提供協助，以及各位校長、專家不吝賜教，在此衷心致謝。部分忙於校務而無暇提供資料的學校，我們根據學校網頁作補充，家長可按需要再向學校查詢。

本書不足之處，敬希賜教。

明報出版社教育組

本書重點內容包括

- · 選校策略建議
- · 升中面試貼士
- · 拆解升中派位機制
- · 實戰個案分享
- · 18 區校網分析
- · 各區中學資料

督印資料

製作及策劃：明報出版社教育組
顧問：曾廣豪
統籌：劉萍
編輯：陳珈悠、劉葡諾
協力：伍巽研、葉曉彤
封面及美術設計：Young
圖片：資料圖片
出版：明報出版社有限公司
發行：明報出版社有限公司
地址：香港柴灣嘉業街 18 號明報工業中心 A 座 15 樓
電話：2595 3215
傳真：2898 2646
網址：https://books.mingpao.com
電郵：mpp@mingpao.com
版次：二○二一年十一月初版
ISBN：978-988-8688-18-0
承印：美雅印刷製本有限公司

鳴謝

葉偉明 東華三院伍若瑜夫人中學校長
劉小慧 仁愛堂劉皇發夫人小學校長
吳錦聰 聖類斯中學（小學部）校長
郭敏儀 寶血會思源學校校長

（排名不分先後）

HKMA DAVID LI KWOK PO COLLEGE
香港管理專業協會李國寶中學

「追求卓越」
"In Search of Excellence"

香港管理專業協會李國寶中學於2000年創立，以全人教育為目標，致力培育學生具備創意思維和國際視野，並掌握兩文三語及運用資訊科技的能力，從而幫助他們建立終生學習的理念。本校能透過不同的「學與教」策略及資訊科技的應用，有效地提升學生的學業成績，本校學生多年來均在公開考試中取得優異成績，並順利升讀本地或海外大學。

國際化校園
- 教師團隊來自本地、澳洲、加拿大、法國、英國、印度及菲律賓等國家，並取錄約20%非華裔學生。

發展兩文三語
- 所有科目以英語授課(除中文及中史科)，並設法文及中文作為第二語言(以廣東話授課)供非華裔學生修讀。

秉持全人發展
- 開設多元化的興趣小組及課外活動，並提供領袖訓練計劃、義工服務體驗及遊學活動，達致全人發展。

照顧個別差異
- 實施小班教學，並進行拔尖補底計劃，照顧不同學生的學習需要。

Application of S1 Admission (2022/23) (Stage 1)
2022/23學年網上中一入學申請(第一階段)

Application period:
Nov 4 – Dec 24, 2021

Enrolment Quota: 140 places

Application method: Please complete the online application form available at our school webpage during the application period.

申請期：2021年11月4日至12月24日
錄取名額：140名
申請方法：請於申請期內到本校網站填寫網上申請表。

Online S1 Admission Seminar (2022/23)
2022/23學年網上中一入學簡介會

Date: **Nov 13, 2021 (Sat)**
Time: 10:00 am – 11:45 am
Sign-up: Please sign up using the QR code shown between Oct 26 – Nov 10:

日期：2021年11月13日(六)
時間：上午10時至11時45分
報名：請於10月26日至11月10日期間掃瞄右方二維碼報名：

DLKP Experience Programme 2021
2021李國寶中學校園體驗活動

Date: **Nov 27-28, 2021 (Sat-Sun)**

Time: A series of timeslots in the two mornings

Highlight: Mini-games, board exhibitions and souvenirs

Sign-up: Please sign up using the QR code shown between Nov 6 – 22 (Quota is limited, first-come-first-served):

日期：2021年11月27-28日 (六及日)
時間：兩天上午的多個時段
活動：小型遊戲、展板及派發精美紀念品
報名：請於11月6日至22日期間掃瞄右方二維碼報名
(名額有限，先到先得)：

地址：九龍旺角 (西) 海泓道8號 (鄰近富榮花園、柏景灣及奧海城二期商場)
電話：2626 9100
網址：http://www.hkmadavidli.edu.hk
電郵：college@hkmadavidli.edu.hk

交通　巴士：2E, 10, 12, 16, 20, 33A, 52X, 72X, 265B, 287X, 887, 914
港鐵：奧運站(D出口)、油麻地站轉乘43M專線小巴、旺角東站轉乘79K專線小巴

目錄

直資學校

統 為參加統一派位的直資中學
一切以教育局公布為準

直資學校名單

18區學校名單

St. Paul's College
聖保羅書院

FOUNDED 1851

學額：約100名男生

2022-2023年度
中一入學申請

報名日期

2021年11月6日（星期六）至
2021年12月6日（星期一）

歷史

由聖公會於1851年創辦，
以基督樣式教育少年人

學校特色

- 自行收生，不受校網限制
- 全面中一新生適應措施
- 小班分組教學
- 加強兩文三語教學，
  增設日語及西班牙語學習
  提供多元輔助課程實踐全人教育
- 高中除香港中學文憑試課程外，
  另設國際高考課程（IAL），
  出路多元
- 強大校友網絡，完善師友計劃

國際網絡

每年多個海外交流團，開拓視野

培育精英

傳統優厚，人才輩出，廣及社會各界

獎學金

以茲鼓勵成績優異或積極參與課外活動的學生

學費

每年$41,400，設有寬鬆的「學費減免計劃」
(有關學費申請正待教育局批准中)

📍：香港般咸道69號　　📱：(852) 2546 2241

✉：mail@spc.edu.hk　　📠：(852) 2559 7075

🌐：www.spc.edu.hk

中一入學
報名方法

解構中學資料表

本書的中學資料表設多個項目，解構各中學的收生情況。為了讓家長明白當中意思，先作解説：

範表

日月中學 Sun and Moon Secondary School

地址	日月街 70 號
電話	2123 4567　　傳真　2456 7890
電郵	info@sunmoon.edu.hk
網址	www.sunmoon.edu.hk
校長	陳大文　　創校年份　1961
學校類別	資助 ① 學生性別　男女
宗教背景	沒有
主要教學語言	初中：英　高中：中、英 ②
一條龍小學	/
直屬小學	月亮小學　③
聯繫小學	/

教師專業資歷

④ 教師人數　■編制內：56　　■編制外：4

已接受特殊教育培訓教師人數　2　　外籍　2

教師年資	■0-4 年：20人 ■5-9 年：25 人 ■10年或以上：15人
教師專業訓練	■認可教師證書/教育文憑：100%
教師資歷	■大學學位：68% ■碩士或以上：30%　⑤

註：學校將於 2021/22 學年遷往月光街 90 號新校舍

20/21 學年收生情況

中一生總人數（班數）　140（4）⑥

學位分配百分比　　■自行：30% ■統一：70% ⑦

自行收生取錄人數　40　競爭情況　1：5 ⑧　面試名額　270

21/22 學年收生要求

收生準則	■學業成績、教育局成績次第：40% ■面試表現：30% ■操行及態度：15%　⑨ ■課外活動、獎項：15%
面試內容	溝通技巧/應對；中英文能力；常識；家庭生活
派表日期	2021.01.04　-　2021.01.18　⑩
收表日期	2021.01.04　-　2021.01.18

自行收生預算學額　38

學校特色

■重視兩文三語，初中設有英語文學，鼓勵學生多閱讀

■設多個制服團隊，讓學生從中學會獨立、自律

■設多項獎學金，獎勵學業成績優異者

20/21 學年中一教學語言 ⑪

全級英文為教學語言科目	英文、英語文學、電腦認知、數學、科學

中學文憑試成績（2020年7月畢業生）

33222 率	90%
中文科達 3 級率	99%
英文科達 3 級率	90%　⑫
數學科達 2 級率	91%
通識科達 2 級率	94%
人均優良成績	1.5　⑬
入讀本地大專文憑率	18%
入讀本地大學率	60%
入讀（只限港大、中大、科大）率	32%　⑭
入讀非本地大學率	15%

解讀

1. 參加中學學位分配辦法的中學大致分為官立、資助、按額津貼及直接資助（直資）4 類。私立學校、英基學校協會屬下學校及國際學校不在派位網內。坊間所稱的津貼學校，與補助學校統稱為資助學校。

2. 教育局於 2010/11 學年起推展教學語言微調政策，中學不再劃分中中及英中。若學校在 2020/21 學年的「中學平均每班人數」參數下，中一學生每班達 85% 的成績屬全港前列 40%，可開設英文班；否則須以中文授課，「英語延展教學活動」課時上限為 25%。學校也可「化時為科」，最多兩科以英語授課。至於直資、私立學校則不受限制。

3. 一條龍學校的中一學額多於小六學生人數，小六生可選擇直接升讀結龍中學。原則上，一條龍中學會預留不少於15% 的中一總學額供其他小學生申請。直屬及聯繫中學扣除重讀生及自行分配學位後，於統一派位階段可分別為其連繫小學保留最多85% 及 25% 學額。

4. 編制內教師為常額教師，多沒有任期規限；編制外教師是學校以撥款、有時限合約聘請的教師。2012/13 學年起，教育局規定初中每班設1.7 名教師，高中每班設2 名教師。教育局 1997 年 9 月起配合聯合國教科文組織的倡議，推行全校參與模式融合教育，有特殊教育需要的學生可入讀主流學校，教育局並加強主流學校教師在特殊教育方面的培訓。

5. 教師資歷只計算最高學歷，列出該校教師最高取得大學學位、碩士或以上（包括博士）的比率。

6. 教育局擴大「自願優化班級結構」計劃，2011/12學年有約200所中學參與減班，中一班別由5班減至4班。2013/14學年起，教育局將中一的開班線由3班共51人減至2班26人，並實施「211」或「111」減派方案，即2013/14學年中一每班減派1至2人，之後2年每班減派1人，以紓緩早年升中人口下跌的縮班壓力。

7. 參加中學學位分配辦法的中學可預留不多於30%中一學位於自行分配學位階段收生（直資中學不受限制）。扣除重讀生及自行分配學位後，餘下學位用於統一派位，故兩階段學位分配的百分比相加不一定等於100%。部分直資學校不參與中學學位分配辦法，會填寫100%自行收生。此外，由於收生人數與預期總學額或有出入，故部分學校自行收生百分比或高於30%。

8. 自行收生競爭算式：

$$\frac{自行收生學額}{遞表申請人數}$$

例如1：5，即5名申請人競爭1個學額。

9. 中學於2022/23學年自行分配學位階段的收生要求，或不參加中學學位分配辦法的直資學校收生準則。於自行分配學位階段，中學不得設任何形式的筆試，但可設面試。部分中學有簡述面試內容。若不設面試，以「/」顯示。

10. 2022/23學年自行分配學位階段，學生可於2022年1月3日至17日期間向最多2所中學遞交申請表，部分學校1月3日前已開始派表。不參加中學學位分配辦法的直資中學不受此限，可自訂報名日期，家長須留意學校公布。

11. 教育局2010/11學年起推行教學語言微調政策（直資及私立學校不受此限），有中學中一級全級以全英語授課，有中學出現「一校兩制」同時開設中文班及英文班，也有中學採用中文教學。學校可按師生能力、學校支援策略及措施等，安排學生「分時段」、「分科」、「分班」、「分組」以英語學習，家長可向學校查詢詳情。以中文為主要教學語言的學校，可利用最多25%總課時（已扣除英文科課時）作英語延展教學活動，或「化時為科」，以英語教授最多2科。本書只顯示全級以英語授課的科目。

12. 33222率即中學文憑試4科核心科目（中、英、數、通識）達3322級及1科選修科目達2級的學生比率，此亦為部分大學學位課程最低收生要求。考評局統計2020年第9屆文憑試，共有50,809名考生，日校考生佔45,257人。

2020文憑試日校考生必修科等級分佈百分率

科目	5**	3級或以上	2級或以上
中文	1.1%	58.3%	86.7%
英文	1.0%	55.0%	80.3%
數學	1.4%	58.7%	81.9%
通識	0.7%	65.5%	88.4%

13. 文憑試人均優良成績算式：

$$\frac{全級科目5級或以上總數}{全級考生總數}$$

14. 「入讀本地大專文憑率」指循聯招（JUPAS）或非聯招辦法入讀政府資助或自資副學士、高級文憑、文憑等課程的學生比率；「入讀本地大學率」指經聯招或非聯招辦法入讀政府資助或自資大學學位課程的學生比率。

Tsung Tsin Christian Academy
基督教崇真中學

Founded on the inspired Christian virtues of Faith, Hope and Love, TTCA aim to serve the community and provide whole-person quality education. We believe that every student is a respectable individual created in the image of God. Possessing potentials to be holistically developed in a Christian environment, every student has great capacity and ability to learn and to be taught and will be able to succeed in academic and non-academic endeavor

Year Found 2004	**Religion** Christianity
Sponsoring Body Tsung Tsin Mission of Hong Kong Shamshuipo Church	**Principal** Mr Cheung Man Wai (BA, MA, Cert. Ed., M.Ed.)
	Medium of Instruction English (except Chinese Language, PTH, Chinese History, Christian Ethics and PE)

Tel : 2728 8727
Fax : 2728 8021
www.ttca.edu.hk

8 Lai Hong Street, Cheung Sha Wan, Kowloon
mail@ttca.edu.hk

Info Day

School Motto

Faith
Hope
Love

Christian Education

- Based on biblical principles and God's love
- Committed to providing quality Christian education, which nurtures students to develop Christian characters and equips them intellectually for the future world

Love & Care Education

- Awarded the 2nd Outstanding Teaching Award for Moral Education jointly organised by the EDB and Winsor Education Foundation
- Honorable recipient of the Caring School Award Scheme co-organized by Hong Kong Christian Centre and the Hong Kong Association of Careers Master and Guidance Master
- Was proudly granted the Outstanding Award at the 2nd Hi–Five Student Engagement Award Scheme organized by Baptist Oi Kwan Social Service
- A whole-person development curriculum to promote growth, harmony and care
- Addressing students' specific learning needs through a dual class teacher system, the 12–disciple scheme and with the help of three social workers, an educational psychologist, a clinical psychologist and a mental health specialist

Small Class Size

- Small class size providing more attention and guidance to every individual
- Self-directed learning and pre-lesson enquiry to improve self-efficacy in learning among students
- Modular curricula offering flexibility and access to different subjects to S.1 and S.2
- Thinking skills curriculum funded by Quality Education Fund
- Regular STEM lessons to promote learning beyond conventional classrooms

Global Curriculum

- International Advanced Levels (IAL) programme to equip your child as a global citizen
- Allowing students to select the pathway most suited to their abilities and interests
- Six electives offering flexibility (Physics, Chemistry, Biology, Mathematics, Accounting and Psychology)

Spectacular Physical Setting

- A 21st century campus equipped with 40 standard classrooms, an indoor swimming pool, an extended school hall, a fitness centre, an auditorium, Roman Square and a multimedia studio
- Newly renovated library, brand new volleyball court, performing arts studio and self–study area to enrich the campus experience
- Construction of a STEM laboratory and an indoor sports stadium to be commenced

S.1 Orientation Programme

- 12–disciple scheme, S.1 life camp, peer mentoring scheme and whole form roundtable lunch to engage your child in secondary school life
- English bridging programm drama course, Chinese debate training and thinking skills curriculum to equip necessary learning skills

升中

熱話

保良局顏寶鈴書院
PO LEUNG KUK NGAN PO LING COLLEGE

2021香港中學文憑考試 (HKDSE) 及國際英語測試系統 (IELTS)

- 學生於2021香港中學文憑考試平均取得四至五**級別成績高於全港1.6倍。
- 共有三科的優良率高於全港60%或以上，其中兩科更高於全港超過110%。
- 英文科取得四至五**級別成績為74%，遠高於全港173%。
- 應屆超過92%之學生於國際英語測試系統 (IELTS) 取得第六級或以上水平，而其中70%的學生達第七級或以上水平，超過20%之學生更取得第七點五及八點五級水平，為歷屆最佳成績。

於2020至2021學年，我們進入了新常態。有賴家長支持，在學生及老師的共同努力下，我校於公開考試、大學聯招及中一收生各方面，仍然卓越。

2021 GCSE 中文

100%的非華語學生於GCSE中文考試中取得第九級成績 (相等於過去A*等級)。

2021國際文憑大學預科課程 (IBDP)

- 超過22%之學生考取43分 (滿分為45分) 為本學年最高分數。半數學生取得40分或以上，為歷屆最佳成績。
- 94.4%修讀該課程之畢業生取得大學學位。當中66.7%的學生取得香港大學、香港中文大學、香港科技大學學位，而部分學生更獲得享負盛名之海外學府取錄。

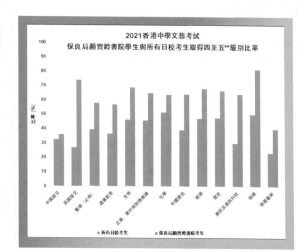

校園設施

- 學生宿舍
- 數碼星象館
- 中藥研究中心
- 室內游泳池 (設有溺水檢測系統)
- 飯堂 (配以廚師即場新鮮準備膳食)
- 智能白板 (設置於所有課室)
- 無線熱點 (Wi-fi) (覆蓋全校)，以推行自攜電子設備 (BYOD) 計劃

大學聯招結果

我校約70%的學生在大學聯招中取得大學學位，其中過半數獲香港大學、香港中文大學及香港科技大學取錄，當中包括法律、環球商業、風險管理學及其他受歡迎之學系。

中一收生

- 我校中一學位共164個，而收取之申請表約逾2000份。
- 被取錄學生均來自十分理想級別。

非學術範疇之成績

雖受疫情及網上訓練之局限，我校學生仍積極參與語文、視覺藝術、音樂、科研活動和資優計劃，為學校帶來了約80項獎項及名銜。

入學資訊

2022-2023中一入學申請即將開始，相關詳情如下：

網上入學申請
入學申請日期：2021年11月22日 (星期一) 至
2021年12月23日 (星期四)
請於入學申請限期內登入學校網頁進行網上入學申請

網上中一入學講座
日期：2021年11月27日 (星期六)
時間：上午10時正及下午2時正 (共兩場)
地點：網上會議平台
入學講座報名日期：由2021年11月1日 (星期一) 開始
(網上入學講座須預先留位，名額有限，額滿即止)
請於入學講座報名期內按此進行網上登記
(家長可透過本校網頁留位，請勿重複登記。)

電郵：info@home.npl.edu.hk
校址：九龍土瓜灣崇安街26號
網址：http://www.npl.edu.hk

電話：2462 3932
傳真：2462 3929

移民潮過後升中人口驟跌

　　按照過往入學數字，本來上年度升中入學人口應該有明顯上升，但受到移民潮影響，去年入學人數意外地出現輕微跌幅，下跌 3.8%。儘管如此，預計在 2023 和 2024 兩年的升中入學人口依然會達到近十年的高峰。在這高峰出現之前，預計在 2022 年度入學人數會大致保持平穩。

　　受到疫情影響，教育局取消在 2020 年「中一入學前學科測驗」的採樣，因此，來年的升中派位組別會維持現狀至最後一年，即是前後合共四個年度升中的小六學生都會同樣以 2016 和 2018 兩年的「中一入學前學科測驗」平均參考成績作出全港排名。本年度家長必須把握這個好時機，在資訊參考價值極高的情況下，好好爭取在本年度達到理想的派位結果。

　　2018/2020 年度開始實施自行分配學位正取學生的新通知安排，自行分配學位申請人如獲所報讀的中學選為正取生，將會提早於統一派位階段前獲得通知。在有關行政措施實施的第一年，透過首階段獲取錄的學生人數創了近十年有關人數的新高，由於其中獲派首志願人數維持在 63%，意味着前年（2018/2020 年度）在自行分配學位階段能夠獲派第二志願的人數較以往有明顯上升，為過去十年新高。反映家長在自行分配學位收生新安排下，較為願意採取保守的策略以達到提早獲得正取生通知的目標，與過往一直以來大多數推崇的進取選校策略有所不同。

　　但分析過上年度（2019/2021 年度）派位結果後發現，家長的選校態度已經馬上回歸至進取。透過首階段獲取錄的學生人數急速下跌 10%，而隨着獲派首志願人數比例上升，意味着在自行分配學位階段能夠獲派第二志願的人數明顯回落接近 15%。反映本港家長在短短一年之間已經完全消化在新安排之下提早收到正取生通知的利好因素，隨着相關資訊在傳媒曝光率減少，學校老師和家長均已經回復至正常的進取選校態度。

　　受到疫情影響，近兩年大部分學界比賽都無法進行，學業成績和面試表現等因而成為最主要的取錄因素，令希望透過課外活動表現增加入學機會的家長大失預算，直接影響到部分非參加派位直資中學的收生考慮。學生和家長應該以此為鑑，明白到在求學過程中，特別是小學階段，學業成績對於升中入學的影響最為重要，其他因素本身只能作為輔助的角色。

　　過往升中家長普遍認為，在申請過程中只着重呈分試的成績，但礙於疫情所影響，部分小學在近年能夠完成的學生評估次數可能會較正常為低，部分中學為了增加對學生的了解，有可能會需要家長提供學生在四年級的成績表作為參考。實際上，在過往升中申請的過程中，部分非參加派位直資中學亦已經會要求家長提供四年級校內成績表，所以家長有需要明白，升中的部署並不是由五年級下學期才開始，而是應該早在四年級便要開始注意整體學術表現。

香港浸會大學附屬學校王錦輝中小學
Hong Kong Baptist University Affiliated School
Wong Kam Fai Secondary and Primary School

中一入學申請
Grade 7 Admission 2022-2023

入學申請日期

**由2021年11月20日 (星期六)
至12月24日 (星期五)**

學校特色

1. 致力推動全人發展，培養學生學術成就，並積極啟發體藝潛能，設有資優教育中心及精英運動員計劃

2. 重視品德和文化修養，於初中設「人文素質教育」及中國歷史課程

3. 著重培育學生的國際視野，設有第三語言、境外學習及國際課程(GCE A-level)

本校設有多項助學金及獎學金，合資格學生均可申請學費減免及其他津貼；有關獎助學金、學校資料及入學申請等詳情，可瀏覽本校網站：

www.hkbuas.edu.hk

電話： 2636 7332 (入學事務處)　2637 2270 (中學部)
傳真： 2637 2043
電郵： a-school-ss@hkbuas.edu.hk
地址： 新界沙田石門安睦里六號
網址： www.hkbuas.edu.hk

Google for Education | Reference School

CAMBRIDGE International Examinations
Cambridge Associate School

Pearson Edexcel
Partnership Centre
Edexcel Academic Qualifications

common sense SCHOOL

學校註冊編號：567

選校部署

Stewards Pooi Kei College
香港神託會培基書院

培基書院為一所基督教英文直資中學，
致力引導學生認識基督真理，
為社會培育才德兼備的明日領袖。

英語教學　冠軍佳績

本校以英語為授課語言。同學在良好的語言環境下，
不但在英文科公開試取得優異成績（100%合格率），更在
多個全港性校際比賽中勇奪佳績。其中，英語辯論隊連續多
年擊敗各校精英，奪得全港校際英語辯論比賽冠軍殊榮。話劇組亦
連續三年在全港英文中學話劇節中，獲得傑出演出獎及最佳英語獎。

優質校園設施

本校校園設施齊備，有為同學提供理想研修空間的學習中心、兼顧同學體能發
展而開設的體適能中心、讓同學演練英語話劇的黑盒劇場、培育同學多媒體創意的
MC^2，以及作為體育及崇拜活動場所的多用途活動室。

電子校園@培基

本校已推行 BYOD（自攜電子設備），配合覆蓋全校的無線寬頻網絡，讓同學能隨時隨地運
用網上資源學習。數碼課室(iClassroom、Future Classroom) 及STEM教室亦已啟用。

國際視野　學習無疆界（LEWOWA）

「學習無疆界」為校本「體驗學習課程」(experiential learning programme)，
透過學術交流、社區探訪、社會服務等活動，讓同學拓闊視野。多年來，
師生足跡遍佈世界各地，既讀萬卷書，亦走萬里路，將課室延展至
世界每一個角落。

網上中一入學
簡介日

2021年11月27-28日
（星期六、日）
上午9時至下午5時

www.spkc.edu.hk

電話：**2345 4567**
地址：**沙田小瀝源路56號**

及早部署升中申請準備

在以往正常情況下，每名就讀於參與中學學位分配辦法小學的學生，其小五下學期及小六上、下學期考試的校內成績均會被納入作爲三次呈分試成績，直接影響學生的全港學生成績次第和所屬的派位組別。

但是，由於部分非參加派位直資及私立中學會提早於小六上學期便開始接受下學年中一申請，加上近兩年受到疫情影響，部分學校可能未必在五年級完成全年所有考試，因此全港中學均有可能要求學生提交早至小學四年級的成績表作爲參考。因此，家長千萬不要忽略小學四年級的學術成績及其他各方面的表現。

自從2020年度開始實施的自行分配學位正取學生的新通知安排下，本年度各參加派位中學會於2022年3月31日通知所有正取學生的家長其子女已獲學校納入其自行分配學位正取學生名單。

升中重要日誌（2022年9月升中學生適用）

2021年

事項	部署
6月至7月 小五下學期考試成績被計算為首次呈分試成績。	呈分試成績影響學生在統一派位階段的派位組別，以及在自行分配學位階段的學生成績次第名單排序。
9月至12月 部分非參加派位直資和私立中學接受下學年中一申請。	報讀此類中學的數目不限；學生可能獲多所非參加派位直資中學錄取，但確認學位要放棄其他政府資助中一學位。
10月下旬 教育局公布2021/22學年不參加中學學位分配辦法的直資中學名單。	若心儀中學於名單內，不可在自行分配學位和統一派位階段選報，須自行向中學報讀。
11月至12月 小六上學期考試成績被計算為第二次呈分試成績。	呈分試成績影響學生在統一派位階段的派位組別，以及在自行分配學位階段的學生成績次第名單排序。
12月上旬 學生獲派兩份《中一自行分配學位申請表》。	——

2022年

事項	部署
1月3日至1月17日 遞交「自行分配學位」申請。	學生只可以向不多於兩所參加派位中學（不受地區限制）遞交申請。
1月3日至1月19日 賽馬會體藝中學接受中一入學申請。	學生如獲錄取，便不會透過中學學位分配辦法獲自行分配學位或統一派位。
1月上旬至3月上旬 遞交跨網派位申請。	如有需要更改學校網，家長應於三月初之前經子女就讀小學向教育局申請跨網派位，並遞交住址證明。
1月至3月 部分中學進行「自行分配學位」面試。	中學可預先公布收生準則及比重。學校可以安排面試，但不得設任何形式的筆試。
2月至3月 小六下學期考試成績被計算為最後一次呈分試成績。	呈分試成績影響學生在統一派位階段的派位組別，參考就讀小學預計子女的派位組別，部署統一派位選校策略。
3月31日 參加派位中學通知正取學生申請已獲納入《自行分配學位正取學生名單》。	——
4月8日 如獲參加派位中學通知的有關家長，亦有為子女申請非參加派位直資中學並已獲錄取，可於四月八日或之前向非參加派位直資中學取消申請並取回《家長承諾書》和《小六學生資料表》正本，以保留在自行分配學位階段成功申請的學位。	在已獲納入《自行分配學位正取學生名單》的參加派位中學和已獲錄取非參加派位直資中學之間作出決定。
4月中旬 學生獲派「中一派位選擇學校表格」和其所屬中學校網的「中學一覽表」。	如已獲參加派位中學通知為正取學生，家長只需在選校表格上劃去選校部分及簽署。
5月上旬 經就讀小學遞交「中一派位選擇學校表格」，以參加統一派位。	甲部最多可選報3所不受校網限制的中學。家長不應在表格的同一部分重複填相同的學校。
7月12日 公布中學學位分配結果。	若派位結果不理想，可自行向其他中學「叩門」，地區不限但部分學校或不接受「叩門」，宜先向學校查詢。
7月14日及15日 到獲派中學註冊。	在未獲其他學校取錄前應先往獲派中學註冊，否則作放棄學位論。

註：上述日期以學校及教育局最後公布為準　　資料來源：教育局網頁

選校部署

基督教香港信義會心誠中學
提供全人教育，服務社會，見証基督

心誠中學全景

2021年度
香港中學文憑考試成績

本校學生在2021年香港中學文憑考試取得優異的成績，在18科應考科目的平均合格率高達86%。

在2021聯招，獲本地八間大學取錄的同學中，本校有22.7%入讀香港大學，31.8%入讀香港中文大學，13.6%入讀香港科技大學，共68.2%入讀三大，其餘31.8%入讀浸會大學、城市大學及嶺南大學。

在眾多優秀學生之中，其中表現較為突出的同學摘錄如下：

陳宇軒同學
考取4科5*，1科5，2科4級
入讀香港大學
工學系

林保杰同學
考取3科5*，1科5，1科4級
入讀香港大學
理學系 (精算學)

郭鎮維同學
考取2科5*，4科4級
入讀香港中文大學
工程學系

蔡佩盈同學
考取1科5*，2科5級，4科4級
入讀香港中文大學
理學系

周佩儀同學
考取2科5*，2科5級
入讀香港中文大學
全球研究學系

朱潔瑩同學
考取1科5*，3科5級，2科4級
入讀香港科技大學
工商管理學系(專業會計學)

何忻俏同學
考取1科5**，1科5級，3科4級
入讀香港中文大學
社會科學系

陳卓詠同學
考取1科5*，1科5級，4科4級
入讀香港科技大學
工商管理學系

辦學宗旨

基督教香港信義會心誠中學，以「提供優質全人教育、服務社會、見證基督」為辦學宗旨，是北區一所提供優質全人教育的直資中學。

心誠中學創校至今超過五十年，一直堅守辦學使命：本著基督的愛心，關懷、愛護和尊重學生，盡全力幫助他們健康成長，使他們將來成為社會上優秀的公民。

新校舍

校舍

新校舍於二零一零年竣工。擁有一幢樓高六層，可提供各項完備教學設施的教學大樓，以及一座可容納一千二百人的劇院式禮堂及室內體育館。校舍面積大約相等於三所標準中學的大小，加上廣闊的花園和多元活動空間，設施超越一般千禧校舍，是全港少數設備優良、校園幽美的優質學校。

體育成就

心誠中學強調以體育活動讓學生具備健康的體魄，在良好身體素質的基礎下，同學們在學界體育比賽的成績一向彪炳，除了多年取得大埔及北區男女全年總錦標外，更為香港體壇培養不少人才。

本年度印尼耶加達第十八屆亞洲運動會，心誠中學校友分別有謝永輝(手球)、劉健斌(手球)、黃俊灝(手球)、劉允禧(單車)、彭子晴(足球)、陳嘉駿(田徑)、鄺思恩(射箭)，代表香港出席是屆體壇大事。

■ 心誠中學校友代表香港手球隊出席第十八屆印尼耶加達亞洲運動會

藝術教育

學生作品

心誠中學的藝術教育不是培育學生將來成為藝術家，而是讓同學透過藝術認識世界，關心社會；教育他們將來成為一位有承擔的公民。視覺藝術科包容性強，跟其他學科如歷史、宗教、通識、語文等都有莫大關係。學生經常從藝術創作入手連繫各科知識，將各科的知識融匯貫通，最終能從多方面的體驗建構知識。

音樂成就

基督教香港信義會心誠中學以「提供優質全人教育、服務社會、見證基督」為辦學宗旨，多年來推行「一生一體藝」樂器班，讓學生在音樂藝術方面得到更大的發展。管樂團曾參加「北京國際管樂節」、「澳門管樂節」、「台灣嘉義市國際管樂節」及「新加坡國慶管樂匯演」、「濟洲國際管樂節」，與來自不同國家的專業管樂團同台演出，令樂團成員擴闊國際視野。管樂團曾在「第九屆冬韻管樂節」高級組比賽獲得銀獎。近年，透過導樂班導師多番悉心的栽培，樂團成員於學校音樂節比賽，屢創佳績。

■ 2018香港大會堂音樂廳周年音樂會

麥順傑	「第70屆香港學校音樂節」長號獨奏 中學高級組 第三名
蔡豐裕	「第70屆香港學校音樂節」銅管樂協奏曲獎 良好獎狀
沈卓恩	聯校音樂大賽2018 結他獨奏 中學初級組 金獎
管樂團單簧管小組	「第70屆香港學校音樂節」木管樂小組 優良獎狀

STEM 教育發展

從2017-18學年起，本校將STEM教育列入重點發展項目，並設立了「STEM教育發展組」，負責規劃全校STEM教育的發展及推動各科/組開展與STEM教育相關的學與教等工作。

■ 參加在台中舉行的「國際器人與APP」夏令營

■ 「3D筆科藝創作」

■ 創意3D打印學習班

學校聯絡資料

校長：麥沃華先生
地址：粉嶺馬適道270號　電話：26700541

www.flss.edu.hk

派位機制 Q&A

1 遞交《中一自行分配學位申請表》後，可否撤回或修改選校次序？

《中一自行分配學位申請表》一經遞交，便不可撤回、取消或更改選校次序，家長決定申請前，必須審慎考慮，作出適當的選擇。

2 既然中學在自行分配學位階段不可設筆試，學校可以怎樣評核申請人的表現？

每間參加「中學學位分配辦法」的中學均會自行訂立在「自行分配學位」階段的收生準則供申請人參考，除了面試、課外活動表現、操行等因素之外，其中必定會包括以學生的學業成績作為其中一項主要考慮因素，通常會參考的是學生校內的成績、或教育局提供的「學生成績次第」。

3 什麼是「學生成績次第」？

「學生成績次第」是根據學生在校內六年級下學期之前的首兩次「呈分試」（即小五下學期和小六上學期的校內試）成績，再以所就讀小學近年畢業生在指定年份的「中一入學前學科測驗」平均成績作為全港小六學生的排名。

4 除了可向賽馬會體藝中學及不多於兩所參加派位中學申請自行分配學位之外，學生是否可以同時申請非參加派位計劃的直接資助中學？

可以。由於學生申請非參加派位直資中學的數目並無限制，故此，學生可能會獲多所非參加派位直資中學錄取，但家長只可以在同一時間將簽妥的《家長承諾書》及《小六學生資料表》正本，呈交予其中一所錄取其子女的學校，代表確認接受相關非參加派位直資中學的中一學位，並願意放棄其他由政府資助的中一學位（包括參加派位中學及賽馬會體藝中學的中一學位），學校會於2022年5月初或以前向教育局通知家長的決定。教育局在收到非參加派位直資中學遞交的《錄取的參加派位學生名單》後，將不會把名單上的學生透過中學學位分配辦法分配到其他中學。

5 在統一派位階段，學生的派位組別是怎樣釐定的？它的作用是什麼？

在統一派位階段，會根據學生所屬的派位組別依次分配學位。教育局會將學生按三次校內「呈分試」成績，配合所就讀小學經調整機制（2016年及2018年「中一入學前香港學科測驗」的抽樣平均參考成績），以全港及所屬中學校網內分成三個派位組別。

一些新參加派位的學校由於並無2016年或2018年的「中一入學前測驗」抽樣成績，便會以該校所屬學校網內所有小學在該兩年度有關測驗的抽樣平均成績作調整。

6 何謂跨網派位？

由於「統一派位」階段乙部的學位分配是「按學校網」進行，而學生所屬學校網是根據其就讀小學所在地區為依據。如小六學生因居住地區和小學所在地區不同而希望更改學校網，家長可於三月初之前經由就讀的小學向教育局申請跨網派位，並遞交認可的住址證明文件以作核實。小學在核實有關申請文件後會轉交教育局作進一步處理。學生如獲准跨網派位，便會在新轉的學校網參加乙部的統一派位。

7 如獲准跨網派位，學生在新學校網的派位組別是怎樣釐定的？

已獲准跨網派位的學生會以原屬學校網小學經調整後的校內成績，與新學校網的學生比較，以決定該申請人在新學校網內是屬於哪個派位組別。換言之申請跨網派位在新學校網的學校網派位組別有可能與原來學校網的學校網派位組別不同。

8 隨機編號的作用是什麼？

隨機編號會在電腦系統執行統一派位前產生，用作決定同一派位組別學生獲分配學位的先後次序。在同一派位組別內，派位次序只會依據隨機號碼先後決定，而與實際派位組別內之排名全無關係。

選校部署

自行選校　要知己知彼

中學學位分配辦法分兩階段申請，首階段自行分配學位的其中一項特性，就是選校不受校網限制，申請人可隨意在所有參加中學學位分配辦法的中學之中，選出最多兩所中學提交申請。學生獲發的兩份《中一自行分配學位申請表》分別印有「選校次序1」和「選校次序2」，「選校次序1」代表首選的學校，「選校次序2」代表次選的學校。在申請者立場來說，最理想的情況當然是能夠同時獲得兩間申請中學納入其自行分配學位正取學生名單，而在這種情況下，教育局會根據申請人的選擇次序，分配第一志願的中學予申請人。

自行分配學位新通知安排

由2020年度中學學位分配辦法開始，參加派位中學在完成處理自行分配學位的申請後，須於統一派位階段開展前提早通知正取學生已獲納入其自行分配學位正取學生名單。本年度參加派位中學將於2022年3月31日通知正取學生家長，獲參加派位中學通知為正取學生的家長毋須於4月開展的統一派位階段填寫選校表格。

如獲參加派位中學通知的有關家長亦有為子女申請非參加派位直資中學並已獲錄取，可於2022年4月8日或之前決定是否保留該非參加派位直資中學學位。如果家長決定保留有關直資中學的學位，他們毋須理會參加派位中學的有關通知。相反，假若有關家長決定放棄非參加派位直資中學的學位，可於2022年4月8日或之前通知該非參加派位直資中學及取回《家長承諾書》和《小六學生資料表》的正本，以保留在自行分配學位階段成功申請的學位。

所有接受自行分配學位階段申請的中學，都會在學生遞交申請前公布取錄準則，以供學生在選校申請前作為參考。**東華三院伍若瑜夫人中學校長葉偉明博士**指出，多數中學的收生準則都會包含四大元素，包括學術成績、課外活動及獎項、操行和面試表現等。要留意部分學校會因為申請人數太多而不會安排所有人參加面試，而一般做法是參考教育局提供的「學生成績次第」依次篩選面見人選，而未能入圍的將不獲面試。所以，在申請前要慎重考慮這個因素，以免浪費兩個寶貴的選擇。

由於每位申請人可在全港近四百間參加中學學位分配辦法的中學內，選出最多兩間遞交申請，加上這兩個選擇並不受校網限制，所以在作出決定前需要考慮更多不同的因素，善用這個選校的機會。在選擇學校作為申請目標時，要先考慮到在自行分配學位階段所佔名額只有所有派位名額的30%。**仁愛堂劉皇發夫人小學劉小慧校長**認為，對於全部班別以英文為教學語言的中學來說，主要取錄對象應為第一派位組別學生，因此，學業成績在收生考慮上的比重會較大。但對於其他中學來說，學業成績未必是他們最主要的考慮因素，因此面試表現反而會有更大的影響。

四年升中派位組別分佈相同

在2020年受到疫情影響，教育局取消該年「中一入學前香港學科測驗」的採樣。因此，今年的升中派位組別會繼續維持與過去三年完全一致，即是在2018/19、2019/20、2020/21和2021/22合共四個年度升中的小六學生都會同樣參考2016和2018兩年的「中一入學前香港學科測驗」平均參考成績作出全港排名。

這表示過去三年的升中派位組別分佈，對於下年度升中的學生將繼續極具參考價值，因兩者的分佈將會完全一樣。加上升中人數穩定，過去一年的升中派位組別數據可以在下年度直接參考。

寶血會思源學校郭敏儀校長建議可首先參考所就讀小學過往的派位經驗、老師推介和畢業生的口碑等，選擇適合自己子女的中學。家長應盡量選擇兩間喜愛程度相若的中學申請，避免在第二志願過分保守，選擇取錄機會較大但又不甚心儀的中學，一旦獲派便會後悔莫及。其實家長毋須過分擔憂子女未能夠在自行分配學位階段成功獲得取錄，因為在統一派位階段仍然佔有65%派位學額，即使在自行分配學位階段未被取錄，仍有機會在統一階段獲得分配。最後，雖然部分家長可以把相比心儀中學更高一線的中學放在第一志願，希望子女透過面試表現理想成功獲得取錄，但提醒家長要量力而為，考慮學生的能力是否能夠應付有關中學的學習需要。

專家分析：
成績次第主宰自行分配選校

本地教育顧問曾廣豪 (Ian Tsang)

自行分配學位階段佔所有中一派位名額的30%，若要評估成功能獲取錄的機會，便要先掌握如何將中學妥善的分類，繼而與申請人本身的「全港成績次第」配對。雖然升中取錄會考慮很多不同因素，但學業成績無可否認是其中最重要的一部分，尤其是對於取錄第一派位組別學生為主的英文中學來說，學業成績是在眾多考慮因素中最實在的基礎，同時亦可以協助申請人將選校範圍合理地收窄。

以2021年度中一入學為例，全香港可以透過中學學位分配辦法的學額有超過49,050個，當中包括官立、資助及按位津貼中學，當中來自英文中學的學位超過16,330個，剛好佔整體派位學額約33.3%。

而根據教育局公布各校的自行分配學位階段名額約有15,344個，涉及接近400間官立、資助及按額津貼中學。在這些中學之中，所有初中班別均以英語為主要教學語言的中學約可提供5,204個自行分配學位階段英中名額，佔整體有關學位超過33%。

按照英中學額在整體派位名額內的分佈，清晰地顯示局方在計算全港升中名額時，已經考慮到將英中所能提供的學額，無論是在整體上、抑或在自行分配學位階段，均剛好安排到英中學額能夠覆蓋全港學額內的三分之一。

但礙於各區學生成績分佈和學額供應不同，在個別地區可能提供較高比例的英文中學學位，而相反，在其他地區則可能出現極低，甚至完全沒有區內英中名額供應的情況。因此，在自行分配學位階段的申請策略上，不應該單純按照校內老師提供的參考派位組別位置，以及坊間自行製作的中學派位組別配對。

首先，學校老師提供參考派位組別一般為校網內的派位組別，在申請全港性的自行分配學位時，有必要以全港派位組別作為參考，而在全港大多數地區，校網內派位組別和全港派位組別均有明顯差別，實際上兩者並不一致。

例如在中西區、灣仔區、油尖旺區、九龍城區及沙田區等，家長會留意到這些校網內可供應的英中名額會較全港平均比例為高，其實同時間亦意味着這些校網內部分非第一派位組別學生，實際上在全港是屬於第一派位組別。

對於身處其他校網的申請人來說，這些地區雖然能夠供應較多的英中名額吸引全港各區的學生在自行分配學位階段到來申請，但實際上在這些區內同樣屬於全港第一派位組別的學生，比例上亦會因此而有所上升，直接增加申請有關區內中學的難度。

其次，坊間自行製作的中學派位組別，純粹以有關學校在近年香港文憑試成績作為依據，實際上並不能反映有關中學在中一自行分配學位階段收生的學生派位組別。若果家長以此作為參考為子女選擇學校，便容易出現錯配。

例如在個別地區內只有數間英文中學，其中區內最受第一派位組別男學生熱捧的，是一間坊間普遍認為屬於「Band 1中」的學校。但是在現實層面，假如在校網內位處於第一派位組別前列，同時又希望在原區升學的男學生均會申請該校，由於該區學生人數眾多，估計第一派位組別學生人數超過1,000人，預計其中部分男學生可輕易用盡該校自行分配學位階段40多個名額。

最後，家長要謹記，在自行分配學位階段可以供應的名額只佔整體派位名額的30%，即大部分第一派位組別學生均不可能透過自行分配學位階段獲得取錄，只有集中申請與本身「全港成績次第」位置相若的中學，才能真正提高獲派的機會。

想向上博？還是在統一派位階段較為適合。

ST. MARGARET'S CO-EDUCATIONAL ENGLISH SECONDARY & PRIMARY SCHOOL

聖 瑪 加 利 男 女 英 文 中 小 學

直資英文中小學

接受 22/23 年度 中一入學申請

融合國際學校之優點 實現夢想中之校園

本校特點

- 讓孩子愛上學習英語：小學完成英語拼音 (Phonics)；中一完成國際音標法 (IPA)。
- 外籍英語教師任教英文，學生可選修外語法文、德文、日文或西班牙文。
- 重視德育，實踐「積極校園，積極人生」辦學理念。
- 推行「一生一體藝」及自設英語校園電視台。
- 聘有兩位資深註冊護士駐校，照顧學生健康及成長期的問題。
- 培育孩子成為善於溝通、關心社會，兼具國際視野之人才。

學校檔案

校舍：2003年落成千禧校舍
校址：西九龍深旺道33號 (西鐵南昌站對面；港鐵長沙灣站B出口)
傳真：2789 0485
網址：http://www.smcesps.edu.hk
電子郵箱：enquiry@smcesps.edu.hk
學費：中一每期 $4,987 (共十期) 以教育局批核為準

* 學業及體藝成績優異之學生可申請獎學金
* 有需要之學生可向本校助學基金申請減/免學費

報名手續

可親臨本校索取入學申請表格，或可於本校網址下載報名表

凡公務員子弟入讀本校可向政府查詢本地教育津貼之申請資格

📞 2396 6675

學校註冊號碼：542105

統一派位獲派首志願創歷史新高

隨着移民潮，上年度參加中學學位分配辦法的學生共有52,055人，意外地較對上一個年度下跌2,057人。當中高達92%申請人成功透過自行分配學位及統一派位階段獲派首三個志願，較上年度上升2%。而獲派首志願人數亦首次突破80%，達到81%，比較上一個年度上升4%。

由於獲派首三個志願人數比例上升，加上整體申請人數下跌，正常預測上年度參加統一派位人數應該會隨之而下跌，但結果卻出人意料地相反。主要原因是今年透過首階段獲取錄的學生人數意外地下跌至大約20,000人，但其中獲派首志願人數卻上升至65%。**本地教育顧問 Ian Tsang**認為，這表示上年度在自行分配學位階段能夠獲派第二志願的人數較上一個年度明顯回落，估計只有大約7,000人。反映家長在消化首年度自行分配學位收生新安排之後，受到利好消息影響，以及認為移民潮下競爭減低，在自行分配學位階段已經回復至進取的選校態度，較為願意在自行分配學位階段冒險，亦不介意失落後繼續參加統一派位。

由於能夠成功在自行分配學位階段獲取錄的學生人數上升，以及上年度需要透過統一派位階段獲派學位的人數竟然不跌反升，參加人數有大約32,000人，較去年輕微上升約200人，其中高達87%申請人成功獲派首三個志願，為近五年新高。能夠順利獲派首志願人數更高達67%，較去年上升5%，創了現行制度下的歷史新高。

在統一派位階段，電腦會首先將學生在小五下學期及小六上、下學期的校內成績標準化，再以學校2016及2018年「中一入學前香港學科測驗」抽樣成績的平均成績去調整學生的校內成績。電腦會將全港學生經調整後的積分按高低排列次序，然後平均劃分為三個全港派位組別，每個組別佔全港學生人數的三分之一。全港派位組別是用作分配不受學校網限制的（甲部）學位。而在進行按學校網的統一派位時，在同一學校網內的學生則會根據他們經調整後的積分按高低排列次序，然後平均劃分為三個學校網派位組別，每個組別佔網內學生人數的三分之一。學校網派位組別是用作分配學生所屬學校網的（乙部）學位。

在派位程序中，電腦會先處理甲部不受學校網限制的學校選擇，首先按照全港第一派位組別學生的選校意願次序派位，然後便依次審閱全港第二派位組別學生的學校選擇，最後為全港第三派位組別的學生。如學生在甲部的所有學校選擇經審閱後仍未獲分配學位，他們便會進入乙部獲分配學位。在處理乙部學生所屬學校網的學校選擇時，電腦會先按照學校網第一派位組別學生的選校意願次序派位，如學生的所有學校選擇經審閱後仍未獲分配學位，電腦會從網內剩餘的學位中，為他們分配一個學位。當學校網第一派位組別的學生均獲分配學位後，電腦再按同一程序處理學校網第二派位組別的學生，最後為學校網第三派位組別的學生。

選校部署

全港所有參加中學學位分配辦法的中學扣除重讀生及自行分配學位後，會將餘下全數學位用於統一派位，其中10%的學位不受學校網限制，而其餘約90%學位則按學校網分配。原則上學生所屬的升中校網為其就讀小學坐落的行政區。

每個學校網內除了本區所有參加派位的中學之外，亦會包括其他地區中學提供的學位。他區中學的數目以及所提供的學位每年可能會因應供求情況而有所改變。

直屬及聯繫學校

聖類斯中學（小學部）吳錦聰校長提醒家長，直屬中學須為其直屬小學保留統一派位學額的85%，而聯繫中學須為其聯繫小學保留統一派位學額的25%。

直屬或聯繫學校的小六學生如屬學校網第一或第二派位組別，而以其直屬或聯繫中學作為乙部第一志願，便有資格獲派保留學位。

若符合資格的人數多於保留學位，電腦會按學生的學校網派位組別及隨機編號分配學位，直至保留學位額滿為止。

如有剩餘的保留學位，將自動撥作非保留學位，供公開分配之用。

專家分析：
首三志願成功率 影響選校決定

本地教育顧問曾廣豪（Ian Tsang）

在升中選校過程中，其中一個重要的考慮因素，就是學生本身所屬的派位組別。尤其是在統一派位階段，這個因素將完全主宰申請人在選校表格上的可選擇範圍。

在派位機制中屬於第一派位組別的申請人，擁有比所有其後派位組別申請人絕對優先的派位權利，只要區內相對的學位充足以及填表策略恰當，會出現不理想派位結果的情況實在是微乎其微。尤其是**學校老師普遍關注學生是否可以在首三志願之內成功獲派，因此在填表建議上均偏向非常保守和千篇一律。**

而在校網以內屬於第二派位組別的學生，在選校前必須細心觀察校網內各類型中學所能提供的統一派位名額，按照學額上的分佈，估計在完成派位予第一派位組別學生之後，尚有剩餘學位可供選擇的學校名單。而最後屬於第三派位組別的學生，亦要使用同樣方法估算最後可行的學校名單。

假設在某一個校網內，所提供的統一派位（乙部）名額合共有 1,800 個，而當中來自全開英文班的英文中學合共有剛好 600 個名額的話，那麼在全區所有家長都按合乎邏輯的填表考慮下，理論上應該剛好所有第一派位組別的學生會全部獲派至這些英文中學。

其後，按照 2010 年推出的教學語言微調政策，第二派位組別的學生應該將目標放在校網內少量能夠提供部分英文班的中學。但是在大多數情況下，這類中學的名額總數難以滿足區內所有第二派位組別的學生，部分學生有需要在較後的志願上選擇一些全開中文班的中文中學。

在統一派位階段選校填表策略上，另一個關鍵參考數據，應該是全港獲派首志願和首三志願的人數比例。以去年為例，在統一派位階段獲派首三個志願人數高達87%，當中獲派首志願人數亦有67%。

這兩個數據將可以協助家長在填寫頭三個志願的時候，提高在第二及第三志願上能夠獲派的機會。按照自由選擇在第一志願填寫心儀中學之後，在第二志願的可行選擇，實際上可以將整個校網可供第一派位組別學生選擇的學校名額之中先扣除大約 67%，即是按照派位結果推測校網以內會有多少學額已經透過第一志願而派出。

以上述例子為例，即是在600個英文中學學額當中會有67%已經透過第一志願派出，等於大概402個名額，家長只需要將校網以內的英文中學按照受歡迎程度排列，便可以大概推測到哪些中學在完成派位予第一志願之後已經不可能再成為第二志願選擇。最後，由於首三志願獲派人數會佔大約87%，那麼亦可以用同樣方法，了解哪些中學仍然適合填寫在第三志願內，以確保合理和合乎期望的派位結果。

若希望在「統一派位」階段準確地選出水平合適的學校，便必須根據申請人本身所屬的派位組別，再考慮所處的中學校網實際形勢，去訂立最佳的填表策略。因為全港各個中學校網內的學校及學額分佈各有不同，絕對不可一概而論，而應針對個別校網內的特性，透過分析每個校網內各類型中學的名額比例，與各個派位組別的學生達到配對的效果。

以能力及供求配對的方向去將各個派位組別的學生，配上程度水平合適的學校，主要目的是因應教育局自2010年起推行的「微調中學教學語言」政策，根據學生在主科的學術能力去安排是否合適使用英文作為教學語言。

叩門準備 在結果公布之前

本年度中學學位分配辦法派位結果將會於7月12日公布,部分派位結果未如理想的學生和家長,通常會把握結果公布後的48小時黃金期,盡快到其他心儀中學叩門。由於多數中學的後補位申請只限於派位結果公布當日,因此家長有必要在未知道派位結果之前,先行準備叩門時所需的資料,主要包括近年校內成績表和課外活動資料,提供予叩門學校考慮。

由於絕大多數中學的後補位名額極度有限,因此習慣上家長在叩門時都會傾向於向大量中學遞交資料,期望當中會有少量學校邀請進行面試。面試形式通常以學術性筆試(一般需要超過兩小時)和面談(通常可以在一小時內完成)為主,一般都會在派位結果公布當星期內進行,一經取錄,便會馬上收到通知。

家長個案分享 1

家長何小姐的兒子就讀於港島東區內最熱門的資助小學,雖然兒子在校內成績優秀,但在申請一線中學時要面對眾多學校同樣成績優秀的學生,在全港學生成績次第排列中則可能稍微遜色。何小姐最後選擇為兒子在自行分配學位階段選擇港島區和九龍區內各一所最熱門的男子中學,目標並非為了順利在自行分配學位階段被列為正取生,而是希望在一眾最前列的學生中,同時擁有多於一間中學取錄,便能夠騰出空間,讓兒子最終可以透過叩門成功入讀。

為了配合這個在自行分配學位階段較為冒險的策略,何小姐選擇為兒子申請多間非參加派位直資中學,並成功獲得其中三間取錄,最後選擇其中一間較校網內統一派位階段的選擇更為理想的直資中學註冊,而毋須參加統一派位。

由於已經成功獲得心儀的非參加派位直資中學取錄,因此在叩門選校策略上只需要簡單集中在自行分配學位階段申請的港島區熱門男子中學一間,避免像其他家長一樣需要舟車勞頓。最後,兒子收到面試邀請,並順利通過面試獲得一線中學取錄。

家長個案分享 2

家長張小姐的兒子就讀於九龍城區內的一所資助小學,兒子在校內成績平平,按照校內老師的估計只屬於校網內第二派位組別的學生,只差一點點才能達到第一派位組別水平。但張小姐渴望兒子可以入讀英文中學,於是嘗試在自行分配學位階段分別申請校網內和校網外的二線英文中學各一間,但最終未能成功被列為正取生。

張小姐在統一派位階段再次將校網內二線英文中學列為第一志願,但是依然落空。在按照專家填表選校建議後,反而意外地獲派區外一間程度要求較高的英文中學。雖然已經如願地順利獲得一所英文中學取錄,但由於張小姐擔心兒子未能應付有關中學的學術要求,於是在派位結果公布後嘗試向自行分配學位階段申請的網內和校網外二線英文中學叩門。

縱使張小姐一心一意盼望兒子可以在校網內二線英文中學就讀,但是最終仍未能透過叩門獲有關中學取錄。反而在校網外二線英文中學叩門面試過程中得知,按照所有申請人的學生成績次第,兒子的成績在位置上僅僅低於可以透過自行分配學位階段獲取錄的學生。由於成績獲得成績次第名單的認證,大大提高了獲取錄的機會,最終成功獲得一間程度合適的中學取錄。

選校部署

中華基督教青年會中學
Chinese YMCA Secondary School

慎思勤學
明道篤行

中華基督教青年會中學(下稱「青中」)於1961年創校,一直秉承基督精神,實踐「敬神愛人」的校訓,致力培育學生自信求學、謙虛求道及感恩求真的素質,是一所優質基督教的直資英文中學。

本學年的學校主題為「慎思勤學 · 明道篤行」,著重培育學生審慎思考(Think Critically),通過勤奮力學(Learn Diligently),對學問的全面探求及掌握,進而明白真理(Seek Truthfully),努力實踐所學 (Act Sensibly)。

青中G21
Empowerment Learning

青中G21 推動自主學習
突破學與教樊籬

青年會中學以英語為主要教學語言,高中選修科目多元化,新增高中體育科和倫理與宗教科等,提供彈性而寬廣的課程,能照顧學生不同的學習需要和興趣。

配合教育趨勢,青中於2017年開始推行「青中G21賦權學習」,透過谷歌平台,老師因應學生的個別需要,設計多樣化的教學材料,如指導視頻、課堂轉播、互動問卷、活動直播、筆記、測驗等,按部就班,使學生學會學習。在2018年,青中不但是全港第一間、全亞洲第八間的谷歌模範學校(Google Reference School),亦是全球第二所全體教師獲得谷歌教育家的認證(Google Certified Educator)的學校。目前,全校中一至中六級學生已配備Chromebook,以「谷歌」配合該校開創的「明知『固』問」教學策略,進行教學。

為照顧學生不同的學習需要,兼取面授講課與線上教學的優點,推行「混合式學習」(Blended Learning),誘發學生自主學習,並讓教師因應學生學習特點給予即時指導,提升「學與教」效能。在疫情嚴重,停止面授課堂期間,青中在網上學習的安排及應變能力,深得家長的認同。

校長介紹

青年會中學張富華校長具魄力及領導力,有二十多年中學學校行及課程發展經驗,擁有文學士、教育文憑、基督教神學碩士、英國諮教學碩士。他曾參與教育局課程發展處多項英文教學發展計劃,被境內外英語教學與教育課題講員,並出任海外大學教師課堂授課導導師。張校長一直積極參與海外及本地青少年福音工作發展,活於不同教會及福音機構,分別擔任佈道會、青少年領袖訓練、家長講座及主日崇拜講道。此外,張校長熱愛航空,擁有航空飛行員駕駛照,致力幫助學生及老師拓展國際視野為目標。

多元學習經歷
展現學生自信 陪伴成長

青年會中學善用辦學團體完善的國際網絡和龐大的專業團隊支持學校發展,積極籌辦境外學生領袖訓練,如柬埔寨義工服務、中一先鋒領袖訓練等,讓學生走出課室,延伸課堂學習,給予學生多元化的學習經歷,實踐所學,拓寬國際視野。

此外,學校調撥額外資源,致力發展學生的體藝潛能。近年,學生在多項校際體育競賽中獲得佳績,如學界籃球、手球、排球、體操比賽等均奪得殊榮,校內不乏精英運動員及港隊代表,青中提供機會,讓學生在運動場上展現自信。同時,學校把握與內地學校結連的機遇,打破地域限制,通過互訪,創設協作交流平台,讓兩地學生同台表演戲劇,增強學生對中國文化及藝術的認識。

校園和諧 師生融洽 基督精神 啟迪智慧

青中學生純樸謙實,謙虛受教,自律守規,敬愛師長,喜愛校園活。教師關愛學生,師生關係良好,校園氣氛和諧。學生於每一學習段成長尤為重要,學校特意於中一及中四級進行家訪,深入了解學生家庭背景及需要,為各學習階段的銜接和支持工作做好準備。在靈育面,青中基教組訂定每年主題,本學年主題為「神『期』之路」,從《聖經》啟示中尋找真正的智慧,實踐神期望我們走的智慧人生路,過基督教義啟迪學生心靈。

一站式優質基督教教育
孕育不同階段「青中人」

中華基督教青年會屬下設有青年會幼稚園、青年會小學及中學,提供一站式優質基督教教育,孕育不同階段「青中人」。而青年會中學師團隊近一百人,設雙或三班主任,讓每一個學生得到適切照顧。「在青中,學生是最重要的。」教師因著孩子特質,「教養孩童,他走當行的道,就是到老他也不偏離。」(箴言22:6)

Address: Tin Fu Court, Tin Shui Wai, New Territories 新界天水圍天富苑
Tel.: 2540 8650   Fax: 2448 8763   Email: school@cymcass.edu.hk

www.cymcass.edu.hk

學校一覽

直資中學提供的海外課程選擇

全港 50 多間直資中學每年可以為學生提供合共大約 9,000 個中一名額，其中超過 20 間本身已經設有附屬直資或私立小學。家長可以自由申請多於一間非參加派位直資中學，而且入學程序相對簡易和直接，毋須好像派位程序一樣繁複以及長時間等候，近年隨着升中入學人口上升，受到很多升中學生和家長的垂青。

本地教育顧問 Ian Tsang 表示，由於本港升中派位制度非常側重以學術成績作為收生標準，導致部分英文成績較中文為佳的學生，受中文科成績所影響而導致整體成績未屬最高的第一派位組別，未能成功循派位制度入讀英文中學。不少家庭選擇直資中學的其中一個原因，是因為直資中學擁有較高的自由度去因應學生能力自行安排教學語言，為有意以英文學習而能力合適的學生提供一個選擇。

除此之外，直資中學一般能夠為需要更多協助的學生提供額外資源，在課堂安排上通常會較為靈活，對於不適應傳統學習模式的學生來說，部分直資中學的分組學習形式可以令到有需要的學生得到更多老師的協助，提升學習效能和興趣。

多數直資中學均「不參加中學學位分配辦法」，所以每間學校可以自行訂立收生程序，按每位申請人所提交的小學學業成績、個人資料及面試表現等決定是否取錄。申請這些中學的數目並無上限，學生可以自由選擇申請。但在獲取錄後則只能同時間註冊最多一所中學，而且必須放棄繼續參加「中學學位分配辦法」的權利，因此不會再透過派位制度獲分配到其他參加派位的中學。

近年愈來愈多直資中學開始提供多元化的海外高中課程，配合不同學生的學習能力和升學需要。當中最多學校採用的是國際文憑大學預科課程（International Baccalaureate Diploma），全港有多達 10 間直資中學提供有關課程，其次亦有最少 7 間中學提供英國普通教育高級證書課程（General Certificate of Education Advance Level）讓學生修讀。

提供國際文憑大學預科課程直資中學	提供英國普通教育高級證書課程直資中學
聖保羅男女中學	聖保羅書院
聖士提反書院	聖保祿學校
拔萃男書院	拔萃女書院
保良局顏寶鈴書院	滙基書院（東九龍）
基督教信義會宏信書院	香港浸會大學王錦輝中小學
香港李寶椿聯合世界書院	港青基信書院
優才（楊殷有娣）書院	基督教崇真中學
香港華人基督教聯會真道書院	
啟思中學	
地利亞修女紀念學校（吉利徑）	

直資學校

中西	聖保羅男女中學	$64,500
	聖保羅書院	$40,400
灣仔	孔聖堂中學	$5,060
	聖保祿學校	$25,000
東區	漢華中學 统	$18,900
	蘇浙公學 统	$7,500
	培僑中學 统	$8,900
	中華基金中學	$17,650
南區	港大同學會書院	$40,309
	聖士提反書院	$72,000
油尖旺	拔萃女書院	$38,000
	香港管理專業協會李國寶中學	$34,490
	九龍三育中學 统	$2,700
深水埗	中聖書院 统	$3,960
	地利亞修女紀念學校（百老匯）	$0
	地利亞修女紀念學校（吉利徑）	$0
	香島中學 统	$5,810
	聖瑪加利男女英文中小學	$46,770
	基督教崇真中學	$38,000
	惠僑英文中學 统	$3,000
	英華書院	$22,288
九龍城	拔萃男書院	$51,200
	協恩中學	$36,810
	保良局顏寶鈴書院	$34,700
	創知中學 统	$5,166

黃大仙	德望學校	$35,000
觀塘區	地利亞修女紀念學校（協和）	$0
	地利亞修女紀念學校（協和二中）	$0
	基督教中國佈道會聖道迦南書院	$24,600
	福建中學	$20,280
	慕光英文書院 统	$2,000
	滙基書院（東九龍）	$28,700
	中華基督教青年會中學	$14,900
	基督教香港信義會宏信書院	$72,280
元朗區	天水圍香島中學 统	$5,750
	香港青年協會李兆基書院	$25,540
	萬鈞伯裘書院 统	$5,600
北區	基督教香港信義會心誠中學	$7,100
大埔	羅定邦中學	$22,000
	大埔三育中學	$10,040
沙田	香港浸會大學附屬學校王錦輝中小學	$39,900
	林大輝中學	$36,000
	培僑書院	$27,800
	香港神託會培基書院	$25,410
	德信中學	$22,000

	啓思中學	$84,870
	播道書院	$25,700
	優才（楊殷有娣）書院	$38,280
西貢	將軍澳香島中學 统	$6,580
	香港華人基督教聯會真道書院	$32,300
	保良局羅氏基金中學	$19,800
	萬鈞匯知中學	$10,050
離島	佛教筏可紀念中學	$6,000
	港青基信書院	$51,000

统 為 2022/23 學年參加中一派位的學校

上述資料只供參考，2022/23 學年中一學費仍待教育局批核，以學校公布為準

資料來源：教育局網頁

申請直資中學的秘訣

自從 2020 年度推行自行分配學位正取學生的通知安排後，最明顯的改變是報讀非參加派位直資中學的人數顯著上升。其實以往會申請非參加派位直資中學的人數偏低，是因為過往參加派位的結果要一直等到七月上旬才會公布。但如果獲得非參加派位直資中學的取錄，一般最遲在三、四月份已經需要註冊並放棄參加派位的資格。因此，對於本身心儀官立或資助中學的學生和家長來說，報考非參加派位直資中學會直接構成衝突。

但在新實行的自行分配學位正取學生通知安排下，申請人可以在3月31日獲得參加派位中學通知正取生資格。因此學生在同時間獲得非參加派位直資中學取錄，和被參加派位中學列為正取生的情況下，可以有一星期時間考慮並從二選其一。由此提供理想的誘因，讓更多學生可以自由申請非參加派位直資中學。

在過去兩年新安排實施的情況下，發現非參加派位直資中學的收生情況有明顯改變。以往有部分成績較為前列的第一派位組別的學生家長由於憂慮派位過程冗長，為了避免夜長夢多，在獲得非參加派位直資中學取錄後便會直接放棄參加派位。因此明顯地，過往有一段時間這些非參加派位直資中學能夠獲得較多第一派位組別學生入讀。

但是在新安排實施之後，大量第一派位組別學生由於在自行分配學位階段已經成功被列為正取生，因此在有比較的情況下，部分學生會放棄非參加派位直資中學的學位，造成大量學位需要由候補名單替補，導致這些非參加派位直資中學近兩年的收生質素在學生學術成績上明顯下跌。

因此，部分學校會在收生考慮上參考有關成績次第名單上的排列，甚至有個別非參加派位直資中學會留待收到成績次第名單後才公布面試名單。相反，有少數非參加派位直資中學會在收到成績次第名單前已經公布取錄結果，部分學生如果在校內成績優越，但所就讀的學校過往在派位組別上的表現未算突出，便有可能要針對性地申請這類提早公布取錄結果的非參加派位直資中學，提高成功獲得直資中學取錄的機會。

對於成績稍遜而希望可以順利在中學階段入讀以英語作為主要教學語言中學的學生，建議在申請策略上可以稍為進取。除了要先行配對並向與本身學業成績相符程度的非參加派位直資中學遞交申請，以確保能夠入讀英文中學之外，亦可以稍為放膽向一些較為熱門的直資中學進行申請，期望在音樂椅效應下可以在候補階段得到被取錄的機會。

除此之外，家長為子女選擇合適的直資中學申請時，有必要留意每間非參加派位直資中學公布結果的時間，當中直接反映校方在收生考慮上的分別。雖然非參加派位直資中學並不會知道個別申請人的派位組別，但實際上他們跟其他派位中學在自行分配學位階段一樣，會在三月初之前收到由教育局提供所有申請人的成績次第名單，按照全香港不同學校的派位組別分佈，順序排列所有申請人在教育局成績次第名單內的成績排名。

直資學校

聖保羅男女中學 St. Paul's Co-educational College

地址　中環麥當勞道33號
電話　25231187　傳眞　28770442
電郵　adminoffice@spcc.edu.hk
網址　www.spcc.edu.hk
校長　潘紹慈　創校年份　1915
學校類別　直資　學生性別　男女
宗教背景　基督教
主要教學語言　初中:英文　高中:英文
一條龍小學　聖保羅男女中學附屬小學
直屬小學　/
聯繫小學　/

教師專業資歷

教師人數　■編制內:132　■編制外:0
已接受特殊教育培訓教師人數　9　外籍　3
教師年資
- ■0-4年:34人
- ■5-9年:36人
- ■10年或以上:62人

教師專業訓練　■認可教師證書/教育文憑:95%

教師資歷
- ■大學學位:37.9%
- ■碩士或以上:62.1%

21/22學年收生情況

中一生總人數(班數)　238(7)
學位分配百分比　■自行:+　■統一:+
自行收生取錄人數　238　競爭情況　1:7.34　面試名額　約450

22/23學年收生要求

收生準則　+

面試內容　+

派表日期　(網上)2021.11.01 - 2021.11.19
收表日期　(網上)2021.11.01 - 2021.11.19
自行收生預算學額　238

學校特色

- ■設歷奇爲本學習活動、南京文化之旅、本地考察學習活動、服務學習計劃、大學及工商企業實習計劃、自發學習計劃
- ■與海外及內地姊妹學校交流,另設爲期4周的澳洲戶外教育及成長體驗營
- ■辦文化沙龍及外文課,提升學生對文化和其他語言的認知及興趣

21/22學年中一教學語言

全級英文爲教學語言科目　英文、歷史、數學、科學、地理、電腦、音樂、視藝、體育、設計與科技、宗教、綜合科學、經濟教育、社會探究、探究學習、藝術及創意學習

中學文憑試成績（2021年7月畢業生）

33222率	95.1%
中文科達3級率	94.3%
英文科達3級率	100.0%
數學科達2級率	100.0%
通識科達2級率	100.0%
人均優良成績	4.89
入讀本地大專文憑率	+
入讀本地大學率	+
入讀(只限港大、中大、科大)率	+
入讀非本地大學率	+

聖保羅書院 St. Paul's College

地址　西半山般咸道69號
電話　25462241　傳眞　25597075
電郵　mail@spc.edu.hk
網址　www.spc.edu.hk
校長　源迪恩　創校年份　1851
學校類別　直資　學生性別　男
宗教背景　基督教
主要教學語言　初中:英文　高中:英文
一條龍小學　/
直屬小學　聖保羅書院小學
聯繫小學　/

教師專業資歷

教師人數　■編制內:95　■編制外:0
已接受特殊教育培訓教師人數　16　外籍　5
教師年資
- ■0-4年:15人
- ■5-9年:16人
- ■10年或以上:64人

教師專業訓練　■認可教師證書/教育文憑:100%

教師資歷
- ■大學學位:35%
- ■碩士或以上:65%

21/22學年收生情況

中一生總人數(班數)　204(6)
學位分配百分比　■自行:100%　■統一:0%
自行收生取錄人數　100　競爭情況　1:15.11　面試名額　約600

22/23學年收生要求

收生準則
- ■學業成績:60%　■面試表現:30%
- ■操行、課外活動、獎項、與學校聯繫:10%

面試內容　語文能力、溝通能力及思維能力等等

派表日期　2021.11.06 - 2021.12.06 (只設網上報名)
收表日期　2021.11.06 - 2021.12.06 (只設網上報名)
自行收生預算學額　100

學校特色

- ■小班分組教學,加強兩文三語培訓,增設日語及西班牙語學習
- ■本着基督精神,提供多元輔助課程,培養學生全人發展
- ■傳統優厚,人才輩出,強大校友網絡,完善「師友計劃」

21/22學年中一教學語言

全級英文爲教學語言科目　英文、歷史、數學、科學、地理、經公、電腦、綜合人文、音樂、視藝、體育、倫理及公民教育、宗教、科技教育學習領域課程

中學文憑試成績（2021年7月畢業生）

33222率	85.5%
中文達3級率	85.5%
英文科達3級率	100%
數學科達2級率	100%
通識科達2級率	100%
人均優良成績	3.4
入讀本地大專文憑率	+
入讀本地大學率	+
入讀(只限港大、中大、科大)率	+
入讀非本地大學率	+

孔聖堂中學 Confucius Hall Secondary School

地址　銅鑼灣加路連山道77號
電話　25763415　傳眞　28828658
電郵　enquiry@chss.edu.hk
網址　www.chss.edu.hk
校長　楊永漢　創校年份　1953
學校類別　直資　學生性別　男女
宗教背景　沒有
主要教學語言　初中:中、英　高中:中、英
一條龍小學　/
直屬小學　/
聯繫小學　/

教師專業資歷

教師人數　■編制內:30　■編制外:0
已接受特殊教育培訓教師人數　8　外籍　0
教師年資
- ■0-4年:18人
- ■5-9年:2人
- ■10年或以上:10人

教師專業訓練　■認可教師證書/教育文憑:70%

教師資歷
- ■大學學位:63%
- ■碩士或以上:33%

21/22學年收生情況

中一生總人數(班數)　+(2)
學位分配百分比　■自行:+　■統一:+
自行收生取錄人數　82　競爭情況　1:1.68　面試名額　所有申請人

22/23學年收生要求

收生準則
- ■學業成績:30%　■課外活動:10%
- ■操行及態度:30%　■面試表現:30%
- ■獎項

面試內容　溝通技巧/應對;禮儀;中英文能力;學習態度;家庭生活;應變能力

派表日期　2021.09.01
收表日期　直至額滿
自行收生預算學額　82

學校特色

- ■以弘揚儒家學說爲辦學宗旨,並以推廣中華文化爲己任
- ■積極推動不同的國際交流活動,全面發展科普教育,擴闊學生國際視野
- ■與香港欖球總會合辦「School of Rugby」計劃,透過欖球培養學生品德及價値觀

21/22學年中一教學語言

全級英文爲教學語言科目　英文、歷史、數學、科學、地理、電腦、音樂、視藝、體育、科技教育、生活與社會

中學文憑試成績（2021年7月畢業生）

33222率	+
中文科達3級率	+
英文科達3級率	+
數學科達2級率	+
通識科達2級率	+
人均優良成績	+
入讀本地大專文憑率	66%
入讀本地大學率	6%
入讀(只限港大、中大、科大)率	+
入讀非本地大學率	19%

中西區、灣仔區

註:+表示學校沒有提供資料;/表示沒有或不適用

聖保祿學校 St. Paul's Convent School

地址　銅鑼灣禮頓道140號
電話　25761692　　傳真　28828464
電郵　spcsmail@spcs.edu.hk
網址　www.spcs.edu.hk
校長　黃金蓮　　創校年份　1854
學校類別　直資　　學生性別　女
宗教背景　天主教
主要教學語言　初中：英文　高中：英文
一條龍小學　聖保祿學校（小學部）
直屬小學　/
聯繫小學　/

教師專業資歷

教師人數　■編制內：100　　■編制外：0
已接受特殊教育培訓教師人數　6　外籍　5
教師年資
　■0-4年：18人
　■5-9年：8人
　■10年或以上：74人
教師專業訓練　■認可教師證書/教育文憑：94%
教師資歷
　■大學學位：40%
　■碩士或以上：58%

註：教師年資只計算編制內教師人數；2021/22學年自行學位分配百分比包括一條龍小學學生

21/22學年收生情況

中一生總人數(班數)　242（6）
學位分配百分比　　■自行：100%　　■統一：0%
自行收生取錄人數　70　競爭情況　1:14.29　面試名額　所有申請人

22/23學年收生要求

收生準則
　■學業成績：30%　■獎項：5%
　■課外活動：5%　■操行及態度：10%
　■面試表現：50%

面試內容　溝通技巧/應對；禮儀；常識；體藝才能；中英文能力；數理能力；學習態度；家庭生活；應變能力

派表日期　2021.10.04
收表日期　2021.12.18
自行收生預算學額　70

學校特色

■提供多元學科組合，包括國際課程。提高學生獲著名大學取錄的優勢
■本校與海外及本地多間著名大學及商界合作，增加多元學習經驗
■本校提供多種外語及科研項目供學生選擇，廣闊視野及經歷

21/22學年中一教學語言

全級英文為教學語言科目　英文、英語文學、歷史、數學、科學、地理、電腦、音樂、視藝、體育、家政、倫理及公民教育、戲劇、宗教、生命教育、健康教育、學會學習（校本課程）

中學文憑試成績（2021年7月畢業生）

33222率	98%
中文科達3級率	98%
英文科達3級率	100%
數學科達2級率	100%
通識科達2級率	100%
人均優良成績	3.1
入讀本地大專文憑率	0.7%
入讀本地大學率	76.5%
入讀(只限港大、中大、科大)率	60%
入讀非本地大學率	22.8%

中華基金中學 The Chinese Foundation Secondary School

地址　小西灣富欣道9號
電話　29047322　　傳真　28922777
電郵　info@cfss.edu.hk
網址　www.cfss.edu.hk
校長　何迪信　　創校年份　2000
學校類別　直資　　學生性別　男女
宗教背景　沒有
主要教學語言　初中：英文　高中：英文
一條龍小學　/
直屬小學　/
聯繫小學　/

教師專業資歷

教師人數　■編制內：79　　■編制外：5
已接受特殊教育培訓教師人數　22　外籍　4
教師年資
　■0-4年：32人
　■5-9年：8人
　■10年或以上：39人
教師專業訓練　■認可教師證書/教育文憑：70.9%
教師資歷
　■大學學位：53.2%
　■碩士或以上：46.8%

註：教師年資只計算編制內教師人數

21/22學年收生情況

中一生總人數(班數)　181（5）
學位分配百分比　　■自行：100%　　■統一：0%
自行收生取錄人數　180　競爭情況　1:7.1　面試名額　+

22/23學年收生要求

收生準則
　■學業成績：40%　■課外活動：20%
　■操行及態度：20%　■面試表現：20%

面試內容　溝通技巧/應對；禮儀；常識；中英文能力；數理能力；學習態度；應變能力

派表日期　2021.09.01-2021.12.14
收表日期　2021.09.06-2021.12.14
自行收生預算學額　180

學校特色

■培養學生自主、終身學習之能力、全球意識，以立足於21世紀
■重視科普科研、資訊科技及知識如人工智能、納米技術及生物科技等
■健康校園，重視德育、文化素養及資優教育，培訓語文能力及體育

21/22學年中一教學語言

全級英文為教學語言科目　英文、數學、科學、音樂、視藝、體育、資訊及通訊科技、增益課程、西班牙語、綜合人文

中學文憑試成績（2021年7月畢業生）

33222率	80.0%
中文科達3級率	86.4%
英文科達3級率	94.5%
數學科達2級率	98.2%
通識科達2級率	100%
人均優良成績	1.41
入讀本地大專文憑率	17.3%
入讀本地大學率	62.7%
入讀(只限港大、中大、科大)率	27.3%
入讀非本地大學率	17.3%

培僑中學 Pui Kiu Middle School

地址　北角天后廟道190號
電話　25662317　　傳真　28878737
電郵　info@pkms.edu.hk
網址　www.pkms.edu.hk
校長　伍煥杰　　創校年份　1946
學校類別　直資　　學生性別　男女
宗教背景　沒有
主要教學語言　初中：中文　高中：中文
一條龍小學　/
直屬小學　/
聯繫小學　培僑小學

教師專業資歷

教師人數　■編制內：67　　■編制外：0
已接受特殊教育培訓教師人數　3　外籍　1
教師年資
　■0-4年：16人
　■5-9年：9人
　■10年或以上：42人
教師專業訓練　■認可教師證書/教育文憑：85.1%
教師資歷
　■大學學位：56.7%
　■碩士或以上：43.3%

註：教師年資只計算編制內教師人數

21/22學年收生情況

中一生總人數(班數)　820（4）
學位分配百分比　　■自行：58%　　■統一：42%
自行收生取錄人數　70　競爭情況　1:2.86　面試名額　所有申請人

22/23學年收生要求

收生準則
　■教育局成績次第：25%　■學業成績：25%
　■操行及態度：25%　■面試表現：25%

面試內容　溝通技巧/應對；中英文能力

派表日期　2022.01.03-2022.01.17
收表日期　2022.01.03-2022.01.17
自行收生預算學額　70

學校特色

■以母語教育為基礎，並因應學生的學習能力，增設英語加強班
■本校注重紀律，校風嚴謹，素爲社會人士及家長認同
■本校爲港島東區唯一擁有宿舍的中學。獨立的宿舍大樓設備完善，提供144個宿位

21/22學年中一教學語言

全級英文為教學語言科目　英文

中學文憑試成績（2021年7月畢業生）

33222率	+
中文科達3級率	+
英文科達3級率	+
數學科達2級率	+
通識科達2級率	+
人均優良成績	+
入讀本地大專文憑率	+
入讀本地大學率	+
入讀(只限港大、中大、科大)率	+
入讀非本地大學率	+

灣仔區、東區

註：+表示學校沒有提供資料；/表示沒有或不適用

漢華中學 Hon Wah College

地址　小西灣富欣道3號
電話　28171746　　傳眞　28176453
電郵　info@honwah.edu.hk
網址　www.honwah.edu.hk
校長　關穎斌　　創校年份　1945
學校類別　直資　　學生性別　男女
宗教背景　沒有
主要教學語言　初中:中、英及普通話　高中:中、英及普通話
一條龍小學　漢華中學（小學部）
直屬小學　/
聯繫小學　/

教師專業資歷

教師人數　■編制內：51　■編制外：1
已接受特殊教育培訓教師人數　15　外籍　3

教師年資
- ■0-4年：10人
- ■5-9年：10人
- ■10年或以上：31人

教師專業訓練　■認可教師證書/教育文憑：94%

教師資歷
- ■大學學位：47%
- ■碩士或以上：53%

註：教師年資只計算編制內教師人數；2021/22學年學位分配百分比以扣減一條龍小學學生人數後計算

21/22學年收生情況

中一生總人數(班數)　121（3）
學位分配百分比　■自行:50%　■統一:50%
自行收生取錄人數　39　競爭情況　1:2.56　面試名額　所有申請人

22/23學年收生要求

收生準則
- ■教育局成績次第：24%　■學業成績：20%
- ■課外活動：10%　　■操行及態度：12%
- ■面試表現：34%

面試內容　溝通技巧/應對；禮儀；常識；體藝才能；家庭生活；中英文能力；數理能力；學習態度

派表日期　2021.10開始
收表日期　2022.01.03-2022.01.17
自行收生預算學額　39

學校特色

- ■培養兩文三語能力，設全英文班，及英語戲劇課程
- ■以協作教學及探究式學習組織教學活動，使學生具有創新思維能力
- ■校本課程設初中跨學科科技教育課程、STEAM教育

21/22學年中一教學語言

全級英文為教學語言科目　英文、歷史、數學、科學、地理、電腦、音樂、視藝、體育、生活與社會

中學文憑試成績（2021年7月畢業生）

33222率	+
中文科達3級率	+
英文科達3級率	+
數學科達2級率	+
通識科達2級率	+
人均優良成績	+
入讀本地大專文憑率	+
入讀本地大學率	+
入讀(只限港大、中大、科大)率	+
入讀非本地大學率	+

蘇浙公學 Kiangsu-Chekiang College

地址　北角寶馬山道20號
電話　25702261　　傳眞　25100264
電郵　kcc@m.kcc.edu.hk
網址　www.kcc.edu.hk
校長　方仲倫　　創校年份　1958
學校類別　直資　　學生性別　男女
宗教背景　沒有
主要教學語言　初中:中、英及普通話　高中:中、英
一條龍小學　/
直屬小學　/
聯繫小學　/

教師專業資歷

教師人數　■編制內：+　■編制外：0
已接受特殊教育培訓教師人數　+　外籍　+

教師年資　+

教師專業訓練　+

教師資歷　+

註：教師年資只計算編制內教師人數

21/22學年收生情況

中一生總人數(班數)　+（3）
學位分配百分比　■自行:+　■統一:+
自行收生取錄人數　+　競爭情況　+　面試名額　所有申請人

22/23學年收生要求

收生準則
- ■教育局成績次第：25%　■學業成績：20%
- ■獎項：10%　　■課外活動：10%
- ■操行及態度：25%　■面試表現：10%

面試內容　溝通技巧/應對；禮儀；常識；學習態度；家庭生活

派表日期　2022.01.03-2022.01.17
收表日期　2022.01.03-2022.01.17
自行收生預算學額　30

學校特色

- ■教學方針：中英、文理、升學以敦品勵學及學風淳樸爲辦學目標，校訓爲「整齊嚴肅」
- ■中英並重，文理並重，升學與就業並重爲教學實施方針
- ■在德、智、體、群、美五育有全面發展，使學生成爲積極、富責任感的公民

21/22學年中一教學語言

全級英文為教學語言科目　英文

中學文憑試成績（2021年7月畢業生）

33222率	+
中文科達3級率	+
英文科達3級率	+
數學科達2級率	+
通識科達2級率	+
人均優良成績	+
入讀本地大專文憑率	+
入讀本地大學率	+
入讀(只限港大、中大、科大)率	+
入讀非本地大學率	+

港大同學會書院 HKUGA College

地址　黃竹坑南風道9號
電話　28708815　　傳眞　28708825
電郵　info@hkugac.edu.hk
網址　www.hkugac.edu.hk
校長　陳馨　　創校年份　2006
學校類別　直資　　學生性別　男女
宗教背景　沒有
主要教學語言　初中:中、英及普通話　高中:中、英
一條龍小學　港大同學會小學
直屬小學　/
聯繫小學　/

教師專業資歷

教師人數　■編制內：98　■編制外：2
已接受特殊教育培訓教師人數　29　外籍　7

教師年資
- ■0-4年：52人
- ■5-9年：21人
- ■10年或以上：27人

教師專業訓練　■認可教師證書/教育文憑：100%

教師資歷
- ■大學學位：49%
- ■碩士或以上：51%

註：教師年資只計算編制內教師人數；2021/22學年自行學位百分比包括一條龍小學學生

21/22學年收生情況

中一生總人數(班數)　199（5）
學位分配百分比　■自行:100%　■統一:0%
自行收生取錄人數　199　競爭情況　+　面試名額　所有申請人

22/23學年收生要求

收生準則
- ■學業成績：40%　■面試表現：40%
- ■與中學聯繫：5%　■其他學習經歷及成就：15%
- ■英文語言能力較高的學生

面試內容　溝通技巧/應對；常識；中英文能力；學習態度；家庭生活

派表日期　+
收表日期　+
自行收生預算學額　205

學校特色

- ■孕育能反思、富創見、肯承擔、求卓越的環球公民
- ■從閱讀中學習、運用資訊科技進行互動學習、專題研習、德育及公民教育
- ■生涯規劃活動及事業輔導工作於各年級均有推行

21/22學年中一教學語言

全級英文為教學語言科目　英文、數學、科學、電腦、綜合人文、音樂、視藝、體育、家政、戲劇、生命教育

中學文憑試成績（2021年7月畢業生）

33222率	80.91%
中文科達3級率	76.85%
英文科達3級率	98.18%
數學科達2級率	100%
通識科達2級率	100%
人均優良成績	2.38
入讀本地大專文憑率	14.55%
入讀本地大學率	61.82%
入讀(只限港大、中大、科大)率	37.27%
入讀非本地大學率	21.82%

註：+表示學校沒有提供資料；/表示沒有或不適用

聖士提反書院 St Stephen's College

地址	赤柱東頭灣道22號
電話	28130360　傳真　28137311
電郵	sschk@ssc.edu.hk
網址	www.ssc.edu.hk
校長	楊清	創校年份	1903
學校類別	直資　學生性別　男女
宗教背景	基督教
主要教學語言	初中：英文　高中：英文
一條龍小學	/
直屬小學	/
聯繫小學	聖士提反書院附屬小學

教師專業資歷

教師人數	■編制內：99　■編制外：0
已接受特殊教育培訓教師人數	14　外籍　11
教師年資	■0–4年：14人 ■5–9年：17人 ■10年或以上：68人
教師專業訓練	■認可教師證書/教育文憑：94%
教師資歷	■大學學位：59% ■碩士或以上：41%

註：教師年資只計算編制內教師人數

21/22學年收生情況

中一生總人數(班數)	197（5）
學位分配百分比	■自行:/　■統一:/
自行收生取錄人數	197　競爭情況　1:4.50　面試名額　+

22/23學年收生要求

收生準則	+
面試內容	溝通技巧/應對；中英文能力；數理能力
派表日期	2021.09.27–2021.12.03
收表日期	2021.09.27–2021.12.03
自行收生預算學額	200

學校特色

■學校寬廣優美，設施完備，令人心曠神怡，樂於學習
■提供多樣化及靈活的課程，讓學生選擇合適的科目及考核模式
■以英語或普通話為母語的教師特別多，致力發展學生兩文三語能力

21/22學年中一教學語言

全級英文為教學語言科目	英國語文及文藝、英國語文及文學、歷史、數學、科學、地理、電腦、音樂、宗教、綜合人文

中學文憑試成績（2021年7月畢業生）

33222率	+
中文科達3級率	+
英文科達3級率	+
數學科達2級率	+
通識科達2級率	+
人均優良成績	+
入讀本地大專文憑率	+
入讀本地大學率	+
入讀(只限港大、中大、科大)率	+
入讀非本地大學率	+

拔萃男書院 Diocesan Boys' School

地址	旺角亞皆老街131號
電話	27115191　傳真　27611026
電郵	dbsadmin@dbs.edu.hk
網址	www.dbs.edu.hk
校長	鄭基恩	創校年份	1869
學校類別	直資　學生性別　男
宗教背景	基督教
主要教學語言	初中：中、英及普通話　高中：中、英及普通話
一條龍小學	拔萃男書院附屬小學
直屬小學	/
聯繫小學	拔萃小學

教師專業資歷

教師人數	■編制內：132　■編制外：7
已接受特殊教育培訓教師人數	39　外籍　5
教師年資	■0–4年：41人 ■5–9年：24人 ■10年或以上：67人
教師專業訓練	■認可教師證書/教育文憑：89%
教師資歷	■大學學位：51% ■碩士或以上：49%

註：教師年資只計算編制內教師人數；2021/22學年自行學位分配百分比包括一條龍小學學生

21/22學年收生情況

中一生總人數(班數)	246（9）
學位分配百分比	■自行:100%　■統一:0%
自行收生取錄人數	100　競爭情況　1:15　面試名額　500

22/23學年收生要求

收生準則	■學業成績：60%　■課外活動：20% ■面試表現：15% 父親或兄弟為學校舊生、兄弟在學校就讀：5%
面試內容	溝通技巧/應對；禮儀；常識；中英文能力；學習態度；應變能力
派表日期	2021.10.18 – 2021.11.19
收表日期	2021.10.18 – 2021.11.19
自行收生預算學額	100

學校特色

■具有152年優良傳統，校舍寬敞
■注重品德、學業、體育、音樂、藝術兼備的全人教育
■師生關係融洽，學生具獨立自主的能力

21/22學年中一教學語言

全級英文為教學語言科目	英文、英語文學、歷史、數學、科學、地理、電腦、音樂、視藝、體育、宗教、創新與設計、生活與社會

中學文憑試成績（2021年7月畢業生）

33222率	+
中文科達3級率	+
英文科達3級率	+
數學科達2級率	+
通識科達2級率	+
人均優良成績	+
入讀本地大專文憑率	+
入讀本地大學率	+
入讀(只限港大、中大、科大)率	+
入讀非本地大學率	+

保良局顏寶鈴書院 PLK Ngan Po Ling College

地址	土瓜灣崇安街26號
電話	24623932　傳真　24623929
電郵	info@home.npl.edu.hk
網址	www.npl.edu.hk
校長	麥添亮	創校年份	2003
學校類別	直資　學生性別　男女
宗教背景	沒有
主要教學語言	初中：英文　高中：英文
一條龍小學	/
直屬小學	/
聯繫小學	/

教師專業資歷

教師人數	■編制內：83　■編制外：+
已接受特殊教育培訓教師人數	0　外籍　7
教師年資	■0–4年：31人 ■5–9年：24人 ■10年或以上：28人
教師專業訓練	■認可教師證書/教育文憑：87%
教師資歷	■大學學位：56% ■碩士或以上：43%

21/22學年收生情況

中一生總人數(班數)	164（5）
學位分配百分比	■自行:100%　■統一:+
自行收生取錄人數	+　競爭情況　+　面試名額　不設面試

22/23學年收生要求

收生準則	詳情請參考學校網頁
面試內容	詳情請參考學校網頁
派表日期	詳情請參考學校網頁
收表日期	詳情請參考學校網頁
自行收生預算學額	164

學校特色

+

21/22學年中一教學語言

全級英文為教學語言科目	英文、歷史、數學、科學、地理、電腦、音樂、視藝、體育、家政、生活與社會

中學文憑試成績（2021年7月畢業生）

33222率	+
中文科達3級率	+
英文科達3級率	+
數學科達2級率	+
通識科達2級率	+
人均優良成績	+
入讀本地大專文憑率	+
入讀本地大學率	+
入讀(只限港大、中大、科大)率	+
入讀非本地大學率	+

註：+表示學校沒有提供資料；/表示沒有或不適用

創知中學 Scientia Secondary School

地址	何文田公主道14號
電話	27144115　傳真　27610050
電郵	info@scientia.edu.hk
網址	www.scientia.edu.hk
校長	黃晶榕　創校年份　1946
學校類別	直資　學生性別　男女
宗教背景	沒有
主要教學語言	初中:中、英　高中:中、英
一條龍小學	/
直屬小學	/
聯繫小學	/

教師專業資歷

教師人數	■編制內：57　■編制外：0
已接受特殊教育培訓教師人數	13　外籍　2
教師年資	■0-4年：23人 ■5-9年：5人 ■10年或以上：29人
教師專業訓練	■認可教師證書/教育文憑：82.5%
教師資歷	■大學學位：49% ■碩士或以上：51%

21/22學年收生情況

中一生總人數(班數)　164（4）

學位分配百分比　　■自行：+　■統一：+

自行收生取錄人數　+　競爭情況　+　面試名額　+

22/23學年收生要求

收生準則　■教育局成績次第：40%　■操行及態度：25%
　　　　　■面試表現：25%　■社區服務：10%

面試內容　+

派表日期　2022.01.03-2022.01.17
收表日期　2022.01.03-2022.01.17
自行收生預算學額　+

學校特色

■加強品德教育，建設嚴中有愛的學校環境
■優化課堂教學，加強語文教育，擴大學術成果
■完善規章制度，創建融洽有序、積極進取的管理文化

21/22學年中一教學語言

全級英文為教學語言科目　英文

中學文憑試成績（2021年7月畢業生）

33222率	+
中文科達3級率	+
英文科達3級率	+
數學科達2級率	+
通識科達2級率	+
人均優良成績	+
入讀本地大專文憑率	
入讀本地大學率	33%
入讀(只限港大、中大、科大)率	
入讀非本地大學率	20%

協恩中學 Heep Yunn School

地址	農圃道1號
電話	27110862　傳真　27153755
電郵	hys-mail@hys.edu.hk
網址	www.hys.edu.hk
校長	梁少儀　創校年份　1936
學校類別	直資　學生性別　女
宗教背景	基督教
主要教學語言	初中:英文　高中:英文
一條龍小學	/
直屬小學	/
聯繫小學	/

教師專業資歷

教師人數	■編制內：92　■編制外：0
已接受特殊教育培訓教師人數	10　外籍　1
教師年資	■0-4年：36人 ■5-9年：17人 ■10年或以上：39人
教師專業訓練	■認可教師證書/教育文憑：94%
教師資歷	■大學學位：52% ■碩士或以上：48%

註：教師年資只計算編制內教師人數

21/22學年收生情況

中一生總人數(班數)　180（5）

學位分配百分比　　■自行：100%　■統一：0%

自行收生取錄人數　180　競爭情況　+　面試名額　+

22/23學年收生要求

收生準則　■學業成績：30%　■課外活動：20%
　　　　　■操行及態度：20%　■面試表現：30%

面試內容　溝通技巧/應對；禮儀；常識；體藝才能；應變能力；中英文能力；數理能力；學習態度；家庭生活

派表日期　2021.10.22-2021.11.04
收表日期　2021.10.25-2021.11.06
自行收生預算學額　180

學校特色

■重視全人教育，提供多元文化的活動，讓學生展現才華，培養關社愛群精神
■核心科目推行小組教育（每組25人），加強照顧學習的多樣性
■秉持優質教育，平等共享的理念，將學費收入的30%撥作獎助學金

21/22學年中一教學語言

全級英文為教學語言科目　英文、英語文學、歷史、數學、科學、地理、電腦、綜合人文、音樂、視藝、體育、家政、戲劇、宗教、生命教育、科學與科技教育、商業與經濟、生活與社會

中學文憑試成績（2021年7月畢業生）

33222率	96.2%
中文科達3級率	+
英文科達3級率	+
數學科達2級率	+
通識科達2級率	+
人均優良成績	+
入讀本地大專文憑率	
入讀本地大學率	
入讀(只限港大、中大、科大)率	60%
入讀非本地大學率	

九龍三育中學 Kowloon Sam Yuk Secondary School

地址	九龍旺角界限街52號（初中部） 九龍大角嘴詩歌舞街14號（高中部）
電話	23973181　傳真　23944082
電郵	school@ksyss.edu.hk
網址	www.ksyss.edu.hk
校長	王頌恩　創校年份　1950
學校類別	直資　學生性別　男女
宗教背景	基督教
主要教學語言	初中:中、英　高中:中文
一條龍小學	/
直屬小學	/
聯繫小學	/

教師專業資歷

教師人數	■編制內：39　■編制外：1
已接受特殊教育培訓教師人數	7　外籍　1
教師年資	■0-4年：16人 ■5-9年：4人 ■10年或以上：19人
教師專業訓練	■認可教師證書/教育文憑：90%
教師資歷	■大學學位：44% ■碩士或以上：56%

註：教師年資只計算編制內教師人數

21/22學年收生情況

中一生總人數(班數)　75（3）

學位分配百分比　　■自行：+　■統一：+

自行收生取錄人數　24　競爭情況　+　面試名額　所有申請人

22/23學年收生要求

收生準則　■教育局成績次第：20%　■學業成績：20%
　　　　　■課外活動：20%　■操行及態度：20%
　　　　　■面試表現：20%

面試內容　溝通技巧/應對；中英文能力；學習態度；家庭生活

派表日期　+
收表日期　+
自行收生預算學額　30

學校特色

■校本課程，整合4個關鍵項目，共同研課及同儕觀課，發展教師專業
■中文及英文探協作及分組教學，照顧學習差異，提高效能
■訓輔合一，秉承基督教全人教育理念，培養青年學生正面積極價值觀

21/22學年中一教學語言

全級英文為教學語言科目　英文

中學文憑試成績（2021年7月畢業生）

33222率	+
中文科達3級率	+
英文科達3級率	+
數學科達2級率	+
通識科達2級率	+
人均優良成績	+
入讀本地大專文憑率	
入讀本地大學率	
入讀(只限港大、中大、科大)率	
入讀非本地大學率	

九龍城區、油尖旺區

註：+表示學校沒有提供資料；/表示沒有或不適用

拔萃女書院 Diocesan Girls' School

地址	佐敦道1號
電話	22779100　傳眞 27807149
電郵	info@dgs.edu.hk
網址	www.dgs.edu.hk
校長	劉靳麗娟　創校年份 1860
學校類別	直資　學生性別 女
宗教背景	基督教
主要教學語言	初中:英文　高中:英文
一條龍小學	/
直屬小學	拔萃女小學
聯繫小學	

教師專業資歷

教師人數	■編制內：92　■編制外：+
已接受特殊教育培訓教師人數	16　外籍 12
教師年資	■0-4年：11人 ■5-9年：14人 ■10年或以上：67人
教師專業訓練	■認可教師證書/教育文憑:98%
教師資歷	■大學學位:33% ■碩士或以上:67%

註：教師年資只計算編制內教師人數；2021/22學年自行學位分配百分比包括一條龍小學學生

21/22學年收生情況

中一生總人數(班數) 205 (5)

學位分配百分比　■自行:100%　■統一:0%

自行收生取錄人數 205　競爭情況 +　面試名額 +

22/23學年收生要求

收生準則	■學業成績　■課外活動 ■操行及態度　■面試表現
面試內容	溝通技巧/應對；禮儀；常識；體藝才能；應變能力；中英文能力；數理能力；學習態度；家庭生活
派表日期	2021.09.20-2021.10.06
收表日期	2021.09.20-2021.10.06
自行收生預算學額	205

學校特色

■請參閱學校網頁：www.dgs.edu.hk

21/22學年中一教學語言

全級英文為教學語言科目	英文、英語文學、歷史、數學、科學、地理、經公、電腦、音樂、視藝、體育、家政、宗教、科技教育學習領域課程、聯課增潤課程

中學文憑試成績（2021年7月畢業生）

33222率	96%
中文科達3級率	96%
英文科達3級率	99%
數學科達2級率	100%
通識科達2級率	100%
人均優良成績	4.35
入讀本地大專文憑率	0.5%
入讀本地大學率	82%
入讀(只限港大、中大、科大)率	68%
入讀非本地大學率	18%

香港管理專業協會李國寶中學 HKMA David Li Kwok Po College

地址	旺角（西）海泓道8號
電話	26269100　傳眞 26269311
電郵	college@hkmadavidli.edu.hk
網址	www.hkmadavidli.edu.hk
校長	張翠珊　創校年份 2000
學校類別	直資　學生性別 男女
宗教背景	沒有
主要教學語言	初中:英文　高中:英文
一條龍小學	/
直屬小學	/
聯繫小學	/

教師專業資歷

教師人數	■編制內：74　■編制外：0
已接受特殊教育培訓教師人數	23　外籍 8
教師年資	■0-4年：10人 ■5-9年：12人 ■10年或以上：52人
教師專業訓練	■認可教師證書/教育文憑:91%
教師資歷	■大學學位:38% ■碩士或以上:62%

註：教師年資只計算編制內教師人數

21/22學年收生情況

中一生總人數(班數) 164 (5)

學位分配百分比　■自行:100%　■統一:0%

自行收生取錄人數 164　競爭情況 1:15　面試名額 所有申請人

22/23學年收生要求

收生準則	■學業成績：50%　■獎項：25% ■面試表現：25%
面試內容	溝通技巧/應對；禮儀；中英文能力；學習態度；家庭生活
派表日期	2021.11.04 - 2021.12.24
收表日期	2021.11.04 - 2021.12.24
自行收生預算學額	164

學校特色

■國際化校園，有來自澳、法、加等地外籍教師，並設錄約20%非華裔學生
■所有科目以英語授課（除中文及中史科），並設課程組別，按學生能力分組小班上課
■開設多元化的課外活動、領袖訓練及義工服務計劃，達致全人發展

21/22學年中一教學語言

全級英文為教學語言科目	英文、數學、科學、電腦、綜合人文、音樂、視藝、體育、家政、資訊及通訊科技

中學文憑試成績（2021年7月畢業生）

33222率	+
中文科達3級率	+
英文科達3級率	+
數學科達2級率	+
通識科達2級率	+
人均優良成績	+
入讀本地大專文憑率	+
入讀本地大學率	+
入讀(只限港大、中大、科大)率	+
入讀非本地大學率	+

中聖書院 China Holiness College

地址	深水埗懷惠道18號
電話	23864734　傳眞 23864883
電郵	enquire@chc.edu.hk
網址	www.chc.edu.hk
校長	陳惠華　創校年份 1976
學校類別	直資　學生性別 男女
宗教背景	基督教
主要教學語言	初中:中、英　高中:中、英
一條龍小學	/
直屬小學	/
聯繫小學	/

教師專業資歷

教師人數	■編制內：41　■編制外：+
已接受特殊教育培訓教師人數	8　外籍 1
教師年資	■0-4年：14人 ■5-9年：9人 ■10年或以上：18人
教師專業訓練	■認可教師證書/教育文憑:90%
教師資歷	■大學學位:56% ■碩士或以上:44%

21/22學年收生情況

中一生總人數(班數) 90 (3)

學位分配百分比　■自行:35%　■統一:65%

自行收生取錄人數 32　競爭情況 +　面試名額 +

22/23學年收生要求

收生準則	■學業成績及學習態度：40%　■課外活動：15% ■操行：30%　■家庭支援:15%
面試內容	溝通技巧/應對；禮儀；常識；體藝才能；應變能力；中英文能力；數理能力；學習態度；家庭生活
派表日期	2022.01.03-2022.01.17
收表日期	2022.01.03-2022.01.17
自行收生預算學額	+

學校特色

■基督教教育：與教會、社區、家長及各界攜手合作，以基督的愛培育學生
■正向教育：建立正向情緒，與人建立正向關係，獲取成就、身心靈健康
■全人發展：以多元化學習活動發展學生學習潛能，分組教學，照顧差異

21/22學年中一教學語言

全級英文為教學語言科目	英文

中學文憑試成績（2021年7月畢業生）

33222率	+
中文科達3級率	+
英文科達3級率	+
數學科達2級率	+
通識科達2級率	+
人均優良成績	+
入讀本地大專文憑率	+
入讀本地大學率	+
入讀(只限港大、中大、科大)率	+
入讀非本地大學率	+

油尖旺區、深水埗區

註：+表示學校沒有提供資料；/表示沒有或不適用

地利亞修女紀念學校（百老匯） Delia Memorial School (Broadway)

地址	美孚新邨百老匯街80-86號
電話	27422028　傳眞　27851895
電郵	bw@deliagroup.edu.hk
網址	http://deliabw.edu.hk
校長	羅家志　創校年份　1965
學校類別	直資　學生性別　男女
宗教背景	沒有
主要教學語言	初中：英文　高中：英文
一條龍小學	/
直屬小學	/
聯繫小學	/

教師專業資歷

教師人數	■編制內：61　■編制外：0
已接受特殊教育培訓教師人數	15　外籍　0
教師年資	■0-4年：24人 ■5-9年：7人 ■10年或以上：30人
教師專業訓練	■認可教師證書/教育文憑：85%
教師資歷	■大學學位：62% ■碩士或以上：38%

註：教師年資只計算編制內教師人數

21/22學年收生情況

中一生總人數(班數)	158（4）
學位分配百分比	■自行：100%　■統一：0%
自行收生取錄人數	160　競爭情況　+　面試名額　所有申請人

22/23學年收生要求

收生準則	■教育局成績次第　■學業成績 ■獎項　■課外活動 ■操行及態度　■面試表現
面試內容	溝通技巧/應對；禮儀；常識；學習態度；家庭生活
派表日期	+
收表日期	+
自行收生預算學額	160

學校特色

■Harmony in diversity

21/22學年中一教學語言

全級英文為教學語言科目	英文、數學、科學、綜合人文、音樂、視藝、體育

中學文憑試成績（2021年7月畢業生）

33222率	50%
中文科達3級率	+
英文科達3級率	91.1%
數學科達2級率	61.8%
通識科達2級率	75.2%
人均優良成績	+
入讀本地大專文憑率	50%
入讀本地大學率	43%
入讀(只限港大、中大、科大)率	4%
入讀非本地大學率	5%

地利亞修女紀念學校（吉利徑） Delia Memorial School (Glee Path)

地址	美孚新邨吉利徑1-3號
電話	27415239　傳眞　27452250
電郵	gp@deliagroup.edu.hk
網址	http://www.deliagp.edu.hk/
校長	陳鉅培　創校年份　1971
學校類別	直資　學生性別　男女
宗教背景	沒有
主要教學語言	初中：中、英　高中：中、英
一條龍小學	/
直屬小學	/
聯繫小學	/

教師專業資歷

教師人數	■編制內：53　■編制外：1
已接受特殊教育培訓教師人數	16　外籍　0
教師年資	■0-4年：35人 ■5-9年：5人 ■10年或以上：14人
教師專業訓練	■認可教師證書/教育文憑：50%
教師資歷	■大學學位：63% ■碩士或以上：37%

21/22學年收生情況

中一生總人數(班數)	123（3）
學位分配百分比	■自行：100%　■統一：0%
自行收生取錄人數	123　競爭情況　+　面試名額　所有申請人

22/23學年收生要求

收生準則	+
面試內容	溝通技巧/應對；禮儀；常識；體藝才能；應變能力；中英文能力；數理能力；學習態度；家庭生活
派表日期	2021.09.01-2022.08.31
收表日期	2021.09.01-2022.08.31
自行收生預算學額	123

學校特色

■Delia GP offers International Baccalaureate Diploma Program

21/22學年中一教學語言

全級英文為教學語言科目	英文

中學文憑試成績（2021年7月畢業生）

33222率	+
中文科達3級率	+
英文科達3級率	+
數學科達2級率	+
通識科達2級率	+
人均優良成績	+
入讀本地大專文憑率	+
入讀本地大學率	+
入讀(只限港大、中大、科大)率	+
入讀非本地大學率	+

英華書院 Ying Wa College

地址	深水埗英華街1號
電話	23368838　傳眞　23361920
電郵	mail@yingwa.edu.hk
網址	https://www.yingwa.edu.hk
校長	陳狄安　創校年份　1818
學校類別	直資　學生性別　男
宗教背景	基督教
主要教學語言	初中：英文　高中：英文
一條龍小學	英華小學
直屬小學	/
聯繫小學	/

教師專業資歷

教師人數	■編制內：61　■編制外：29
已接受特殊教育培訓教師人數	16　外籍　2
教師年資	■0-4年：23人 ■5-9年：18人 ■10年或以上：49人
教師專業訓練	■認可教師證書/教育文憑：90%
教師資歷	■大學學位：61% ■碩士或以上：39%

註：2021/22學年學位分配百分比以扣減一條龍小學學生人數後計算

21/22學年收生情況

中一生總人數(班數)	205（6）
學位分配百分比	■自行：100%　■統一：0%
自行收生取錄人數	約90　競爭情況　+　面試名額　所有合資格申請人

22/23學年收生要求

收生準則	■教育局成績次第　■學業成績 ■課外活動　■操行及態度 ■面試表現
面試內容	+
派表日期	2021.10.04-2021.11.13
收表日期	2021.11.01-2021.11.13
自行收生預算學額	50

學校特色

■歷史悠久的直資一條龍學校
■以英語為主要的授課語言
■重視學生多元發展，啟發潛能

21/22學年中一教學語言

全級英文為教學語言科目	英文、歷史、數學、科學、地理、電腦、音樂

中學文憑試成績（2021年7月畢業生）

33222率	+
中文科達3級率	+
英文科達3級率	+
數學科達2級率	+
通識科達2級率	+
人均優良成績	+
入讀本地大專文憑率	+
入讀本地大學率	+
入讀(只限港大、中大、科大)率	+
入讀非本地大學率	+

深水埗區

註：+表示學校沒有提供資料；/表示沒有或不適用

香島中學 Heung To Middle School

地址	又一村桃源街33號
電話	27790182　傳眞　27790731
電郵	schoolmail@heungto.edu.hk
網址	www.heungto.edu.hk
校長	黃頌良　創校年份　1946
學校類別	直資　學生性別　男女
宗教背景	沒有
主要教學語言	初中：中、英　高中：中、英
一條龍小學	/
直屬小學	/
聯繫小學	/

教師專業資歷

教師人數	■編制內：63　■編制外：6
已接受特殊教育培訓教師人數	10　外籍　2
教師年資	■0-4年：20人　■5-9年：1人　■10年或以上：42人
教師專業訓練	■認可教師證書/教育文憑：89%
教師資歷	■大學學位：38%　■碩士或以上：62%

註：教師年資只計算編制內教師人數；初中均以英語為教學語言學習數學、綜合科學及資訊科技

21/22學年收生情況

中一生總人數(班數) 127 (4)

學位分配百分比　■自行:67%　■統一:33%

自行收生取錄人數　40　競爭情況　1:7.25　面試名額　200

22/23學年收生要求

收生準則	■學業成績：30%　■課外活動：20%　■操行及態度：30%　■面試表現：20%
面試內容	溝通技巧/應對；禮儀；常識；中英文能力；學習態度；家庭生活
派表日期	2022.01.03-2022.01.17
收表日期	2022.01.03-2022.01.17
自行收生預算學額	40

學校特色

■德智體全面發展，培養學生愛國愛港、品學兼優、服務社群
■兩文三語兼擅，普通話教授中文科，英文科按學生能力分組授課
■校園常規嚴謹，培養良好的學習和生活態度

21/22學年中一教學語言

全級英文為教學語言科目	英文、數學、科學、資訊科技

中學文憑試成績（2021年7月畢業生）

33222率	57.7%
中文科達3級率	83.2%
英文科達3級率	63.8%
數學科達2級率	100%
通識科達2級率	98.7%
人均優良成績	1.26
入讀本地大專文憑率	
入讀本地大學率	65.1%
入讀(只限港大、中大、科大)率	28.2%
入讀非本地大學率	+

基督教崇真中學 Tsung Tsin Christian Academy

地址	長沙灣荔康街8號
電話	27288727　傳眞　27288021
電郵	mail@ttca.edu.hk
網址	www.ttca.edu.hk
校長	張文偉　創校年份　2004
學校類別	直資　學生性別　男女
宗教背景	基督教
主要教學語言	初中：英文　高中：英文
一條龍小學	/
直屬小學	崇眞小學暨幼稚園
聯繫小學	/

教師專業資歷

教師人數	■編制內：69　■編制外：0
已接受特殊教育培訓教師人數	7　外籍　4
教師年資	■0-4年：25人　■5-9年：8人　■10年或以上：36人
教師專業訓練	■認可教師證書/教育文憑：86%
教師資歷	■大學學位：59%　■碩士或以上：41%

註：教師年資只計算編制內教師人數

21/22學年收生情況

中一生總人數(班數) 164 (6)

學位分配百分比　■自行:100%　■統一:0%

自行收生取錄人數　164　競爭情況　1:13.41　面試名額　所有申請人

22/23學年收生要求

收生準則	■教育局成績次第：25%　■學業成績：25%　■面試表現：40%　■課外活動的參與及社區服務 10%
面試內容	溝通技巧/應對；禮儀；常識；體藝才能；中英文能力；數理能力；學習態度；家庭生活；應變能力
派表日期	2021.11.15
收表日期	2022.01.14
自行收生預算學額	164

學校特色

■十二門徒計劃及生命教育計劃
■自主學習、備課學習及中文科MAPS教學法
■中五至中六本地課程（HKDSE）及海外課程（IAL）雙軌並行

21/22學年中一教學語言

全級英文為教學語言科目	英文、歷史、數學、地理、電腦、音樂、視藝、家政（物理）、科學（化學）、科學（生物）、STEM、生活與社會

中學文憑試成績（2021年7月畢業生）

33222率	+
中文科達3級率	+
英文科達3級率	+
數學科達2級率	+
通識科達2級率	+
人均優良成績	+
入讀本地大專文憑率	
入讀本地大學率	
入讀(只限港大、中大、科大)率	
入讀非本地大學率	

陳樹渠紀念中學 Chan Shu Kui Memorial School

地址	深水埗青山道99號
電話	23800241　傳眞　23973539
電郵	csk@cskms.edu.hk
網址	www.cskms.edu.hk
校長	招祥麒　創校年份　1973
學校類別	直資　學生性別　男女
宗教背景	沒有
主要教學語言	初中：中、英　高中：中、英
一條龍小學	/
直屬小學	/
聯繫小學	/

教師專業資歷

教師人數	■編制內：+　■編制外：+
已接受特殊教育培訓教師人數	+　外籍　+
教師年資	+
教師專業訓練	+
教師資歷	+

21/22學年收生情況

中一生總人數(班數) +

學位分配百分比　■自行:+　■統一:+

自行收生取錄人數　+　競爭情況　+　面試名額　+

22/23學年收生要求

收生準則	+
面試內容	+
派表日期	+
收表日期	+
自行收生預算學額	+

學校特色

21/22學年中一教學語言

全級英文為教學語言科目	不提供

中學文憑試成績（2021年7月畢業生）

33222率	+
中文科達3級率	+
英文科達3級率	+
數學科達2級率	+
通識科達2級率	+
人均優良成績	+
入讀本地大專文憑率	+
入讀本地大學率	
入讀(只限港大、中大、科大)率	
入讀非本地大學率	

註：+表示學校沒有提供資料；/表示沒有或不適用

深水埗區

惠僑英文中學 Wai Kiu College

地址	石硤尾偉智街17號
電話	27776289　傳真　27767727
電郵	wkc@wkc.edu.hk
網址	www.wkc.edu.hk
校長	鄭智賢　創校年份　1968
學校類別	直資　學生性別　男女
宗教背景	沒有
主要教學語言	初中:中、英及普通話　高中:中、英
一條龍小學	/
直屬小學	/
聯繫小學	/

教師專業資歷

教師人數	■編制內：47　■編制外：+
已接受特殊教育培訓教師人數	11　外籍　1
教師年資	■0-4年：25人　■5-9年：4人　■10年或以上：18人
教師專業訓練	■認可教師證書/教育文憑：100%
教師資歷	■大學學位：60%　■碩士或以上：40%

註：教師年資只計算編制內教師人數

21/22學年收生情況

中一生總人數(班數)　+ (3)
學位分配百分比　■自行:+　■統一:+
自行收生取錄人數　+　競爭情況　+　面試名額　+

22/23學年收生要求

收生準則　■學業成績：25%　■課外活動：25%　■操行及態度：25%　■面試表現：25%

面試內容　溝通技巧/應對；禮儀

派表日期　2022.01.03-2022.01.17
收表日期　2022.01.03-2022.01.17
自行收生預算學額　+

學校特色

■全人教育，培養學生自重自覺自律；愉快學習，建立積極健康人生
■「世界學堂計劃」拓闊學生視野；中一生須加入制服團隊，中二生須參與一人一藝計劃
■提供不同種類的訓練課程，培養明日領袖

21/22學年中一教學語言

全級英文為教學語言科目　英文

中學文憑試成績（2021年7月畢業生）

33222率	+
中文科達3級率	+
英文科達3級率	+
數學科達2級率	+
通識科達2級率	+
人均優良成績	
入讀本地大專文憑率	
入讀本地大學率	
入讀(只限港大、中大、科大)率	
入讀非本地大學率	+

聖瑪加利男女英文中小學 St Margaret's Co-educational English Secondary & Primary School

地址	西九龍深旺道33號
電話	23966675　傳真　27890485
電郵	enquiry@smcesps.edu.hk
網址	www.smcesps.edu.hk
校長	李蘭苑　創校年份　1965
學校類別	直資　學生性別　男女
宗教背景	天主教
主要教學語言	初中:英文　高中:英文
一條龍小學	聖瑪加利男女英文中小學
直屬小學	/
聯繫小學	/

教師專業資歷

教師人數	■編制內：+　■編制外：+
已接受特殊教育培訓教師人數	6　外籍　10
教師年資	■0-4年：22人　■5-9年：7人　■10年或以上：29人
教師專業訓練	■認可教師證書/教育文憑：93%
教師資歷	■大學學位：43%　■碩士或以上：55%

21/22學年收生情況

中一生總人數(班數)　123 (3/4)
學位分配百分比　■自行:+　■統一:+
自行收生取錄人數　57　競爭情況　1:14　面試名額　+

22/23學年收生要求

收生準則　■學業成績：30%　■課外活動：10%　■操行及態度：30%　■面試表現：20%　■與中學聯繫：5%　■其他：5%

面試內容　溝通技巧/應對；禮儀；常識；體藝才能；應變能力；中英文能力；數理能力；學習態度；家庭生活

派表日期　2021.09.23 – 2021.12.30
收表日期　2021.09.23 – 2021.12.30
自行收生預算學額　57

學校特色

■三文四語，有10多名外籍教師；設法、德、日或西班牙等外語科
■設生活價值教育科及領袖訓練，培養積極人生觀、溝通及生活技能
■提倡一生一體藝，讓學生發揮多元潛能；駐校護士照顧學生身心成長

21/22學年中一教學語言

全級英文為教學語言科目　英文、數學、科學、電腦、音樂、視藝、體育、戲劇、宗教、生命教育、英語文學、生活與社會

中學文憑試成績（2021年7月畢業生）

33222率	
中文科達3級率	
英文科達3級率	
數學科達2級率	
通識科達2級率	
人均優良成績	
入讀本地大專文憑率	
入讀本地大學率	
入讀(只限港大、中大、科大)率	
入讀非本地大學率	

德望學校 Good Hope School

地址	九龍清水灣道303號
電話	23210250　傳真　23248242
電郵	goodhope@ghs.edu.hk
網址	www.ghs.edu.hk
校長	Gary James Harfitt　創校年份　1957
學校類別	直資　學生性別　女
宗教背景	天主教
主要教學語言	初中:中、英及普通話　高中:中、英
一條龍小學	/
直屬小學	德望小學暨幼稚園
聯繫小學	/

教師專業資歷

教師人數	■編制內：108　■編制外：0
已接受特殊教育培訓教師人數	17　外籍　2
教師年資	■0-4年：23人　■5-9年：23人　■10年或以上：62人
教師專業訓練	■認可教師證書/教育文憑：96%
教師資歷	■大學學位：45%　■碩士或以上：55%

註：2021/22學年學位分配百分比不包括一條龍小學學生

21/22學年收生情況

中一生總人數(班數)　228 (6)
學位分配百分比　■自行:100%　■統一:0%
自行收生取錄人數　+　競爭情況　+　面試名額　+

22/23學年收生要求

收生準則　■學業成績：50%　■面試表現：25%　■課外活動、校內服務及才藝　25%

面試內容　溝通技巧/應對；中英文能力；數理能力；應變能力

派表日期　2021.10.18-2021.11.05
收表日期　2021.10.18-2021.11.05
自行收生預算學額　+

學校特色

■為加強課室互動，初中及部分高中班別的語文科目均以小班授課
■本校為初中及高中學生分別設計了全面的就業規劃和價值教育課程

21/22學年中一教學語言

全級英文為教學語言科目　英文、歷史、數學、科學、地理、音樂、視藝、體育、STEAM、科技與生活、生活與社會、倫理及宗教教育、資訊及通訊科技

中學文憑試成績（2021年7月畢業生）

33222率	
中文科達3級率	
英文科達3級率	
數學科達2級率	+
通識科達2級率	+
人均優良成績	+
入讀本地大專文憑率	
入讀本地大學率	
入讀(只限港大、中大、科大)率	
入讀非本地大學率	+

深水埗區、黃大仙區

註：+表示學校沒有提供資料；/表示沒有或不適用

地利亞修女紀念學校（協和二中） DELIA MEMORIAL SCHOOL (HIP WO NO.2 COLLEGE)

地址	協和街223號
電話	23896299　傳真　27973618
電郵	hw2@deliagroup.edu.hk
網址	deliahw2.edu.hk
校長	謝俊賢　創校年份　1980
學校類別	直資　學生性別　男女
宗教背景	沒有
主要教學語言	初中：中、英　高中：中、英
一條龍小學	/
直屬小學	/
聯繫小學	/

教師專業資歷

教師人數	■編制內：+　■編制外：+
已接受特殊教育培訓教師人數	+　外籍　+
教師年資	+
教師專業訓練	+
教師資歷	+　　　　+

21/22學年收生情況

中一生總人數(班數)　+（+）
學位分配百分比　　■自行：+　■統一：+
自行收生取錄人數　+　競爭情況　+　面試名額　+

22/23學年收生要求

收生準則	+
面試內容	+
派表日期	+
收表日期	+
自行收生預算學額	+

學校特色

21/22學年中一教學語言

全級英文為教學語言科目　不提供

中學文憑試成績（2021年7月畢業生）

33222率	+
中文科達3級率	+
英文科達3級率	+
數學科達2級率	+
通識科達2級率	+
人均優良成績	
入讀本地大專文憑率	
入讀本地大學率	
入讀(只限港大、中大、科大)率	
入讀非本地大學率	

地利亞修女紀念學校（協和） Delia Memorial School (Hip Wo)

地址	觀塘協和街221號
電話	23423198　傳真　27973560
電郵	hw@deliagroup.edu.hk
網址	www.deliahw.edu.hk
校長	林艷玲　創校年份　1980
學校類別	直資　學生性別　男女
宗教背景	沒有
主要教學語言	初中：中、英　高中：中、英
一條龍小學	/
直屬小學	/
聯繫小學	/

教師專業資歷

教師人數	■編制內：+　■編制外：+
已接受特殊教育培訓教師人數	+　外籍　+
教師年資	+
教師專業訓練	+
教師資歷	+

21/22學年收生情況

中一生總人數(班數)　+（+）
學位分配百分比　　■自行：+　■統一：+
自行收生取錄人數　+　競爭情況　+　面試名額　+

22/23學年收生要求

收生準則	+
面試內容	+
派表日期	+
收表日期	+
自行收生預算學額	+

學校特色

+

21/22學年中一教學語言

全級英文為教學語言科目　不提供

中學文憑試成績（2021年7月畢業生）

33222率	+
中文科達3級率	+
英文科達3級率	+
數學科達2級率	+
通識科達2級率	+
人均優良成績	
入讀本地大專文憑率	
入讀本地大學率	
入讀(只限港大、中大、科大)率	
入讀非本地大學率	

基督教中國佈道會聖道迦南書院 ECF Saint Too Canaan College

地址	觀塘利安里6號
電話	23720033　傳真　23720055
電郵	info@stcc.edu.hk
網址	www.stcc.edu.hk
校長	徐潮妹　創校年份　2003
學校類別	直資　學生性別　男女
宗教背景	基督教
主要教學語言	初中：中、英　高中：英文
一條龍小學	/
直屬小學	/
聯繫小學	/

教師專業資歷

教師人數	■編制內：67　■編制外：0
已接受特殊教育培訓教師人數	23　外籍　2
教師年資	■0-4年：13人 ■5-9年：13人 ■10年或以上：41人
教師專業訓練	■認可教師證書/教育文憑：100%
教師資歷	■大學學位：34% ■碩士或以上：66%

21/22學年收生情況

中一生總人數(班數)　150（5）
學位分配百分比　　■自行：100%　■統一：0%
自行收生取錄人數　+　競爭情況　+　面試名額　如合適才獲邀面試

22/23學年收生要求

收生準則	■學業成績：50%　■操行及態度：20% ■面試表現：20%　■家長支援(10%) ■中、英、數三科及操行須達B等或以上
面試內容	溝通技巧/應對；禮儀；常識；體藝才能；應變能力； 中英文能力；數理能力；學習態度；家庭生活
派表日期	2021.10.11（額滿即止）
收表日期	2021.10.11（額滿即止）
自行收生預算學額	164

學校特色

■研發「學思達」、「正向管教」創新教學，學生自主學習，追求卓越成績
■接待奧地利及德國交流生、舉辦遊學團等活動，培養學生國際視野
■推行STEM教育及綠色校園文化，培育多角度解難技巧，提倡共融文化

21/22學年中一教學語言

全級英文為教學語言科目　英文、歷史、數學、科學、地理、資訊科技、跨學科英語

中學文憑試成績（2021年7月畢業生）

33222率	+
中文科達3級率	+
英文科達3級率	+
數學科達2級率	+
通識科達2級率	+
人均優良成績	
入讀本地大專文憑率	
入讀本地大學率	
入讀(只限港大、中大、科大)率	
入讀非本地大學率	

註：+表示學校沒有提供資料；/表示沒有或不適用

滙基書院（東九龍） United Christian College (Kowloon East)

地址	觀塘利安里2號
電話	23436677　傳真　27900077
電郵	mail@uccke.edu.hk
網址	www.uccke.edu.hk
校長	鄭建德　創校年份 2003
學校類別	直資　學生性別　男女
宗教背景	基督教
主要教學語言	初中：英文　高中：英文
一條龍小學	/
直屬小學	/
聯繫小學	救恩學校

教師專業資歷

教師人數	■編制內：0　■編制外：84
已接受特殊教育培訓教師人數	26　外籍　7
教師年資	■0-4年：34人 ■5-9年：12人 ■10年或以上：38人
教師專業訓練	■認可教師證書/教育文憑：95.2%
教師資歷	■大學學位：46% ■碩士或以上：54%

註：2021/22學年學位分配百分比不包括一條龍小學學生

21/22學年收生情況

中一生總人數(班數) 168 (5)

學位分配百分比　■自行：100%　■統一：0%

自行收生取錄人數　164　競爭情況　1:16.46　面試名額　所有申請人

22/23學年收生要求

收生準則	■教育局成績次第：40%　■操行及態度：30% ■面試表現：30%
面試內容	溝通技巧/應對；禮儀；常識；中英文能力
派表日期	2021.10.04-2021.12.29 5:00p.m.
收表日期	2021.10.04-2021.12.29 5:00p.m.
自行收生預算學額	164

學校特色

■拓闊學習時空的初中課程：有糅合美國和香港特色英語課程、STEM、日文、法文
■運用資訊科技，進行互動及自主式學習
■推行住宿課程，透過群體生活訓練學生紀律和社交能力

21/22學年中一教學語言

全級英文為教學語言科目	英文、英語文學、歷史、數學、科學、地理、電腦、音樂、視藝、生活與社會

中學文憑試成績（2021年7月畢業生）

33222率	84.5%
中文科達3級率	85.6%
英文科達3級率	100%
數學科達2級率	97.9%
通識科達2級率	100%
人均優良成績	1.11
入讀本地大專文憑率	8%
入讀本地大學率	58%
入讀(只限港大、中大、科大)率	25%
入讀非本地大學率	34%

福建中學 Fukien Secondary School

地址	觀塘振華道83號
電話	25781745　傳真　25120659
電郵	fms-mail@hkedcity.net
網址	http://www.fms.edu.hk
校長	吳宏基　創校年份 1951
學校類別	直資　學生性別　男女
宗教背景	沒有
主要教學語言	初中：英、普通話　高中：中、英及普通話
一條龍小學	/
直屬小學	福建中學附屬學校
聯繫小學	/

教師專業資歷

教師人數	■編制內：96　■編制外：0
已接受特殊教育培訓教師人數	15　外籍　3
教師年資	■0-4年：15人 ■5-9年：8人 ■10年或以上：73人
教師專業訓練	■認可教師證書/教育文憑：95%
教師資歷	■大學學位：49% ■碩士或以上：50%

21/22學年收生情況

中一生總人數(班數) 192 (6)

學位分配百分比　■自行：0%　■統一：0%

自行收生取錄人數　205　競爭情況　1:9.38　面試名額　所有申請人

22/23學年收生要求

收生準則	■學業成績：30%　■獎項：5% ■課外活動：5%　■操行及態度：20% ■面試表現：30%　■家長支援：10%
面試內容	溝通技巧/應對；禮儀；常識；體藝才能；應變能力；中英文能力；數理能力；學習態度；家庭生活
派表日期	2021.10.04-2022.06.30
收表日期	2021.10.04-2022.06.30
自行收生預算學額	205

學校特色

■初中以英語為主要授課語言，並全面推展STEM創科教育
■積極推動電子教學，課室設有電子互動教學屏幕，學生均利用iPad上課
■校園設施先進完備，設有室內恒溫暖水永池體育館、劇院、英語劇場、中國文化室、求真天地、恬園及文化體驗空間等

21/22學年中一教學語言

全級英文為教學語言科目	英文、歷史、數學、科學、地理、電腦、音樂、視藝、戲劇、英國語文閱讀及說話課

中學文憑試成績（2021年7月畢業生）

33222率	68.4%
中文科達3級率	83%
英文科達3級率	82.5%
數學科達2級率	100%
通識科達2級率	100%
人均優良成績	1.33
入讀本地大專文憑率	18.7%
入讀本地大學率	63.2%
入讀(只限港大、中大、科大)率	25.7%
入讀非本地大學率	9.9%

慕光英文書院 Mu Kuang English School

地址	觀塘功樂道55號
電話	23412932　傳真　23434854
電郵	info@mukuang.edu.hk
網址	www.mukuang.edu.hk
校長	金禮賢　創校年份 1954
學校類別	直資　學生性別　男女
宗教背景	沒有
主要教學語言	初中：中、英　高中：中、英
一條龍小學	/
直屬小學	/
聯繫小學	/

教師專業資歷

教師人數	■編制內：70　■編制外：1
已接受特殊教育培訓教師人數	16　外籍　0
教師年資	■0-4年：37人 ■5-9年：2人 ■10年或以上：31人
教師專業訓練	■認可教師證書/教育文憑：81%
教師資歷	■大學學位：72% ■碩士或以上：28%

註：教師年資只計算編制內教師人數；2021/22學年學位分配百分比不包括一條龍小學學生

21/22學年收生情況

中一生總人數(班數) 140 (5)

學位分配百分比　■自行：30%　■統一：70%

自行收生取錄人數　40　競爭情況　1:3　面試名額　+

22/23學年收生要求

收生準則	■學業成績：25%　■課外活動：15% ■操行及態度：25%　■面試表現：25% ■與中學聯繫：10%
面試內容	溝通技巧/應對；常識；體藝才能；學習態度；應變能力
派表日期	2022.01.03-2022.01.17
收表日期	2022.01.03-2022.01.17
自行收生預算學額	40

學校特色

■推出「三文四語」課程，必修第三語言（日語或韓語），拓展學生國際視野
■開辦航天課程，讓學生及家長體驗飛行樂趣，享受非一般的學習歷程
■透過「亞馬遜生物教室」培養同學對科學探索的追求，亦強化生命教育

21/22學年中一教學語言

全級英文為教學語言科目	英文、1A班除體育/家政/Dreamstater外，其他科目以英語授課

中學文憑試成績（2021年7月畢業生）

33222率	+
中文科達3級率	+
英文科達3級率	+
數學科達2級率	+
通識科達2級率	+
人均優良成績	+
入讀本地大專文憑率	+
入讀本地大學率	+
入讀(只限港大、中大、科大)率	+
入讀非本地大學率	+

觀塘區

註：+表示學校沒有提供資料；/表示沒有或不適用

保良局羅氏基金中學 PLK Laws Foundation College

地址	將軍澳陶樂路8號
電話	27018778　傳真　27013866
電郵	info@plklfc.edu.hk
網址	www.plklfc.edu.hk
校長	陳榮光　創校年份　2004
學校類別	直資　學生性別　男女
宗教背景	沒有
主要教學語言	初中:不提供　高中:不提供
一條龍小學	/
直屬小學	/
聯繫小學	/

教師專業資歷

教師人數　■編制內：+　■編制外：+
已接受特殊教育培訓教師人數　+　外籍　+

教師年資　+

教師專業訓練　+

教師資歷　+

21/22學年收生情況

中一生總人數(班數)　+
學位分配百分比　　■自行:+　■統一:+
自行收生取錄人數　+　競爭情況　+　面試名額　+

22/23學年收生要求

收生準則　+

面試內容　+

派表日期
收表日期
自行收生預算學額　+

學校特色

+

21/22學年中一教學語言

全級英文為教學語言科目　不提供

中學文憑試成績（2021年7月畢業生）

33222率	+
中文科達3級率	+
英文科達3級率	+
數學科達2級率	+
通識科達2級率	+
人均優良成績	
入讀本地大專文憑率	+
入讀本地大學率	+
入讀(只限港大、中大、科大)率	+
入讀非本地大學率	+

將軍澳香島中學 Heung To Secondary School (Tseung Kwan O)

地址	將軍澳調景嶺勤學里4號
電話	26233039　傳真　26233193
電郵	schoolmail@htss.edu.hk
網址	tko.heungto.net
校長	鄧飛　創校年份　2003
學校類別	直資　學生性別　男女
宗教背景	沒有
主要教學語言	初中:中、英及普通話　高中:中、英及普通話
一條龍小學	/
直屬小學	/
聯繫小學	/

教師專業資歷

教師人數　■編制內：+　■編制外：+
已接受特殊教育培訓教師人數　+　外籍　+

教師年資　+

教師專業訓練　+

教師資歷　+

21/22學年收生情況

中一生總人數(班數)　+
學位分配百分比　　■自行:+　■統一:+
自行收生取錄人數　+　競爭情況　+　面試名額　+

22/23學年收生要求

收生準則　+

面試內容　+

派表日期
收表日期
自行收生預算學額　+

學校特色

+

21/22學年中一教學語言

全級英文為教學語言科目　不提供

中學文憑試成績（2021年7月畢業生）

33222率	+
中文科達3級率	+
英文科達3級率	+
數學科達2級率	+
通識科達2級率	+
人均優良成績	
入讀本地大專文憑率	+
入讀本地大學率	+
入讀(只限港大、中大、科大)率	+
入讀非本地大學率	+

啓思中學 Creative Secondary School

地址	將軍澳蓬萊路3號
電話	23360233　傳真　27013277
電郵	admin@css.edu.hk
網址	www.css.edu.hk
校長	Anthony Adames　創校年份　2007
學校類別	直資　學生性別　男女
宗教背景	沒有
主要教學語言	初中:中、英及普通話　高中:中、英及普通話
一條龍小學	/
直屬小學	/
聯繫小學	啓思小學

教師專業資歷

教師人數　■編制內：79　■編制外：0
已接受特殊教育培訓教師人數　8　外籍　29

教師年資　■0-4年：34人　■5-9年：19人　■10年或以上：47人

教師專業訓練　■認可教師證書/教育文憑:91%

教師資歷　■大學學位:100%　■碩士或以上:+

21/22學年收生情況

中一生總人數(班數)　+(5)
學位分配百分比　　■自行:100%　■統一:+
自行收生取錄人數　+　競爭情況　+　面試名額　+

22/23學年收生要求

收生準則　+

面試內容　+

派表日期　第一階段 2021.09.06-2021.11.30　第二階段 2022.01.03-2022.04.30　叩門階段 2022.06.01-2022.07.15

收表日期　第一階段 2021.09.06-2021.11.30　第二階段 2022.01.03-2022.04.30　叩門階段 2022.06.01-2022.07.15

自行收生預算學額　+

學校特色

+

21/22學年中一教學語言

全級英文為教學語言科目　英文、數學、綜合人文、音樂、視藝、體育、資訊科技、綜合科學、設計與科技、中史（非華語學生）

中學文憑試成績（2021年7月畢業生）

33222率	+
中文科達3級率	+
英文科達3級率	+
數學科達2級率	+
通識科達2級率	+
人均優良成績	
入讀本地大專文憑率	+
入讀本地大學率	+
入讀(只限港大、中大、科大)率	+
入讀非本地大學率	+

西貢區

註：+表示學校沒有提供資料；/表示沒有或不適用

萬鈞匯知中學 Man Kwan QualiEd College

地址	將軍澳調景嶺勤學里2號
電話	27066969　傳真　27069906
電郵	enquiry@mkqc.edu.hk
網址	www.mkqc.edu.hk
校長	張志文　創校年份　2003
學校類別	直資　學生性別　男女
宗教背景	沒有
主要教學語言	初中:中、英　高中:中、英
一條龍小學	/
直屬小學	/
聯繫小學	/

教師專業資歷

教師人數	■編制內：69　■編制外：3
已接受特殊教育培訓教師人數	30　外籍　4
教師年資	■0-4年：16人 ■5-9年：6人 ■10年或以上：47人
教師專業訓練	■認可教師證書/教育文憑：96%
教師資歷	■大學學位：63% ■碩士或以上：37%

21/22學年收生情況

中一生總人數(班數)　164（5）

學位分配百分比　■自行:100%　■統一:0%

自行收生取錄人數　164　競爭情況　+　面試名額　所有申請人

22/23學年收生要求

收生準則	■學業成績：30%　■課外活動：20% ■操行及態度：30%　■面試表現：20%
面試內容	溝通技巧/應對；禮儀；常識；體藝才能；應變能力；中英文能力；數理能力；學習態度；家庭生活
派表日期	2021.09.01-額滿
收表日期	2021.09.01-額滿
自行收生預算學額	164

學校特色

■辦學理念：人人可教，皆可成才；校訓：眞 善 美；秉持「活的教育」的理念
■在教學上，我們「以人爲本」，推行「活的教育」（ACTIVE Education）方案，以「全人教育」爲發展框架，提供「活」的學習空間及「活」的知識，讓不同性向及才華的學生，可以因受教而達優
■透過初中全面引入Micro:bit及Arduino電腦編程、全校歷境學習日、跨學科專題研習課、融滙入教、早上閱讀課、戲劇課、文化祭、實習及遊學計劃等，全面發揮學生潛能

21/22學年中一教學語言

全級英文爲教學語言科目　英文

中學文憑試成績（2021年7月畢業生）

33222率	+
中文科達3級率	+
英文科達3級率	+
數學科達2級率	+
通識科達2級率	+
人均優良成績	+
入讀本地大專文憑率	+
入讀本地大學率	+
入讀(只限港大、中大、科大)率	+
入讀非本地大學率	+

播道書院 Evangel College

地址	將軍澳至善街7號
電話	23661802　傳真　23661732
電郵	admission@evangel.edu.hk
網址	www.evangel.edu.hk
校長	盧偉成　創校年份　2006
學校類別	直資　學生性別　男女
宗教背景	基督教
主要教學語言	初中:英文　高中:英文
一條龍小學	播道書院（小學部）
直屬小學	/
聯繫小學	/

教師專業資歷

教師人數	■編制內：83　■編制外：0
已接受特殊教育培訓教師人數	10　外籍　4
教師年資	■0-4年：19人 ■5-9年：19人 ■10年或以上：45人
教師專業訓練	■認可教師證書/教育文憑：92.8%
教師資歷	■大學學位：49% ■碩士或以上：51%

21/22學年收生情況

中一生總人數(班數)　164（5）

學位分配百分比　■自行:+　■統一:+

自行收生取錄人數　+　競爭情況　+　面試名額　+

22/23學年收生要求

收生準則	■學業成績　■課外活動 ■操行及態度　■面試表現
面試內容	溝通技巧/應對；禮儀；中英文能力；數理能力；學習態度；應變能力
派表日期	2021.11.02-2021.12.02（暫定）
收表日期	2021.11.02-2021.12.03（暫定）
自行收生預算學額	待定

學校特色

■中、英文雙語並重，藉以幫助孩子立足全球化的發展
■推行以「聖經原則」和「中華文化素養」爲本的德育及公民教育
■培養孩子學思並重、自主學習、堅毅奮進、勇於創新的習慣

21/22學年中一教學語言

全級英文爲教學語言科目　英文、數學、音樂、視藝、創意科技（中一至中三）、科學（中一及中三）、歷史（中一及中三）、地理（中一及中三）、生活與社會（中二）、經濟（中二及中三）、會計（中三）、生物（中三）、化學（中三）、物理（中三）

中學文憑試成績（2021年7月畢業生）

33222率	+
中文科達3級率	+
英文科達3級率	+
數學科達2級率	+
通識科達2級率	+
人均優良成績	+
入讀本地大專文憑率	+
入讀本地大學率	+
入讀(只限港大、中大、科大)率	+
入讀非本地大學率	+

優才（楊殷有娣）書院 G.T. (Ellen Yeung) College

地址	調景嶺嶺光街10號
電話	25356867　傳真　26236550
電郵	secondary@gtcollege.edu.hk
網址	www.gtcollege.edu.hk
校長	譚國偉　創校年份　1996
學校類別	直資　學生性別　男女
宗教背景	沒有
主要教學語言	初中:中、英及普通話　高中:中、英
一條龍小學	優才（楊殷有娣）書院小學部
直屬小學	/
聯繫小學	/

教師專業資歷

教師人數	■編制內：66　■編制外：5
已接受特殊教育培訓教師人數	4　外籍　3
教師年資	■0-4年：31人 ■5-9年：8人 ■10年或以上：27人
教師專業訓練	■認可教師證書/教育文憑：68%
教師資歷	■大學學位：34.8% ■碩士或以上：65.2%

21/22學年收生情況

中一生總人數(班數)　140（6）

學位分配百分比　■自行:0%　■統一:0%

自行收生取錄人數　140　競爭情況　1:7.50　面試名額　40

22/23學年收生要求

收生準則	■學業成績：35%　■獎項：15% ■操行及態度：15%　■面試表現：35%
面試內容	溝通技巧/應對；禮儀；常識；體藝才能；應變能力；中英文能力；數理能力；學習態度；家庭生活
派表日期	2021.10.01
收表日期	2021.11.22
自行收生預算學額	130

學校特色

■小班教學：教師能更有效教學及兼顧每名學生的學習需要
■資優培訓：特設加速班、才華班、課後資優班及個人培育課程
■英語授課：每班皆由本地及外籍教師共同教授英語；初中中文科則以普通話授課

21/22學年中一教學語言

全級英文爲教學語言科目　英文、數學、科學、地理、音樂、視藝

中學文憑試成績（2021年7月畢業生）

33222率	82.61%
中文科達3級率	86.96%
英文科達3級率	95.65%
數學科達2級率	98.55%
通識科達2級率	100%
人均優良成績	1.72
入讀本地大專文憑率	5.80%
入讀本地大學率	76.81%
入讀(只限港大、中大、科大)率	31.88%
入讀非本地大學率	17.39%

註：教師年資只計算編制內教師人數

註：+表示學校沒有提供資料；/表示沒有或不適用

林大輝中學 Lam Tai Fai College

地址　沙田銀城街25號
電話　27861990　傳真　27869617
電郵　info@ltfc.edu.hk
網址　www.ltfc.edu.hk
校長　郭創輝　　創校年份　2004
學校類別　直資　學生性別　男女
宗教背景　沒有
主要教學語言　初中：英文　高中：英文
一條龍小學　/
直屬小學　/
聯繫小學　/

教師專業資歷

教師人數　■編制內：81　■編制外：/
已接受特殊教育培訓教師人數　10　外籍　3

教師年資
■0-4年：48人
■5-9年：7人
■10年或以上：26人

教師專業訓練　■認可教師證書/教育文憑：81%

教師資歷
■大學學位：57%
■碩士或以上：43%

註：教師年資只計算編制內教師人數；收生準則分數多於100，總分是：120

21/22學年收生情況

中一生總人數(班數)　164 (5)
學位分配百分比　■自行：100%　■統一：+
自行收生取錄人數　164　競爭情況　+　面試名額　+

22/23學年收生要求

收生準則
■學業成績：20%　■課外活動：10%
■操行及態度：10%　■面試：35%
■語文能力（英文、中文或普通話）：25%
額外分數：於運動、藝術、設計或科技有傑出成就：15%
家長或兄弟姊妹曾於/現於林大輝中學就讀：5%

面試內容　溝通技巧/應對；禮儀；常識；體藝才能；新聞時事；中英文能力；數理能力；學習態度；家庭生活；應變能力

派表日期　2021.11.22
收表日期　額滿即止
自行收生預算學額　164

學校特色

■重視全人發展，培養具優秀學術成就及品格的學生
■透過多元化及具挑戰性的課程，提升學生於學業、藝術及時裝設計、體育及創新科技方面的發展
■強調品格培養、健康生活模式

21/22學年中一教學語言

全級英文為教學語言科目　英文、數學、綜合科學、綜合人文、音樂、視藝、創新科技、體育、全方位學習課

中學文憑試成績（2021年7月畢業生）

33222率	+
中文科達3級率	+
英文科達3級率	+
數學科達2級率	+
通識科達2級率	+
人均優良成績	+
入讀本地大專文憑率	+
入讀本地大學率	+
入讀(只限港大、中大、科大)率	+
入讀非本地大學率	+

香港浸會大學附屬學校王錦輝中小學 HKBU Affiliated School Wong Kam Fai Secondary and Primary School

地址　沙田石門安睦里6號
電話　26372270　傳真　26372043
電郵　a-school-ss@hkbuas.edu.hk
網址　www.hkbuas.edu.hk
校長　陳偉佳　　創校年份　2006
學校類別　直資　學生性別　男女
宗教背景　基督教
主要教學語言　初中：英、普通話　高中：英、普通話
一條龍小學　香港浸會大學附屬學校王錦輝中小學
直屬小學　/
聯繫小學　/

教師專業資歷

教師人數　■編制內：92　■編制外：3
已接受特殊教育培訓教師人數　20　外籍　6

教師年資
■0-4年：27人
■5-9年：16人
■10年或以上：52人

教師專業訓練　■認可教師證書/教育文憑：88%

教師資歷
■大學學位：36%
■碩士或以上：64%

註：2021/22學年自行學位分配百分比包括一條龍小學學生

21/22學年收生情況

中一生總人數(班數)　183 (5)
學位分配百分比　■自行：100%　■統一：0%
自行收生取錄人數　40　競爭情況　1:27.71　面試名額　所有申請人

22/23學年收生要求

收生準則　■面試表現：50%　■學生個人檔案：50%

面試內容　溝通技巧/應對；禮儀；常識；體藝才能；中英文能力；數理能力；學習態度；家庭生活；應變能力

派表日期　2021.11.20-2021.12.24
收表日期　2021.11.20-2021.12.24
自行收生預算學額　35

學校特色

■重視全人發展，培養學生學術成就，並重視發展體藝潛能
■重視品德和文化修養，於初中設「人文素質教育」及中國歷史課程
■重視培育學生的國際視野及建立世界觀，設有第三語言、境外學習及國際課程（GCE A-level）

21/22學年中一教學語言

全級英文為教學語言科目　英文、數學、科學、電腦、綜合人文、音樂、視藝、體育、法文、德文、日文、西班牙文、人文素質

中學文憑試成績（2021年7月畢業生）

33222率	+
中文科達3級率	+
英文科達3級率	+
數學科達2級率	+
通識科達2級率	+
人均優良成績	+
入讀本地大專文憑率	+
入讀本地大學率	+
入讀(只限港大、中大、科大)率	+
入讀非本地大學率	+

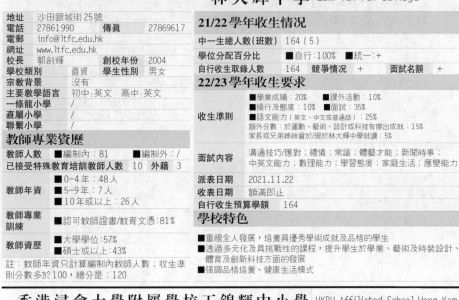

沙田區

香港神託會培基書院 Stewards Pooi Kei College

地址　沙田小瀝源路56號
電話　23454567　傳真　26350100
電郵　info@spkc.edu.hk
網址　www.spkc.edu.hk
校長　李建鋒　　創校年份　2004
學校類別　直資　學生性別　男女
宗教背景　基督教
主要教學語言　初中：英文　高中：英文
一條龍小學　/
直屬小學　/
聯繫小學　香港神託會培基小學

教師專業資歷

教師人數　■編制內：88　■編制外：5
已接受特殊教育培訓教師人數　22　外籍　4

教師年資
■0-4年：31人
■5-9年：22人
■10年或以上：40人

教師專業訓練　■認可教師證書/教育文憑：83%

教師資歷
■大學學位：56%
■碩士或以上：44%

21/22學年收生情況

中一生總人數(班數)　205 (6)
學位分配百分比　■自行：100%　■統一：0%
自行收生取錄人數　200　競爭情況　1:12.65　面試名額　+

22/23學年收生要求

收生準則
■學業成績　■課外活動
■操行及態度　■面試表現

面試內容　溝通技巧/應對；禮儀；常識；中英文能力；數理能力；學習態度；家庭生活；應變能力

派表日期　2021.10.18-2021.12.17
收表日期　2021.10.18-2021.12.17
自行收生預算學額　200

學校特色

■重視基督教教育
■提供豐富的英語學習環境和多元化的校本學習課程
■培育學生成為僕人領袖

21/22學年中一教學語言

全級英文為教學語言科目　英文、數學、科學、電腦、綜合人文、音樂、視藝

中學文憑試成績（2021年7月畢業生）

33222率	66.4%
中文科達3級率	70.1%
英文科達3級率	93.8%
數學科達2級率	97.7%
通識科達2級率	99.2%
人均優良成績	+
入讀本地大專文憑率	+
入讀本地大學率	+
入讀(只限港大、中大、科大)率	+
入讀非本地大學率	+

註：+表示學校沒有提供資料；/表示沒有或不適用

培僑書院 Pui Kiu College

地址	大圍大圍新村路1號
電話	26023166　傳真　26023177
電郵	info@puikiu.edu.hk
網址	www.puikiu.edu.hk
校長	吳育智　　創校年份　2005
學校類別	直資　學生性別　男女
宗教背景	沒有
主要教學語言	初中:英、普通話　高中:英文
一條龍小學	培僑書院
直屬小學	/
聯繫小學	/

教師專業資歷

教師人數	■編制內:+　　■編制外:+
已接受特殊教育培訓教師人數　+　外籍　+	
教師年資	+
教師專業訓練	+
教師資歷	+

21/22學年收生情況

中一生總人數(班數)　+ (+)
學位分配百分比　■自行:+　■統一:+
自行收生取錄人數　+　競爭情況　+　面試名額　+

22/23學年收生要求

收生準則　+

面試內容　+

派表日期　+
收表日期　+
自行收生預算學額　+

學校特色

+

21/22學年中一教學語言

全級英文為教學語言科目　不提供

中學文憑試成績（2021年7月畢業生）

33222率	+
中文科達3級率	+
英文科達3級率	+
數學科達2級率	+
通識科達2級率	+
人均優良成績	+
入讀本地大專文憑率	+
入讀本地大學率	+
入讀(只限港大、中大、科大)率	+
入讀非本地大學率	+

德信中學 Tak Sun Secondary School

地址	馬鞍山寧泰路27號
電話	23174339　傳真　23174335
電郵	info@tsss.edu.hk
網址	www.tsss.edu.hk
校長	羅春平　　創校年份　2000
學校類別	直資　學生性別　男
宗教背景	天主教
主要教學語言	初中:英文　高中:英文
一條龍小學	/
直屬小學	/
聯繫小學	德信學校

教師專業資歷

教師人數	■編制內:+　　■編制外:+
已接受特殊教育培訓教師人數　+　外籍　+	
教師年資	+
教師專業訓練	+
教師資歷	+

21/22學年收生情況

中一生總人數(班數)　+ (+)
學位分配百分比　■自行:+　■統一:+
自行收生取錄人數　+　競爭情況　+　面試名額　+

22/23學年收生要求

收生準則　+

面試內容　+

派表日期　+
收表日期　+
自行收生預算學額　+

學校特色

+

21/22學年中一教學語言

全級英文為教學語言科目　不提供

中學文憑試成績（2021年7月畢業生）

33222率	+
中文科達3級率	+
英文科達3級率	+
數學科達2級率	+
通識科達2級率	+
人均優良成績	+
入讀本地大專文憑率	+
入讀本地大學率	+
入讀(只限港大、中大、科大)率	+
入讀非本地大學率	+

大埔三育中學 Tai Po Sam Yuk Secondary School

地址	大埔大埔頭徑2號
電話	26653459　傳真　26642717
電郵	enquiry@tpsy.edu.hk
網址	www.tpsy.edu.hk
校長	余昌寧　　創校年份　1956
學校類別	直資　學生性別　男女
宗教背景	基督教
主要教學語言	初中:英文　高中:英文
一條龍小學	/
直屬小學	/
聯繫小學	/

教師專業資歷

教師人數	■編制內:57　　■編制外:0
已接受特殊教育培訓教師人數　20　外籍　4	
教師年資	■0-4年:20人 ■5-9年:2人 ■10年或以上:35人
教師專業訓練	■認可教師證書/教育文憑:91%
教師資歷	■大學學位:56% ■碩士或以上:44%

註：教師年資只計算編制內教師人數

21/22學年收生情況

中一生總人數(班數)　148 (4)
學位分配百分比　■自行:50%　■統一:50%
自行收生取錄人數　+　競爭情況　+　面試名額　+

22/23學年收生要求

收生準則	■教育局成績次第:20%　■學業成績 ■獎項:10%　　　　　■課外活動:10% ■操行及態度:20%　　■面試表現:40%
面試內容	溝通技巧/應對；禮儀；常識；中英文能力； 數理能力；學習態度；家庭生活；應變能力
派表日期	2021.11.28-2022.01.17
收表日期	2022.01.03-2022.01.17
自行收生預算學額	80

學校特色

■增聘多位外籍教師，營造漸進式的英語學習環境，並設計相應的課程
■全校推行「腦基礎學習」教學法
■若獲小學校長推薦計劃升讀中一，獲得取錄後最高可獲六年學費全免獎

21/22學年中一教學語言

全級英文為教學語言科目　英文、數學、科學、地理、電腦、音樂、視藝、體育、家政、設計與科技、英語閱讀課

中學文憑試成績（2021年7月畢業生）

33222率	+
中文科達3級率	+
英文科達3級率	+
數學科達2級率	+
通識科達2級率	+
人均優良成績	+
入讀本地大專文憑率	+
入讀本地大學率	+
入讀(只限港大、中大、科大)率	+
入讀非本地大學率	+

沙田區、大埔區

註：+表示學校沒有提供資料；/表示沒有或不適用

羅定邦中學 Law Ting Pong Secondary School

地址	大埔馬聰路8號
電話	26851210　傳真　26851212
電郵	ltpss@ltpss.edu.hk
網址	www.ltpss.edu.hk
校長	郭永強　創校年份　1991
學校類別	直資　學生性別　男女
宗教背景	沒有
主要教學語言	初中:英文　高中:英文
一條龍小學	/
直屬小學	/
聯繫小學	/

教師專業資歷

教師人數	■編制內:+　■編制外:+
已接受特殊教育培訓教師人數	+　外籍　+
教師年資	+
教師專業訓練	+
教師資歷	+

21/22學年收生情況

中一生總人數(班數)　+ (+)

學位分配百分比　■自行:+　■統一:+

自行收生取錄人數　+　競爭情況　+　面試名額　+

22/23學年收生要求

收生準則	+
面試內容	+
派表日期	+
收表日期	+
自行收生預算學額	+

學校特色

+

21/22學年中一教學語言

全級英文為教學語言科目　不提供

中學文憑試成績（2021年7月畢業生）

33222率	+
中文科達3級率	+
英文科達3級率	+
數學科達2級率	+
通識科達2級率	+
人均優良成績	+
入讀本地大專文憑率	+
入讀本地大學率	+
入讀(只限港大、中大、科大)率	+
入讀非本地大學率	+

基督教香港信義會心誠中學 Fanling Lutheran Secondary School

地址	粉嶺馬會道270號
電話	26700541　傳真　26700640
電郵	flss@flss.edu.hk
網址	www.flss.edu.hk
校長	麥沃華　創校年份　1964
學校類別	直資　學生性別　男女
宗教背景	基督教
主要教學語言	初中:中、英　高中:中、英
一條龍小學	/
直屬小學	/
聯繫小學	/

教師專業資歷

教師人數	■編制內:79　■編制外:3
已接受特殊教育培訓教師人數	6　外籍　1
教師年資	■0-4年：20人　■5-9年：7人　■10年或以上：52人
教師專業訓練	■認可教師證書/教育文憑:100%
教師資歷	■大學學位:53.9%　■碩士或以上:44.8%

註：教師年資只計算編制內教師人數；1998起轉為直資

21/22學年收生情況

中一生總人數(班數)　204 (6)

學位分配百分比　■自行:80%　■統一:20%

自行收生取錄人數　140　競爭情況　+　面試名額　所有申請人

22/23學年收生要求

收生準則	■學業成績：20%　■獎項：10% ■課外活動：10%　■操行及態度：15% ■面試表現：35%　■小學評語：10%
面試內容	溝通技巧/應對；禮儀；常識；體藝才能；應變能力；中英文能力；數理能力；學習態度；家庭生活
派表日期	+
收表日期	2022.01.03-2022.01.17
自行收生預算學額	140

學校特色

■校園寬闊，環境優美，千禧校舍樓高6層，設有可容納1200人的劇院式禮堂
■提供全人教育，以德、智、體、群、美、靈培育學生，引發他們關心社會
■除了傳授知識，啟發思考外，更關注學生品格、體格及意志的塑造

21/22學年中一教學語言

全級英文為教學語言科目　英文、數學、科學、電腦

中學文憑試成績（2021年7月畢業生）

33222率	+
中文科達3級率	+
英文科達3級率	+
數學科達2級率	+
通識科達2級率	+
人均優良成績	+
入讀本地大專文憑率	+
入讀本地大學率	+
入讀(只限港大、中大、科大)率	+
入讀非本地大學率	+

港青基信書院 YMCA of Hong Kong Christian College

地址	東涌松逸街2號
電話	29888123　傳真　29882000
電郵	info@yhkcc.edu.hk
網址	www.yhkcc.edu.hk
校長	盧裕敏　創校年份　2003
學校類別	直資　學生性別　男女
宗教背景	基督教
主要教學語言	初中:英、普通話　高中:英、普通話
一條龍小學	/
直屬小學	/
聯繫小學	新會商會港青基信學校

教師專業資歷

教師人數	■編制內:100　■編制外:0
已接受特殊教育培訓教師人數	1　外籍　44
教師年資	■0-4年：26人　■5-9年：18人　■10年或以上：56人
教師專業訓練	■認可教師證書/教育文憑:90%
教師資歷	■大學學位:56%　■碩士或以上:44%

註：收生準則分數多於100，總分是：110

21/22學年收生情況

中一生總人數(班數)　164 (6)

學位分配百分比　■自行:100%　■統一:0%

自行收生取錄人數　164　競爭情況　1:3.29　面試名額　340

22/23學年收生要求

收生準則	■學業成績：35%　■課外活動：10% ■操行及態度：20%　■學校推薦：5% ■面試表現：35%　■家長為學校校友/教職員:5%
面試內容	溝通技巧/應對；禮儀；常識；中英文能力；數理能力；學習態度；家庭生活；應變能力
派表日期	2021.9月中旬
收表日期	2021.10.26 (第一輪截止報名)
自行收生預算學額	164

學校特色

■充滿活力的本地直資英文中學，逾7成學生來自40多個國家
■關愛校園，訓輔並重，採取以學生為主導的教學模式
■提供本地課程 (香港中學文憑課程) 及國際課程 (英國IGCSE及GCE A Level)

21/22學年中一教學語言

全級英文為教學語言科目　英文、英語文學、歷史、數學、科學、地理、電腦、音樂、視藝、體育、家政、倫理及公民教育、戲劇、宗教、生命教育、法文、西班牙語

中學文憑試成績（2021年7月畢業生）

33222率	+
中文科達3級率	+
英文科達3級率	+
數學科達2級率	+
通識科達2級率	+
人均優良成績	+
入讀本地大專文憑率	+
入讀本地大學率	+
入讀(只限港大、中大、科大)率	+
入讀非本地大學率	+

大埔區、北區、離島區

註：+表示學校沒有提供資料；/表示沒有或不適用

佛教筏可紀念中學 Buddhist Fat Ho Memorial College

地址	大嶼山大澳大澳道99號
電話	29855365　　傳真　　29855371
電郵	info@eclass.bfhmc.edu.hk
網址	www.bfhmc.edu.hk
校長	惲福龍　　創校年份　1977
學校類別	直資　　學生性別　男女
宗教背景	佛教
主要教學語言	初中：中、英　高中：中、英
一條龍小學	/
直屬小學	/
聯繫小學	/

教師專業資歷

教師人數	■編制內：34　　■編制外：4
已接受特殊教育培訓教師人數　5　外籍　1	
教師年資	■0-4年：14人 ■5-9年：6人 ■10年或以上：16人
教師專業訓練	■認可教師證書/教育文憑：100%
教師資歷	■大學學位：50.3% ■碩士或以上：47.4%

21/22學年收生情況

中一生總人數(班數)　+（3）

學位分配百分比　　■自行：100%　■統一：0%

自行收生取錄人數　+　　競爭情況　+　　面試名額　+

22/23學年收生要求

收生準則	■學業成績：20%　　■獎項：10% ■課外活動：10%　■操行及態度：20% ■面試表現：25%　■與中學聯繫：5% ■校外服務：10%
面試內容	溝通技巧/應對；禮儀；常識；體藝才能； 中英文能力；數理能力；學習態度；家庭生活
派表日期	2021.11.01 起
收表日期	2021.11.01 起
自行收生預算學額　90	

學校特色

■ 提供中、英文雙語教學，按學生需要安排入讀CMI（中文授課）或 EMI（英文授課）班別
■ 多元文化校園，並全力實踐六育（德智體群美靈）的全人教育
■ 每年得辦學及贊助機構，提供宿舍及校巴服務，學生獎學金達港幣40萬元

21/22學年中一教學語言

全級英文為教學語言科目	英文、英語文學、數學、科學、電腦、音樂、視藝、體育、佛化德育及價值教育科、生活與社會

中學文憑試成績（2021年7月畢業生）

33222率	+
中文科達3級率	+
英文科達3級率	+
數學科達2級率	+
通識科達2級率	+
人均優良成績	+
入讀本地大專文憑率	+
入讀本地大學率	+
入讀(只限港大、中大、科大)率	+
入讀非本地大學率	+

天水圍香島中學 Heung To Middle School (Tin Shui Wai)

地址	天水圍天暉路8號
電話	26500016　　傳真　　26380223
電郵	mail@heungto.net
網址	www.heungto.net
校長	吳容輝　　創校年份　2001
學校類別	直資　　學生性別　男女
宗教背景	沒有
主要教學語言	初中：中、英　高中：中、英
一條龍小學	/
直屬小學	/
聯繫小學	/

教師專業資歷

教師人數	■編制內：52　　■編制外：5
已接受特殊教育培訓教師人數　11　外籍　1	
教師年資	■0-4年：17人 ■5-9年：4人 ■10年或以上：31人
教師專業訓練	■認可教師證書/教育文憑：96%
教師資歷	■大學學位：54% ■碩士或以上：46%

21/22學年收生情況

中一生總人數(班數)　157（5）

學位分配百分比　　■自行：25%　■統一：75%

自行收生取錄人數　+　　競爭情況　+　　面試名額　所有申請人

22/23學年收生要求

收生準則	■學業成績：50%　　■獎項：10% ■課外活動：5%　　■與中學聯繫：10% ■面試表現：25%　　■操行必須達B級或以上
面試內容	溝通技巧/應對；禮儀；常識；體藝才能；應變能力； 中英文能力；數理能力；學習態度；家庭生活
派表日期	2022.01.03-2022.01.17
收表日期	2022.01.03-2022.01.17
自行收生預算學額　40	

學校特色

■ 校風淳樸，重視學生的品德教育，推行彩虹生命教育，促進學生全人發展
■ 推行STEM教育（粵港澳促進STEM教育聯盟實驗學校），發展學生共通能力及創新能力，提升學生自信心
■ 推行「一人一體藝」計劃，所有初中學生必須參加最少一項體藝活動，發展學生多元智能

21/22學年中一教學語言

全級英文為教學語言科目	英文

中學文憑試成績（2021年7月畢業生）

33222率	+
中文科達3級率	+
英文科達3級率	+
數學科達2級率	+
通識科達2級率	+
人均優良成績	+
入讀本地大專文憑率	+
入讀本地大學率	+
入讀(只限港大、中大、科大)率	+
入讀非本地大學率	+

中華基督教青年會中學 Chinese YMCA Secondary School

地址	天水圍天富苑
電話	25408650　　傳真　　24488763
電郵	school@cymcass.edu.hk
網址	www.cymcass.edu.hk
校長	張富華　　創校年份　1961
學校類別	直資　　學生性別　男女
宗教背景	基督教
主要教學語言	初中：英文　高中：英文
一條龍小學	/
直屬小學	/
聯繫小學	/

教師專業資歷

教師人數	■編制內：95　　■編制外：0
已接受特殊教育培訓教師人數　12　外籍　3	
教師年資	■0-4年：29人 ■5-9年：21人 ■10年或以上：45人
教師專業訓練	■認可教師證書/教育文憑：92%
教師資歷	■大學學位：54% ■碩士或以上：46%

21/22學年收生情況

中一生總人數(班數)　168（5）

學位分配百分比　　■自行：100%　■統一：0%

自行收生取錄人數　168　競爭情況　1:4.76　面試名額　800

22/23學年收生要求

收生準則	■學業成績：40%　　■獎項：5% ■課外活動：10%　■操行及態度：10% ■面試表現：30%　■學校推薦及家長支援 (5%)
面試內容	溝通技巧/應對；禮儀；常識；體藝才能；應變能力； 中英文能力；數理能力；學習態度
派表日期	2021.10.12
收表日期	2021.10.12-2021.11.30
自行收生預算學額　180	

學校特色

■ 奉行基督教教義，實踐「非以役人，乃役於人」的仁愛精神，提供優質基督教教育
■ 推行「青中G21賦權學習」電子互動學習平台，切合不同需要，建立自學能力
■ 高中選修科目多達14個，超過300個組合，以配合學生的興趣、能力和志向

21/22學年中一教學語言

全級英文為教學語言科目	英文、歷史、數學、科學、地理、電腦、音樂、視藝、體育、家政、STEM

中學文憑試成績（2021年7月畢業生）

33222率	+
中文科達3級率	+
英文科達3級率	+
數學科達2級率	+
通識科達2級率	+
人均優良成績	+
入讀本地大專文憑率	+
入讀本地大學率	+
入讀(只限港大、中大、科大)率	+
入讀非本地大學率	+

離島區、元朗區

註：教師年資只計算編制內教師人數

註：+表示學校沒有提供資料；/表示沒有或不適用

萬鈞伯裘書院 Man Kwan Pak Kau College

地址	天水圍天華路51號
電話	24482960　傳真　24471924
電郵	enquiries@mkpc.edu.hk
網址	www.mkpc.edu.hk
校長	黃頴東　創校年份　1954
學校類別	直資　學生性別　男女
宗教背景	沒有
主要教學語言	初中：中、英　高中：中文
一條龍小學	/
直屬小學	/
聯繫小學	/

教師專業資歷

教師人數	■編制內：69　　■編制外：0
已接受特殊教育培訓教師人數　+　外籍　2	
教師年資	■0-4年：30人 ■5-9年：7人 ■10年或以上：32人
教師專業訓練	■認可教師證書/教育文憑：77%
教師資歷	■大學學位：55% ■碩士或以上：45%

註：2021/22學年學位分配百分比不包括一條龍小學學生

21/22學年收生情況

中一生總人數(班數) 172 (6)

學位分配百分比　■自行：70%　■統一：30%

自行收生取錄人數　+　競爭情況　+　面試名額　所有申請人

22/23學年收生要求

收生準則	■學業成績：30%　■獎項：10% ■課外活動：10%　■操行及態度：30% ■面試表現：20%
面試內容	溝通技巧/應對；禮儀；中英文能力；學習態度；家庭生活
派表日期	2022.01.03-2022.01.17
收表日期	2022.01.03-2022.01.17
自行收生預算學額	120

學校特色

■中一級設英文班，包括CAMBRIDGE ENGLISH ONLINE COURSE 及考核相關證書（三年）

■設課後科創時段，中一學生配備Microbit及感應器，以實驗式推展STEM教育

■推行深度學習及境內外學習，足迹遍及中、日、韓、英、澳等地

21/22學年中一教學語言

全級英文為教學語言科目　英文

中學文憑試成績（2021年7月畢業生）

33222率	+
中文科達3級率	+
英文科達3級率	+
數學科達2級率	+
通識科達2級率	+
人均優良成績	+
入讀本地大專文憑率	+
入讀本地大學率	+
入讀(只限港大、中大、科大)率	+
入讀非本地大學率	+

香港青年協會李兆基書院 HKFYG Lee Shau Kee College

地址	天水圍天葵路12號
電話	21461128　傳真　21461662
電郵	hlc@hlc.edu.hk
網址	www.hlc.edu.hk
校長	連鎮邦　創校年份　2006
學校類別	直資　學生性別　男女
宗教背景	沒有
主要教學語言	初中：英文　高中：英文
一條龍小學	/
直屬小學	/
聯繫小學	香港青年協會李兆基小學

教師專業資歷

教師人數	■編制內：+　　■編制外：+
已接受特殊教育培訓教師人數　+　外籍　+	
教師年資	+
教師專業訓練	+
教師資歷	+

21/22學年收生情況

中一生總人數(班數) +

學位分配百分比　■自行：+　■統一：+

自行收生取錄人數　+　競爭情況　+　面試名額　+

22/23學年收生要求

收生準則	+
面試內容	+
派表日期	+
收表日期	+
自行收生預算學額	+

學校特色

+

21/22學年中一教學語言

全級英文為教學語言科目　不提供

中學文憑試成績（2021年7月畢業生）

33222率	+
中文科達3級率	+
英文科達3級率	+
數學科達2級率	+
通識科達2級率	+
人均優良成績	+
入讀本地大專文憑率	+
入讀本地大學率	+
入讀(只限港大、中大、科大)率	+
入讀非本地大學率	+

基督教香港信義會宏信書院 ELCHK Lutheran Academy

地址	新界欖口村路25號
電話	82082092　傳真　24431400
電郵	info@luac.edu.hk
網址	www.luac.edu.hk
校長	林克忠　創校年份　2010
學校類別	直資　學生性別　男女
宗教背景	基督教
主要教學語言	初中：英、普通話　高中：英、普通話
一條龍小學	基督教香港信義會宏信書院
直屬小學	/
聯繫小學	/

教師專業資歷

教師人數	■編制內：142　　■編制外：0
已接受特殊教育培訓教師人數　3　外籍　35	
教師年資	■0-4年：90人 ■5-9年：41人 ■10年或以上：11人
教師專業訓練	■認可教師證書/教育文憑：82%
教師資歷	■大學學位：50% ■碩士或以上：50%

註：教師年資只計算編制內教師人數；2021/22學年自行學位分配百分比包括一條龍小學學生

21/22學年收生情況

中一生總人數(班數) 118 (5)

學位分配百分比　■自行：100%　■統一：0%

自行收生取錄人數　118　競爭情況　+　面試名額　所有申請人

22/23學年收生要求

收生準則	■教育局成績次第：20%　■學業成績：30% ■操行及態度：20%　■面試表現：30%
面試內容	溝通技巧/應對；思考能力
派表日期	2021.09.20-2021.11.15
收表日期	2021.09.20-2021.11.15
自行收生預算學額	140

學校特色

■「全球視角」：以國際課程框架演繹本地課程，豐富學生在本地及海外的學習經驗

■「一人一機計劃」：所有中學生需購買電腦，以便能有效地將資訊科技融入課程

■「正向教育」：發展「學生能動性」，啟發學生自我策動的能力

21/22學年中一教學語言

全級英文為教學語言科目　英文、英語文學、數學、科學、音樂、綜合人文、視藝、體育、設計與科技、戲劇、宗教、生命教育

中學文憑試成績（2021年7月畢業生）

33222率	+
中文科達3級率	+
英文科達3級率	+
數學科達2級率	+
通識科達2級率	+
人均優良成績	+
入讀本地大專文憑率	+
入讀本地大學率	+
入讀(只限港大、中大、科大)率	+
入讀非本地大學率	+

元朗區

註：+表示學校沒有提供資料；/表示沒有或不適用

ABERDEEN TECHNICAL SCHOOL
香港仔工業學校

校園導賞日：
2021年11月14日（星期日）
（請掃描QR Code預約參觀）

科技特色　文法課程

香港仔工業學校 由天主教慈幼會會士創立，是一所政府津貼的文法中學，專為男青年服務。除了提供一般文法中學的科目外，更注重培養學生對科技的認知和訓練，提供富有科技特色的多元化課程，以科學及科技帶動學生學習。

探索科技　創意無限

STEM 教育是融合科學 (Science)、科技 (Technology)、工程 (Engineering) 及數學 (Mathematics) 的綜合課程，旨在培養學生對創新科技的認知與發展。我校重視及強化相關的課程配套和實踐過程，推行跨科的 STEM 校本課程，融合各學科的知識及技能，從而培養學生的創意思維與動手實踐的能力。同時，校方積極鼓勵學生參與本地及海外的 STEM 範疇比賽，並獲得不錯的成績。於2021年，本校兩隊師生於國際知名的「創意思維大賽」中，均獲得香港區區賽亞軍，並奪得代表香港參加世界賽的資格。

努力不懈　考獲佳績

學生於香港中學文憑試表現理想，多位學生考獲傑出成績。當中，幾位學生表現卓越，考獲佳績：
・袁浩成同學
　考獲一科5**、一科5及五科4級，
　成功考入香港大學工程學院
・黎俊良同學
　考獲一科5*、一科5及四科4級，
　成功考入香港理工大學設計學院
・吳國柱同學
　考獲一科5、四科4及一科3級，
　成功考入浸會大學商學院

寄宿教育　陪伴成長

我們十分注重學生課後的個人成長與生活。透過寄宿教育計劃，學生在生活起居及團體活動中給予充份關顧，當中的主要目標有三個：

1. 學讀書：努力爭取良好的成績
2. 學做人：塑造良好的品格，能
　　與人融洽相處
3. 學走永生的路：追求生命的
　　真正意義

陪伴式寄宿生活：寄宿部致力營造一個「家」的喜樂氣氛，導師時常「臨在」於宿生當中，協助他們訂定成長的目標及計劃，導師亦會定期與宿生個別晤談，瞭解他們的學習進度。

課後培育計劃：校方亦透過「課後培育」計劃，把慈幼式的照顧延展至有需要的非寄宿學生，讓學生養成良好的生活習慣、擴闊視野及加強團隊合作精神。學生於放學後，在導師的指導下，先完成家課及溫習，接著參與團體的活動，最後以神長或師長的訓勉，作為一天學習的總結。

靈性薰陶　品德培育

慈幼會重視陪伴學生成長，使他們在身心靈上得到充份發展，並能效法耶穌關愛身邊的人之精神，共同在校園裡建構一個接納和包容的家。

校方透過宗教及倫理課，讓學生接觸基督的福音，並在早會等場合為有不同需要的人祈禱，鼓勵學生同心祈禱，從而使他們常懷關愛之情；亦推動多個學生服務團隊，如領袖生、公益少年團及「義心無間」義工服務，體現慈幼會大家庭互相關愛的精神。

另外，通過訓導及輔導的合作，引領學生明辨是非、遵守紀律和關顧他人，並成為樂於服務社會的良好公民。

關顧學生　備受肯定

本校於2021年，獲南華早報「傑出學生年度選舉 Student of the Year 2021」頒發「最具培育氛圍學校特別大獎」(Special Award for Most Nurturing Environment)！

地址：香港仔黃竹坑道1號
網址：http://www.ats.edu.hk/
電郵：office@ats.edu.hk
電話：2552 4141
傳真：2552 1702

港島區校網選校分析

中西區

英中比例77%全港最強

對於準備升中的學生和家長來說，香港島中西區最吸引的地方，必定是區內堪稱全港最強的英文中學比例。在區內共有九間參加派位的官立及資助中學之中，高達七間均為全開英文班的英文中學，區內不論是英中學校數目及英中學額的比例均超過77%！

由於區內小學的空間有限，每級班數偏低，因此區內參加中學學位分配辦法的小六學生人數持續偏低，一直保持在離島區及港島南區之後成為全港第三，每年參加升中派位學生人數均低於2,000人。

值得注意的是，由於區內小學數目偏低，每年在統一派位階段都需要從全港其他校網借入大量區外名額以補充需求，以去年為例，區外名額佔整體統一派位學額超過39%。

由於英文中學大多數取錄的學生均屬於第一派位組別，因此在中一自行分配學位階段，申請人本身的全港學生成績次第將會成為學校收生時的主要考慮因素。基於中西區內英中學校比例為全港最高，因此區內小學學生在全港學生成績次第屬於前列的比例，因而會較全港平均為高。區外學生必須在本身校內名次屬於極高水平，方可能提高在自行分配學位階段申請中西區內英文中學的機會。

灣仔區

區內英中學額71%均為保留學額

灣仔區被譽為全香港區內學生能夠順利升讀英文中學比例最高的校網。主要原因是區內大多數英文中學均擁有直屬小學，這些中學在統一派位階段早已預留85%名額供應予相關小學合資格的學生升讀。

以去年為例，在全區1,228個統一派位階段名額之中，高達779個均來自全開英文班的英文中學，英中學額比例上超過63%，除了是全港比例最高之外，更反映區內英中學額幾乎可以滿足全部第一及第二派位組別學生的需求。

但在這批學生當中，尤其是屬於第二派位組別的學生，他們能夠順利以第二派位組別學生身分升讀英文中學的原因，是因為他們本身就讀於英文中學的直屬小學。以去年為例，區內英中名額約有71%均為保留學額，其他小學學生實際上能夠順利入讀英文中學的機會並未因此而被提高。

在自行分配學位階段，在該區最矚目是屬於官立中學的皇仁書院，按照該校過往的收生情況顯示，申請人均來自五湖四海，基本上覆蓋全港十八區。意味着能夠成功在自行分配學位階段獲該校取錄的學生，絕大多數在本身小學校內均屬於學術成績名次極高，一般在全級三甲之內。

東區

區內英中名額隔年增減

港島東區是香港島最大的中學校網，去年統一派位階段名額超過1,700個，受區內部分中學班數隔年增減所影響，去年區內名額供應下跌大約5%。

與中西區和灣仔區最大的分別，就是此區內大多數英中名額均為非保留學額，去年整區內只有50個保留英中學額，佔區內名額的9.1%，屬香港島最低。而其餘500個英中名額均為非保留學額，涉及7間區內和8間區外英中。

在香港東區內共設有7所英中，在未來兩、三年東區學生人數保持穩定的情況下，預計絕大多數屬第一派位組別學生均可順利獲分配英中學額。

區內非保留英中名額數目亦是港島區內最高，供應差不多等於港島其餘三個校網同類名額的總和，對於區內第一派位組別學生的填表選擇較有彈性。去年整體英中統一派位階段名額有550個，與區內預計第一派位組別人數相若，相信英中名額供應可以足夠配對區內大多數第一派位組別學生。

南區

英中比例低 跨網風險高

僅次於地理上分散的離島區校網，香港南區是全港英中比例第二低的中學校網，全個校網只能供應119個英中學額，更甚的是當中只有一所聖公會呂明才中學可以提供66個非保留英中名額，其他每間英中名額有限（少於15個）之餘，地區亦極度分散。

所以這個校網相關的小學18校網過去一直需求較低，區內官津小學學生人數屬全港十八區最低，估計與這個不理想的升中狀況有着一定的關係。由於預計該區在統一派位階段每個派位組別學生人數約低於200人，比例上每1.5個第一派位組別學生，才有1個可以獲派相關英中名額。

基於區內英中學額比例甚低，這意味着此區的整體派位組別分佈較全港的平均線為低。所以除非是肯定屬於派位組別的前半位置，否則申請跨網派位將會帶來潛在的風險，由原來所屬的派位組別下跌至另一較低組別。

同樣情況，亦直接影響區內學生在自行分配學位階段申請其他地區中學的入學機會，導致該區學生能夠透過自行分配學位階段獲取錄的比例較全港平均為低。

港島區校網簡介

51

九龍區校網選校分析

油尖旺區

英中比例 冠絕全九龍

油尖旺區不論是區內中學數目，以至升中學生人數，均是在全九龍區內數字最低的校網。但所謂貴精不貴多，在全區 15 間參加派位的官立、資助及按位津貼中學之中，大約一半均為全開英文班的英文中學，其中包括七間傳統英文中學，以及主要取錄非華語學生的官立嘉道理爵士中學（西九龍），這個比例不單是九龍區校網之中最高，而且僅次於港島中西區和灣仔區，位列全港三甲之內。

由於區內近年參加中學學位分配辦法的小六學生人數只有 2,000 多人，加上預期區內大量學生會透過申請非派位直資中學和自行分配學位階段獲得取錄，去年區內在統一派位階段只有 1,027 個名額，反映區內小六學生只有不足 50% 需要透過統一派位階段獲分配學位。

由於九龍區內選擇眾多，因此區內大量學生會循自行分配學位階段申請其他區外中學，以致餘下在區內參加統一派位的學生人數比例減低，進一步減低區內在統一派位階段的競爭。

深水埗區

英中學額 全九龍最低

深水埗區內的英中學額比例堪稱全九龍區最低，在去年統一派位階段 1,749 個學額之中，只有 451 個來自全開英文班的英文中學，佔整體統一派位學額 25.8%，其中 48 個英中名額，更是來自區外多達 17 間英文中學。

區內學額出現嚴重緊張的原因，源自近年區內小六學生升中人數明顯上升。近年升中人數升幅超過 15%，導致需要從鄰近油尖旺區、九龍城區及沙田區等借入部分學額之外，更要從葵青區借入大量名額滿足區內學生的升學需要。

由於區內學生本身流動性不高，加上區內學生在成績次第名單上未能取得優勢，除非仿效區內私立小學學生改為考慮申請非派位的直資中學，否則多數學生未能在自行分配學位階段取得優勢，在統一派位階段時必須非常小心選校的次序。

例如區內第一派位組別的學生，很多時候按照校內老師的建議，在首三志願內已經要考慮並非全開英文班的中學。建議心儀英文中學的第一派位組別學生，在自行分配學位階段申請區外中學時，有必要採取較為保守的態度，方能提高成功獲得取錄的機會。

九龍城區

升中人數 全九龍最高

去年九龍城區內本地小六學生人數超過 4,600 人，成為九龍區之冠。由於學生人數眾多，區內全開英文班的英文中學數目亦是全九龍區之冠，合共達到 11 間，因而吸引很多區內外家長安排子女在該區升學。

但家長要特別留意，儘管區內英中數目恍似眾多，但在所能提供的 1,195 個英中學額中，有高達 546 個已經預留予有關中學的直屬小學學生在統一派位階段優先分配。由於預計當中涉及半數第二派位組別直屬小學學生，未來數年餘下來可供區內學生分配的英中學額，未必可以如坊間預期滿足區內所有第一派位組別學生，區內學生家長在統一派位階段不宜過分進取，避免不必要的滑鐵盧。

黃大仙區

九龍區內英中比例最低

黃大仙區內學校的英中比例屬於全九龍區最低，在區內 22 間中學當中，只有不足四分一的五間中學全開英文班。

近年區內參加派位的小六學生人數保持在 2,800 人水平，但去年區內所能提供的統一派位名額只有 1,450 個，預計接近 50% 區內小六學生，會透過申請非派位直資中學及保守地進行自行分配學位階段選校策略，以避免參加區內統一派位。

這是因為在統一派位階段區內的英中學額屬於全九龍區最低，去年只有 394 個，導致區內部分第一派位組別學生，未能成功在統一派位階段獲派英文中學。而黃大仙區鄰近九龍城區及觀塘區，部分學生會利用自行分配學位階段的選校策略，盡量提早獲得分配，避免在統一派位階段面對不必要的風險。

觀塘區

選校名單上超過 100 間中學

觀塘區的最大特色就是每位參加統一派位的申請人都要面對極大的選擇困難，因為他們需要從選校名單中超過 100 間中學，選出最多 30 間填到申請表上。構成這個情況的其中一個原因，可能是因為區內學生未能把握機會，善用自行分配學位階段和向非派位直資中學進行申請，導致去年區內需要提供多達 2,573 個統一派位階段名額。

而令到這個選擇變得更為困難的，就是其中有 80 間中學的位置都在觀塘區以外。雖然選擇眾多，但只要申請人能對於本身所屬的派位組別有清晰的概念，便可以合理地把範圍縮窄。以去年為例，整個選校名單當中有多達 34 間全開英文班的英文中學，可供第一派位組別的學生挑選，撇除部分單性別學校，實際上要填寫統一派位選校表格並不如想像中困難。

觀塘區內去年共有大概 826 個英中名額，由區內 9 間和區外 20 間英中提供學額。但由於估計去年第一派位組別學生約有 830 人左右，因此預期區內該組別學生大多數可以順利獲派入讀英中。

新界東校網選校分析

北區

跨境學生全港最多

基於地理因素以及教育局早年的安排，北區過往一直都是全港跨境學生最多的校網。由於有來自香港以外的需求，相比其他新界校網，此區需要向區外中學借調較多學額，以滿足未來數年持續增加的需求。

去年在校網內的 43 間中學選擇之中，除了區內多達 17 間中學需要擴展至五班中一之外，亦要借入多達 23 間他區中學約 194 個學額，當中大多數來自鄰近的大埔校網，以滿足區內的大量學位需求。

與大多數新界中學校網情況類似，北區內的英中學額比較區內第一派位組別學生人數略少，需要由其他部分班別以英文為主要教學語言的中學補充英文班學額。但申請人要留意由於該區受地理因素所影響，申請人數可能會因突如其來的大量境外學生參加升中派位而急劇增加。

在北區內共設有 5 所英中，另有 5 間同類型他區中學可供區內約 600 多名第一派位組別學生選擇填寫。如果申請人希望較為進取，區內第一派位組別學生可集中在所有英中內作出選擇，在其後再補上一些部分班別設有英文班的中學。由於兩類中學合共預計可以提供超過 700 個名額，相信足以應付所有第一派位組別學生的需求。

大埔區

區內選校名單上選擇最少

大埔區是新界區其中一個參加升中學生人數較低的校網，去年只有 2,200 多名小六學生參加升中派位。雖然網內升中人數較少，但本區內仍有 19 間中學，提供超過 70 班中一，除了要供應足夠學額予大埔區內學生升學之用外，亦要撥出部分學額到鄰近學位緊張的北區校網，以滿足該區的學位需求。

另一方面，該區亦是全港眾多校網中，在統一派位階段選校名單上所提供學校選擇最少的一個校網，去年全個校網中只有 30 間中學可供選擇。

區內只有 5 間英中，去年提供區內統一派位英文班名額約 360 個，不足以滿足區內 400 多名第一派位組別學生的需求。由於大埔區內的英中學額比較區內第一派位組別學生人數略少，需要由其他部分班別以英文為主要教學語言的中學補充英文班學額，以供應足夠名額予區內所有第一派位組別學生。

沙田區

區內中學、英中數目 全港最多

沙田區內有 37 間中學，是全港區內中學數目最多的校網，去年合共開辦 154 班中一。其中有 14 間全開英文班的英文中學，擁有全港單一校網內最多英中，連同區內部分班別開英文班的中學，估計區內最少可以提供超過 70 班英文班。由於區內學額充足，所以像大部分新界區校網一樣不用從區外借撥太多名額。

區內英文班供應充裕，單純來自英中的英文班學額已超過區內第一派位組別人數，相關比例是各新界區之中最高。由於預計部分英中會有多餘學額取錄並不屬於第一派位組別的學生，大量居住於沙田區內，但子女小學就讀於其他升學情況未如理想地區的家長，都會紛紛考慮在統一派位階段申請跨網派位，期望可以藉此讓子女成功入讀英文中學。

但家長必須事先考慮在申請跨網派位後，子女是否仍然可以於沙田區內保持在第一派位組別，才能確保子女必定可以派往英文中學。否則，有可能在跨網派位過程中由於調整派位組別，而導致子女從本來區內屬於第一派位組別，而下跌至沙田區內的第二派位組別，反而令獲派英中的機會降低。

西貢區

新界東內英中數目最低

西貢區內近年人口增長迅速，區內中學相對其他地區校齡較短，平均創校歷史只有 30 年左右，因此區內中學的傳統學習風氣會較其他地區稍低。

區內有 4 間直資小學和多達 22 間官立、資助小學，但在入讀率極不平均之下，撇除就讀於一條龍直資或資助小學而毋須參加中學學位分配辦法的學生，去年小六畢業生參加升中人數比例並不算高，只有約 2,000 人。

由於區內 20 間參加派位的中學內英中比例甚低，其中只有 20%（4 間英中）能夠全開英文班，去年僅僅可以為區內提供 300 個統一派位階段英中學額，除了離島區以外，統一派位階段英中學額屬於全新界區最低。這種情況，除了會引發區內學生嘗試透過自行分配學位階段或申請非派位直資中學的意欲加強，亦導致部分居住於區外的學生，期望透過跨網派位改善派位結果。

但基於區內英中學額比例甚低，這意味着此區的整體派位組別分佈較全港的平均線稍低。所以除非是肯定屬於派位組別的較前位置，否則魯莽決定到英中比例高的地區申請跨網派位將會帶來潛在的風險，由原來所屬的派位組別下跌至另一較低組別。

新界東校網簡介

新界西校網選校分析

葵青區

未來升中人數明顯有上升趨勢

雖然葵青區內 31 間官立資助中學當中只有九間全開英文班的英文中學，感覺上比例不足三分之一。但由於區內部分中文中學只開兩至三班，若以去年實際統一派位階段的學額計算，區內可提供的 2074 個名額當中，卻有多達 674 個名額來自英文中學，佔區內學額達到 33%，預料區內幾乎全部第一派位組別學生均能夠順利入讀英中。

但預期在未來數年葵青區的升中人數會有較明顯上升趨勢，屆時區內第一派位組別學生入讀英中的機會將會逐漸變得緊張。建議區內學生善用自行分配學位階段，申請部分九龍區的中學，在升中人數逐步上升情況下，減少需要透過統一派位階段獲分配學位的機會。

要注意葵青區是新界區少數在單一校網內同時有兩所女校的校網，而且兩間中學均為英中，因此即使此區的第一派位組別學生在未來數年英中名額可能出現不足，女生仍會因名額相對較為充裕而享有較佳的優勢。相反，因為可供男生選擇的英文中學數目較女生少，男生在未來數年部署填表策略時便要加倍小心。

荃灣區

校網範圍細 區內選擇少

荃灣區是覆蓋範圍龐大的新界區中，其中一個只包含單一小學校網的中學校網。在這種情況下，校網內的參加人數會較新界區其他校網為少之餘，亦代表中學校網本身範圍相比其他新界區中學為細，即可提供的中學選擇也隨之而減少。

以荃灣區為例，去年有 2,200 位小六學生，區內 13 間中學當中只有 4 所英中，需要從區外多達 18 間（主要來自鄰近的葵青區）中學撥入部分學額至區內提供足夠供應。

而值得關注的是，去年區內提供的統一派位名額，只是區內小六學生的 50%。這表示去年區內大量小六學生會選擇通過自行分配學位階段，或申請非派位直資中學獲得取錄，而不需參與統一派位。

估計去年荃灣區內屬於第一派位組別學生接近 380 人，而相對的英中名額只有大約 340 個。預計本區大多數英中名額均會在首兩志願內完全分配。

因此在策略上，第一派位組別學生在統一派位首兩志願選擇填寫英中後，便要考慮區內部分班別設有英文班的中學，以確保可以入讀有開辦英文班的中學。

離島區

區內並無任何英中

離島區本身在範圍上極之分散，當中包括 4 個不同位置的離島小學校網。亦由於這個地理上的原因，導致學生分散在不同位置，令區內中學難以達到英中的學生人數要求，因此區內並無任何英中，只在人口較多的大嶼山有兩間部分班別以英文為主要教學語言的中學，可以在部分班別設有英文班。

屯門區

區內學額全港最充裕

屯門區相信是全港中學學額最充裕的一個校網，去年區內 37 間官立、資助中學中，有多達 13 間只開辦三班中一，反映區內學額仍然過剩。在區內眾多中中之間有一道明顯的分界線，當中一半收生情況較為理想的仍可保持每級收生 4 班，但其餘中中則只能開辦 3 班以下，勉強維持正常運作。

對於區內第一派位組別學生來說，值得高興的是區內仍可提供足夠英中名額予大多數相關學生，在去年統一派位階段共有 773 個來自英中的名額，加上大多數學額由本區 10 所英中提供，估計這些學額足以應付區內大多數第一派位組別學生。

在正常情況下，預計大多數屬此組別學生均可順利獲分配英中學額，區內第一派位組別學生可集中在所有英中內作出選擇，然後再補上區內多間部分班別設有英文班的中學，以避免不理想的派位結果。

元朗區

升中學生人數 新界最高

去年元朗區估計有超過 4,900 名小六學生申請升中，參加人數為全新界區最高。但去年區內所提供的統一派位名額相對整體申請人數卻明顯偏低，只有大約 2,660 個，僅僅超過整體區內小六學生人數的一半。

另一方面，校網內他區中學數目近來以倍數上升，去年升至 25 間，意味着網內學額不足而需向鄰網（主要從屯門區）借位。另外，去年在區內有 6 間中學需要擴至五班中一，以提供更多區內學額滿足升中學生需求。

最值得關注的是區內英中學額相對較少，估計去年有近 900 人屬於第一派位組別，但區內只有約 770 個英中名額。在這種供應不足的情況下，除了反映區內較多第一派位組別學生的水平未能達到全港首 40% 之外，亦代表在統一派位階段的填表策略更為重要，大多數英中名額可能在首兩志願已差不多耗盡。

所以，區內英中學額只能依靠區外英中借撥 25 個名額。但估計區內參加統一派位的第一派位組別學生人數約有 120 人左右，佔學生人數比率只有大約 20%。

假若連同 2 所部分班別以英文為主要教學語言的中學約 87 個名額，便可接近完全滿足區內需求，確保第一派位組別學生可以入讀有開辦英文班的中學。

羅定邦中學
LAW TING PONG SECONDARY SCHOOL

ALL FOR OUR CHILDREN

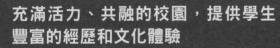

每位學生都是閃爍明星 (STAR)

本校致力孕育學生成為品學俱佳的世界公民，擁有閃爍明星的「羅中」特質：良好的自我管理能力 (**S**elf-management)、受教的精神 (**T**eachable spirit)、有抱負 (**A**spiration) 和強大的抗逆能力 (**R**esilience)。

充滿活力、共融的校園，提供學生豐富的經歷和文化體驗

本校的教學團隊由本地教師及近二十名以英語為母語的老師組成，為學生提供一個豐富的英語、共融和多元文化的環境，激發學生的創造力，以及擴闊他們的視野和思維。

廣闊而多元化的課程，裝備學生二十一世紀所需的技能

本校課程涵蓋不同學習領域，別具特色。課程包括學術性科目、文化及科技科目(如表演藝術、西班牙文、食物科學及設計與科技)、生命教育及海外交流等，充分準備學生迎接未來的學習和職業。

申請入學

本校不參與中學學位分配辦法，詳情可參閱
本校網站：www.ltpss.edu.hk

歡迎就讀本地或國際小學的小六
學生申請入讀

本校設獎學金計劃，供學生申請

📍 大埔馬聰路8號   📞 2685 1210   📱 +852 9279 6961

英皇書院 King's College

地址	西環般咸道63號A
電話	25470310　傳眞　25406908
電郵	kings@edb.gov.hk
網址	www.kings.edu.hk
校長	鄧啟澤　創校年份　1926
學校類別	官立　學生性別　男
宗教背景	沒有
主要教學語言	初中：英文　高中：英文
一條龍小學	/
直屬小學	/
聯繫小學	般咸道官立小學/李陞小學/ 香港南區官立小學/香島道官立小學

教師專業資歷

教師人數	■編制內：+　■編制外：+
已接受特殊教育培訓教師人數　+　外籍	
教師年資	+
教師專業訓練	+
教師資歷	+

21/22學年收生情況

中一生總人數(班數)　+（+）
學位分配百分比　■自行：+　統一：+
自行收生取錄人數　+　競爭情況　+　面試名額　所有申請人

22/23學年收生要求

收生準則　+

面試內容　+

派表日期　
收表日期　
自行收生預算學額　+

學校特色

+

21/22學年中一教學語言

全級英文為教學語言科目　不提供

中學文憑試成績（2021年7月畢業生）

33222率	+
中文科達3級率	+
英文科達3級率	+
數學科達2級率	+
通識科達2級率	+
人均優良成績	+
入讀本地大專文憑率	+
入讀本地大學率	+
入讀(只限港大、中大、科大)率	+
入讀非本地大學率	+

英華女學校 Ying Wa Girls' School

地址	羅便臣道76號
電話	25463151　傳眞　28588669
電郵	school@ywgs.edu.hk
網址	www.ywgs.edu.hk
校長	關翰章　創校年份　1900
學校類別	資助　學生性別　女
宗教背景	基督教
主要教學語言	初中：英文　高中：英文
一條龍小學	/
直屬小學	/
聯繫小學	/

教師專業資歷

教師人數	■編制內：62　■編制外：14
已接受特殊教育培訓教師人數　3　外籍　1	
教師年資	■0-4年：22人 ■5-9年：5人 ■10年或以上：49人
教師專業訓練	■認可教師證書/教育文憑：96%
教師資歷	■大學學位：50% ■碩士或以上：50%

註：2021/22學年學位分配百分比不包括一條龍小學學生

21/22學年收生情況

中一生總人數(班數)　162（5）
學位分配百分比　■自行：30%　■統一：70%
自行收生取錄人數　51　競爭情況　+　面試名額　所有申請人

22/23學年收生要求

收生準則　■學業成績：50%　■課外活動：10%
■操行及態度：10%　■面試表現：30%

面試內容　溝通技巧/應對；常識；中英文能力

派表日期　2021.12.13-2022.01.17
收表日期　2022.01.03-2022.01.17
自行收生預算學額　51

學校特色

■校風淳樸，傳承創校傳教士無私奉獻的基督精神
■學生會早於1949年創立，培養學生自立、自律、自治及服務精神
■重視教育伙伴：家長推動家校合作，校友支持實踐全人教育

21/22學年中一教學語言

全級英文為教學語言科目　英文、歷史、數學、科學、地理、電腦、音樂、視藝、家政、STEM、英語藝術

中學文憑試成績（2021年7月畢業生）

33222率	92.3%
中文科達3級率	92.3%
英文科達3級率	100%
數學科達2級率	100%
通識科達2級率	100%
人均優良成績	2.4
入讀本地大專文憑率	10.4%
入讀本地大學率	72.9%
入讀(只限港大、中大、科大)率	50%
入讀非本地大學率	15.3%

高主教書院 Raimondi College

地址	半山羅便臣道2號
電話	25222159　傳眞　25256725
電郵	rcss@raimondi.edu.hk
網址	www.raimondi.edu.hk
校長	楊世德　創校年份　1958
學校類別	資助　學生性別　男女
宗教背景	天主教
主要教學語言	初中：英文　高中：英文
一條龍小學	/
直屬小學	高主教書院小學部
聯繫小學	/

教師專業資歷

教師人數	■編制內：49　■編制外：11
已接受特殊教育培訓教師人數　13　外籍　1	
教師年資	■0-4年：18人 ■5-9年：7人 ■10年或以上：35人
教師專業訓練	■認可教師證書/教育文憑：78%
教師資歷	■大學學位：47% ■碩士或以上：53%

21/22學年收生情況

中一生總人數(班數)　136（5）
學位分配百分比　■自行：30%　■統一：70%
自行收生取錄人數　41　競爭情況　+　面試名額　所有申請人

22/23學年收生要求

收生準則　■教育局成績次第：40%　■操行：10%
■獎項及課外活動表現：10%　■面試表現：30%
■宗教信仰及與本校關係：10%

面試內容　溝通技巧/應對；中英文能力；學習態度；應變能力

派表日期　2022.01.03-2022.01.17
收表日期　2022.01.03-2022.01.17
自行收生預算學額　41

學校特色

■初中推行小班教學，學生學習積極投入
■持續優化電子學習及教學法，建立自主學習的氛圍
■課程目標與辦學宗旨緊扣，致力提供全人教育，培養終身學習能力
■教職員、學生及家長信念一致，彼此信任

21/22學年中一教學語言

全級英文為教學語言科目　英文、歷史、數學、科學、地理、電腦、音樂、視藝、體育、生活與社會

中學文憑試成績（2021年7月畢業生）

33222率	79.8%
中文科達3級率	84.8%
英文科達3級率	92.9%
數學科達2級率	98.2%
通識科達2級率	98.2%
人均優良成績	+
入讀本地大專文憑率	8%
入讀本地大學率	80.4%
入讀(只限港大、中大、科大)率	46.1%
入讀非本地大學率	11.6%

中西區

註：+表示學校沒有提供資料；/表示沒有或不適用

聖士提反堂中學 St. Stephen's Church College

地址	薄扶林道62號
電話	25466111　傳眞　25407518
電郵	info@sscc.edu.hk
網址	www.sscc.edu.hk
校長	麥偉麟　創校年份　1968
學校類別	資助　學生性別　男女
宗教背景	基督教
主要教學語言	初中：中、英及普通話　高中：中、英
一條龍小學	/
直屬小學	/
聯繫小學	/

教師專業資歷

教師人數	■編制內：39　■編制外：6
已接受特殊教育培訓教師人數　17　外籍　1	
教師年資	■0-4年：5人 ■5-9年：1人 ■10年或以上：39人
教師專業訓練	■認可教師證書/教育文憑：100%
教師資歷	■大學學位：16% ■碩士或以上：84%

21/22學年收生情況

中一生總人數(班數)　+
學位分配百分比　■自行：+　■統一：+
自行收生取錄人數　+　競爭情況　+　面試名額　所有申請人

22/23學年收生要求

收生準則	■學業成績：45%　■操行及態度：20% ■面試表現：30%　■與本校聯繫：5%
面試內容	溝通技巧/應對；禮儀；學習態度
派表日期	2022.01.03
收表日期	2022.01.17
自行收生預算學額	+

學校特色

■照顧學生的多樣性
■培養良好的學習態度，強化學習成效
■培養學生自律自信，盡責守規

21/22學年中一教學語言

全級英文為教學語言科目　英文

中學文憑試成績（2021年7月畢業生）

33222率	+
中文科達3級率	+
英文科達3級率	+
數學科達2級率	+
通識科達2級率	+
人均優良成績	+
入讀本地大專文憑率	+
入讀本地大學率	+
入讀(只限港大、中大、科大)率	+
入讀非本地大學率	+

聖士提反女子中學 St Stephen's Girls' College

地址	列堤頓道2號
電話	25492521　傳眞　25596994
電郵	ssgc@ssgc.edu.hk
網址	www.ssgc.edu.hk
校長	周維珠　創校年份　1906
學校類別	資助　學生性別　女
宗教背景	基督教
主要教學語言	初中：英文　高中：英文
一條龍小學	/
直屬小學	聖士提反女子中學附屬小學
聯繫小學	/

教師專業資歷

教師人數	■編制內：+　■編制外：+
已接受特殊教育培訓教師人數　+　外籍　+	
教師年資	+
教師專業訓練	+
教師資歷	+

21/22學年收生情況

中一生總人數(班數)　+（+）
學位分配百分比　■自行：+　■統一：+
自行收生取錄人數　+　競爭情況　+　面試名額　+

22/23學年收生要求

收生準則	+
面試內容	+
派表日期	+
收表日期	+
自行收生預算學額	+

學校特色

+

21/22學年中一教學語言

全級英文為教學語言科目　不提供

中學文憑試成績（2021年7月畢業生）

33222率	+
中文科達3級率	+
英文科達3級率	+
數學科達2級率	+
通識科達2級率	+
人均優良成績	+
入讀本地大專文憑率	+
入讀本地大學率	+
入讀(只限港大、中大、科大)率	+
入讀非本地大學率	+

聖若瑟書院 St. Joseph's College

地址	堅尼地道7號
電話	36524888　傳眞　28770232
電郵	info@sjc.edu.hk
網址	sjc.edu.hk
校長	黃婉芬　創校年份　1875
學校類別	資助　學生性別　男
宗教背景	天主教
主要教學語言	初中：英文　高中：英文
一條龍小學	+
直屬小學	聖若瑟小學
聯繫小學	+

教師專業資歷

教師人數	■編制內：64　■編制外：12
已接受特殊教育培訓教師人數　19　外籍　1	
教師年資	■0-4年：17人 ■5-9年：20人 ■10年或以上：63人
教師專業訓練	■認可教師證書/教育文憑：95%
教師資歷	■大學學位：45% ■碩士或以上：55%

21/22學年收生情況

中一生總人數(班數)　180（5）
學位分配百分比　■自行：30%　■統一：70%
自行收生取錄人數　54　競爭情況　1：7.65　面試名額　所有申請人

22/23學年收生要求

收生準則	■教育局成績次第　■學業成績 ■課外活動　　　　■操行及態度 ■面試表現
面試內容	溝通技巧/應對；數理能力；應變能力
派表日期	2022.01.03-2022.01.17
收表日期	2022.01.03-2022.01.17
自行收生預算學額	54

學校特色

■展天賦：培養學生成為21世紀成功的終身學習者
■享自主：鼓勵學生發展適合自己的讀書方法
■成領袖：培養學生成為願意報國、領導社會的人才

21/22學年中一教學語言

全級英文為教學語言科目　英文、數學、科學、電腦、綜合人文、音樂、視藝、體育、倫理及公民教育、宗教

中學文憑試成績（2021年7月畢業生）

33222率	+
中文科達3級率	+
英文科達3級率	+
數學科達2級率	+
通識科達2級率	+
人均優良成績	+
入讀本地大專文憑率	+
入讀本地大學率	+
入讀(只限港大、中大、科大)率	+
入讀非本地大學率	+

註：2021/22學年自行學位分配百分比包括一條龍小學學生

註：+表示學校沒有提供資料；/表示沒有或不適用

聖嘉勒女書院 St Clare's Girls' School

地址　摩星嶺道50號
電話　28171764　傳眞　28558420
電郵　info@stclare.hk
網址　www.stclare.edu.hk
校長　陳黃碧瑜女士　創校年份　1927
學校類別　資助　學生性別　女
宗教背景　天主教
主要教學語言　初中：英文　高中：英文
一條龍小學　/
直屬小學　聖嘉勒小學
聯繫小學　/

教師專業資歷

教師人數　■編制內：+　■編制外：+
已接受特殊教育培訓教師人數　+　外籍　+
教師年資　+
教師專業訓練　+
教師資歷　+

21/22學年收生情況

中一生總人數(班數)　+（+）
學位分配百分比　■自行：+　■統一：+
自行收生取錄人數　+　競爭情況　+　面試名額　+

22/23學年收生要求

收生準則　+
面試內容　+
派表日期　+
收表日期　+
自行收生預算學額　+

學校特色

+

21/22學年中一教學語言

全級英文為教學語言科目　不提供

中學文憑試成績（2021年7月畢業生）

33222率	+
中文科達3級率	+
英文科達3級率	+
數學科達2級率	+
通識科達2級率	+
人均優良成績	+
入讀本地大專文憑率	+
入讀本地大學率	+
入讀(只限港大、中大、科大)率	+
入讀非本地大學率	+

聖類斯中學 St Louis School

地址　西營盤第三街179號
電話　25460117　傳眞　25407341
電郵　mailbox@stlouis.edu.hk
網址　www.stlouis.edu.hk
校長　易浩權　創校年份　1927
學校類別　資助　學生性別　男
宗教背景　天主教
主要教學語言　初中：英文　高中：英文
一條龍小學　/
直屬小學　聖類斯中學（小學部）
聯繫小學　/

教師專業資歷

教師人數　■編制內：53　■編制外：2
已接受特殊教育培訓教師人數　16　外籍　1
教師年資　■0-4年：13人　■5-9年：7人　■10年或以上：33人
教師專業訓練　■認可教師證書/教育文憑：94%
教師資歷　■大學學位：47%　■碩士或以上：51%

註：教師年資只計算編制內教師人數

21/22學年收生情況

中一生總人數(班數)　136（4）
學位分配百分比　■自行：30%　■統一：70%
自行收生取錄人數　41　競爭情況　1:6.73　面試名額　150

22/23學年收生要求

收生準則　■教育局成績次第：35%　■獎項：10%　■課外活動：10%　■操行及態度：10%　■面試表現：30%　■與中學聯繫：5%
面試內容　溝通技巧/應對；禮儀；常識；體藝才能；應變能力；中英文能力；數理能力；學習態度；家庭生活
派表日期　2022.01.03-2022.01.17
收表日期　2022.01.03-2022.01.17
自行收生預算學額　41

學校特色

■我校校門常開，學校是學生的第二個家
■所有學生在靈、德、智、體、群、美六育得到全面發展
■我們有適度的宗教活動，以提升學生的宗教情操

21/22學年中一教學語言

全級英文為教學語言科目　英文、歷史、數學、科學、地理、電腦、音樂、視藝、體育、生活與社會

中學文憑試成績（2021年7月畢業生）

33222率	+
中文科達3級率	+
英文科達3級率	+
數學科達2級率	+
通識科達2級率	+
人均優良成績	+
入讀本地大專文憑率	+
入讀本地大學率	+
入讀(只限港大、中大、科大)率	+
入讀非本地大學率	+

樂善堂梁銶琚書院 LST Leung Kau Kui College

地址　西營盤醫院道26-28號
電話　28587002　傳眞　28572705
電郵　office@lstlkkc.edu.hk
網址　lstlkkc.edu.hk
校長　羅文彪　創校年份　1991
學校類別　資助　學生性別　男女
宗教背景　沒有
主要教學語言　初中：中文　高中：中文
一條龍小學　/
直屬小學　/
聯繫小學　/

教師專業資歷

教師人數　■編制內：54　■編制外：8
已接受特殊教育培訓教師人數　15　外籍　1
教師年資　■0-4年：22人　■5-9年：4人　■10年或以上：35人
教師專業訓練　■認可教師證書/教育文憑：95.1%
教師資歷　■大學學位：45.2%　■碩士或以上：54.8%

21/22學年收生情況

中一生總人數(班數)　+（4）
學位分配百分比　■自行：30%　■統一：70%
自行收生取錄人數　+　競爭情況　+　面試名額　+

22/23學年收生要求

收生準則　■教育局成績次第：20%　■學業成績：20%　■課外活動：15%　■面試表現：30%　■操行考勤：15%　■與中學聯繫
面試內容　溝通技巧/應對；禮儀；常識；體藝才能；應變能力；中英文能力；數理能力；學習態度；家庭生活
派表日期　2022.01.03-2022.01.17
收表日期　2022.01.03-2022.01.17
自行收生預算學額　+

學校特色

■自主學習──鼓勵同儕共學，提升學習動機
■混合式教學──發展不同教學平台，加強師生互動
■價值觀教育──提升國民身分認同，放眼認識世界

21/22學年中一教學語言

全級英文為教學語言科目　英文

中學文憑試成績（2021年7月畢業生）

33222率	+
中文科達3級率	+
英文科達3級率	+
數學科達2級率	+
通識科達2級率	+
人均優良成績	+
入讀本地大專文憑率	+
入讀本地大學率	+
入讀(只限港大、中大、科大)率	+
入讀非本地大學率	+

中西區

註：+表示學校沒有提供資料；/表示沒有或不適用

佛教黃鳳翎中學 Buddhist Wong Fung Ling College

地址	銅鑼灣東院道11號
電話	25779485　傳眞　28810148
電郵	bwc-mail@bwflc.edu.hk
網址	www.bwflc.edu.hk
校長	李偉盛　創校年份　1959
學校類別	資助　學生性別　男女
宗教背景	佛教
主要教學語言	初中:中、英　高中:中、英
一條龍小學	佛教黃焯菴小學
直屬小學	/
聯繫小學	/

教師專業資歷

教師人數	■編制內：60　■編制外：3
已接受特殊教育培訓教師人數	22　外籍　1
教師年資	■0–4年：11人 ■5–9年：6人 ■10年或以上：46人
教師專業訓練	■認可教師證書/教育文憑：92.1%
教師資歷	■大學學位：60% ■碩士或以上：38.1%

21/22學年收生情況

中一生總人數(班數) 124 (4)

學位分配百分比　■自行:30%　■統一:70%

自行收生取錄人數　41　競爭情況　+　　面試名額　所有申請人

22/23學年收生要求

收生準則	■教育局成績次第：50% ■操行/課外活動/服務/獎項、面試表現及其他 50%
面試內容	溝通技巧/應對；禮儀；常識；中英文能力；學習態度；家庭生活；應變能力
派表日期	2022.01.03–2022.01.17
收表日期	2022.01.03–2022.01.17
自行收生預算學額	41

學校特色

■強調多樣化教學，藉姊妹學校、科技教學進一步提升學生學習，見證學生成就
■着重境外學習、職場體驗及品格教育，展現學生潛能，規劃人生
■致力培育學生具備以下素質：自律守規、樂於學習、關愛有禮、熱心服務

21/22學年中一教學語言

全級英文為教學語言科目　英文、開設英文班

中學文憑試成績（2021年7月畢業生）

33222率	+
中文科達3級率	+
英文科達3級率	+
數學科達2級率	+
通識科達2級率	+
人均優良成績	+
入讀本地大專文憑率	+
入讀本地大學率	+
入讀(只限港大、中大、科大)率	+
入讀非本地大學率	+

何東中學 Hotung Secondary School

地址	銅鑼灣嘉寧徑1號
電話	25775433　傳眞　28824536
電郵	hotungss@hotungss.edu.hk
網址	www.hotungss.edu.hk
校長	鄭邵錦嬋　創校年份　1953
學校類別	官立　學生性別　女
宗教背景	沒有
主要教學語言	初中:不提供　高中:不提供
一條龍小學	/
直屬小學	/
聯繫小學	+

教師專業資歷

教師人數	■編制內：+　■編制外：+
已接受特殊教育培訓教師人數	+　外籍　+
教師年資	+
教師專業訓練	+
教師資歷	+

21/22學年收生情況

中一生總人數(班數) + (+)

學位分配百分比　■自行:+　■統一:+

自行收生取錄人數　+　競爭情況　+　　面試名額　+

22/23學年收生要求

收生準則	+
面試內容	+
派表日期	+
收表日期	+
自行收生預算學額	+

學校特色

+

21/22學年中一教學語言

全級英文為教學語言科目　不提供

中學文憑試成績（2021年7月畢業生）

33222率	+
中文科達3級率	+
英文科達3級率	+
數學科達2級率	+
通識科達2級率	+
人均優良成績	+
入讀本地大專文憑率	+
入讀本地大學率	+
入讀(只限港大、中大、科大)率	+
入讀非本地大學率	+

灣仔區

玫瑰崗中學 Rosaryhill Secondary School

地址	司徒拔道41號B
電話	28355127　傳眞　25732219
電郵	sec@rhs.edu.hk
網址	www.rhs.edu.hk
校長	蘇佩婷　創校年份　1959
學校類別	資助　學生性別　男女
宗教背景	天主教
主要教學語言	初中:中、英　高中:中、英
一條龍小學	/
直屬小學	/
聯繫小學	玫瑰崗學校（小學部）

教師專業資歷

教師人數	■編制內：54　■編制外：4
已接受特殊教育培訓教師人數	13　外籍　1
教師年資	■0–4年：14人 ■5–9年：3人 ■10年或以上：41人
教師專業訓練	■認可教師證書/教育文憑：93%
教師資歷	■大學學位：55% ■碩士或以上：45%

21/22學年收生情況

中一生總人數(班數) + (4)

學位分配百分比　■自行:30%　■統一:70%

自行收生取錄人數　40　競爭情況　+　　面試名額　+

22/23學年收生要求

收生準則	■教育局成績次第　■學業成績 ■課外活動　　　　■操行及態度 ■面試表現
面試內容	溝通技巧/應對；禮儀；中英文能力；學習態度；家庭生活；應變能力
派表日期	2022.01.03–2022.01.17
收表日期	2022.01.03–2022.01.17
自行收生預算學額	40

學校特色

■三文四語
■多元化學習經歷
■充滿活力的國際化學習環境

21/22學年中一教學語言

全級英文為教學語言科目　英文、數學、科學

中學文憑試成績（2021年7月畢業生）

33222率	+
中文科達3級率	+
英文科達3級率	75.8%
數學科達2級率	+
通識科達2級率	+
人均優良成績	+
入讀本地大專文憑率	+
入讀本地大學率	+
入讀(只限港大、中大、科大)率	+
入讀非本地大學率	+

註：+表示學校沒有提供資料；/表示沒有或不適用

皇仁書院 Queen's College

地址	銅鑼灣高士威道120號
電話	25761992　傳真　28824546
電郵	qcl@qc.edu.hk
網址	www.qc.edu.hk
校長	梁路得　創校年份　1862
學校類別	官立　學生性別　男
宗教背景	沒有
主要教學語言	初中：英文　高中：英文
一條龍小學	/
直屬小學	/
聯繫小學	軒尼詩道官立小學、軒尼詩道官立小學（銅鑼灣）、愛秩序灣官立小學

教師專業資歷

教師人數	■編制內：52　■編制外：3
已接受特殊教育培訓教師人數	16　外籍 1
教師年資	■0-4年：5人　■5-9年：5人　■10年或以上：45人
教師專業訓練	■認可教師證書/教育文憑：98%
教師資歷	■大學學位：46%　■碩士或以上：52%

21/22學年收生情況

中一生總人數(班數)　143（4）
學位分配百分比　■自行：30%　■統一：70%
自行收生取錄人數　43　競爭情況　1:12.79　面試名額　220

22/23學年收生要求

收生準則	■學業成績：40%　■課外活動：15%　■面試表現：45%　學校根據學生的學業成績，操行及課外活動表現甄選約二百二十名同學進行面試。
面試內容	溝通技巧/應對；禮儀；常識；體藝才能；應變能力；中英文能力；數理能力；學習態度；家庭生活　*面試日期為二零二二年三月十二日
派表日期	2022.01.03-2022.01.17
收表日期	2022.01.03-2022.01.17
自行收生預算學額	43

學校特色

■奉行校訓「勤有功」，學生大都刻苦力學，形成良好的讀書氛圍
■透過課堂內外多元化學習，有效培養學生創意、思考及語文能力
■學生之間的「兄弟情」非常深厚，是本校強調五大核心價值之一

21/22學年中一教學語言

全級英文為教學語言科目：英文、歷史、數學、科學、地理、電腦、音樂、視藝、體育、生活與社會

中學文憑試成績（2021年7月畢業生）

33222率	86.7%
中文科達3級率	86.5%
英文科達3級率	98.5%
數學科達2級率	100%
通識科達2級率	97.7%
人均優良成績	3.5
入讀本地大專文憑率	8.6%
入讀本地大學率	68.75%
入讀(只限港大、中大、科大)率	51.6%
入讀非本地大學率	19.5%

香港真光中學 True Light Middle School of Hong Kong

地址	銅鑼灣大坑道50號
電話	25760703　傳真　25771473
電郵	tloffice@tlmshk.edu.hk
網址	www.tlmshk.edu.hk
校長	許端蓉　創校年份　1872
學校類別	資助　學生性別　女
宗教背景	基督教
主要教學語言	初中：英文　高中：英文
一條龍小學	/
直屬小學	/
聯繫小學	香港真光中學（小學部）

教師專業資歷

教師人數	■編制內：51　■編制外：11
已接受特殊教育培訓教師人數	27　外籍 3
教師年資	■0-4年：6人　■5-9年：5人　■10年或以上：51人
教師專業訓練	■認可教師證書/教育文憑：95%
教師資歷	■大學學位：24%　■碩士或以上：76%

21/22學年收生情況

中一生總人數(班數)　132（4）
學位分配百分比　■自行：30%　■統一：70%
自行收生取錄人數　40　競爭情況　1:9.50　面試名額　所有申請人

22/23學年收生要求

收生準則	■教育局成績次第：30%　■學業成績：25%　■面試表現：20%　■獎項、課外活動、操行：25%
面試內容	溝通技巧/應對；常識；中英文能力；學習態度；家庭生活；應變能力
派表日期	2022.01.03-2022.01.17
收表日期	2022.01.03-2022.01.17
自行收生預算學額	40

學校特色

■校風重德育培養，尤注重學生養成自律、誠實、盡責等質素
■重發揚創造建設、愛群服務、克己犧牲及力求完善的真光精神
■各科着重訓練學生高階思維，教學活動多元化，培養學生成為主動學習者

21/22學年中一教學語言

全級英文為教學語言科目：英文、英語文學、歷史、數學、科學、地理、電腦、音樂、視藝、體育、家政、戲劇、生活與社會

中學文憑試成績（2021年7月畢業生）

33222率	92.2%
中文科達3級率	91.1%
英文科達3級率	100%
數學科達2級率	100%
通識科達2級率	100%
人均優良成績	1.95
入讀本地大專文憑率	10%
入讀本地大學率	74%
入讀(只限港大、中大、科大)率	41%
入讀非本地大學率	16%

香港華仁書院 Wah Yan College, Hong Kong

地址	灣仔皇后大道東281號
電話	25722251　傳真　25729370
電郵	wahyan@wahyan.edu.hk
網址	www.wahyan.edu.hk
校長	陳偉倫博士　創校年份　1919
學校類別	資助　學生性別　男
宗教背景	天主教
主要教學語言	初中：英文　高中：英文
一條龍小學	/
直屬小學	番禺會所華仁小學
聯繫小學	

教師專業資歷

教師人數	■編制內：+　■編制外：+
已接受特殊教育培訓教師人數	+　外籍 +
教師年資	+
教師專業訓練	+
教師資歷	+

21/22學年收生情況

中一生總人數(班數)　+（+）
學位分配百分比　■自行：+　■統一：+
自行收生取錄人數　+　競爭情況　+　面試名額　+

22/23學年收生要求

收生準則	+
面試內容	+
派表日期	+
收表日期	+
自行收生預算學額	+

學校特色

21/22學年中一教學語言

全級英文為教學語言科目：不提供

中學文憑試成績（2021年7月畢業生）

33222率	+
中文科達3級率	+
英文科達3級率	+
數學科達2級率	+
通識科達2級率	+
人均優良成績	+
入讀本地大專文憑率	+
入讀本地大學率	+
入讀(只限港大、中大、科大)率	+
入讀非本地大學率	+

灣仔區

註：+表示學校沒有提供資料；/表示沒有或不適用

香港鄧鏡波書院 Hong Kong Tang King Po College

地址　灣仔堅尼地道25及27號
電話　25272427　　傳真　25285954
電郵　school@hktkpc.edu.hk
網址　www.hktkpc.edu.hk
校長　黃嘉明　　創校年份　1965
學校類別　資助　學生性別　男
宗教背景　天主教
主要教學語言　初中：中、英　高中：中、英
一條龍小學　/
直屬小學　/
聯繫小學　/

教師專業資歷

教師人數　■編制內：57　■編制外：1
已接受特殊教育培訓教師人數　23　外籍　2
教師年資
　■0-4年：10人
　■5-9年：6人
　■10年或以上：42人
教師專業訓練　■認可教師證書/教育文憑：100%
教師資歷　■大學學位：43%
　■碩士或以上：57%

21/22學年收生情況

中一生總人數（班數）126（4）
學位分配百分比　■自行：30%　■統一：70%
自行收生取錄人數　40　競爭情況　+　面試名額　+

22/23學年收生要求

收生準則　■教育局成績次第：10%　■學業成績：40%
　■課外活動：10%　■操行及態度：10%
　■面試表現：30%
面試內容　溝通技巧/應對；禮儀；中英文能力；學習態度
派表日期　2021.12
收表日期　2022.01.03-2022.01.17
自行收生預算學額　40

學校特色

■青少年能於基督福音價值、慈幼精神及充滿「愛」的校園中成長
■身心和諧、才德兼備、信實守諾、仁慈關愛、禮讓謙遜、勇毅果敢
■塑造一個信任和仁愛的家，以喜樂的心，積極臨在，陪伴學生成長

21/22學年中一教學語言

全級英文為教學語言科目　英文、數學、科學、地理、生活與社會（兩班）

中學文憑試成績（2021年7月畢業生）

33222率	+
中文科達3級率	+
英文科達3級率	+
數學科達2級率	+
通識科達2級率	+
人均優良成績	+
入讀本地大專文憑率	+
入讀本地大學率	+
入讀（只限港大、中大、科大）率	+
入讀非本地大學率	+

聖公會鄧肇堅中學 SKH Tang Shiu Kin Secondary School

地址　灣仔愛群道9號
電話　25742326　　傳真　25744048
電郵　enquiry@tsk.edu.hk
網址　www.tsk.edu.hk
校長　袁經恒　　創校年份　1962
學校類別　資助　學生性別　男女
宗教背景　基督教
主要教學語言　初中：英文　高中：英文
一條龍小學　/
直屬小學　/
聯繫小學　/

教師專業資歷

教師人數　■編制內：52　■編制外：9
已接受特殊教育培訓教師人數　14　外籍　1
教師年資
　■0-4年：5人
　■5-9年：8人
　■10年或以上：48人
教師專業訓練　■認可教師證書/教育文憑：95.1%
教師資歷　■大學學位：41%
　■碩士或以上：55.8%

註：2021/22學年學位分配百分比不包括一條龍小學學生

21/22學年收生情況

中一生總人數（班數）129（4）
學位分配百分比　■自行：30%　統一：70%
自行收生取錄人數　41　競爭情況　1:14.39　面試名額　所有申請人

22/23學年收生要求

收生準則　■教育局成績次第　■學業成績：30%
　■課外活動：20%　■操行及態度：10%
　■面試表現：40%
面試內容　溝通技巧/應對；禮儀；常識；中英文能力；應變能力
派表日期　2022.01.03-2022.01.17
收表日期　2022.01.03-2022.01.17
自行收生預算學額　41

學校特色

■透過不同形式的學習活動，不斷提升學與教的效能
■以基督教價值培育學生，塑造學生的品格，提升品德修養
■善用校友網絡及家長資源，令學生有所裨益

21/22學年中一教學語言

全級英文為教學語言科目　英文、歷史、數學、科學、地理、電腦、音樂、視藝、體育、家政、設計與科技

中學文憑試成績（2021年7月畢業生）

33222率	77.23%
中文科達3級率	79.4%
英文科達3級率	95.5%
數學科達2級率	96.4%
通識科達2級率	98.2%
人均優良成績	+
入讀本地大專文憑率	20.4%
入讀本地大學率	66.4%
入讀（只限港大、中大、科大）率	24.8%
入讀非本地大學率	6.2%

聖保祿中學 St. Paul's Secondary School

地址　跑馬地雲地利道18號A
電話　25773836　　傳真　28824552
電郵　spssmail@spss.edu.hk
網址　www.spss.edu.hk
校長　羅紹榮　　創校年份　1960
學校類別　資助　學生性別　女
宗教背景　天主教
主要教學語言　初中：英文　高中：英文
一條龍小學　/
直屬小學　聖保祿天主教小學
聯繫小學　/

教師專業資歷

教師人數　■編制內：62　■編制外：3
已接受特殊教育培訓教師人數　15　外籍　1
教師年資
　■0-4年：5人
　■5-9年：5人
　■10年或以上：55人
教師專業訓練　■認可教師證書/教育文憑：100%
教師資歷　■大學學位：51%
　■碩士或以上：49%

21/22學年收生情況

中一生總人數（班數）173（5）
學位分配百分比　■自行：30%　■統一：70%
自行收生取錄人數　54　競爭情況　+　面試名額　+

22/23學年收生要求

收生準則　■教育局成績次第　■學業成績：40%
　■操行及態度：20%　■面試表現：20%
　■課外活動、義工服務及獎項：20%
面試內容　溝通技巧/應對；中英文能力；學習態度
派表日期　2021.11.05 - 2022.01.17
收表日期　2022.01.03 - 2022.01.17
自行收生預算學額　54

學校特色

■以基督之價值觀為本，視德智體群美情靈為教育重心
■培養學生具仁愛、自信、良知、勇毅、創新、能幹及責任感之美德
■校風淳樸，強調學生自律、樂於服務精神、公民責任感及品德修養

21/22學年中一教學語言

全級英文為教學語言科目　英文、英語文學、生活與社會、歷史、數學、科學、地理、電腦、音樂、視藝、體育、家政、宗教

中學文憑試成績（2021年7月畢業生）

33222率	+
中文科達3級率	+
英文科達3級率	+
數學科達2級率	+
通識科達2級率	+
人均優良成績	+
入讀本地大專文憑率	+
入讀本地大學率	+
入讀（只限港大、中大、科大）率	+
入讀非本地大學率	+

灣仔區

註：+表示學校沒有提供資料；/表示沒有或不適用

嘉諾撒聖方濟各書院 St Francis' Canossian College

地址	灣仔堅尼地道9至13號		
電話	25872700	傳真	25291758
電郵	office@sfcc.edu.hk		
網址	www.sfcc.edu.hk		
校長	羅勤忠	創校年份	1869
學校類別	資助	學生性別	女
宗教背景	天主教		
主要教學語言	初中：英文　高中：英文		
一條龍小學	/		
直屬小學	嘉諾撒聖方濟各學校		
聯繫小學			

教師專業資歷

教師人數	■編制內：51　　■編制外：5
已接受特殊教育培訓教師人數	15　外籍　2
教師年資	■0-4年：13人 ■5-9年：9人 ■10年或以上：34人
教師專業訓練	■認可教師證書/教育文憑：96%
教師資歷	■大學學位：44% ■碩士或以上：56%

21/22學年收生情況

中一生總人數(班數) 128 (4)

學位分配百分比　　■自行：+　■統一：+

自行收生取錄人數　+　競爭情況　+　面試名額 所有申請人

22/23學年收生要求

收生準則	■教育局成績次第　■學業成績 ■獎項　　　　　　■課外活動 ■操行及態度　　　■面試表現
面試內容	溝通技巧/應對；禮儀；常識；中英文能力； 數理能力；學習態度；家庭生活；應變能力

派表日期　2022.01.03-2022.01.17
收表日期　2022.01.03-2022.01.17
自行收生預算學額　+

學校特色

■請參考學校網頁 www.sfcc.edu.hk

21/22學年中一教學語言

全級英文為教學語言科目：英文、歷史、數學、科學、地理、電腦、音樂、視藝、體育、家政、宗教、Life & Society、Information Literacy

中學文憑試成績（2021年7月畢業生）

33222率	+
中文科達3級率	+
英文科達3級率	+
數學科達2級率	+
通識科達2級率	+
人均優良成績	+
入讀本地大專文憑率	+
入讀本地大學率	+
入讀(只限港大、中大、科大)率	+
入讀非本地大學率	+

瑪利曼中學 Marymount Secondary School

地址	跑馬地藍塘道123號		
電話	25728221	傳真	25729371
電郵	office@mss.edu.hk		
網址	www.mss.edu.hk		
校長	何建儀女士	創校年份	1927
學校類別	資助	學生性別	女
宗教背景	天主教		
主要教學語言	初中：英文　高中：英文		
一條龍小學	/		
直屬小學	瑪利曼小學		
聯繫小學			

教師專業資歷

教師人數	■編制內：+　　■編制外：+
已接受特殊教育培訓教師人數	+　外籍　+
教師年資	+
教師專業訓練	+
教師資歷	+

21/22學年收生情況

中一生總人數(班數) +（+）

學位分配百分比　　■自行：+　■統一：+

自行收生取錄人數　+　競爭情況　+　面試名額　+

22/23學年收生要求

收生準則	+
面試內容	+

派表日期　+
收表日期　+
自行收生預算學額　+

學校特色

+

21/22學年中一教學語言

全級英文為教學語言科目　不提供

中學文憑試成績（2021年7月畢業生）

33222率	+
中文科達3級率	+
英文科達3級率	+
數學科達2級率	+
通識科達2級率	+
人均優良成績	+
入讀本地大專文憑率	+
入讀本地大學率	+
入讀(只限港大、中大、科大)率	+
入讀非本地大學率	+

灣仔區

鄧肇堅維多利亞官立中學 Tang Shiu Kin Victoria Government Secondary School

地址	灣仔愛群道5號		
電話	25736962	傳真	25725344
電郵	vgs-email@edb.gov.hk		
網址	www.tskvgss.edu.hk		
校長	陳欽麒	創校年份	1933
學校類別	官立	學生性別	男女
宗教背景	沒有		
主要教學語言	初中：中、英　高中：中、英		
一條龍小學	/		
直屬小學	/		
聯繫小學	軒尼詩道官立小學、 軒尼詩道官立小學(銅鑼灣)、 香港南區官立小學		

教師專業資歷

教師人數	■編制內：58　　■編制外：3
已接受特殊教育培訓教師人數	26　外籍　1
教師年資	■0-4年：4人 ■5-9年：8人 ■10年或以上：49人
教師專業訓練	■認可教師證書/教育文憑：97%
教師資歷	■大學學位：57% ■碩士或以上：43%

21/22學年收生情況

中一生總人數(班數) 79 (4)

學位分配百分比　　■自行：30%　■統一：70%

自行收生取錄人數　40　競爭情況　+　面試名額　+

22/23學年收生要求

收生準則	■面試表現：30% ■教育局成績次第、校內成績、課外活動及服務：70%
面試內容	溝通技巧/應對；禮儀；常識；中英文能力； 學習態度；應變能力

派表日期　2021.12.01
收表日期　2022.01.03-2022.01.17
自行收生預算學額　40

學校特色

■英文教學將話劇元素融入課程，有效提升學生英語水平和溝通能力
■因應學生不同潛質和才華，開辦特別培訓課程，使能再有突破表現
■獲國家國防科技工業局信息中心批准為香港開辦「航天科普課程」先導學校

21/22學年中一教學語言

全級英文為教學語言科目　英文、戲劇

中學文憑試成績（2021年7月畢業生）

33222率	+
中文科達3級率	+
英文科達3級率	+
數學科達2級率	+
通識科達2級率	+
人均優良成績	+
入讀本地大專文憑率	+
入讀本地大學率	+
入讀(只限港大、中大、科大)率	+
入讀非本地大學率	+

註：+表示學校沒有提供資料；/表示沒有或不適用

東華三院李潤田紀念中學 TWGHs Lee Ching Dea Memorial College

地址	北角雲景道18號
電話	25715422　傳眞　25662767
電郵	lcdmc@lcdmc.edu.hk
網址	www.lcdmc.edu.hk
校長	曾詠珊　創校年份　1970
學校類別	資助　學生性別　男女
宗教背景	沒有
主要教學語言	初中：中、英　高中：中、英
一條龍小學	/
直屬小學	/
聯繫小學	東華三院李賜豪小學、東華三院鶴山學校

教師專業資歷

教師人數	■編制內：+　■編制外：+
已接受特殊教育培訓教師人數	+　外籍　+
教師年資	+
教師專業訓練	+
教師資歷	+

21/22學年收生情況

中一生總人數(班數)　+（+）

學位分配百分比　■自行：+　■統一：+

自行收生取錄人數　+　競爭情況　+　面試名額　+

22/23學年收生要求

收生準則	+
面試內容	+
派表日期	+
收表日期	+
自行收生預算學額	+

學校特色

+

21/22學年中一教學語言

全級英文為教學語言科目　不提供

中學文憑試成績（2021年7月畢業生）

33222率	+
中文科達3級率	+
英文科達3級率	+
數學科達2級率	+
通識科達2級率	+
人均優良成績	+
入讀本地大專文憑率	+
入讀本地大學率	+
入讀(只限港大、中大、科大)率	+
入讀非本地大學率	+

北角協同中學 Concordia Lutheran School – North Point

地址	北角雲景道20號
電話	25700331　傳眞　25660192
電郵	office@clsnp.edu.hk
網址	www.clsnp.edu.hk
校長	梁卓勳　創校年份　1968
學校類別	資助　學生性別　男女
宗教背景	基督教
主要教學語言	初中：中文　高中：中文
一條龍小學	/
直屬小學	/
聯繫小學	/

教師專業資歷

教師人數	■編制內：+　■編制外：+
已接受特殊教育培訓教師人數	+　外籍　+
教師年資	+
教師專業訓練	+
教師資歷	+

21/22學年收生情況

中一生總人數(班數)　+（+）

學位分配百分比　■自行：+　■統一：+

自行收生取錄人數　+　競爭情況　+　面試名額　+

22/23學年收生要求

收生準則	+
面試內容	+
派表日期	+
收表日期	+
自行收生預算學額	+

學校特色

+

21/22學年中一教學語言

全級英文為教學語言科目　不提供

中學文憑試成績（2021年7月畢業生）

33222率	+
中文科達3級率	+
英文科達3級率	+
數學科達2級率	+
通識科達2級率	+
人均優良成績	+
入讀本地大專文憑率	+
入讀本地大學率	+
入讀(只限港大、中大、科大)率	+
入讀非本地大學率	+

中華基督教會桂華山中學 CCC Kwei Wah Shan College

地址	北角雲景道62號
電話	25711285　傳眞　28070085
電郵	mail@ccckws.edu.hk
網址	www.ccckws.edu.hk
校長	黃仲夏　創校年份　1977
學校類別	資助　學生性別　男女
宗教背景	基督教
主要教學語言	初中：中、英　高中：中、英
一條龍小學	/
直屬小學	/
聯繫小學	/

教師專業資歷

教師人數	■編制內：43　■編制外：3
已接受特殊教育培訓教師人數	14　外籍　1
教師年資	■0-4年：21人　■5-9年：5人　■10年或以上：20人
教師專業訓練	■認可教師證書/教育文憑：85%
教師資歷	■大學學位：70%　■碩士或以上：30%

21/22學年收生情況

中一生總人數(班數)　90（3）

學位分配百分比　■自行：30%　■統一：70%

自行收生取錄人數　30　競爭情況　1:3.33　面試名額　所有申請人

22/23學年收生要求

收生準則	■學業成績：30%　■課外活動：20%　■操行及態度：20%　■面試表現：30%
面試內容	溝通技巧/應對；禮儀；常識；體藝才能；應變能力；中英文能力；數理能力；學習態度；家庭生活
派表日期	2022.01.03-2022.01.17
收表日期	2022.01.03-2022.01.17
自行收生預算學額	30

學校特色

- ■培育學生成為自主學習者及優秀的「華山人」
- ■緊守「愛人如己」校訓，成為名副其實的關愛校園
- ■構建電子校園，提升學生學習效能

21/22學年中一教學語言

全級英文為教學語言科目　英文

中學文憑試成績（2021年7月畢業生）

33222率	+
中文科達3級率	+
英文科達3級率	+
數學科達2級率	+
通識科達2級率	+
人均優良成績	+
入讀本地大專文憑率	+
入讀本地大學率	+
入讀(只限港大、中大、科大)率	+
入讀非本地大學率	+

灣仔區、東區

註：+表示學校沒有提供資料；/表示沒有或不適用

中華傳道會劉永生中學 CNEC Lau Wing Sang Secondary School

地址	柴灣新廈街323號
電話	27156333　傳眞　25569126
電郵	lws@lws.edu.hk
網址	www.lws.edu.hk
校長	梅志業　創校年份 1999
學校類別	資助　學生性別　男女
宗教背景	基督教
主要教學語言	初中:中、英及普通話　高中:中、英
一條龍小學	/
直屬小學	/
聯繫小學	/

教師專業資歷

教師人數	■編制內:55　■編制外:3
已接受特殊教育培訓教師人數	14　外籍 2
教師年資	■0-4年:9人 ■5-9年:6人 ■10年或以上:43人
教師專業訓練	■認可教師證書/教育文憑:100%
教師資歷	■大學學位:52% ■碩士或以上:48%

21/22學年收生情況

中一生總人數(班數) 128（4）

學位分配百分比　■自行:25%　■統一:75%

自行收生取錄人數　40　競爭情況　1:0　面試名額　不設面試

22/23學年收生要求

收生準則	■學業成績:50%　■獎項:5% ■課外活動:5%　■操行及態度:20% ■面試表現:20% ■為何選擇本校？對中學生活有何期望？
面試內容	溝通技巧/應對；禮儀；中英文能力；學習態度； 家庭生活；家庭生活，小學的學習生活
派表日期	2022.01.03-2022.01.17
收表日期	2022.01.03-2022.01.17
自行收生預算學額	40

學校特色

■校風淳樸；重視基督教全人教育，栽培學生靈德智體群美
■重兩文三語培訓，提高學生學習語文的興趣和成效
■推動全方位學習、專題研習和探究式學習，提高學生多元學習機會

21/22學年中一教學語言

全級英文為教學語言科目　英文、科學、部分英語授課（數學、地理、電腦、生活與社會）

中學文憑試成績（2021年7月畢業生）

33222率	+
中文科達3級率	+
英文科達3級率	+
數學科達2級率	+
通識科達2級率	+
人均優良成績	
入讀本地大專文憑率	
入讀本地大學率	
入讀(只限港大、中大、科大)率	
入讀非本地大學率	

張振興伉儷書院 Chong Gene Hang College

地址	柴灣祥民道12號
電話	25566081　傳眞　28984494
電郵	info@cghc.edu.hk
網址	www.cghc.edu.hk
校長	黃世堯　創校年份 1971
學校類別	資助　學生性別　男
宗教背景	天主教
主要教學語言	初中:中文　高中:中、英
一條龍小學	/
直屬小學	/
聯繫小學	/

教師專業資歷

教師人數	■編制內:+　■編制外:+
已接受特殊教育培訓教師人數	+　外籍 +
教師年資	+
教師專業訓練	+
教師資歷	+

21/22學年收生情況

中一生總人數(班數) +（+）

學位分配百分比　■自行:+　■統一:+

自行收生取錄人數　+　競爭情況　+　面試名額　+

22/23學年收生要求

收生準則	+
面試內容	+
派表日期	+
收表日期	+
自行收生預算學額	+

學校特色

+

21/22學年中一教學語言

全級英文為教學語言科目　不提供

中學文憑試成績（2021年7月畢業生）

33222率	+
中文科達3級率	+
英文科達3級率	+
數學科達2級率	+
通識科達2級率	+
人均優良成績	
入讀本地大專文憑率	
入讀本地大學率	
入讀(只限港大、中大、科大)率	
入讀非本地大學率	

文理書院（香港） Cognitio College (Hong Kong)

地址	柴灣萃文道四號
電話	25567413　傳眞　28977177
電郵	cognitiohk@cognitiohk.edu.hk
網址	cognitiohk.edu.hk
校長	張麗雯　創校年份 1962
學校類別	資助　學生性別　男女
宗教背景	沒有
主要教學語言	初中:中文　高中:中文
一條龍小學	/
直屬小學	/
聯繫小學	/

教師專業資歷

教師人數	■編制內:53　■編制外:4
已接受特殊教育培訓教師人數	15　外籍 1
教師年資	■0-4年:8人 ■5-9年:7人 ■10年或以上:38人
教師專業訓練	■認可教師證書/教育文憑:95%
教師資歷	■大學學位:53% ■碩士或以上:47%

註：教師年資只計算編制內教師人數

21/22學年收生情況

中一生總人數(班數) +（4）

學位分配百分比　■自行:+　■統一:+

自行收生取錄人數　40　競爭情況　+　面試名額　+

22/23學年收生要求

收生準則	■學業成績:25%　■獎項:5% ■課外活動:10%　■操行及態度:35% ■面試表現:25%
面試內容	溝通技巧/應對；中英文能力；應變能力
派表日期	2022.01.03-2022.01.17
收表日期	2022.01.03-2022.01.17
自行收生預算學額	40

學校特色

■關愛：連續14年獲香港基督教服務處頒發「關愛校園榮譽」
■回饋：連續17年獲社會福利署義工運動頒發嘉許金狀
■感恩：每年舉辦「感恩月」，傳揚本校文化，培養感恩精神

21/22學年中一教學語言

全級英文為教學語言科目　不提供

中學文憑試成績（2021年7月畢業生）

33222率	+
中文科達3級率	+
英文科達3級率	+
數學科達2級率	+
通識科達2級率	+
人均優良成績	
入讀本地大專文憑率	
入讀本地大學率	
入讀(只限港大、中大、科大)率	
入讀非本地大學率	+

東區

註：+表示學校沒有提供資料；/表示沒有或不適用

伊斯蘭脫維善紀念中學 Islamic Kasim Tuet Memorial College

地址	柴灣翠灣街22號
電話	25709066　傳眞　28873164
電郵	iktmc@learn.iktmc.edu.hk
網址	www.iktmc.edu.hk
校長	何秀賢　　創校年份　1997
學校類別	資助　學生性別　男女
宗教背景	伊斯蘭教
主要教學語言	初中：中、英　高中：中、英
一條龍小學	/
直屬小學	/
聯繫小學	伊斯蘭學校、伊斯蘭鮑伯濤紀念小學

教師專業資歷

教師人數	■編制內：42　　■編制外：9
已接受特殊教育培訓教師人數	14　外籍　1
教師年資	■0-4年：14人　■5-9年：5人　■10年或以上：32人
教師專業訓練	■認可教師證書/教育文憑：78%
教師資歷	■大學學位：57%　■碩士或以上：43%

21/22學年收生情況

中一生總人數(班數)　+ (3)
學位分配百分比　■自行:30%　■統一:70%
自行收生取錄人數　+　競爭情況　+　面試名額　+

22/23學年收生要求

收生準則	■學業成績：50%　■獎項：10%　■課外活動：10%　■操行及態度：10%　■面試表現：20%
面試內容	溝通技巧/應對；禮儀；常識；體藝才能；應變能力；中英文能力；數理能力；學習態度；家庭生活
派表日期	2022.01.03-2022.01.17
收表日期	2022.01.03-2022.01.17
自行收生預算學額	+

學校特色

■學生背景多元化，學習英語環境佳
■教師團隊國際化，專業網絡廣
■學習多元化，發掘學生不同專長

21/22學年中一教學語言

全級英文為教學語言科目	英文、生活與社會、數學、科學、電腦、音樂、視藝、體育、家政、宗教、中史(非華語學生)

中學文憑試成績（2021年7月畢業生）

33222率	
中文科達3級率	
英文科達3級率	
數學科達2級率	
通識科達2級率	
人均優良成績	
入讀本地大專文憑率	
入讀本地大學率	
入讀(只限港大、中大、科大)率	
入讀非本地大學率	

庇理羅士女子中學 Belilios Public School

地址	天后廟道51號
電話	25718018　傳眞　25785698
電郵	bps@edb.gov.hk
網址	www.bps.hk
校長	王徽　　創校年份　1890
學校類別	官立　學生性別　女
宗教背景	沒有
主要教學語言	初中：中、英及普通話　高中：中、英
一條龍小學	/
直屬小學	/
聯繫小學	港島區5間官立小學

教師專業資歷

教師人數	■編制內：+　　■編制外：+
已接受特殊教育培訓教師人數	+　外籍　+
教師年資	+
教師專業訓練	+
教師資歷	+

21/22學年收生情況

中一生總人數(班數)　+ (+)
學位分配百分比　■自行:+　■統一:+
自行收生取錄人數　+　競爭情況　+　面試名額　+

22/23學年收生要求

收生準則	+
面試內容	+
派表日期	+
收表日期	+
自行收生預算學額	+

學校特色

+

21/22學年中一教學語言

全級英文為教學語言科目	不提供

中學文憑試成績（2021年7月畢業生）

33222率	+
中文科達3級率	+
英文科達3級率	+
數學科達2級率	+
通識科達2級率	+
人均優良成績	+
入讀本地大專文憑率	+
入讀本地大學率	+
入讀(只限港大、中大、科大)率	+
入讀非本地大學率	+

明愛柴灣馬登基金中學 Caritas Chai Wan Marden Foundation Secondary School

地址	柴灣新廈街330號
電話	25584133　傳眞　28984423
電郵	ccmss@ccmss.edu.hk
網址	www.ccm.edu.hk
校長	洪詠慈　　創校年份　1979
學校類別	資助　學生性別　男女
宗教背景	天主教
主要教學語言	初中：中文　高中：中文
一條龍小學	/
直屬小學	/
聯繫小學	/

教師專業資歷

教師人數	■編制內：29　　■編制外：2
已接受特殊教育培訓教師人數	9　外籍　0
教師年資	■0-4年：3人　■5-9年：4人　■10年或以上：24人
教師專業訓練	■認可教師證書/教育文憑：94%
教師資歷	■大學學位：58%　■碩士或以上：42%

21/22學年收生情況

中一生總人數(班數)　+ (+)
學位分配百分比　■自行:+　■統一:+
自行收生取錄人數　+　競爭情況　+　面試名額　+

22/23學年收生要求

收生準則	■學業成績：30%　■課外活動：20%　■操行及態度：20%　■面試表現：30%
面試內容	溝通技巧/應對；禮儀；常識；體藝才能；應變能力；中英文能力；數理能力；學習態度；家庭生活
派表日期	2022.01.03-2022.01.17
收表日期	2022.01.03-2022.01.17
自行收生預算學額	+

學校特色

■品學並重、關愛校園
■發展學生潛能、培養自省探究精神
■帶領學生擴闊視野、放眼世界

21/22學年中一教學語言

全級英文為教學語言科目	英文

中學文憑試成績（2021年7月畢業生）

33222率	+
中文科達3級率	+
英文科達3級率	+
數學科達2級率	+
通識科達2級率	+
人均優良成績	+
入讀本地大專文憑率	+
入讀本地大學率	+
入讀(只限港大、中大、科大)率	+
入讀非本地大學率	+

東區

註：教師年資只計算編制內教師人數

註：+表示學校沒有提供資料；/表示沒有或不適用

金文泰中學 Clementi Secondary School

地址　北角炮台山道30號
電話　25706411　傳真　25785719
電郵　css@edb.gov.hk
網址　www.clementi.edu.hk
校長　馮黎妙儀　創校年份　1926
學校類別　官立　學生性別　男女
宗教背景　沒有
主要教學語言　初中：中文　高中：中文
一條龍小學　/
直屬小學　/
聯繫小學　/

教師專業資歷

教師人數　■編制內：+　■編制外：+
已接受特殊教育培訓教師人數　+　外籍　+
教師年資　+
教師專業訓練　+
教師資歷　+

21/22學年收生情況

中一生總人數(班數)　+（4）
學位分配百分比　■自行：+　■統一：+
自行收生取錄人數　+　競爭情況　+　面試名額　+

22/23學年收生要求

收生準則
■學業成績：30%　■課外活動：20%
■操行及態度：20%　■面試表現：30%
■根據學生(申請人)提交文件，挑選學生進行面試

面試內容　+

派表日期　2021.11.20-2022.01.17
收表日期　2022.01.03-2022.01.17
自行收生預算學額　+

學校特色

+

21/22學年中一教學語言

全級英文為教學語言科目　不提供

中學文憑試成績（2021年7月畢業生）

33222率	+
中文科達3級率	+
英文科達3級率	+
數學科達2級率	+
通識科達2級率	+
人均優良成績	+
入讀本地大專文憑率	+
入讀本地大學率	+
入讀(只限港大、中大、科大)率	+
入讀非本地大學率	+

炮台山循道衛理中學 Fortress Hill Methodist Secondary School

地址　北角炮台山道19號
電話　25107688　傳真　25109677
電郵　info@fhms.edu.hk
網址　www.fhms.edu.hk
校長　沈立平　創校年份　1995
學校類別　資助　學生性別　男女
宗教背景　基督教
主要教學語言　初中：中文　高中：中文
一條龍小學　/
直屬小學　/
聯繫小學　/

教師專業資歷

教師人數　■編制內：33　■編制外：7
已接受特殊教育培訓教師人數　31　外籍　1
教師年資
■0-4年：8人
■5-9年：5人
■10年或以上：27人
教師專業訓練　■認可教師證書/教育文憑：100%
教師資歷　■大學學位：49%　■碩士或以上：51%

註：2021/22學年學位分配百分比不包括一條龍小學學生；收生對象為有嚴重學習困難學生

21/22學年收生情況

中一生總人數(班數)　44（2）
學位分配百分比　■自行：70%　■統一：30%
自行收生取錄人數　+　競爭情況　+　面試名額　+

22/23學年收生要求

收生準則
■學業成績：30%　■課外活動：5%
■操行及態度：15%　■面試表現：50%
■學生成績有反映其學習困難

面試內容　溝通技巧/應對；學習態度；學習困難及學習支援方式等

派表日期　2022.01.03-2022.01.17
收表日期　2022.01.03-2022.01.17
自行收生預算學額　32

學校特色

■一所專爲有不同學習需要學生而設的主流中學，本着每位學生皆有不同恩賜的信念
■致力提供一個關愛、尊重和包容的成長環境，以建立自信和發展潛能
■提供均衡而多元化的課程，並因應學生的特殊學習需要而作出調整

21/22學年中一教學語言

全級英文為教學語言科目　英文、英文會話

中學文憑試成績（2021年7月畢業生）

33222率	/
中文科達3級率	/
英文科達3級率	/
數學科達2級率	/
通識科達2級率	/
人均優良成績	+
入讀本地大專文憑率	/
入讀本地大學率	0%
入讀(只限港大、中大、科大)率	0%
入讀非本地大學率	/

香港中國婦女會中學 Hong Kong Chinese Women's Club College

地址　西灣河太祥街2B
電話　25684817　傳真　25680336
電郵　school@hkcwcc.edu.hk
網址　www.hkcwcc.edu.hk
校長　楊志強　創校年份　1978
學校類別　資助　學生性別　男女
宗教背景　沒有
主要教學語言　初中：英文　高中：英文
一條龍小學　/
直屬小學　/
聯繫小學　/

教師專業資歷

教師人數　■編制內：57　■編制外：3
已接受特殊教育培訓教師人數　13　外籍　1
教師年資
■0-4年：7人
■5-9年：14人
■10年或以上：39人
教師專業訓練　■認可教師證書/教育文憑：97%
教師資歷　■大學學位：32%　■碩士或以上：68%

21/22學年收生情況

中一生總人數(班數)　130（4）
學位分配百分比　■自行：30%　■統一：70%
自行收生取錄人數　40　競爭情況　1:9　面試名額　200

22/23學年收生要求

收生準則
■申請人之教育局成績次第及學業成績：45%
■面試表現及英語能力：40%
■操行/課外活動/職位/獎項：15%

面試內容　溝通技巧/應對；禮儀；常識；學習態度；家庭生活；應變能力

派表日期　2021.10.18-2022.01.17
收表日期　2022.01.03-2022.01.17
自行收生預算學額　50

學校特色

■通過自主學習提升學生學習的自主性和信心；透過正規和非正式課程以豐富學生的學習體驗；深化推行電子學習，以達致有效學習，激勵學生成為積極主動的學習者
■培養學生積極向上的心態、良好的個人品格，並拓闊學生在國家和全球層面的視野

21/22學年中一教學語言

全級英文為教學語言科目　英文、歷史、數學、科學、地理、電腦、音樂、視藝、體育、家政、設計與科技、生活與社會

中學文憑試成績（2021年7月畢業生）

33222率	93.4%
中文科達3級率	94.2%
英文科達3級率	98.3%
數學科達2級率	100%
通識科達2級率	100%
人均優良成績	2.2
入讀本地大專文憑率	1.7%
入讀本地大學率	93.4%
入讀(只限港大、中大、科大)率	47.1%
入讀非本地大學率	4.1%

東區

註：+表示學校沒有提供資料；/表示沒有或不適用

張祝珊英文中學 Cheung Chuk Shan College

地址	北角雲景道11號
電話	25706665　傳眞　25120429
電郵	public@live.ccsc.edu.hk
網址	www.ccsc.edu.hk
校長	歐振強　創校年份　1969
學校類別	資助　學生性別　男女
宗教背景	沒有
主要教學語言	初中:英文　高中:英文
一條龍小學	/
直屬小學	/
聯繫小學	/

教師專業資歷

教師人數	■編制內:54　■編制外:9
已接受特殊教育培訓教師人數	24　外籍　1
教師年資	■0-4年:21人 ■5-9年:9人 ■10年或以上:33人
教師專業訓練	■認可教師證書/教育文憑:95.2%
教師資歷	■大學學位:54% ■碩士或以上:46%

註:2021/22學年學位分配百分比不包括一條龍小學學生

21/22學年收生情況

中一生總人數(班數) 158 (5)

學位分配百分比　■自行:30%　■統一:70%

自行收生取錄人數　50　競爭情況　1:8.22　面試名額　最多400

22/23學年收生要求

收生準則	■教育局成績次第:40%　■獎項:20% ■課外活動:10%　■面試表現:30% ■最近學校品行評級達B
面試內容	溝通技巧/應對;禮儀;中英文能力;學習態度; 時事、日常生活、共通能力
派表日期	2022.01.03-2022.01.17
收表日期	2022.01.03-2022.01.17
自行收生預算學額	40

學校特色

■教學強調德、智、體、群、美、靈、愛七育均衡發展
■透過各種活動,使學生明事理守規矩,切實執行校訓,維持淳樸校風
■英文教學,增強學生英語表達及溝通能力,為將來升學作好準備

21/22學年中一教學語言

全級英文為教學語言科目　英文、歷史、數學、科學、地理、電腦、音樂、視藝、體育、家政、生活與社會

中學文憑試成績（2021年7月畢業生）

33222率	90.07%
中文科達3級率	92.9%
英文科達3級率	99.29%
數學科達2級率	100%
通識科達2級率	100%
人均優良成績	2.45
入讀本地大專文憑率	6.38%
入讀本地大學率	88.65%
入讀(只限港大、中大、科大)率	52.48%
入讀非本地大學率	7.8%

港島民生書院 Munsang College (Hong Kong Island)

地址	西灣河太安街26號
電話	25671666　傳眞　25671338
電郵	info@imsc.edu.hk
網址	www.imsc.edu.hk
校長	嚴志成　創校年份　1999
學校類別	資助　學生性別　男女
宗教背景	基督教
主要教學語言	初中:英文　高中:英文
一條龍小學	/
直屬小學	/
聯繫小學	/

教師專業資歷

教師人數	■編制內:59　■編制外:0
已接受特殊教育培訓教師人數	+　外籍　1
教師年資	■0-4年:3人 ■5-9年:6人 ■10年或以上:50人
教師專業訓練	■認可教師證書/教育文憑:100%
教師資歷	■大學學位:29% ■碩士或以上:71%

21/22學年收生情況

中一生總人數(班數) 133 (4)

學位分配百分比　■自行:30%　■統一:70%

自行收生取錄人數　40　競爭情況　1:14.35　面試名額　200-220

22/23學年收生要求

收生準則	■學業成績:50%　■課外活動:10% ■面試表現:30%　■服務5% ■專長及技能5%　■小五、小六操行須B或以上
面試內容	溝通技巧/應對;常識;中英文能力;學習態度; 家庭生活;應變能力
派表日期	2022.01.03-2022.01.17
收表日期	2022.01.03-2022.01.17
自行收生預算學額	50

學校特色

■除中文、中史、普通話、生活與社會和宗教外,各科均以英語授課
■初中及高中英文科按學生能力分組
■校園以英語作傳訊語言,營造英語學習環境

21/22學年中一教學語言

全級英文為教學語言科目　英文、歷史、數學、科學、地理、電腦、音樂、視藝、體育

中學文憑試成績（2021年7月畢業生）

33222率	82.5%
中文科達3級率	84.5%
英文科達3級率	98.1%
數學科達2級率	100%
通識科達2級率	98.1%
人均優良成績	1.68
入讀本地大專文憑率	14.6%
入讀本地大學率	82.5%
入讀(只限港大、中大、科大)率	40.8%
入讀非本地大學率	1.0%

東區

慈幼英文學校 Salesian English School

地址	筲箕灣柴灣道16號
電話	28843581　傳眞　25689697
電郵	admin@ssshk.edu.hk
網址	www.ssshk.edu.hk
校長	杜玉燕　創校年份　1951
學校類別	資助　學生性別　男
宗教背景	天主教
主要教學語言	初中:中、英　高中:中、英
一條龍小學	/
直屬小學	慈幼學校
聯繫小學	/

教師專業資歷

教師人數	■編制內:+　■編制外:+
已接受特殊教育培訓教師人數	+　外籍　+
教師年資	+
教師專業訓練	+
教師資歷	+

21/22學年收生情況

中一生總人數(班數) + (+)

學位分配百分比　■自行:+　■統一:+

自行收生取錄人數　+　競爭情況　+　面試名額　+

22/23學年收生要求

收生準則	+
面試內容	+
派表日期	+
收表日期	+
自行收生預算學額	+

學校特色

+

21/22學年中一教學語言

全級英文為教學語言科目　不提供

中學文憑試成績（2021年7月畢業生）

33222率	+
中文科達3級率	+
英文科達3級率	+
數學科達2級率	+
通識科達2級率	+
人均優良成績	+
入讀本地大專文憑率	+
入讀本地大學率	+
入讀(只限港大、中大、科大)率	+
入讀非本地大學率	+

註:+表示學校沒有提供資料;/表示沒有或不適用

聖公會李福慶中學 SKH Li Fook Hing Secondary School

地址　柴灣翠灣街翠灣邨
電話　25605678　　傳真　28865730
電郵　info@lfh.edu.hk
網址　www.lfh.edu.hk
校長　吳幼美　　創校年份　1996
學校類別　資助　學生性別　男女
宗教背景　基督教
主要教學語言　初中:中、英　高中:中、英
一條龍小學　/
直屬小學　/
聯繫小學　/

教師專業資歷

教師人數　■編制內:45　■編制外:7
已接受特殊教育培訓教師人數　13　外籍　1
教師年資
■0-4年:12人
■5-9年:4人
■10年或以上:35人
教師專業訓練　■認可教師證書/教育文憑:89%
教師資歷　■大學學位:44%　■碩士或以上:54%

21/22學年收生情況

中一生總人數(班數)　+（3）
學位分配百分比　■自行:30%　■統一:70%
自行收生取錄人數　30　競爭情況　+　面試名額　所有申請人

22/23學年收生要求

收生準則　■學業成績:30%　■課外活動:10%
■操行及態度:30%　■面試表現:30%
面試內容　溝通技巧/應對；禮儀；常識；中英文能力；學習態度；應變能力
派表日期　2022.01.03-2022.01.17
收表日期　2022.01.03-2022.01.17
自行收生預算學額　30

學校特色

■重視學生的獨特性及啟發多元潛能，展現個人才能與自信。致力培育學生在德、智、體、群、美、靈的全人成長
■課程因材施教，配合延展考察活動，互動有趣。英語跨學科課程、初中STEM、電子教學、閱讀計劃及海外交流，豐富學習經歷
■校風淳樸、學生自律守規，師生關愛、家校合作；榮獲美國頒發啟發潛能教育卓越成就金獎

21/22學年中一教學語言

全級英文為教學語言科目　英文

中學文憑試成績（2021年7月畢業生）

33222率	+
中文科達3級率	+
英文科達3級率	+
數學科達2級率	+
通識科達2級率	+
人均優良成績	+
入讀本地大專文憑率	+
入讀本地大學率	+
入讀(只限港大、中大、科大)率	+
入讀非本地大學率	+

聖貞德中學 St Joan of Arc Secondary School

地址　香港北角寶馬山道55號
電話　25785984　　傳真　25785725
電郵　info@sja.edu.hk
網址　www.sja.edu.hk
校長　阮章凱　　創校年份　1955
學校類別　資助　學生性別　男女
宗教背景　天主教
主要教學語言　初中:中、英　高中:中、英
一條龍小學　/
直屬小學　/
聯繫小學　/

教師專業資歷

教師人數　■編制內:45　■編制外:5
已接受特殊教育培訓教師人數　17　外籍　1
教師年資
■0-4年:11人
■5-9年:0人
■10年或以上:39人
教師專業訓練　■認可教師證書/教育文憑:94%
教師資歷　■大學學位:50%　■碩士或以上:50%

21/22學年收生情況

中一生總人數(班數)　+（3）
學位分配百分比　■自行:30%　■統一:70%
自行收生取錄人數　30　競爭情況　+　面試名額　所有申請人

22/23學年收生要求

收生準則　■學業成績:40%　■課外活動:10%
■操行及態度:20%　■宗教 10%
■兄姊就讀/畢業生 20%
面試內容　溝通技巧/應對；禮儀；常識；體藝才能；中英文能力；學習態度；家庭生活
派表日期　2022.01.03-2022.01.17
收表日期　2022.01.03-2022.01.17
自行收生預算學額　30

學校特色

■引入全方位學習，積極推行STEM互動教育，加強跨科協作聯繫
■多元教學策略，推動電子教學，提升學生學業表現
■以天主教教育五大核心價值，推展學生培育工作

21/22學年中一教學語言

全級英文為教學語言科目　英文

中學文憑試成績（2021年7月畢業生）

33222率	+
中文科達3級率	+
英文科達3級率	+
數學科達2級率	+
通識科達2級率	+
人均優良成績	+
入讀本地大專文憑率	+
入讀本地大學率	+
入讀(只限港大、中大、科大)率	+
入讀非本地大學率	+

聖馬可中學 St. Mark's School

地址　筲箕灣愛秩序灣愛賢街18號
電話　25601262　　傳真　25675809
電郵　stmarks@stmarks.edu.hk
網址　www.stmarks.edu.hk
校長　顏婉棠　　創校年份　1949
學校類別　資助　學生性別　男女
宗教背景　基督教
主要教學語言　初中:英文　高中:英文
一條龍小學　/
直屬小學　/
聯繫小學　/

教師專業資歷

教師人數　■編制內:+　■編制外:+
已接受特殊教育培訓教師人數　+　外籍　+
教師年資　+
教師專業訓練
教師資歷　+

21/22學年收生情況

中一生總人數(班數)　+（+）
學位分配百分比　■自行:+　■統一:+
自行收生取錄人數　+　競爭情況　+　面試名額　+

22/23學年收生要求

收生準則　+
面試內容
派表日期
收表日期
自行收生預算學額　+

學校特色

+

21/22學年中一教學語言

全級英文為教學語言科目　不提供

中學文憑試成績（2021年7月畢業生）

33222率	+
中文科達3級率	+
英文科達3級率	+
數學科達2級率	+
通識科達2級率	+
人均優良成績	+
入讀本地大專文憑率	+
入讀本地大學率	+
入讀(只限港大、中大、科大)率	+
入讀非本地大學率	+

東區

註：+表示學校沒有提供資料；/表示沒有或不適用

筲箕灣官立中學 Shau Kei Wan Government Secondary School

地址　筲箕灣柴灣道42號
電話　25603544　　傳真　25689708
電郵　skwgss@edb.gov.hk
網址　www.sgss.edu.hk
校長　殷見歡　　創校年份　1961
學校類別　官立　　學生性別　男女
宗教背景　沒有
主要教學語言　初中：英文　高中：英文
一條龍小學　/
直屬小學　/
聯繫小學　北角官立小學、筲箕灣官立小學、北角官立小學(雲景道)、愛秩序灣官立小學

教師專業資歷
教師人數　■編制內：52　　■編制外：1
已接受特殊教育培訓教師人數　20　外籍　1
教師年資　■0-4年：4人
　　　　　■5-9年：5人
　　　　　■10年或以上：43人
教師專業訓練　■認可教師證書/教育文憑：100%
教師資歷　■大學學位：57%
　　　　　■碩士或以上：43%

註：2021/22學年學位分配百分比不包括一條龍小學學生

21/22學年收生情況
中一生總人數(班數)　141 (4)
學位分配百分比　■自行：32%　■統一：68%
自行收生取錄人數　43　競爭情況　1：7.72　面試名額　所有申請人

22/23學年收生要求
收生準則　■學業成績：40%　■課外活動：20%　■面試表現：40%
面試內容　溝通技巧/應對；禮儀；常識；中英文能力；學習態度
派表日期　2022.01.03-2022.01.17
收表日期　2022.01.03-2022.01.17
自行收生預算學額　43

學校特色
■着重培養學生的自主學習能力，使學生可追求更高的學術成就
■致力推動價值觀教育，培養學生愛與感恩的心及國民身分認同
■提供多元化學習活動以擴闊學生視野，使之成為明日之領袖

21/22學年中一教學語言
全級英文為教學語言科目　英文、歷史、數學、科學、地理、電腦、音樂、視藝、體育、家政、設計與科技

中學文憑試成績（2021年7月畢業生）
33222率	59.7%
中文科達3級率	68.7%
英文科達3級率	83.6%
數學科達2級率	94.8%
通識科達2級率	99.3%
人均優良成績	0.78
入讀本地大專文憑率	37.3%
入讀本地大學率	47.8%
入讀(只限港大、中大、科大)率	23.1%
入讀非本地大學率	3.7%

筲箕灣東官立中學 Shau Kei Wan East Government Secondary School

地址　筲箕灣柴灣道40號
電話　25602677　　傳真　25689865
電郵　ses-mail@hkedcity.net
網址　https://skwegss.schoolteam.hk
校長　賴炳輝　　創校年份　1963
學校類別　官立　　學生性別　男女
宗教背景　沒有
主要教學語言　初中：中、英　高中：中、英
一條龍小學　/
直屬小學　/
聯繫小學　北角官立小學、北角官立小學(雲景道)、愛秩序灣官立小學、筲箕灣官立小學

教師專業資歷
教師人數　■編制內：60　　■編制外：0
已接受特殊教育培訓教師人數　15　外籍　1
教師年資　■0-4年：3人
　　　　　■5-9年：10人
　　　　　■10年或以上：47人
教師專業訓練　■認可教師證書/教育文憑：100%
教師資歷　■大學學位：61%
　　　　　■碩士或以上：39%

註：教師年資只計算編制內教師人數；2021/22學年學位分配百分比不包括一條龍小學學生

21/22學年收生情況
中一生總人數(班數)　96 (4)
學位分配百分比　■自行：30%　■統一：70%
自行收生取錄人數　40　競爭情況　+　面試名額　+

22/23學年收生要求
收生準則　■學業成績：30%　■課外活動：10%　■操行及態度：20%　■面試表現：40%
面試內容　溝通技巧/應對；禮儀；常識；體藝才能；應變能力；中英文能力；學習態度；家庭生活
派表日期　2022.01.03-2022.01.17
收表日期　2022.01.03-2022.01.17
自行收生預算學額　40

學校特色
■提供寬廣而多元化課程，文、理、商、設計及資訊科技兼備
■自初中開始建立「學生學習概覽」，助學生養成良好反思及自主學習態度
■培養學生良好學習態度，讓學生能積極向學，發揮潛能，面對挑戰

21/22學年中一教學語言
全級英文為教學語言科目　英文

中學文憑試成績（2021年7月畢業生）
33222率	+
中文科達3級率	+
英文科達3級率	+
數學科達2級率	+
通識科達2級率	+
人均優良成績	+
入讀本地大專文憑率	+
入讀本地大學率	+
入讀(只限港大、中大、科大)率	+
入讀非本地大學率	+

嘉諾撒書院 Canossa College

地址　鰂魚涌海澤街10號
電話　25630272　　傳真　25628910
電郵　info@canossa.edu.hk
網址　www.canossa.edu.hk
校長　黃瑞菊　　創校年份　1959
學校類別　資助　　學生性別　女
宗教背景　天主教
主要教學語言　初中：英文　高中：英文
一條龍小學　/
直屬小學　/
聯繫小學　香港嘉諾撒學校

教師專業資歷
教師人數　■編制內：+　　■編制外：+
已接受特殊教育培訓教師人數　+　外籍　+
教師年資　+
教師專業訓練　+
教師資歷　+

21/22學年收生情況
中一生總人數(班數)　+ (+)
學位分配百分比　■自行：+　■統一：+
自行收生取錄人數　+　競爭情況　+　面試名額　+

22/23學年收生要求
收生準則　+
面試內容　+
派表日期　+
收表日期　+
自行收生預算學額　+

學校特色
+

21/22學年中一教學語言
全級英文為教學語言科目　不提供

中學文憑試成績（2021年7月畢業生）
33222率	+
中文科達3級率	+
英文科達3級率	+
數學科達2級率	+
通識科達2級率	+
人均優良成績	+
入讀本地大專文憑率	+
入讀本地大學率	+
入讀(只限港大、中大、科大)率	+
入讀非本地大學率	+

東區

註：+表示學校沒有提供資料；/表示沒有或不適用

福建中學（小西灣） Fukien Secondary School (Siu Sai Wan)

地址　小西灣富怡道2號
電話　25669223　傳真　25669020
電郵　email@fss.edu.hk
網址　www.fss.edu.hk
校長　盧曼華　創校年份　1998
學校類別　資助　學生性別　男女
宗教背景　沒有
主要教學語言　初中：中文　高中：中文
一條龍小學　/
直屬小學　/
聯繫小學　/

教師專業資歷
教師人數　■編制內：56　■編制外：2
已接受特殊教育培訓教師人數　17　外籍　1
教師年資　■0-4年：5人
　　　　　■5-9年：2人
　　　　　■10年或以上：51人
教師專業訓練　■認可教師證書/教育文憑：98%
教師資歷　■大學學位：33%
　　　　　■碩士或以上：67%

21/22學年收生情況
中一生總人數(班數)　124（4）
學位分配百分比　■自行：30%　■統一：70%
自行收生取錄人數　40　競爭情況　1：5.75　面試名額　120

22/23學年收生要求
收生準則　■學業成績：40%　■操行及態度：25%
　　　　　■面試表現：25%　■體藝或服務 10%

面試內容　溝通技巧/應對；禮儀；常識；中英文能力；數理能力；學習態度；家庭生活；應變能力

派表日期　2022.01.03-2022.01.17
收表日期　2022.01.03-2022.01.17
自行收生預算學額　40

學校特色
■重視兩文三語：初中中文科採用普通話教學；英文科採用主題教學
■推動STEM教育的發展，培養學生綜合和應用知識的能力
■除了傳統科目外，本校在初中推行英語戲劇、STEM實踐學習、創業與理財等校本課程

21/22學年中一教學語言
全級英文為教學語言科目　英文、音樂、家政、戲劇

中學文憑試成績（2021年7月畢業生）

33222率	+
中文科達3級率	+
英文科達3級率	+
數學科達2級率	+
通識科達2級率	+
人均優良成績	+
入讀本地大專文憑率	+
入讀本地大學率	+
入讀(只限港大、中大、科大)率	+
入讀非本地大學率	+

閩僑中學 Man Kiu College

地址　北角雲景道81號
電話　25784523　傳真　25128349
電郵　info@mkc.edu.hk
網址　www.mkc.edu.hk
校長　林政寧　創校年份　1977
學校類別　資助　學生性別　男女
宗教背景　沒有
主要教學語言　初中：中文　高中：中文
一條龍小學　/
直屬小學　閩僑小學
聯繫小學　/

教師專業資歷
教師人數　■編制內：30　■編制外：4
已接受特殊教育培訓教師人數　10　外籍　1
教師年資　■0-4年：3人
　　　　　■5-9年：4人
　　　　　■10年或以上：27人
教師專業訓練　■認可教師證書/教育文憑：96.97%
教師資歷　■大學學位：42.42%
　　　　　■碩士或以上：54.55%

21/22學年收生情況
中一生總人數(班數)　+（2）
學位分配百分比　■自行：+　■統一：+
自行收生取錄人數　+　競爭情況　+　面試名額　所有申請人

22/23學年收生要求
收生準則　■學業成績：30%　■獎項：5%
　　　　　■課外活動：10%　■操行及態度：20%
　　　　　■面試表現：25%　■校內或校外服務：10%

面試內容　溝通技巧/應對；禮儀；學習態度；家庭生活

派表日期　2022.01.03-2022.01.17
收表日期　2022.01.03-2022.01.17
自行收生預算學額　30

學校特色
■中一至中四級推行「使用平板電腦，建立學生自主學習習慣」計劃
■建立校本跨科STEAM課程，發展學生多元潛能
■高中推行尖子培訓、星級導師及師友同行計劃，以提高成績及規劃未來

21/22學年中一教學語言
全級英文為教學語言科目　英文

中學文憑試成績（2021年7月畢業生）

33222率	5.71%
中文科達3級率	42.4%
英文科達3級率	11.4%
數學科達2級率	67.6%
通識科達2級率	85.3%
人均優良成績	+
入讀本地大專文憑率	42.9%
入讀本地大學率	11.43%
入讀(只限港大、中大、科大)率	5.71%
入讀非本地大學率	37.1%

東區

衞理中學 The MCHK Wesley College

地址　柴灣小西灣道33號
電話　28967705　傳真　25057601
電郵　mcw@mcw.edu.hk
網址　www.mcw.edu.hk
校長　藍正思　創校年份　1977
學校類別　資助　學生性別　男女
宗教背景　基督教
主要教學語言　初中：英文　高中：中、英
一條龍小學　/
直屬小學　/
聯繫小學　/

教師專業資歷
教師人數　■編制內：55　■編制外：3
已接受特殊教育培訓教師人數　21　外籍　1
教師年資　■0-4年：13人
　　　　　■5-9年：11人
　　　　　■10年或以上：35人
教師專業訓練　■認可教師證書/教育文憑：100%
教師資歷　■大學學位：56%
　　　　　■碩士或以上：44%

註：2021/22學年學位分配百分比不包括一條龍小學學生

21/22學年收生情況
中一生總人數(班數)　123（4）
學位分配百分比　■自行：30%　■統一：70%
自行收生取錄人數　40　競爭情況　1：9.78　面試名額　330

22/23學年收生要求
收生準則　■學業成績：40%　■課外活動：10%
　　　　　■操行及態度：20%　■面試表現：20%
　　　　　■認同學校辦學理念：10%

面試內容　溝通技巧/應對；禮儀；中英文能力；學習態度；家庭生活

派表日期　+
收表日期　2022.01.03-2022.01.17
自行收生預算學額　40

學校特色
■按學生能力訂定初中教學語言（中一：三班主要用英語授課，一班則主要用母語教學）
■重視生命教育，透過正規課程與非正規課程及不同典禮等活動，建立學生正面及健康的價值觀
■推行「學生剪影」計劃，幫助學生確立目標，於品德、學業、服務、體藝、閱讀等各方面追求卓越，全面發展

21/22學年中一教學語言
全級英文為教學語言科目　英文、數學

中學文憑試成績（2021年7月畢業生）

33222率	+
中文科達3級率	+
英文科達3級率	+
數學科達2級率	+
通識科達2級率	+
人均優良成績	+
入讀本地大專文憑率	+
入讀本地大學率	+
入讀(只限港大、中大、科大)率	+
入讀非本地大學率	+

註：+表示學校沒有提供資料；/表示沒有或不適用

嶺南中學 Lingnan Secondary School

地址　杏花邨盛康里六號
電話　28916966　　傳真　25747597
電郵　info@lingnan.edu.hk
網址　www.lingnan.edu.hk
校長　鍾慧晶　　創校年份　1922
學校類別　資助　　學生性別　男女
宗教背景　基督教
主要教學語言　初中:中文　高中:中文
一條龍小學　/
直屬小學　/
聯繫小學　/

教師專業資歷

教師人數　■編制內:58　■編制外:5
已接受特殊教育培訓教師人數　23　外籍　1
教師年資　■0-4年:10人
　■5-9年:10人
　■10年或以上:43人
教師專業訓練　■認可教師證書/教育文憑:89%
教師資歷　■大學學位:41%
　■碩士或以上:59%

21/22學年收生情況

中一生總人數(班數)　124 (5)
學位分配百分比　■自行:32%　■統一:68%
自行收生取錄人數　40　競爭情況　1:2　面試名額　所有申請人

22/23學年收生要求

收生準則　■教育局成績次第　■學業成績　■獎項　■課外活動　■操行及態度　■學校推薦　■面試表現　■與中學聯繫

面試內容　溝通技巧/應對；禮儀；常識；體藝才能；學習態度；中英文能力；數理能力
派表日期　2022.01.03-2022.01.17
收表日期　2022.01.03-2022.01.17
自行收生預算學額　40

學校特色

■中一設有戲劇科，培養學生自信心及表達能力
■提倡服務學習，全校學生均需參與義工服務
■鼓勵學生自主學習，並透過電子學習擴闊視野

21/22學年中一教學語言

全級英文為教學語言科目　英文

中學文憑試成績（2021年7月畢業生）

33222率	+
中文科達3級率	+
英文科達3級率	+
數學科達2級率	+
通識科達2級率	+
人均優良成績	+
入讀本地大專文憑率	+
入讀本地大學率	+
入讀(只限港大、中大、科大)率	+
入讀非本地大學率	+

嶺南衡怡紀念中學 Lingnan Hang Yee Memorial Secondary School

地址　柴灣小西灣道31號
電話　25764852　　傳真　28824540
電郵　info@lhymss.net
網址　www.lhymss.edu.hk
校長　李志霖　　創校年份　1991
學校類別　資助　　學生性別　男女
宗教背景　基督教
主要教學語言　初中:中文　高中:中、英
一條龍小學　/
直屬小學　/
聯繫小學　/

教師專業資歷

教師人數　■編制內:+　■編制外:+
已接受特殊教育培訓教師人數　+　外籍　+
教師年資　+
教師專業訓練　+
教師資歷　+

21/22學年收生情況

中一生總人數(班數)　+ (+)
學位分配百分比　■自行:+　■統一:+
自行收生取錄人數　+　競爭情況　+　面試名額　+

22/23學年收生要求

收生準則　+
面試內容　+
派表日期　+
收表日期　+
自行收生預算學額　+

學校特色

+

21/22學年中一教學語言

全級英文為教學語言科目　不提供

中學文憑試成績（2021年7月畢業生）

33222率	+
中文科達3級率	+
英文科達3級率	+
數學科達2級率	+
通識科達2級率	+
人均優良成績	+
入讀本地大專文憑率	+
入讀本地大學率	+
入讀(只限港大、中大、科大)率	+
入讀非本地大學率	+

寶血女子中學 Precious Blood Secondary School

地址　柴灣新廈街338號
電話　25704172　　傳真　25782491
電郵　contact@pbss.edu.hk
網址　www.pbss.edu.hk
校長　杜師正　　創校年份　1945
學校類別　資助　　學生性別　女
宗教背景　天主教
主要教學語言　初中:中、英　高中:中、英
一條龍小學　/
直屬小學　/
聯繫小學　/

教師專業資歷

教師人數　■編制內:42　■編制外:7
已接受特殊教育培訓教師人數　16　外籍　2
教師年資　■0-4年:7人
　■5-9年:6人
　■10年或以上:36人
教師專業訓練　■認可教師證書/教育文憑:98%
教師資歷　■大學學位:47%
　■碩士或以上:53%

21/22學年收生情況

中一生總人數(班數)　+ (3)
學位分配百分比　■自行:30%　■統一:70%
自行收生取錄人數　30　競爭情況　+　面試名額　+

22/23學年收生要求

收生準則　■教育局成績次第:45%　■課外活動:20%　■操行及態度:15%　■面試表現:20%

面試內容　溝通技巧/應對；禮儀；常識；體藝才能；應變能力；中英文能力；數理能力；學習態度；家庭生活
派表日期　2021.11.01-2022.01.17
收表日期　2022.01.03-2022.01.17
自行收生預算學額　30

學校特色

■師生關愛共融，於校園生活及全方位學習活動中致力落實校訓之價值
■致力營造英語及電子學習平台，推行STEAM教育，以提升學習效能
■為不同階段及需要學生提供多元化之系統學習，以協助其善作生涯規劃

21/22學年中一教學語言

全級英文為教學語言科目　英文

中學文憑試成績（2021年7月畢業生）

33222率	+
中文科達3級率	+
英文科達3級率	+
數學科達2級率	+
通識科達2級率	+
人均優良成績	+
入讀本地大專文憑率	+
入讀本地大學率	+
入讀(只限港大、中大、科大)率	/%
入讀非本地大學率	+

東區

071

註：+表示學校沒有提供資料；/表示沒有或不適用

顯理中學 Henrietta Secondary School

地址　北角城市花園道2號
電話　25701466　傳眞　25034603
電郵　hss-mail@henrietta.edu.hk
網址　www.henrietta.edu.hk
校長　吳浩然　創校年份　1946
學校類別　資助　學生性別　男女
宗教背景　基督教
主要教學語言　初中:中、英　高中:中、英
一條龍小學　/
直屬小學　/
聯繫小學　/

教師專業資歷

教師人數　■編制內：+　■編制外：+
已接受特殊教育培訓教師人數　+　外籍　+
教師年資　+
教師專業訓練　+
教師資歷　+

21/22學年收生情況

中一生總人數(班數)　+（+）
學位分配百分比　■自行：+　■統一：+
自行收生取錄人數　+　競爭情況　+　面試名額　+

22/23學年收生要求

收生準則　+
面試內容　+
派表日期　+
收表日期　+
自行收生預算學額　+

學校特色

+

21/22學年中一教學語言

全級英文為教學語言科目　不提供

中學文憑試成績（2021年7月畢業生）

33222率	+
中文科達3級率	+
英文科達3級率	+
數學科達2級率	+
通識科達2級率	+
人均優良成績	+
入讀本地大專文憑率	+
入讀本地大學率	+
入讀(只限港大、中大、科大)率	+
入讀非本地大學率	+

余振強紀念第二中學 Yu Chun Keung Memorial College No. 2

地址　蒲扶林置富徑1號
電話　25518285　傳眞　28753867
電郵　office@yck2.edu.hk
網址　www.yck2.edu.hk
校長　李德輝　創校年份　1982
學校類別　資助　學生性別　男女
宗教背景　天主教
主要教學語言　初中:中、英　高中:中文
一條龍小學　/
直屬小學　/
聯繫小學　/

教師專業資歷

教師人數　■編制內：+　■編制外：+
已接受特殊教育培訓教師人數　+　外籍　+
教師年資　+
教師專業訓練　+
教師資歷　+

21/22學年收生情況

中一生總人數(班數)　+
學位分配百分比　■自行：+　■統一：+
自行收生取錄人數　+　競爭情況　+　面試名額　+

22/23學年收生要求

收生準則　+
面試內容　+
派表日期　+
收表日期　+
自行收生預算學額　+

學校特色

+

21/22學年中一教學語言

全級英文為教學語言科目　不提供

中學文憑試成績（2021年7月畢業生）

33222率	+
中文科達3級率	+
英文科達3級率	+
數學科達2級率	+
通識科達2級率	+
人均優良成績	+
入讀本地大專文憑率	+
入讀本地大學率	+
入讀(只限港大、中大、科大)率	+
入讀非本地大學率	+

東區、南區

明愛胡振中中學 Caritas Wu Cheng-chung Secondary School

地址　蒲扶林羅富國徑8號
電話　28172318　傳眞　28172320
電郵　cwcc@cwcc.edu.hk
網址　www.cwcc.edu.hk
校長　歐海健　創校年份　1967
學校類別　資助　學生性別　男女
宗教背景　天主教
主要教學語言　初中:中、英　高中:中、英
一條龍小學　/
直屬小學　/
聯繫小學　/

教師專業資歷

教師人數　■編制內：31　■編制外：3
已接受特殊教育培訓教師人數　11　外籍　2
教師年資　■0-4年：15人
　　　　　■5-9年：4人
　　　　　■10年或以上：15人
教師專業訓練　■認可教師證書/教育文憑：80%
教師資歷　■大學學位：44%
　　　　　■碩士或以上：56%

21/22學年收生情況

中一生總人數(班數)　36（2）
學位分配百分比　■自行：+　■統一：+
自行收生取錄人數　+　競爭情況　+　面試名額　所有申請人

22/23學年收生要求

收生準則　■教育局成績次第：20%　■學業成績：20%
　　　　　■課外活動：10%　■操行及態度：20%
　　　　　■面試表現：30%
面試內容　溝通技巧/應對；禮儀；常識；體藝才能；學習態度；家庭生活
派表日期　2022.01.03-2022.01.17
收表日期　2022.01.03-2022.01.17
自行收生預算學額　32

學校特色

■為英語能力較高的華語生及非華語學生開設英文組，以英語授課
■科技為本，培育未來技能。毗鄰數碼港，與多間科技公司合作（E.g. Microsoft Showcase School, Apple Swift Coding Club），讓學生能實地體驗學習
■擁抱多元文化，培育國際視野，重視非華語學生的不同文化（藝術、運動 E.g. 本校已成為新興運動基地，致力推動芬蘭木棋、法式滾球、卡巴迪，並設立全港首個卡巴迪訓練場地）
■所有高中選修課均設中英文組

21/22學年中一教學語言

全級英文為教學語言科目　英文、英語文學、生活與社會、數學、科學、電腦、視藝、體育、家政、宗教、倫理及公民教育、生命教育、中史/STEAM校本課程

中學文憑試成績（2021年7月畢業生）

33222率	+
中文科達3級率	+
英文科達3級率	+
數學科達2級率	+
通識科達2級率	+
人均優良成績	+
入讀本地大專文憑率	+
入讀本地大學率	+
入讀(只限港大、中大、科大)率	+
入讀非本地大學率	+

註：+表示學校沒有提供資料；/表示沒有或不適用

明愛莊月明中學 Caritas Chong Yuet Ming Secondary School

地址	薄扶林華富邨華富道53號
電話	25510200　傳眞　25521703
電郵	cym@ccym.edu.hk
網址	www.ccym.edu.hk
校長	彭耀鈞　創校年份　1969
學校類別	資助　學生性別　男女
宗教背景	天主教
主要教學語言	初中:中文　高中:中文
一條龍小學	/
直屬小學	/
聯繫小學	/

教師專業資歷

教師人數	■編制內:36.2　■編制外:2
已接受特殊教育培訓教師人數	15　外籍　1
教師年資	■0-4年:3人 ■5-9年:3人 ■10年或以上:32人
教師專業訓練	■認可教師證書/教育文憑:97%
教師資歷	■大學學位:39% ■碩士或以上:58%

21/22學年收生情況

中一生總人數(班數)　44（3）
學位分配百分比　　　■自行:+　■統一:+
自行收生取錄人數　+　競爭情況　+　面試名額　+

22/23學年收生要求

收生準則	■學業成績:30%　　■課外活動:10% ■操行及態度:20%　■面試表現:40%
面試內容	溝通技巧/應對;常識;學習態度;家庭生活
派表日期	2021.11.15-2022.01.17
收表日期	2022.01.03-2022.01.17
自行收生預算學額	30

學校特色

■學校致力照顧學生學習多樣性,透過科本教學策略,提升學習成績
■學校重視學生的品德培育,在校園關愛的氛圍下,學生愉快學習
■透過多元化活動,學生能發揮個人潛能,敢於接受挑戰,努力求進

21/22學年中一教學語言

全級英文為教學語言科目　英文

中學文憑試成績（2021年7月畢業生）

33222率	+
中文科達3級率	+
英文科達3級率	+
數學科達2級率	+
通識科達2級率	+
人均優良成績	+
入讀本地大專文憑率	+
入讀本地大學率	+
入讀(只限港大、中大、科大)率	+
入讀非本地大學率	+

香港仔工業學校 Aberdeen Technical School

地址	香港仔黃竹坑道1號
電話	25524141　傳眞　25521702
電郵	office@ats.edu.hk
網址	www.ats.edu.hk
校長	沈明輝　創校年份　1935
學校類別	資助　學生性別　男
宗教背景	天主教
主要教學語言	初中:中文　高中:中文
一條龍小學	/
直屬小學	/
聯繫小學	/

教師專業資歷

教師人數	■編制內:+　　■編制外:+
已接受特殊教育培訓教師人數	+　外籍　+
教師年資	+
教師專業訓練	+
教師資歷	+

21/22學年收生情況

中一生總人數(班數)　+（+）
學位分配百分比　　　■自行:+　■統一:+
自行收生取錄人數　+　競爭情況　+　面試名額　+

22/23學年收生要求

收生準則	+
面試內容	+
派表日期	+
收表日期	+
自行收生預算學額	+

學校特色

+

21/22學年中一教學語言

全級英文為教學語言科目　不提供

中學文憑試成績（2021年7月畢業生）

33222率	+
中文科達3級率	+
英文科達3級率	+
數學科達2級率	+
通識科達2級率	+
人均優良成績	+
入讀本地大專文憑率	+
入讀本地大學率	+
入讀(只限港大、中大、科大)率	+
入讀非本地大學率	+

香港仔浸信會呂明才書院 Aberdeen Baptist Lui Ming Choi College

地址	鴨脷洲利東邨利東道18號
電話	25526875　傳眞　25180302
電郵	info@ablmcc.edu.hk
網址	www.ablmcc.edu.hk
校長	黃家厚　創校年份　1975
學校類別	資助　學生性別　男女
宗教背景	基督教
主要教學語言	初中:不提供　高中:不提供
一條龍小學	/
直屬小學	/
聯繫小學	/

教師專業資歷

教師人數	■編制內:54　■編制外:10
已接受特殊教育培訓教師人數	15　外籍　1
教師年資	■0-4年:6人 ■5-9年:6人 ■10年或以上:52人
教師專業訓練	■認可教師證書/教育文憑:93%
教師資歷	■大學學位:57% ■碩士或以上:36%

21/22學年收生情況

中一生總人數(班數)　112（4）
學位分配百分比　　　■自行:30%　■統一:70%
自行收生取錄人數　+　競爭情況　+　面試名額　+

22/23學年收生要求

收生準則	■教育局成績次第:50%　■課外活動:20% ■面試表現:30%
面試內容	溝通技巧/應對;常識;應變能力
派表日期	2022.01.03-2022.01.17
收表日期	2022.01.03-2022.01.17
自行收生預算學額	+

學校特色

■推行電子學習
■推行正面教育

21/22學年中一教學語言

全級英文為教學語言科目　英文

中學文憑試成績（2021年7月畢業生）

33222率	+
中文科達3級率	+
英文科達3級率	+
數學科達2級率	+
通識科達2級率	+
人均優良成績	+
入讀本地大專文憑率	+
入讀本地大學率	+
入讀(只限港大、中大、科大)率	+
入讀非本地大學率	+

南區

073

註:+表示學校沒有提供資料;/表示沒有或不適用

香港真光書院 Hong Kong True Light College

地址　鴨脷洲利東邨道1號
電話　28711214　傳眞　28713110
電郵　hktlcoff@hkstar.com
網址　www.hktlc.edu.hk
校長　吳嘉文　創校年份　1975
學校類別　資助　學生性別　女
宗教背景　基督教
主要教學語言　初中：中、英　高中：中、英
一條龍小學　/
直屬小學　/
聯繫小學　/

教師專業資歷

教師人數　■編制內：56　■編制外：12
已接受特殊教育培訓教師人數　12　外籍　2
教師年資　■0-4年：13人　■5-9年：13人　■10年或以上：42人
教師專業訓練　■認可教師證書/教育文憑：88%
教師資歷　■大學學位：56%　■碩士或以上：44%

21/22學年收生情況

中一生總人數(班數)　106（4）
學位分配百分比　自行：30%　統一：70%
自行收生取錄人數　40　競爭情況　+　面試名額　+

22/23學年收生要求

收生準則　■教育局成績次第：60%　■課外活動：10%　■面試表現：30%

面試內容　溝通技巧/應對；禮儀；常識；中英文能力；學習態度；家庭生活

派表日期　2022.01.03-2022.01.17
收表日期　2022.01.03-2022.01.17
自行收生預算學額　40

學校特色

■推行價值教育，以培養學生的良好品格
■增聘英文科顧問及外籍英語教師、中文、英文、數學、通識教師、宗教主任及社工
■舉辦學習體驗日、師友計劃、參觀大學等

21/22學年中一教學語言

全級英文為教學語言科目　英文、科學、生活與社會

中學文憑試成績（2021年7月畢業生）

33222率	+
中文科達3級率	+
英文科達3級率	+
數學科達2級率	+
通識科達2級率	+
人均優良成績	+
入讀本地大專文憑率	+
入讀本地大學率	+
入讀(只限港大、中大、科大)率	+
入讀非本地大學率	+

香港航海學校 Hong Kong Sea School

南區

地址　赤柱東頭灣道13-15號
電話　28131561　傳眞　28132587
電郵　email@hkss.edu.hk
網址　www.hkss.edu.hk
校長　陳道沛　創校年份　1946
學校類別　資助　學生性別　男
宗教背景　沒有
主要教學語言　初中：中文　高中：中文
一條龍小學　/
直屬小學　/
聯繫小學　/

教師專業資歷

教師人數　■編制內：35　■編制外：2
已接受特殊教育培訓教師人數　19　外籍　1
教師年資　■0-4年：7人　■5-9年：7人　■10年或以上：23人
教師專業訓練　■認可教師證書/教育文憑：97%
教師資歷　■大學學位：27%　■碩士或以上：73%

21/22學年收生情況

中一生總人數(班數)　42（2）
學位分配百分比　■自行：+　■統一：+
自行收生取錄人數　+　競爭情況　+　面試名額　所有申請人

22/23學年收生要求

收生準則　■學業成績：30%　■課外活動：20%　■操行及態度：20%　■面試表現：30%　詳見學校網站有關項目

面試內容　禮儀；學習態度

派表日期　2022.01.03-2022.01.17
收表日期　2022.01.03-2022.01.17
自行收生預算學額　+

學校特色

■爲本港唯一全寄宿制男校
■設有校本海員、海事訓練
■重視學生出路，給予多元經歷和發展支援

21/22學年中一教學語言

全級英文為教學語言科目　英文

中學文憑試成績（2021年7月畢業生）

33222率	+
中文科達3級率	+
英文科達3級率	+
數學科達2級率	+
通識科達2級率	+
人均優良成績	+
入讀本地大專文憑率	+
入讀本地大學率	+
入讀(只限港大、中大、科大)率	+
入讀非本地大學率	+

培英中學 Pui Ying Secondary School

地址　薄扶林華富道55號
電話　25503632　傳眞　28758633
電郵　info@puiying.edu.hk
網址　www.puiying.edu.hk
校長　陳俊賢　創校年份　1879
學校類別　資助　學生性別　男女
宗教背景　基督教
主要教學語言　初中：中文　高中：中文
一條龍小學　/
直屬小學　/
聯繫小學　/

教師專業資歷

教師人數　■編制內：39　■編制外：0
已接受特殊教育培訓教師人數　14　外籍　1
教師年資　■0-4年：16人　■5-9年：2人　■10年或以上：21人
教師專業訓練　■認可教師證書/教育文憑：97%
教師資歷　■大學學位：54%　■碩士或以上：46%

21/22學年收生情況

中一生總人數(班數)　+（3）
學位分配百分比　自行：30%　統一：70%
自行收生取錄人數　29　競爭情況　+　面試名額　所有申請人

22/23學年收生要求

收生準則　■學業成績：30%　■課外活動：15%　■操行及態度：25%　■面試表現：30%

面試內容　溝通技巧/應對；禮儀；常識；體藝才能；應變能力；中英文能力；數理能力；學習態度；家庭生活

派表日期　2022.01.03-2022.01.17
收表日期　2022.01.03-2022.01.17
自行收生預算學額　29

學校特色

■課程完善：按學生能力分組授課，循序漸進，讓學生進步
■關顧學生：提供支援及輔導，爲學生締造成功希望，屢獲關愛校園獎
■活動多元：鼓勵及資助學生參與多元活動，讓其發展潛能，實現夢想

21/22學年中一教學語言

全級英文為教學語言科目　英文

中學文憑試成績（2021年7月畢業生）

33222率	+
中文科達3級率	+
英文科達3級率	+
數學科達2級率	+
通識科達2級率	+
人均優良成績	+
入讀本地大專文憑率	+
入讀本地大學率	+
入讀(只限港大、中大、科大)率	+
入讀非本地大學率	+

註：教師年資只計算編制內教師人數

註：+表示學校沒有提供資料；/表示沒有或不適用

新會商會陳白沙紀念中學 SWCS Chan Pak Sha School

地址	黃竹坑深灣道1號
電話	25535324　傳眞　28700536
電郵	school@cpss.edu.hk
網址	www.cpss.edu.hk
校長	柳凝署任校長　創校年份　1975
學校類別	資助　學生性別　男女
宗教背景	沒有
主要教學語言	初中:中、英　高中:中、英
一條龍小學	新會蕭會學校
直屬小學	/
聯繫小學	/

教師專業資歷

教師人數	■編制內：+　■編制外：+
已接受特殊教育培訓教師人數	+　外籍　+
教師年資	+
教師專業訓練	+
教師資歷	+

21/22學年收生情況

中一生總人數(班數)	+
學位分配百分比	■自行:+　■統一:+
自行收生取錄人數	+　競爭情況　+　面試名額　+

22/23學年收生要求

收生準則	+
面試內容	+
派表日期	+
收表日期	+
自行收生預算學額	+

學校特色

+

21/22學年中一教學語言

全級英文為教學語言科目	不提供

中學文憑試成績（2021年7月畢業生）

33222率	+
中文科達3級率	+
英文科達3級率	+
數學科達2級率	+
通識科達2級率	+
人均優良成績	
入讀本地大專文憑率	
入讀本地大學率	
入讀(只限港大、中大、科大)率	+
入讀非本地大學率	+

聖公會呂明才中學 SKH Lui Ming Choi Secondary School

地址	香港仔華富邨華富道57號
電話	25514121　傳眞　28752344
電郵	contact@skh1mc.edu.hk
網址	www.skh1mc.edu.hk
校長	馬李敏慧　創校年份　1973
學校類別	資助　學生性別　男女
宗教背景	基督教
主要教學語言	初中:英文　高中:英文
一條龍小學	/
直屬小學	/
聯繫小學	/

教師專業資歷

教師人數	■編制內：+　■編制外：+
已接受特殊教育培訓教師人數	+　外籍　+
教師年資	+
教師專業訓練	+
教師資歷	+

21/22學年收生情況

中一生總人數(班數)	+（+）
學位分配百分比	■自行:+　■統一:+
自行收生取錄人數	+　競爭情況　+　面試名額　+

22/23學年收生要求

收生準則	+
面試內容	+
派表日期	+
收表日期	+
自行收生預算學額	+

學校特色

+

21/22學年中一教學語言

全級英文為教學語言科目	不提供

中學文憑試成績（2021年7月畢業生）

33222率	+
中文科達3級率	+
英文科達3級率	+
數學科達2級率	+
通識科達2級率	+
人均優良成績	
入讀本地大專文憑率	
入讀本地大學率	
入讀(只限港大、中大、科大)率	
入讀非本地大學率	

聖伯多祿中學 St Peter's Secondary School

地址	香港仔水塘道21號
電話	25520080　傳眞　25547845
電郵	email@stpeter.edu.hk
網址	www.stpeter.edu.hk
校長	許瀚賢　創校年份　1965
學校類別	資助　學生性別　男女
宗教背景	天主教
主要教學語言	初中:中文　高中:中、英
一條龍小學	
直屬小學	聖伯多祿天主教小學；香港仔聖伯多祿天主教小學
聯繫小學	

教師專業資歷

教師人數	■編制內：59　■編制外：3
已接受特殊教育培訓教師人數	25　外籍　1
教師年資	■0-4年：9人　■5-9年：11人　■10年或以上：42人
教師專業訓練	■認可教師證書/教育文憑：98%
教師資歷	■大學學位：40%　■碩士或以上：60%

21/22學年收生情況

中一生總人數(班數)	132（4）
學位分配百分比	■自行:30%　■統一:65%
自行收生取錄人數	40　競爭情況　1:5.15　面試名額　180

22/23學年收生要求

收生準則	■學業成績：30%　■課外活動：10%　■操行及態度：35%　■面試表現：15%　■與中學聯繫：10%
面試內容	溝通技巧/應對；中英文能力；學習態度；創意
派表日期	2022.01.03-2022.01.17
收表日期	2022.01.03-2022.01.17
自行收生預算學額	40

學校特色

■校風淳樸，紀律嚴明，師生關係甚佳，全體教職員均認同辦學理念
■教師均懷着關愛之心教導學生，並具專業精神，確保學生健康成長
■積極推動各項新措施，善用新資源及校舍空間，營造學習氛圍

21/22學年中一教學語言

全級英文為教學語言科目	英文

中學文憑試成績（2021年7月畢業生）

33222率	+
中文科達3級率	+
英文科達3級率	+
數學科達2級率	+
通識科達2級率	+
人均優良成績	
入讀本地大專文憑率	
入讀本地大學率	
入讀(只限港大、中大、科大)率	
入讀非本地大學率	

南區

註：+表示學校沒有提供資料；/表示沒有或不適用

嘉諾撒培德書院 Pui Tak Canossian College

地址	香港仔貝璐道200號
電話	25540780　傳眞　25521802
電郵	ptcc@ptcc.edu.hk
網址	www.ptcc.edu.hk
校長	黃少玲　創校年份　1975
學校類別	資助　學生性別　女
宗教背景	天主教
主要教學語言	初中:中、英　高中:中文
一條龍小學	/
直屬小學	/
聯繫小學	嘉諾撒培德學校；嘉諾撒聖心學校；嘉諾撒聖心學校（私立部）

教師專業資歷

教師人數　■編制內：57　■編制外：4
已接受特殊教育培訓教師人數　5　外籍　4

教師年資
■0-4年：22人
■5-9年：8人
■10年或以上：31人

教師專業訓練　■認可教師證書/教育文憑：88%

教師資歷　■大學學位：64%
■碩士或以上：36%

21/22學年收生情況

中一生總人數(班數)　+ (4)

學位分配百分比　■自行:+　■統一:+

自行收生取錄人數　40　競爭情況　+　面試名額　+

22/23學年收生要求

收生準則
■學業成績：40%　■課外活動：30%
■面試表現：30%　■操行須達 B 級或以上

面試內容　溝通技巧/應對；禮儀；常識；體藝才能；應變能力；中英文能力；數理能力；學習態度；家庭生活

派表日期　2022.01.03-2022.01.17
收表日期　2022.01.03-2022.01.17
自行收生預算學額　40

學校特色

■初中全級四班皆爲多英班，致力培養學生語文能力，額外增聘外籍老師，於英文班加設英國文學元素
■設有國際升學組，和海外不同大學有緊密聯繫
■善於發掘學生潛能，學習不只在課室，老師經常帶領同學走進社區、機構以至世界各地進行學習活動

21/22學年中一教學語言

全級英文為教學語言科目　英文、科學、生活與社會

中學文憑試成績（2021年7月畢業生）

33222率	+
中文科達3級率	+
英文科達3級率	+
數學科達2級率	+
通識科達2級率	+
人均優良成績	+
入讀本地大專文憑率	+
入讀本地大學率	+
入讀(只限港大、中大、科大)率	+
入讀非本地大學率	+

嘉諾撒聖心書院 Sacred Heart Canossian College

地址	薄扶林置富徑2號
電話	25506111　傳眞　28753242
電郵	office@shcc.edu.hk
網址	www.shcc.edu.hk
校長	霍慧敏　創校年份　1860
學校類別	資助　學生性別　女
宗教背景	天主教
主要教學語言	初中:英文　高中:英文
一條龍小學	/
直屬小學	嘉諾撒聖心學校；嘉諾撒聖心學校私立部
聯繫小學	

教師專業資歷

教師人數　■編制內：+　■編制外：+
已接受特殊教育培訓教師人數　+　外籍　+

教師年資　+

教師專業訓練　+

教師資歷　+

21/22學年收生情況

中一生總人數(班數)　+ (+)

學位分配百分比　■自行:+　■統一:+

自行收生取錄人數　+　競爭情況　+　面試名額　+

22/23學年收生要求

收生準則　+

面試內容　+

派表日期　+
收表日期　+
自行收生預算學額　+

學校特色

+

21/22學年中一教學語言

全級英文為教學語言科目　不提供

中學文憑試成績（2021年7月畢業生）

33222率	+
中文科達3級率	+
英文科達3級率	+
數學科達2級率	+
通識科達2級率	+
人均優良成績	+
入讀本地大專文憑率	+
入讀本地大學率	+
入讀(只限港大、中大、科大)率	+
入讀非本地大學率	+

九龍真光中學 Kowloon True Light School

地址	九龍塘沙福道眞光里1號
電話	36550000　傳眞　36550110
電郵	mail@ktlms.edu.hk
網址	www.ktlms.edu.hk
校長	李伊瑩　創校年份　1872
學校類別	資助　學生性別　女
宗教背景	基督教
主要教學語言	初中:英文　高中:英文
一條龍小學	/
直屬小學	/
聯繫小學	九龍眞光中學(小學部)

教師專業資歷

教師人數　■編制內：54　■編制外：5
已接受特殊教育培訓教師人數　17　外籍　1

教師年資
■0-4年：17人
■5-9年：3人
■10年或以上：39人

教師專業訓練　■認可教師證書/教育文憑：91.5%

教師資歷　■大學學位：51%
■碩士或以上：48%

21/22學年收生情況

中一生總人數(班數)　+ (4)

學位分配百分比　■自行:30%　■統一:70%

自行收生取錄人數　40　競爭情況　+　面試名額　所有申請人

22/23學年收生要求

收生準則
■教育局成績次第：60%　■面試表現：40%
■必須操行良好，體藝才能出色，均作特別考慮

面試內容　溝通技巧/應對；禮儀；常識；中英文能力；數理能力；學習態度

派表日期　2021.12.12-2022.01.17
收表日期　2022.01.03-2022.01.17
自行收生預算學額　+

學校特色

■承先賢努力，肩負華人女子教育使命，啟迪學生努力追求學問
■栽培學生發揮潛質及領袖才能，堅定不移持守聖經眞理
■注重學生品德修養，並願意以眞光照亮人心

21/22學年中一教學語言

全級英文為教學語言科目　英文、科學、地理

中學文憑試成績（2021年7月畢業生）

33222率	83%
中文科達3級率	94%
英文科達3級率	88%
數學科達2級率	96%
通識科達2級率	100%
人均優良成績	+
入讀本地大專文憑率	9%
入讀本地大學率	86%
入讀(只限港大、中大、科大)率	
入讀非本地大學率	5%

南區、九龍城區

註：+表示學校沒有提供資料；/表示沒有或不適用

九龍塘學校（中學部） Kowloon Tong School (Secondary Section)

地址　九龍塘舒梨道10號
電話　23370680　傳真　23362967
電郵　hostmaster@ktsss.edu.hk
網址　www.ktsss.edu.hk
校長　韓佩儀　　創校年份　1962
學校類別　資助　學生性別　男女
宗教背景　沒有
主要教學語言　初中:中、英　高中:中、英
一條龍小學　/
直屬小學　/
聯繫小學　/

教師專業資歷

教師人數　■編制內：58　■編制外：2
已接受特殊教育培訓教師人數　17　外籍　1
教師年資　■0-4年：14人
　　　　　■5-9年：5人
　　　　　■10年或以上：41人
教師專業訓練　■認可教師證書/教育文憑：95%
教師資歷　■大學學位：37%
　　　　　■碩士或以上：63%

21/22學年收生情況

中一生總人數(班數)　132 (4)
學位分配百分比　■自行:30%　■統一:70%
自行收生取錄人數　40　競爭情況　+　面試名額　所有申請人

22/23學年收生要求

收生準則　■教育局成績次第：20%　■學業成績：20%
　　　　　■操行及態度：30%　■面試表現：20%
　　　　　■課外活動、獎項及服務：10%
面試內容　溝通技巧/應對；禮儀；常識；中英文能力；學習態度；家庭生活；應變能力
派表日期　2022.01.03-2022.01.17
收表日期　2022.01.03-2022.01.17
自行收生預算學額　40

學校特色

■實踐自主課堂，提升終身學習能力
■關注身心健康，培養樂觀積極態度
■延續價值教育，強化國民身分意識

21/22學年中一教學語言

全級英文為教學語言科目　英文、社會教育

中學文憑試成績（2021年7月畢業生）

33222率	+
中文科達3級率	+
英文科達3級率	+
數學科達2級率	+
通識科達2級率	+
人均優良成績	+
入讀本地大專文憑率	+
入讀本地大學率	+
入讀(只限港大、中大、科大)率	+
入讀非本地大學率	+

中華基督教會基道中學 CCC Kei To Secondary School

地址　土瓜灣崇安街28號
電話　26271028　傳真　26270555
電郵　enquiry@ccckeito.edu.hk
網址　www.ccckeito.edu.hk
校長　陳美儀　　創校年份　2003
學校類別　資助　學生性別　男女
宗教背景　基督教
主要教學語言　初中:中文　高中:中文
一條龍小學　中華基督教會灣仔堂基道小學（九龍城）
直屬小學　/
聯繫小學　/

教師專業資歷

教師人數　■編制內：+　■編制外：+
已接受特殊教育培訓教師人數　+　外籍　+
教師年資　+
教師專業訓練　+
教師資歷　+

21/22學年收生情況

中一生總人數(班數)　+ (+)
學位分配百分比　■自行:+　■統一:+
自行收生取錄人數　+　競爭情況　+　面試名額　+

22/23學年收生要求

收生準則　+
面試內容　+
派表日期　+
收表日期　+
自行收生預算學額　+

學校特色

+

21/22學年中一教學語言

全級英文為教學語言科目　不提供

中學文憑試成績（2021年7月畢業生）

33222率	+
中文科達3級率	+
英文科達3級率	+
數學科達2級率	+
通識科達2級率	+
人均優良成績	+
入讀本地大專文憑率	+
入讀本地大學率	+
入讀(只限港大、中大、科大)率	+
入讀非本地大學率	+

五旬節中學 Pentecostal School

地址　何文田巴富街14號
電話　27132772　傳真　27142854
電郵　pentecostalschool@gmail.com
網址　www.pentecostalschool.edu.hk
校長　羅錦城　　創校年份　1973
學校類別　資助　學生性別　男女
宗教背景　基督教
主要教學語言　初中:不提供　高中:不提供
一條龍小學　/
直屬小學　/
聯繫小學　/

教師專業資歷

教師人數　■編制內：+　■編制外：+
已接受特殊教育培訓教師人數　+　外籍　+
教師年資　+
教師專業訓練　+
教師資歷　+

21/22學年收生情況

中一生總人數(班數)　+ (+)
學位分配百分比　■自行:+　■統一:+
自行收生取錄人數　+　競爭情況　+　面試名額　+

22/23學年收生要求

收生準則　+
面試內容　+
派表日期　+
收表日期　+
自行收生預算學額　+

學校特色

+

21/22學年中一教學語言

全級英文為教學語言科目　不提供

中學文憑試成績（2021年7月畢業生）

33222率	+
中文科達3級率	+
英文科達3級率	+
數學科達2級率	+
通識科達2級率	+
人均優良成績	+
入讀本地大專文憑率	+
入讀本地大學率	+
入讀(只限港大、中大、科大)率	+
入讀非本地大學率	+

九龍城區

註：+表示學校沒有提供資料；/表示沒有或不適用

民生書院 Munsang College

地址	九龍城東寶庭道8號	
電話	36553300	傳真 36553309
電郵	info@munsang.edu.hk	
網址	https://munsang.edu.hk/secondary/	
校長	葉志兆	創校年份 1926
學校類別	資助	學生性別 男女
宗教背景	基督教	
主要教學語言	初中：英文 高中：英文	
一條龍小學	/	
直屬小學	民生書院小學	
聯繫小學		

教師專業資歷

教師人數	■編制內：65	■編制外：1
已接受特殊教育培訓教師人數	16	外籍 1
教師年資	■0-4年：10人 ■5-9年：13人 ■10年或以上：43人	
教師專業訓練	■認可教師證書/教育文憑：95%	
教師資歷	■大學學位：52% ■碩士或以上：48%	

21/22學年收生情況

中一生總人數(班數) 175（5）

學位分配百分比　■自行:32%　■統一:68%

自行收生取錄人數　54　競爭情況　1 : 6.02　面試名額　45

22/23學年收生要求

收生準則　■教育局成績次第：40%　■學業成績：10%　■課外活動：15%　■面試表現：35%

面試內容　溝通技巧/應對；禮儀；中英文能力；應變能力

派表日期　2022.01.03-2022.01.17
收表日期　2022.01.03-2022.01.17
自行收生預算學額　54

學校特色

■教師透過同儕觀課、共同備課及與友校交流，建立彼此分享的文化
■協助學生盡展多元潛能，關心國家及世界事務，並擁有世界公民意識
■校風淳樸，訓導及輔導組協作，訓練學生守規及培養責任感

21/22學年中一教學語言

全級英文為教學語言科目　英文、歷史、數學、科學、地理、電腦、音樂、視藝、體育、生活與社會

中學文憑試成績（2021年7月畢業生）

33222率	84.31%
中文科達3級率	85.62%
英文科達3級率	98.04%
數學科達2級率	100%
通識科達2級率	100%
人均優良成績	1.86
入讀本地大專文憑率	13.8%
入讀本地大學率	73.2%
入讀(只限港大、中大、科大)率	36.6%
入讀非本地大學率	11.1%

何文田官立中學 Homantin Government Secondary School

地址	何文田巴富街8號	
電話	27112680	傳真 27142846
電郵	mail@hmtgss.edu.hk	
網址	http://www.hmtgss.edu.hk	
校長	張振權先生	創校年份 1959
學校類別	官立	學生性別 男女
宗教背景	沒有	
主要教學語言	初中：中、英 高中：中、英	
一條龍小學	/	
直屬小學	/	
聯繫小學	農圃道官立小學、馬頭涌官立小學、馬頭涌官立小學(紅磡灣)	

教師專業資歷

教師人數	■編制內：+	■編制外：+
已接受特殊教育培訓教師人數	+	外籍 +
教師年資	+	
教師專業訓練	+	
教師資歷	+	

21/22學年收生情況

中一生總人數(班數) +（+）

學位分配百分比　+

自行收生取錄人數　+　競爭情況　+　面試名額　+

22/23學年收生要求

收生準則　+

面試內容　+

派表日期　+
收表日期　+
自行收生預算學額　+

學校特色

+

21/22學年中一教學語言

全級英文為教學語言科目　不提供

中學文憑試成績（2021年7月畢業生）

33222率	+
中文科達3級率	+
英文科達3級率	+
數學科達2級率	+
通識科達2級率	+
人均優良成績	+
入讀本地大專文憑率	+
入讀本地大學率	+
入讀(只限港大、中大、科大)率	+
入讀非本地大學率	+

九龍城區

何明華會督銀禧中學 Bishop Hall Jubilee School

地址	九龍塘牛津道2C號	
電話	23363034	傳真 23379401
電郵	mail@bhjs.edu.hk	
網址	www.bhjs.edu.hk	
校長	王莉莉	創校年份 1961
學校類別	資助	學生性別 男女
宗教背景	基督教	
主要教學語言	初中：英文 高中：英文	
一條龍小學	/	
直屬小學	/	
聯繫小學	/	

教師專業資歷

教師人數	■編制內：+	■編制外：+
已接受特殊教育培訓教師人數	+	外籍 +
教師年資	+	
教師專業訓練	+	
教師資歷	+	

21/22學年收生情況

中一生總人數(班數) +（+）

學位分配百分比　■自行:+　■統一:+

自行收生取錄人數　+　競爭情況　+　面試名額　+

22/23學年收生要求

收生準則　+

面試內容　+

派表日期　+
收表日期　+
自行收生預算學額　+

學校特色

+

21/22學年中一教學語言

全級英文為教學語言科目　不提供

中學文憑試成績（2021年7月畢業生）

33222率	+
中文科達3級率	+
英文科達3級率	+
數學科達2級率	+
通識科達2級率	+
人均優良成績	+
入讀本地大專文憑率	+
入讀本地大學率	+
入讀(只限港大、中大、科大)率	+
入讀非本地大學率	+

註：+表示學校沒有提供資料；/表示沒有或不適用

余振強紀念中學 Yu Chun Keung Memorial College

地址	何文田窩打老道山文福道27號
電話	27144161　傳眞　27601488
電郵	info@yckmc.edu.hk
網址	http://www.yckmc.edu.hk
校長	楊學海　　創校年份　1975
學校類別	資助　學生性別　男女
宗教背景	天主教
主要教學語言	初中:中文　高中:中文
一條龍小學	/
直屬小學	/
聯繫小學	/

教師專業資歷

教師人數	■編制內：+　■編制外：+
已接受特殊教育培訓教師人數	+　外籍　+
教師年資	+
教師專業訓練	+
教師資歷	+

21/22學年收生情況

中一生總人數(班數) + (+)
學位分配百分比　■自行:+　■統一:+
自行收生取錄人數　+　競爭情況　+　面試名額　+

22/23學年收生要求

收生準則	+
面試內容	+
派表日期	+
收表日期	+
自行收生預算學額	+

學校特色

+

21/22學年中一教學語言

全級英文為教學語言科目　不提供

中學文憑試成績（2021年7月畢業生）

33222率	+
中文科達3級率	+
英文科達3級率	+
數學科達2級率	+
通識科達2級率	+
人均優良成績	+
入讀本地大專文憑率	+
入讀本地大學率	+
入讀(只限港大、中大、科大)率	+
入讀非本地大學率	+

東華三院黃笏南中學 TWGHs Wong Fut Nam College

地址	九龍塘牛津道1C
電話	23369151　傳眞　23363114
電郵	wfnss@tungwah.org.hk
網址	www.twghwfns.edu.hk
校長	李靖邦　　創校年份　1961
學校類別	資助　學生性別　男女
宗教背景	沒有
主要教學語言	初中:英文　高中:英文
一條龍小學	/
直屬小學	/
聯繫小學	/

教師專業資歷

教師人數	■編制內：+　■編制外：+
已接受特殊教育培訓教師人數	+　外籍　+
教師年資	+
教師專業訓練	+
教師資歷	+

21/22學年收生情況

中一生總人數(班數) + (+)
學位分配百分比　■自行:+　■統一:+
自行收生取錄人數　+　競爭情況　+　面試名額　+

22/23學年收生要求

收生準則	+
面試內容	+
派表日期	+
收表日期	+
自行收生預算學額	+

學校特色

+

21/22學年中一教學語言

全級英文為教學語言科目　不提供

中學文憑試成績（2021年7月畢業生）

33222率	+
中文科達3級率	+
英文科達3級率	+
數學科達2級率	+
通識科達2級率	+
人均優良成績	+
入讀本地大專文憑率	+
入讀本地大學率	+
入讀(只限港大、中大、科大)率	+
入讀非本地大學率	+

迦密中學 Carmel Secondary School

地址	何文田忠孝街55號
電話	27149385　傳眞　27620275
電郵	info@carmelss.edu.hk
網址	www.carmelss.edu.hk
校長	伍妙儀　　創校年份　1964
學校類別	資助　學生性別　男女
宗教背景	基督教
主要教學語言	初中:英文　高中:英文
一條龍小學	/
直屬小學	/
聯繫小學	/

教師專業資歷

教師人數	■編制內：49　■編制外：7
已接受特殊教育培訓教師人數	19　外籍　1
教師年資	■0-4年：11人　■5-9年：3人　■10年或以上：42人
教師專業訓練	■認可教師證書/教育文憑:95%
教師資歷	■大學學位:50%　■碩士或以上:50%

21/22學年收生情況

中一生總人數(班數) 118 (4)
學位分配百分比　■自行:30%　■統一:70%
自行收生取錄人數　40　競爭情況　1:10.53　面試名額　所有申請人

22/23學年收生要求

收生準則	■教育局成績次第：17%　■學業成績：17%　■操行及態度：33%　■面試表現：33%
面試內容	溝通技巧/應對；禮儀；常識；中英文能力；學習態度
派表日期	2022.01.03-2022.01.17
收表日期	2022.01.03-2022.01.17
自行收生預算學額	40

學校特色

■語文政策：積極營造英語學習環境，並因材施教，以增潤課程照顧學習需要
■非小說類書籍閱讀策略：幫助學生學會學習，藉課堂內外體驗建立共通能力
■自主學習策略：幫助學生建立自主學習習慣，亦藉增潤或抽離式課程，培養資優生

21/22學年中一教學語言

全級英文為教學語言科目　英文、歷史、數學、科學、地理、經公、電腦、音樂、視藝、體育、家政、宗教、設計與科技

中學文憑試成績（2021年7月畢業生）

33222率	90%
中文科達3級率	91.7%
英文科達3級率	100%
數學科達2級率	98.2%
通識科達2級率	100%
人均優良成績	1.89
入讀本地大專文憑率	10.1%
入讀本地大學率	71.5%
入讀(只限港大、中大、科大)率	37.6%
入讀非本地大學率	12.9%

註：+表示學校沒有提供資料；/表示沒有或不適用

香港培正中學 Pui Ching Middle School

地址　九龍城培正道20號
電話　27119222　　傳真　27113201
電郵　school@puiching.edu.hk
網址　www.puiching.edu.hk
校長　何力高　　創校年份　1889
學校類別　資助　　學生性別　男女
宗教背景　基督教
主要教學語言　初中:不提供　高中:不提供
一條龍小學　/
直屬小學　香港培正小學
聯繫小學

教師專業資歷
教師人數　■編制內：+　　■編制外：+
已接受特殊教育培訓教師人數　+　外籍　+

教師年資　+

教師專業
訓練　+

教師資歷　+

21/22學年收生情況
中一生總人數(班數)　+（+）
學位分配百分比　■自行:+　■統一:+
自行收生取錄人數　+　競爭情況　　面試名額　+

22/23學年收生要求
收生準則　+

面試內容　+

派表日期　+
收表日期　+
自行收生預算學額　+

學校特色

+

21/22學年中一教學語言
全級英文
為教學語
言科目　不提供

中學文憑試成績
（2021年7月畢業生）

33222率	+
中文科達3級率	+
英文科達3級率	+
數學科達2級率	+
通識科達2級率	+
人均優良成績	+
入讀本地大專文憑率	+
入讀本地大學率	+
入讀(只限港大、中大、科大)率	+
入讀非本地大學率	+

香港培道中學 Pooi To Middle School

地址　九龍城延文禮士道2號
電話　23361706　　傳真　23379762
電郵　ptm-info@pooito.edu.hk
網址　www.pooito.edu.hk
校長　張美華　　創校年份　1888
學校類別　資助　　學生性別　女
宗教背景　基督教
主要教學語言　初中:中、英　高中:中、英
一條龍小學　/
直屬小學　/
聯繫小學　香港培道小學

教師專業資歷
教師人數　■編制內：50　　■編制外：9
已接受特殊教育培訓教師人數　12　外籍　1
教師年資　■0-4年：13人
　　■5-9年：6人
　　■10年或以上：40人
教師專業
訓練　■認可教師證書/教育文憑：92%
教師資歷　■大學學位：56%
　　■碩士或以上：44%
註：2021/22學年學位分配百分比不包括一條龍小學學生

21/22學年收生情況
中一生總人數(班數)　124（4）
學位分配百分比　■自行:30%　■統一:70%
自行收生取錄人數　40　競爭情況　1:9.15　面試名額　所有申請人

22/23學年收生要求
收生準則　■課外活動：20%　■操行及態度：20%
　　■面試表現：20%
　　■教育局成績次第及學業成績：40%

面試內容　溝通技巧/應對；常識；中英文能力；應變能力

派表日期　2022.01.03-2022.01.17
收表日期　2022.01.03-2022.01.17
自行收生預算學額　40

學校特色
■中、英文科均設分組教學；大部分學術科目以英語教學或設英語延展活動
■不同學科設資優課程，發揮學生學術潛能；亦提供導修計劃，鞏固學生的學習基礎
■重視學生品德教育，提供不同學習經歷，擴闊視野。另設特色課程，如STREAM、初中資優課程等

21/22學年中一教學語言
全級英文
為教學語
言科目　英文、數學、科學

中學文憑試成績
（2021年7月畢業生）

33222率	78.1%
中文科達3級率	90.5%
英文科達3級率	84%
數學科達2級率	100%
通識科達2級率	100%
人均優良成績	+
入讀本地大專文憑率	29%
入讀本地大學率	55.2%
入讀(只限港大、中大、科大)率	9.4%
入讀非本地大學率	8.4%

旅港開平商會中學 Hoi Ping Chamber of Commerce Secondary School

地址　何文田石鼓街22號
電話　27123107　　傳真　27127190
電郵　school@hpccss.edu.hk
網址　www.hpccss.edu.hk
校長　陳得南　　創校年份　1973
學校類別　資助　　學生性別　男女
宗教背景　沒有
主要教學語言　初中:英文　高中:英文
一條龍小學　/
直屬小學　/
聯繫小學　/

教師專業資歷
教師人數　■編制內：64　　■編制外：1
已接受特殊教育培訓教師人數　25　外籍　1
教師年資　■0-4年：10人
　　■5-9年：14人
　　■10年或以上：41人
教師專業
訓練　■認可教師證書/教育文憑：100%
教師資歷　■大學學位：48%
　　■碩士或以上：52%

21/22學年收生情況
中一生總人數(班數)　161（5）
學位分配百分比　■自行:30%　■統一:70%
自行收生取錄人數　50　競爭情況　1:8.84　面試名額　所有申請人

22/23學年收生要求
收生準則　■教育局成績次第：40%　■獎項：20%
　　■課外活動：10%　　■面試表現：30%
　　■操行B或以上

面試內容　溝通技巧/應對；禮儀；常識；中英文能力；
數理能力；學習態度；家庭生活；應變能力；
體育及音樂測試

派表日期　2021.12.01-2022.01.17
收表日期　2022.01.03-2022.01.17
自行收生預算學額　50

學校特色
■推行全人教育，學術與課外活動均衡發展，培養學生良好品格
■校風淳樸，師生關係融洽，家長及校友積極支援學校發展
■學生自律守規，學習態度認真；積極參與活動，個人潛能得以發揮

21/22學年中一教學語言
全級英文
為教學語
言科目　英文、歷史、數學、科學、地理、電腦、音樂、視藝、體育、家政、生活與社會、科技教育學習領域課程

中學文憑試成績
（2021年7月畢業生）

33222率	91.2%
中文科達3級率	92.8%
英文科達3級率	98.4%
數學科達2級率	100%
通識科達2級率	100%
人均優良成績	+
入讀本地大專文憑率	+
入讀本地大學率	86.6%
入讀(只限港大、中大、科大)率	+
入讀非本地大學率	+

九龍城區

註：+表示學校沒有提供資料；/表示沒有或不適用

基督教女青年會丘佐榮中學 The Y.W.C.A. Hioe Tjo Yoeng College

地址	何文田常和街6號
電話	27117159　傳眞　27142958
電郵	info@htyc.edu.hk
網址	www.htyc.edu.hk
校長	郭世民　創校年份　1971
學校類別	資助　學生性別　男女
宗教背景	基督教
主要教學語言	初中：英文　高中：英文
一條龍小學	/
直屬小學	/
聯繫小學	/

教師專業資歷

教師人數	■編制內：52　■編制外：4
已接受特殊教育培訓教師人數	14　外籍　1
教師年資	■0-4年：12人　■5-9年：7人　■10年或以上：37人
教師專業訓練	■認可教師證書/教育文憑：98%
教師資歷	■大學學位：47%　■碩士或以上：51%

21/22學年收生情況

中一生總人數(班數) 127（4）

學位分配百分比　■自行:30%　■統一:70%

自行收生取錄人數　40　競爭情況　1:12.20　面試名額　所有申請人

22/23學年收生要求

收生準則	■學業成績：50%　■面試表現：40%　■申請人之非學術表現（如操行、參與的活動及參與的義工服務等）：10%
面試內容	溝通技巧/應對；禮儀；常識；體藝才能；中英文能力；數理能力；學習態度；家庭生活；應變能力；分析能力；協作能力
派表日期	2021.11.22 開始派表
收表日期	2022.01.03-2022.01.17
自行收生預算學額	40

學校特色

■校風淳樸，嚴中有愛，以基督教教育爲本，促進學生全人發展
■多元活動、比賽、遊學團等讓學生擴闊視野，服務社群，發展潛能
■強調認眞學習的精神，鼓勵探究、專題研習、批判思考、自律反省，培養堅毅鬥志，追求目標

21/22學年中一教學語言

全級英文爲教學語言科目：英文、歷史、數學、科學、地理、電腦、音樂、視藝、體育、家政、設計與科技

中學文憑試成績（2021年7月畢業生）

33222率	82.2%
中文科達3級率	83.9%
英文科達3級率	95.8%
數學科達2級率	100%
通識科達2級率	99.2%
人均優良成績	+
入讀本地大專文憑率	10.2%
入讀本地大學率	80.5%
入讀(只限港大、中大、科大)率	25%
入讀非本地大學率	2.5%

陳瑞祺（喇沙）書院 Chan Sui Ki (La Salle) College

地址	何文田常和街4號
電話	27118175　傳眞　27621550
電郵	info@csklsc.edu.hk
網址	www.csklsc.edu.hk
校長	李丁亮　創校年份　1969
學校類別	資助　學生性別　男
宗教背景	天主教
主要教學語言	初中：英文　高中：英文
一條龍小學	/
直屬小學	/
聯繫小學	/

教師專業資歷

教師人數	■編制內：+　■編制外：+
已接受特殊教育培訓教師人數	+　外籍　+
教師年資	+
教師專業訓練	+
教師資歷	+

21/22學年收生情況

中一生總人數(班數) +（+）

學位分配百分比　■自行:+　■統一:+

自行收生取錄人數　+　競爭情況　+　面試名額　+

22/23學年收生要求

收生準則	+
面試內容	+
派表日期	+
收表日期	+
自行收生預算學額	+

學校特色

+

21/22學年中一教學語言

全級英文爲教學語言科目：不提供

中學文憑試成績（2021年7月畢業生）

33222率	+
中文科達3級率	+
英文科達3級率	+
數學科達2級率	+
通識科達2級率	+
人均優良成績	+
入讀本地大專文憑率	+
入讀本地大學率	+
入讀(只限港大、中大、科大)率	+
入讀非本地大學率	+

喇沙書院 La Salle College

地址	九龍塘喇沙利道18號
電話	23387171　傳眞　23362586
電郵	info@lasalle.edu.hk
網址	www.lasalle.edu.hk
校長	唐煥星　創校年份　1932
學校類別	資助　學生性別　男
宗教背景	天主教
主要教學語言	初中：英文　高中：英文
一條龍小學	/
直屬小學	喇沙小學
聯繫小學	/

教師專業資歷

教師人數	■編制內：+　■編制外：+
已接受特殊教育培訓教師人數	+　外籍　+
教師年資	+
教師專業訓練	+
教師資歷	+

21/22學年收生情況

中一生總人數(班數) +

學位分配百分比　■自行:+　■統一:+

自行收生取錄人數　+　競爭情況　+　面試名額　+

22/23學年收生要求

收生準則	+
面試內容	+
派表日期	+
收表日期	+
自行收生預算學額	+

學校特色

+

21/22學年中一教學語言

全級英文爲教學語言科目：不提供

中學文憑試成績（2021年7月畢業生）

33222率	+
中文科達3級率	+
英文科達3級率	+
數學科達2級率	+
通識科達2級率	+
人均優良成績	+
入讀本地大專文憑率	+
入讀本地大學率	+
入讀(只限港大、中大、科大)率	+
入讀非本地大學率	+

九龍城區

註：+表示學校沒有提供資料；/表示沒有或不適用

華英中學 Wa Ying College

地址　何文田常和街8號
電話　27607772　　傳眞　　27142944
電郵　info@waying.edu.hk
網址　www.waying.edu.hk
校長　尹志華　　　創校年份　1971
學校類別　資助　學生性別　男女
宗教背景　基督教
主要教學語言　初中：英文　高中：英文
一條龍小學　/
直屬小學　/
聯繫小學　/

教師專業資歷

教師人數　■編制內：+　■編制外：+
已接受特殊教育培訓教師人數　+　外籍　+

教師年資　+

教師專業訓練　+

教師資歷　+

21/22學年收生情況

中一生總人數(班數)　+ (+)
學位分配百分比　■自行：+　■統一：+
自行收生取錄人數　+　競爭情況　+　面試名額　+

22/23學年收生要求

收生準則　+

面試內容　+

派表日期　+
收表日期　+
自行收生預算學額　+

學校特色

+

21/22學年中一教學語言

全級英文為教學語言科目　不提供

中學文憑試成績（2021年7月畢業生）

33222率	+
中文科達3級率	+
英文科達3級率	+
數學科達2級率	+
通識科達2級率	+
人均優良成績	+
入讀本地大專文憑率	+
入讀本地大學率	+
入讀(只限港大、中大、科大)率	+
入讀非本地大學率	+

順德聯誼總會胡兆熾中學 STFA Seaward Woo College

地址　何文田巴富街22號
電話　27621183　　傳眞　　27114743
電郵　office@stfaswc.edu.hk
網址　www.stfaswc.edu.hk
校長　蔣俊昌　　　創校年份　1975
學校類別　資助　學生性別　男女
宗教背景　沒有
主要教學語言　初中：中、英　高中：中、英
一條龍小學　/
直屬小學　/
聯繫小學　/

教師專業資歷

教師人數　■編制內：54　■編制外：4
已接受特殊教育培訓教師人數　12　外籍　1

教師年資　■0-4年：14人
　　　　　■5-9年：8人
　　　　　■10年或以上：36人

教師專業訓練　■認可教師證書/教育文憑：98%

教師資歷　■大學學位：100%
　　　　　■碩士或以上：+

21/22學年收生情況

中一生總人數(班數)　121 (4)
學位分配百分比　■自行：25%　■統一：75%
自行收生取錄人數　32　競爭情況　1：7.81　面試名額　+

22/23學年收生要求

收生準則　■教育局成績次第：40%　■操行及態度：20%
　　　　　■面試表現：20%　　　■課外活動：20%

面試內容　溝通技巧/應對；禮儀；常識；中英文能力；學習態度

派表日期　2022.01.03-2022.01.17
收表日期　2022.01.03-2022.01.17
自行收生預算學額　32

學校特色

+

21/22學年中一教學語言

全級英文為教學語言科目　英文、數學

中學文憑試成績（2021年7月畢業生）

33222率	+
中文科達3級率	+
英文科達3級率	+
數學科達2級率	+
通識科達2級率	+
人均優良成績	+
入讀本地大專文憑率	+
入讀本地大學率	+
入讀(只限港大、中大、科大)率	+
入讀非本地大學率	+

新亞中學 New Asia Middle School

地址　土瓜灣農圃道6號
電話　27112206　　傳眞　　27621334
電郵　info@nams.edu.hk
網址　www.nams.edu.hk
校長　梁淑貞　　　創校年份　1973
學校類別　資助　學生性別　男女
宗教背景　沒有
主要教學語言　初中：中、英及普通話　高中：中文
一條龍小學　/
直屬小學　/
聯繫小學　/

教師專業資歷

教師人數　■編制內：58　■編制外：6
已接受特殊教育培訓教師人數　20　外籍　1

教師年資　■0-4年：12人
　　　　　■5-9年：6人
　　　　　■10年或以上：46人

教師專業訓練　■認可教師證書/教育文憑：100%

教師資歷　■大學學位：57%
　　　　　■碩士或以上：43%

21/22學年收生情況

中一生總人數(班數)　73 (4)
學位分配百分比　■自行：50%　■統一：50%
自行收生取錄人數　40　競爭情況　1：1.50　面試名額　所有申請人

22/23學年收生要求

收生準則　■學業成績：30%　■課外活動：20%
　　　　　■操行及態度：30%　■面試表現：20%

面試內容　溝通技巧/應對；禮儀；常識；中英文能力；學習態度；應變能力

派表日期　2022.01.03-2022.01.17
收表日期　2022.01.03-2022.01.17
自行收生預算學額　40

學校特色

■推動正向教育：培養學生正面情緒，建立良好態度及價值觀
■加強學生自學能力，建立終身學習的基礎
■全校參與照顧學習多樣性

21/22學年中一教學語言

全級英文為教學語言科目　英文

中學文憑試成績（2021年7月畢業生）

33222率	+
中文科達3級率	+
英文科達3級率	+
數學科達2級率	+
通識科達2級率	+
人均優良成績	+
入讀本地大專文憑率	+
入讀本地大學率	+
入讀(只限港大、中大、科大)率	+
入讀非本地大學率	+

註：+表示學校沒有提供資料；/表示沒有或不適用

聖公會聖三一堂中學 SKH Holy Trinity Church Secondary School

地址	何文田孝民街2號
電話	27144137　傳真　27621157
電郵	office@skhhtcss.edu.hk
網址	www.skhhtcss.edu.hk
校長	陳倩君　創校年份　1978
學校類別	資助　學生性別　男女
宗教背景	基督教
主要教學語言	初中：中、英　高中：中、英
一條龍小學	/
直屬小學	/
聯繫小學	聖公會聖三一堂小學

教師專業資歷

教師人數	■編制內：57　■編制外：6
已接受特殊教育培訓教師人數	34　外籍　4
教師年資	■0-4年：14人　■5-9年：4人　■10年或以上：45人
教師專業訓練	■認可教師證書/教育文憑：92%
教師資歷	■大學學位：56%　■碩士或以上：44%

21/22學年收生情況

中一生總人數(班數)　131 (4)
學位分配百分比　■自行：30%　■統一：70%
自行收生取錄人數　40　競爭情況　+　面試名額　+

22/23學年收生要求

收生準則	■教育局成績次第：50%　■操行及態度：20%　■面試表現：20%　■聯課活動、獎項等：10%
面試內容	溝通技巧/應對；禮儀；常識；中英文能力；數理能力；學習態度；家庭生活；應變能力
派表日期	2022.01.03-2022.01.17
收表日期	2022.01.03-2022.01.17
自行收生預算學額	40

學校特色

■提供愉快的及優質的學習環境，讓學生接受全人教育，發展潛能
■以基督精神、學生為本理念辦學，培養學生自學能力及學習興趣
■培養學生自律精神，建立紀律嚴謹而淳樸的校風

21/22學年中一教學語言

全級英文為教學語言科目　英文

中學文憑試成績（2021年7月畢業生）

33222率	+
中文科達3級率	+
英文科達3級率	+
數學科達2級率	+
通識科達2級率	+
人均優良成績	+
入讀本地大專文憑率	+
入讀本地大學率	+
入讀(只限港大、中大、科大)率	+
入讀非本地大學率	+

聖公會蔡功譜中學 SKH Tsoi Kung Po Secondary School

地址	何文田忠孝街101號
電話	27600463　傳真　26245117
電郵	info@tkp.edu.hk
網址	www.tkp.edu.hk
校長	林玉琪　創校年份　1982
學校類別	資助　學生性別　男女
宗教背景	基督教
主要教學語言	初中：中、英　高中：中、英
一條龍小學	/
直屬小學	/
聯繫小學	/

教師專業資歷

教師人數	■編制內：60　■編制外：3
已接受特殊教育培訓教師人數	19　外籍　2
教師年資	■0-4年：8人　■5-9年：4人　■10年或以上：51人
教師專業訓練	■認可教師證書/教育文憑：98%
教師資歷	■大學學位：65%　■碩士或以上：35%

21/22學年收生情況

中一生總人數(班數)　111 (4)
學位分配百分比　■自行：30%　■統一：70%
自行收生取錄人數　40　競爭情況　+　面試名額　所有申請人

22/23學年收生要求

收生準則	■學業成績：20%　■課外活動：20%　■操行及態度：20%　■面試表現：40%
面試內容	溝通技巧/應對；禮儀；常識；中英文能力；數理能力；學習態度；應變能力；對社會的關注
派表日期	2022.01.03-2022.01.17
收表日期	2022.01.03-2022.01.17
自行收生預算學額	40

學校特色

■培養學生自主學習，重視學習多元彈性，配合層級教學制度，推動跨科主題學習，老師有策略地推動及照顧學生
■推行正向教育，輔以校訓「仁愛忠誠」，進行6年品格教育，培養學生性格強項，有「蔡功譜人」的生命素質
■提供多元經歷及全方位學習活動及服務，如聯校音樂劇、海外交流、藝術展覽、領袖訓練等，以助學生發掘潛能

21/22學年中一教學語言

全級英文為教學語言科目　英文

中學文憑試成績（2021年7月畢業生）

33222率	+
中文科達3級率	+
英文科達3級率	+
數學科達2級率	+
通識科達2級率	+
人均優良成績	+
入讀本地大專文憑率	+
入讀本地大學率	+
入讀(只限港大、中大、科大)率	+
入讀非本地大學率	+

獻主會聖母院書院 Notre Dame College

地址	馬頭圍盛德街51號
電話	27115291　傳真　27142847
電郵	ndc1967@ndc.edu.hk
網址	www.ndc.edu.hk
校長	唐嘉明　創校年份　1967
學校類別	資助　學生性別　男女
宗教背景	天主教
主要教學語言	初中：中、英　高中：中、英
一條龍小學	/
直屬小學	/
聯繫小學	/

教師專業資歷

教師人數	■編制內：47　■編制外：5
已接受特殊教育培訓教師人數	22　外籍　1
教師年資	■0-4年：13人　■5-9年：7人　■10年或以上：32人
教師專業訓練	■認可教師證書/教育文憑：92%
教師資歷	■大學學位：27%　■碩士或以上：71%

21/22學年收生情況

中一生總人數(班數)　+ (3)
學位分配百分比　■自行：30%　■統一：70%
自行收生取錄人數　30　競爭情況　+　面試名額　所有申請人

22/23學年收生要求

收生準則	■學業成績：40%　■課外活動：20%　■操行及態度：40%
面試內容	溝通技巧/應對；禮儀；常識；中英文能力；學習態度；應變能力
派表日期	2022.01.03-2022.01.17
收表日期	2022.01.03-2022.01.17
自行收生預算學額	30

學校特色

■豐富國際教育資源，優越英語學習環境
■先進電子教學設備：iPad、互動教學電子顯示屏。以Google教室為主要教學平台
■為運動、科學及其他方面有突出表現的學生提供資優課程及學習經歷

21/22學年中一教學語言

全級英文為教學語言科目　英文、數學(英文組)、科學(英文組)

中學文憑試成績（2021年7月畢業生）

33222率	+
中文科達3級率	+
英文科達3級率	+
數學科達2級率	+
通識科達2級率	+
人均優良成績	+
入讀本地大專文憑率	+
入讀本地大學率	12.1%
入讀(只限港大、中大、科大)率	9.1%
入讀非本地大學率	+

九龍城區

註：+表示學校沒有提供資料；/表示沒有或不適用

聖公會聖匠中學 SKH Holy Carpenter Secondary School

地址　紅磡大環道10號
電話　23642730　傳真　23648708
電郵　mail@hcs.edu.hk
網址　www.hcs.edu.hk
校長　吳嘉鳳　創校年份　1965
學校類別　資助　學生性別　男女
宗教背景　基督教
主要教學語言　初中：中文　高中：中文
一條龍小學　/
直屬小學　/
聯繫小學　/

教師專業資歷

教師人數　■編制內：41　■編制外：3
已接受特殊教育培訓教師人數　13　外籍　1
教師年資　■0-4年：5人
　　■5-9年：5人
　　■10年或以上：34人
教師專業訓練　■認可教師證書/教育文憑：100%
教師資歷　■大學學位：25%
　　■碩士或以上：70%

21/22學年收生情況

中一生總人數(班數)　+（3）
學位分配百分比　■自行：+　統一：+
自行收生取錄人數　+　競爭情況　+　面試名額　所有申請人

22/23學年收生要求

收生準則　■教育局成績次第：20%　■學業成績：20%
　■操行及態度：20%　■學校推薦：20%
　■面試表現：20%

面試內容　溝通技巧/應對；禮儀；常識；體藝才能；應變能力；中英文能力；數理能力；學習態度；家庭生活

派表日期　2022.01.03-2022.01.17
收表日期　2022.01.03-2022.01.17
自行收生預算學額　20

學校特色

■建基於基督教教育理念，培育學生六育持續成長
■在愛與關懷中培養學生正確的價值觀及品德，擔起貢獻社會的責任
■提供廣而闊的課程及學習機會，為學生創建多元化的出路

21/22學年中一教學語言

全級英文為教學語言科目　英文

中學文憑試成績（2021年7月畢業生）

33222率	+
中文科達3級率	+
英文科達3級率	+
數學科達2級率	+
通識科達2級率	+
人均優良成績	+
入讀本地大專文憑率	+
入讀本地大學率	+
入讀(只限港大、中大、科大)率	+
入讀非本地大學率	+

嘉諾撒聖家書院 Holy Family Canossian College

地址　九龍城延文禮士道33號
電話　23379123　傳真　23370827
電郵　office@hfcc.edu.hk
網址　www.hfcc.edu.hk/schnet
校長　鄭明慧　創校年份　1972
學校類別　資助　學生性別　女
宗教背景　天主教
主要教學語言　初中：英文　高中：英文
一條龍小學　/
直屬小學　嘉諾撒聖家學校；嘉諾撒聖家學校（九龍塘）
聯繫小學　/

教師專業資歷

教師人數　■編制內：52　■編制外：1
已接受特殊教育培訓教師人數　16　外籍　1
教師年資　■0-4年：12人
　　■5-9年：4人
　　■10年或以上：37人
教師專業訓練　■認可教師證書/教育文憑：96%
教師資歷　■大學學位：43%
　　■碩士或以上：57%

21/22學年收生情況

中一生總人數(班數)　120（4）
學位分配百分比　■自行：30%　■統一：70%
自行收生取錄人數　+　競爭情況　+　面試名額　+

22/23學年收生要求

收生準則　■教育局成績次第：20%　■學業成績：20%
　■獎項：10%　■課外活動：10%
　■操行及態度：10%　■面試表現：30%

面試內容　禮儀；常識；體藝才能；中英文能力；學習態度

派表日期　2022.01.03-2022.01.17
收表日期　2022.01.03-2022.01.17
自行收生預算學額　+

學校特色

■致力提供積極的學習環境，培養學生終身學習的能力
■鼓勵學生認識自己，成為有愛心及積極進取的人
■培育學生尊重他人及關愛社群，對社會和祖國有責任感及歸屬感

21/22學年中一教學語言

全級英文為教學語言科目　英文、歷史、數學、科學、地理、電腦、音樂、家政、生活與社會、戲劇語言藝術

中學文憑試成績（2021年7月畢業生）

33222率	+
中文科達3級率	+
英文科達3級率	+
數學科達2級率	+
通識科達2級率	+
人均優良成績	+
入讀本地大專文憑率	+
入讀本地大學率	+
入讀(只限港大、中大、科大)率	+
入讀非本地大學率	+

瑪利諾修院學校（中學部） Maryknoll Convent School (Secondary Section)

地址　九龍塘何東道5號
電話　23362378　傳真　23387943
電郵　sch_head@mcs.edu.hk
網址　www.mcs.edu.hk
校長　李錦霞　創校年份　1925
學校類別　資助　學生性別　女
宗教背景　天主教
主要教學語言　初中：英文　高中：英文
一條龍小學　/
直屬小學　瑪利諾修院學校（小學部）
聯繫小學　/

教師專業資歷

教師人數　■編制內：62　■編制外：8
已接受特殊教育培訓教師人數　9　外籍　3
教師年資　■0-4年：7人
　　■5-9年：9人
　　■10年或以上：54人
教師專業訓練　■認可教師證書/教育文憑：97%
教師資歷　■大學學位：33%
　　■碩士或以上：67%

21/22學年收生情況

中一生總人數(班數)　180（5）
學位分配百分比　■自行：30%　■統一：70%
自行收生取錄人數　54　競爭情況　+　面試名額　+

22/23學年收生要求

收生準則　■學業成績：35%　■課外活動：25%
　■操行及態度：10%　■面試表現：30%

面試內容　待定

派表日期　2021.12.06-2022.01.17
收表日期　2022.01.03-2022.01.17
自行收生預算學額　54

學校特色

■重全人教育，校風著重培育有高尚品格，校訓為「明德惟馨」
■透過分享與關懷，使學生懂得自重與尊重他人，成為有責任的公民
■課程策劃與組織，訂立清晰目標和政策，配合學校目標

21/22學年中一教學語言

全級英文為教學語言科目　英文、歷史、數學、科學、地理、電腦、音樂、視藝、體育、宗教、英語文學、生活與社會、科技與生活

中學文憑試成績（2021年7月畢業生）

33222率	+
中文科達3級率	+
英文科達3級率	+
數學科達2級率	+
通識科達2級率	+
人均優良成績	+
入讀本地大專文憑率	+
入讀本地大學率	+
入讀(只限港大、中大、科大)率	+
入讀非本地大學率	+

九龍城區

註：+表示學校沒有提供資料；/表示沒有或不適用

德蘭中學 St. Teresa Secondary School

地址	何文田常盛街21號
電話	27115202　傳真　27154509
電郵	stss@stteresa.edu.hk
網址	www.stteresa.edu.hk
校長	葉妙顏　創校年份　1978
學校類別	資助　學生性別　女
宗教背景	天主教
主要教學語言	初中:中、英　高中:中、英
一條龍小學	/
直屬小學	/
聯繫小學	/

教師專業資歷

教師人數	■編制內:52　■編制外:8
已接受特殊教育培訓教師人數	26　外籍　1
教師年資	■0-4年:11人 ■5-9年:0人 ■10年或以上:49人
教師專業訓練	■認可教師證書/教育文憑:100%
教師資歷	■大學學位:28.33% ■碩士或以上:71.67%

21/22學年收生情況

中一生總人數(班數) 123 (4)

學位分配百分比　■自行:30%　■統一:70%

自行收生取錄人數　40　競爭情況　+　面試名額　+

22/23學年收生要求

收生準則	■教育局成績次第:55%　■課外活動:10% ■操行及態度:10%　■面試表現:20% ■與中學聯繫:5%
面試內容	溝通技巧/應對；禮儀；常識；體藝才能；應變能力；中英文能力；數理能力；學習態度；家庭生活
派表日期	2021.11.28-2022.01.17
收表日期	2022.01.03-2022.01.17
自行收生預算學額	40

學校特色

■天主教女校，校風淳樸
■着重關愛文化，踐行福音精神
■推行STREAM教育，多方面發揮學生潛能

21/22學年中一教學語言

全級英文為教學語言科目　英文、數學、科學

中學文憑試成績（2021年7月畢業生）

33222率	+
中文科達3級率	+
英文科達3級率	+
數學科達2級率	+
通識科達2級率	+
人均優良成績	
入讀本地大專文憑率	
入讀本地大學率	
入讀(只限港大、中大、科大)率	+
入讀非本地大學率	

鄧鏡波學校 Tang King Po School

地址	土瓜灣天光道16號
電話	27125171　傳真　27137727
電郵	info@tangkingpo.edu.hk
網址	www.tangkingpo.edu.hk
校長	周黎明　創校年份　1953
學校類別	資助　學生性別　男
宗教背景	天主教
主要教學語言	初中:中文　高中:中、英
一條龍小學	/
直屬小學	/
聯繫小學	/

教師專業資歷

教師人數	■編制內:71　■編制外:9
已接受特殊教育培訓教師人數	26　外籍　1
教師年資	■0-4年:6人 ■5-9年:10人 ■10年或以上:55人
教師專業訓練	■認可教師證書/教育文憑:100%
教師資歷	■大學學位:32% ■碩士或以上:68%

註：教師年資只計算編制內教師人數

21/22學年收生情況

中一生總人數(班數) 148 (5)

學位分配百分比　■自行:18%　■統一:82%

自行收生取錄人數　50　競爭情況　1:3.96　面試名額　100

22/23學年收生要求

收生準則	■學業成績:60%　■課外活動:20% ■操行及態度:20%
面試內容	溝通技巧/應對；禮儀；中英文能力；學習態度；家庭生活；應變能力
派表日期	2021.12.04-2022.01.17
收表日期	2022.01.03-2022.01.17
自行收生預算學額	50

學校特色

■教育牧民團體能提供適異教育，照顧學習多樣性，提升學與教的效能
■學生能發揮多元潛能，具自信和正面人生的態度
■教師團隊成為學習型的專業團隊

21/22學年中一教學語言

全級英文為教學語言科目　英文

中學文憑試成績（2021年7月畢業生）

33222率	+
中文科達3級率	+
英文科達3級率	+
數學科達2級率	+
通識科達2級率	+
人均優良成績	
入讀本地大專文憑率	
入讀本地大學率	
入讀(只限港大、中大、科大)率	+
入讀非本地大學率	

賽馬會官立中學 Jockey Club Government Secondary School

地址	九龍塘牛津道2號B
電話	23366761　傳真　23363479
電郵	jcgss@edb.gov.hk
網址	www.jcgss.edu.hk
校長	梁呂琼　創校年份　1960
學校類別	官立　學生性別　男女
宗教背景	沒有
主要教學語言	初中:不提供　高中:不提供
一條龍小學	/
直屬小學	/
聯繫小學	/

教師專業資歷

教師人數	■編制內:+　■編制外:+
已接受特殊教育培訓教師人數	+　外籍　+
教師年資	+
教師專業訓練	+
教師資歷	+

21/22學年收生情況

中一生總人數(班數) +

學位分配百分比　■自行:+　■統一:+

自行收生取錄人數　+　競爭情況　+　面試名額　+

22/23學年收生要求

收生準則	+
面試內容	+
派表日期	+
收表日期	+
自行收生預算學額	+

學校特色

+

21/22學年中一教學語言

全級英文為教學語言科目　不提供

中學文憑試成績（2021年7月畢業生）

33222率	+
中文科達3級率	+
英文科達3級率	+
數學科達2級率	+
通識科達2級率	+
人均優良成績	+
入讀本地大專文憑率	+
入讀本地大學率	+
入讀(只限港大、中大、科大)率	+
入讀非本地大學率	+

九龍城區

註：+表示學校沒有提供資料；/表示沒有或不適用

九龍城區、油尖旺區

禮賢會彭學高紀念中學 Rhenish Church Pang Hok Ko Memorial College

地址	九龍塘禧福道30號
電話	23370283　傳真　23360953
電郵	school@rcphkmc.edu.hk
網址	http://www.rcphkmc.edu.hk
校長	鄧文偉　　創校年份　1969
學校類別	資助　學生性別　男女
宗教背景	基督教
主要教學語言	初中：中、英　高中：中、英
一條龍小學	/
直屬小學	/
聯繫小學	/

教師專業資歷

教師人數	■編制內：58　■編制外：4
已接受特殊教育培訓教師人數	24　外籍　1
教師年資	■0-4年：9人 ■5-9年：5人 ■10年或以上：48人
教師專業訓練	■認可教師證書/教育文憑：96.8%
教師資歷	■大學學位：43.5% ■碩士或以上：56.5%

21/22學年收生情況

中一生總人數(班數)　121（4）
學位分配百分比　■自行：30%　■統一：70%
自行收生取錄人數　40　競爭情況　1：5.75　面試名額　所有申請人

22/23學年收生要求

收生準則　■教育局成績次第：30%　■學業成績：20%　■課外活動：15%　■操行及態度：20%　■面試表現：15%

面試內容　溝通技巧/應對；禮儀；常識；體藝才能；應變能力；中英文能力；數理能力；學習態度；家庭生活

派表日期　2021.10.16-2022.01.17
收表日期　2022.01.03-2022.01.17
自行收生預算學額　40

學校特色

■學校重視學生兩文三語的水平，全校中英數三科以小組教學，周末設英語聽講培訓班；其他科目設課後、周末增潤和拔尖課程
■學校著力加強「促進學習的評估」，教師善用電子教學資源，採用「混合式教學」模式，促進學生自主學習
■建基聖經真理，培養同學優良品德；引入正向教育，讓學生認識自己強項，發揮潛能；推動「服務學習」，以裝備學生成為有同理心和品德兼備的世界公民

21/22學年中一教學語言

全級英文為教學語言科目　英文、數學、電腦

中學文憑試成績（2021年7月畢業生）

33222率	+
中文科達3級率	+
英文科達3級率	+
數學科達2級率	+
通識科達2級率	+
人均優良成績	+
入讀本地大專文憑率	+
入讀本地大學率	+
入讀(只限港大、中大、科大)率	+
入讀非本地大學率	+

華仁書院（九龍） Wah Yan College Kowloon

地址	窩打老道56號
電話	23841038　傳真　27705095
電郵	info@wyk.edu.hk
網址	www.wyk.edu.hk
校長	鍾衛良　　創校年份　1924
學校類別	資助　學生性別　男
宗教背景	天主教
主要教學語言	初中：英文　高中：英文
一條龍小學	/
直屬小學	/
聯繫小學	/

教師專業資歷

教師人數	■編制內：+　■編制外：+
已接受特殊教育培訓教師人數	+　外籍　+
教師年資	+
教師專業訓練	
教師資歷	

21/22學年收生情況

中一生總人數(班數)　+（+）
學位分配百分比　■自行：+　■統一：+
自行收生取錄人數　+　競爭情況　+　面試名額　+

22/23學年收生要求

收生準則　+

面試內容　+

派表日期　+
收表日期　+
自行收生預算學額　+

學校特色

+

21/22學年中一教學語言

全級英文為教學語言科目　不提供

中學文憑試成績（2021年7月畢業生）

33222率	+
中文科達3級率	+
英文科達3級率	+
數學科達2級率	+
通識科達2級率	+
人均優良成績	+
入讀本地大專文憑率	+
入讀本地大學率	+
入讀(只限港大、中大、科大)率	+
入讀非本地大學率	+

天主教新民書院 Newman Catholic College

地址	油麻地石壁道2號
電話	23857812　傳真　23854502
電郵	nc@newman.edu.hk
網址	www.newman.edu.hk
校長	吳華彪　　創校年份　1963
學校類別	資助　學生性別　男女
宗教背景	天主教
主要教學語言	初中：中、英及普通話　高中：中、英
一條龍小學	/
直屬小學	/
聯繫小學	/

教師專業資歷

教師人數	■編制內：+　■編制外：+
已接受特殊教育培訓教師人數	+　外籍　+
教師年資	+
教師專業訓練	
教師資歷	

21/22學年收生情況

中一生總人數(班數)　+（+）
學位分配百分比　■自行：+　■統一：+
自行收生取錄人數　+　競爭情況　+　面試名額　+

22/23學年收生要求

收生準則　+

面試內容　+

派表日期　+
收表日期　+
自行收生預算學額　+

學校特色

+

21/22學年中一教學語言

全級英文為教學語言科目　不提供

中學文憑試成績（2021年7月畢業生）

33222率	+
中文科達3級率	+
英文科達3級率	+
數學科達2級率	+
通識科達2級率	+
人均優良成績	+
入讀本地大專文憑率	+
入讀本地大學率	+
入讀(只限港大、中大、科大)率	+
入讀非本地大學率	+

註：＋表示學校沒有提供資料；/表示沒有或不適用

中華基督教會銘基書院 | CCC Ming Kei College

地址	大角嘴橡樹街16號	
電話	23923963	傳真　21427376
電郵	cccmkc@cccmkc.edu.hk	
網址	www.cccmkc.edu.hk	
校長	張佩姍	創校年份　1967
學校類別	資助	學生性別　男女
宗教背景	基督教	
主要教學語言	初中：英文　高中：英文	
一條龍小學	/	
直屬小學	/	
聯繫小學	/	

教師專業資歷

教師人數	■編制內：52　■編制外：8
已接受特殊教育培訓教師人數	25　外籍　1
教師年資	■0-4年：15人 ■5-9年：4人 ■10年或以上：41人
教師專業訓練	■認可教師證書/教育文憑：97%
教師資歷	■大學學位：42% ■碩士或以上：58%

21/22學年收生情況

中一生總人數(班數)　132（4）

學位分配百分比　■自行：30%　■統一：70%

自行收生取錄人數　40　競爭情況　1:10.58　面試名額　所有申請人

22/23學年收生要求

收生準則	■學業成績：50%　■課外活動：10% ■面試表現：30%　■操行及態度：10%
面試內容	溝通技巧/應對；禮儀；常識；中英文能力； 數理能力；學習態度；應變能力
派表日期	2022.01.03-2022.01.17
收表日期	2022.01.03-2022.01.17
自行收生預算學額	40

學校特色

■設「大哥哥、大姐姐計劃」協助中一適應，鼓勵學生服務社會及他人
■提供德智體群美靈六育並重的均衡教育
■使命宣言：以人為本，關愛共融；多元發展，服務社群；活得豐盛，榮神益人

21/22學年中一教學語言

全級英文為教學語言科目	英文、歷史、數學、科學、地理、電腦、音樂、視藝、體育、家政、生活與社會

中學文憑試成績
（2021年7月畢業生）

33222率	+
中文科達3級率	+
英文科達3級率	+
數學科達2級率	+
通識科達2級率	+
人均優良成績	+
入讀本地大專文憑率	+
入讀本地大學率	+
入讀（只限港大、中大、科大)率	+
入讀非本地大學率	+

世界龍岡學校劉皇發中學 | LKWFSL Lau Wong Fat Secondary School

地址	九龍大角咀詩歌舞街66號	
電話	23944186	傳真　23914799
電郵	contact@lwfss.edu.hk	
網址	www.lwfss.edu.hk	
校長	何家珍	創校年份　1977
學校類別	資助	學生性別　男女
宗教背景	沒有	
主要教學語言	初中：中文　高中：中文	
一條龍小學	/	
直屬小學	/	
聯繫小學	/	

教師專業資歷

教師人數	■編制內：55　■編制外：5
已接受特殊教育培訓教師人數	18　外籍　1
教師年資	■0-4年：12人 ■5-9年：6人 ■10年或以上：42人
教師專業訓練	■認可教師證書/教育文憑：100%
教師資歷	■大學學位：42% ■碩士或以上：58%

21/22學年收生情況

中一生總人數(班數)　121（4）

學位分配百分比　■自行：30%　■統一：70%

自行收生取錄人數　40　競爭情況　1:5　面試名額　112

22/23學年收生要求

收生準則	■教育局成績次第：40%　■課外活動：5% ■學業成績：30%　■獎項：5% ■操行及態度：10%　■面試表現：10%
面試內容	溝通技巧/應對；禮儀；常識；中英文能力； 數理能力；學習態度；家庭生活；應變能力
派表日期	2021.11.01 開始
收表日期	2022.01.03-2022.01.17
自行收生預算學額	40

學校特色

■設STEM教室及電腦室各兩間，發展STEM校本課程及參加創科比賽
■推動全人發展，初中學生必須學習一種樂器、運動或參與服務項目
■着重學生品德及價值教育培育，學生守規受教，校風淳樸

21/22學年中一教學語言

全級英文為教學語言科目	英文、某些班別以英語授課

中學文憑試成績
（2021年7月畢業生）

33222率	+
中文科達3級率	+
英文科達3級率	+
數學科達2級率	80.7%
通識科達2級率	93.2%
人均優良成績	+
入讀本地大專文憑率	+
入讀本地大學率	+
入讀（只限港大、中大、科大)率	+
入讀非本地大學率	+

伊利沙伯中學 | Queen Elizabeth School

地址	旺角洗衣街152號	
電話	23809621	傳真　23914949
電郵	qes@edb.gov.hk	
網址	www.qes.edu.hk	
校長	陳祥偉	創校年份　1954
學校類別	官立	學生性別　男女
宗教背景	沒有	
主要教學語言	初中：英文　高中：英文	
一條龍小學	/	
直屬小學	/	
聯繫小學	+	

教師專業資歷

教師人數	■編制內：52　■編制外：1
已接受特殊教育培訓教師人數	20　外籍　1
教師年資	■0-4年：5人 ■5-9年：13人 ■10年或以上：35人
教師專業訓練	■認可教師證書/教育文憑：100%
教師資歷	■大學學位：41% ■碩士或以上：57%

21/22學年收生情況

中一生總人數(班數)　140（4）

學位分配百分比　■自行：30%　■統一：70%

自行收生取錄人數　43　競爭情況　1:10.58　面試名額　/

22/23學年收生要求

收生準則	■學業成績及教育局成績次第：40% ■獎項及服務：20%　■面試表現：40%
面試內容	溝通技巧/應對；禮儀；常識；中英文能力；數理能力
派表日期	2022.01.03-2022.01.17
收表日期	2022.01.03-2022.01.17
自行收生預算學額	43

學校特色

■校風淳樸，致力締造自由、關顧及和諧的校園氣氛，讓學生能身心健康發展
■英語教學外，並致力提高學生兩文三語的水平
■以學生學習為本，全方位學習；鼓勵學生走出校園，拓展視野

21/22學年中一教學語言

全級英文為教學語言科目	英文、歷史、數學、科學、地理、電腦、音樂、視藝、體育、家政、設計與科技、生活與社會

中學文憑試成績
（2021年7月畢業生）

33222率	90%
中文科達3級率	93.85%
英文科達3級率	96.92%
數學科達2級率	100%
通識科達2級率	99.23%
人均優良成績	2.5
入讀本地大專文憑率	11%
入讀本地大學率	79%
入讀（只限港大、中大、科大)率	44%
入讀非本地大學率	5%

油尖旺區

註：+表示學校沒有提供資料；/表示沒有或不適用

官立嘉道理爵士中學（西九龍） Sir Ellis Kadoorie Secondary School (West Kowloon)

地址	大角咀海帆道22號
電話	25761871　傳眞　28824548
電郵	sekss100@edb.gov.hk
網址	seksswk.edu.hk
校長	李東靑　創校年份　1890
學校類別	官立　學生性別　男女
宗教背景	未能提供
主要教學語言	初中：中、英　高中：中、英
一條龍小學	/
直屬小學	/
聯繫小學	官立嘉道理爵士小學

教師專業資歷

教師人數	■編制內：+　■編制外：+
已接受特殊教育培訓教師人數	+　外籍　+
教師年資	+
教師專業訓練	+
教師資歷	+

21/22學年收生情況

中一生總人數(班數) + (+)
學位分配百分比　■自行:+　■統一:+
自行收生取錄人數　+　競爭情況　+　面試名額　+

22/23學年收生要求

收生準則　+

面試內容　+

派表日期
收表日期
自行收生預算學額

學校特色

+

21/22學年中一教學語言

全級英文為教學語言科目　不提供

中學文憑試成績（2021年7月畢業生）

33222率	+
中文科達3級率	+
英文科達3級率	+
數學科達2級率	+
通識科達2級率	+
人均優良成績	+
入讀本地大專文憑率	+
入讀本地大學率	+
入讀(只限港大、中大、科大)率	+
入讀非本地大學率	+

真光女書院 True Light Girls' College

地址	油麻地窩打老道54A
電話	23851491　傳眞　27825300
電郵	mail@tlgc.edu.hk
網址	www.tlgc.edu.hk
校長	譚劍虹　創校年份　1973
學校類別	資助　學生性別　女
宗教背景	基督教
主要教學語言	初中：英文　高中：英文
一條龍小學	/
直屬小學	/
聯繫小學	/

教師專業資歷

教師人數	■編制內：49　■編制外：8
已接受特殊教育培訓教師人數	17　外籍　1
教師年資	■0-4年：11人 ■5-9年：9人 ■10年或以上：37人
教師專業訓練	■認可教師證書/教育文憑:100%
教師資歷	■大學學位:53% ■碩士或以上:47%

21/22學年收生情況

中一生總人數(班數) 126 (4)
學位分配百分比　自行:30%　統一:70%
自行收生取錄人數　40　競爭情況　1:10.20　面試名額　所有申請人

22/23學年收生要求

收生準則
■學業成績：40%　課外活動：10%
■操行及態度：5%　面試表現：40%
■與中學聯繫：5%（母親爲校友或姊妹於學校就讀）

面試內容　溝通技巧/應對；禮儀；常識；中英文能力；數理能力；學習態度；應變能力

派表日期　2021.11.27-2022.01.17
收表日期　2022.01.03-2022.01.17
自行收生預算學額　40

學校特色

■設姊妹班級制度及中一啓導計劃，培養學生同儕友愛之團體協作精神
■一人一樂器，培養學生的音樂興趣
■中一級社制度，讓學生融入中學生活，發展潛能

21/22學年中一教學語言

全級英文為教學語言科目　英文、歷史、數學、科學、地理、電腦、音樂、視藝、體育、家政、戲劇、生活與社會

中學文憑試成績（2021年7月畢業生）

33222率	89.6%
中文科達3級率	90.4%
英文科達3級率	98.3%
數學科達2級率	99.1%
通識科達2級率	100%
人均優良成績	+
入讀本地大專文憑率	+
入讀本地大學率	+
入讀(只限港大、中大、科大)率	+
入讀非本地大學率	+

基督教香港信義會信義中學 ELCHK Lutheran Secondary School

地址	油麻地窩打老道52號
電話	27802291　傳眞　27823374
電郵	contact@lss.edu.hk
網址	www.lss.edu.hk
校長	梁冠芬　創校年份　1958
學校類別	資助　學生性別　男女
宗教背景	基督教
主要教學語言	初中：中、英　高中：中、英
一條龍小學	/
直屬小學	/
聯繫小學	/

教師專業資歷

教師人數	■編制內：57　■編制外：7
已接受特殊教育培訓教師人數	20　外籍　1
教師年資	■0-4年：10人 ■5-9年：10人 ■10年或以上：44人
教師專業訓練	■認可教師證書/教育文憑:98%
教師資歷	■大學學位:37% ■碩士或以上:63%

21/22學年收生情況

中一生總人數(班數) 122 (4)
學位分配百分比　■自行:30%　■統一:70%
自行收生取錄人數　40　競爭情況　1:7.58　面試名額　所有申請人

22/23學年收生要求

收生準則
■學業成績：50%　面試表現：35%
■操行、課外活動、服務及獎項：15%

面試內容　溝通技巧/應對；禮儀；常識；體藝才能；應變能力；中英文能力；數理能力；學習態度；家庭生活

派表日期　2022.01.03-2022.01.17
收表日期　2022.01.03-2022.01.17
自行收生預算學額　50

學校特色

■以基督精神辦學，注重靈性發展
■校風淳樸，注重品格發展
■發展學生思維學習，推動公民及社會關懷教育，開拓學生環球視野

21/22學年中一教學語言

全級英文為教學語言科目　英文；數學、科學、電腦、歷史及地理科目均按班別以中文或英文爲教學語言

中學文憑試成績（2021年7月畢業生）

33222率	+
中文科達3級率	+
英文科達3級率	+
數學科達2級率	+
通識科達2級率	+
人均優良成績	+
入讀本地大專文憑率	+
入讀本地大學率	+
入讀(只限港大、中大、科大)率	+
入讀非本地大學率	+

油尖旺區

註：教師年資只計算編制內教師人數；2021/22學年學位分配百分比不包括一條龍小學學生

註：+表示學校沒有提供資料；/表示沒有或不適用

循道中學 Methodist College

地址	油麻地加士居道50號
電話	23843543　傳眞　23889466
電郵	admin@mckln.edu.hk
網址	www.mckln.edu.hk
校長	黃珮儀　創校年份　1958
學校類別	資助　學生性別　男女
宗教背景	基督教
主要教學語言	初中:英文　高中:英文
一條龍小學	/
直屬小學	循道學校
聯繫小學	/

教師專業資歷

教師人數　■編制內：+　■編制外：+
已接受特殊教育培訓教師人數　+　外籍　+

教師年資	+
教師專業訓練	+
教師資歷	+
+	

21/22學年收生情況

中一生總人數(班數)　+（+）
學位分配百分比　■自行:+　■統一:+
自行收生取錄人數　+　競爭情況　+　面試名額　+

22/23學年收生要求

收生準則	+
面試內容	+
派表日期	+
收表日期	+
自行收生預算學額	+

學校特色

+

21/22學年中一教學語言

全級英文為教學語言科目　不提供

中學文憑試成績（2021年7月畢業生）

33222率	+
中文科達3級率	+
英文科達3級率	+
數學科達2級率	+
通識科達2級率	+
人均優良成績	+
入讀本地大專文憑率	+
入讀本地大學率	+
入讀(只限港大、中大、科大)率	+
入讀非本地大學率	+

港九潮州公會中學 HK & KLN Chiu Chow Public Association Secondary School

地址	旺角洗衣街150號
電話	23964187　傳眞　23944087
電郵	go@ccpass.edu.hk
網址	www.ccpass.edu.hk
校長	陳淑英　創校年份　1957
學校類別	資助　學生性別　男女
宗教背景	沒有
主要教學語言	初中:中文　高中:中文
一條龍小學	/
直屬小學	/
聯繫小學	/

教師專業資歷

教師人數　■編制內：41　■編制外：10
已接受特殊教育培訓教師人數　14　外籍　2

教師年資	■0-4年：11人 ■5-9年：3人 ■10年或以上：37人
教師專業訓練	■認可教師證書/教育文憑:86%
教師資歷	■大學學位:51% ■碩士或以上:49%

21/22學年收生情況

中一生總人數(班數)　+（3）
學位分配百分比　■自行:30%　■統一:70%
自行收生取錄人數　+　競爭情況　+　面試名額　+

22/23學年收生要求

收生準則	■學業成績：30%　■課外活動：15% ■面試表現：40%　■操行及態度：15%
面試內容	溝通技巧/應對；禮儀；常識；中英文能力；數理能力；學習態度；家庭生活；應變能力；過往學行表現
派表日期	2022.01.03-2022.01.17
收表日期	2022.01.03-2022.01.17
自行收生預算學額	+

學校特色

■建立「嚴而有愛，品學並行」的校園文化，着重學生紀律和品德培育
■額外聘任外籍英語教師，建構英語語境，提升學生英語水平
■強調家校合作，着力發展學生多元成就，展現其獨特才能

21/22學年中一教學語言

全級英文為教學語言科目　英文

中學文憑試成績（2021年7月畢業生）

33222率	+
中文科達3級率	64.6%
英文科達3級率	+
數學科達2級率	80%
通識科達2級率	100%
人均優良成績	+
入讀本地大專文憑率	53%
入讀本地大學率	17%
入讀(只限港大、中大、科大)率	+
入讀非本地大學率	23%

聖公會諸聖中學 SKH All Saints' Middle School

地址	旺角白布街11號
電話	27800147　傳眞　23846399
電郵	info@skhasms.edu.hk
網址	www.skhasms.edu.hk
校長	許華英　創校年份　1951
學校類別	按額津貼　學生性別　男女
宗教背景	基督教
主要教學語言	初中:中文　高中:中文
一條龍小學	/
直屬小學	/
聯繫小學	/

教師專業資歷

教師人數　■編制內：41　■編制外：7
已接受特殊教育培訓教師人數　6　外籍　3

教師年資	■0-4年：22人 ■5-9年：4人 ■10年或以上：15人
教師專業訓練	■認可教師證書/教育文憑:64%
教師資歷	■大學學位:79% ■碩士或以上:19%

21/22學年收生情況

中一生總人數(班數)　72（3）
學位分配百分比　■自行:30%　■統一:70%
自行收生取錄人數　+　競爭情況　+　面試名額　+

22/23學年收生要求

收生準則	■學業成績：30%　■課外活動：15% ■操行及態度：30%　■面試表現：25%
面試內容	溝通技巧/應對；禮儀；常識；中英文能力；數理能力；學習態度；應變能力
派表日期	2021.11.08
收表日期	2022.01.03-2022.01.17
自行收生預算學額	+

學校特色

■自主學習：推展混合教學模式，重塑跨科專題研習
■正向思維：優化成長階梯，加強課堂價值教育

21/22學年中一教學語言

全級英文為教學語言科目　英文

中學文憑試成績（2021年7月畢業生）

33222率	+
中文科達3級率	+
英文科達3級率	+
數學科達2級率	+
通識科達2級率	+
人均優良成績	+
入讀本地大專文憑率	+22.2%
入讀本地大學率	+3.4%
入讀(只限港大、中大、科大)率	+1.7%
入讀非本地大學率	24.1%

油尖旺區

註：+表示學校沒有提供資料；/表示沒有或不適用

聖芳濟書院 St Francis Xavier's College

地址　大角嘴詩歌舞街45號
電話　23932271　　傳眞　23916101
電郵　sfxadmin@sfxc.edu.hk
網址　www.sfxc.edu.hk
校長　梁文輝　　創校年份　1955
學校類別　資助　學生性別　男
宗教背景　天主教
主要教學語言　初中：英文　高中：英文
一條龍小學　／
直屬小學　／
聯繫小學　／

教師專業資歷

教師人數　■編制內：+　　■編制外：+
已接受特殊教育培訓教師人數　+　　外籍　+

教師年資　+

教師專業訓練　+

教師資歷　+

21/22學年收生情況

中一生總人數(班數)　+ (+)
學位分配百分比　　■自行：+　■統一：+
自行收生取錄人數　+　　競爭情況　+　　面試名額　+

22/23學年收生要求

收生準則　+

面試內容　+

派表日期
收表日期
自行收生預算學額　+

學校特色

+

21/22學年中一教學語言

全級英文為教學語言科目　不提供

中學文憑試成績（2021年7月畢業生）

33222率	+
中文科達3級率	+
英文科達3級率	+
數學科達2級率	+
通識科達2級率	+
人均優良成績	
入讀本地大專文憑率	
入讀本地大學率	
入讀(只限港大、中大、科大)率	
入讀非本地大學率	

嘉諾撒聖瑪利書院 St Mary's Canossian College

油尖旺區

地址　尖沙嘴柯士甸道162號
電話　27242771　　傳眞　27242719
電郵　info@smcc.hk
網址　www.smcc.hk
校長　黃慧珍　　創校年份　1900
學校類別　資助　學生性別　女
宗教背景　天主教
主要教學語言　初中：英文　高中：英文
一條龍小學　嘉諾撒聖瑪利學校；天神嘉諾撒學校
直屬小學　／
聯繫小學　／

教師專業資歷

教師人數　■編制內：73　　■編制外：6
已接受特殊教育培訓教師人數　23　外籍　1

教師年資　■0-4年：8人
　　■5-9年：11人
　　■10年或以上：60人

教師專業訓練　■認可教師證書/教育文憑：100%

教師資歷　■大學學位：43%
　　■碩士或以上：57%

註：2021/22學年學位分配百分比以扣減一條龍小學學生人數後計算

21/22學年收生情況

中一生總人數(班數)　199 (6)
學位分配百分比　　■自行：50%　■統一：50%
自行收生取錄人數　+　　競爭情況　+　　面試名額　+

22/23學年收生要求

收生準則　■教育局成績次第　■學業成績
　　■獎項　　　　　　■課外活動
　　■操行及態度　　　■面試表現

面試內容　溝通技巧/應對；禮儀；常識；中英文能力；學習態度；家庭生活；應變能力

派表日期　2022.01.03-2022.01.17
收表日期　2022.01.03-2022.01.17
自行收生預算學額　20

學校特色

■本着「一心一道」的校訓，發揚嘉諾撒仁愛會「寓謙遜於仁愛」精神
■積極營造主動自學、高階思維的學習環境
■激發學生創造力，提供積極參與課餘活動及發展領導能力的途徑

21/22學年中一教學語言

全級英文為教學語言科目　英文、歷史、數學、科學、地理、電腦、音樂、視藝、體育、家政、宗教、生活與社會

中學文憑試成績（2021年7月畢業生）

33222率	90%
中文科達3級率	91%
英文科達3級率	100%
數學科達2級率	99%
通識科達2級率	100%
人均優良成績	+
入讀本地大專文憑率	16%
入讀本地大學率	61%
入讀(只限港大、中大、科大)率	
入讀非本地大學率	20%

麗澤中學 Lai Chack Middle School

地址　廣東道180號 (近港鐵柯士甸站)
電話　27213086　　傳眞　27215946
電郵　info@lcms.edu.hk
網址　www.laichack.edu.hk
校長　李潔明　　創校年份　1929
學校類別　資助　學生性別　男女
宗教背景　基督教
主要教學語言　初中：中文　高中：中文
一條龍小學　／
直屬小學　／
聯繫小學　／

教師專業資歷

教師人數　■編制內：45　　■編制外：9
已接受特殊教育培訓教師人數　23　外籍　1

教師年資　■0-4年：6人
　　■5-9年：1人
　　■10年或以上：47人

教師專業訓練　■認可教師證書/教育文憑：100%

教師資歷　■大學學位：49%
　　■碩士或以上：51%

註：教師年資包括編制內及編制外的教師人數

21/22學年收生情況

中一生總人數(班數)　99 (4)
學位分配百分比　　■自行：30%　■統一：70%
自行收生取錄人數　30　競爭情況　1:2.17　面試名額　所有申請人

22/23學年收生要求

收生準則　■學業成績：25%　■獎項：15%
　　■面試表現：20%　■操行及態度：25%
　　■課外活動：15%

面試內容　溝通技巧/應對；禮儀；學習態度；家庭生活；應變能力

派表日期　2022.01.03-2022.01.17
收表日期　2022.01.03-2022.01.17
自行收生預算學額　30

學校特色

■自強不息，模造麗澤人的特質：勤學、堅毅、謙和，培育均衡發展
■重視學生自主學習經歷，跨境及海外考察交流，拓闊學生視野，讓學生自主規劃人生
■校風淳樸，關愛學生，全方位照顧學生各方面的成長

21/22學年中一教學語言

全級英文為教學語言科目　英文

中學文憑試成績（2021年7月畢業生）

33222率	+
中文科達3級率	+
英文科達3級率	+
數學科達2級率	+
通識科達2級率	+
人均優良成績	
入讀本地大專文憑率	
入讀本地大學率	
入讀(只限港大、中大、科大)率	
入讀非本地大學率	+

註：+表示學校沒有提供資料；/表示沒有或不適用

九龍工業學校 Kowloon Technical School

地址	九龍深水埗長沙灣道332號
電話	23860737 　傳眞　27089958
電郵	mail@kts.edu.hk
網址	www.kts.edu.hk
校長	盧忠正　創校年份　1961
學校類別	官立　學生性別　男女
宗教背景	沒有
主要教學語言	初中:中文　高中:中文
一條龍小學	/
直屬小學	/
聯繫小學	/

教師專業資歷

教師人數	■編制內:63　■編制外:0
已接受特殊教育培訓教師人數	33　外籍　1
教師年資	■0-4年:3人　■5-9年:6人　■10年或以上:54人
教師專業訓練	■認可教師證書/教育文憑:2%
教師資歷	■大學學位:67%　■碩士或以上:31%

21/22學年收生情況

中一生總人數(班數) 120(4)

學位分配百分比　■自行:+　■統一:+

自行收生取錄人數　+　競爭情況　+　面試名額　所有申請人

22/23學年收生要求

收生準則	■學業成績:50%　■課外活動:10%　■面試表現:20%　■與中學聯繫:10%　■校內或校外服務:10%
面試內容	溝通技巧/應對；禮儀；常識；中英文能力；學習態度；應變能力
派表日期	2022.01.03-2022.01.17
收表日期	2022.01.03-2022.01.17
自行收生預算學額	+

學校特色

■本校關注學生學習差異問題。在支援下，開辦課餘增潤班或精進班
■各科均設計以學生為本活動，並進行協作教學，致力培養學生的學習興趣
■於日常課堂中，部分科目更以輔導班形式授課，協助學生提高學業水平

21/22學年中一教學語言

全級英文為教學語言科目　英文

中學文憑試成績（2021年7月畢業生）

33222率	+
中文科達3級率	+
英文科達3級率	+
數學科達2級率	+
通識科達2級率	+
人均優良成績	+
入讀本地大專文憑率	+
入讀本地大學率	+
入讀(只限港大、中大、科大)率	+
入讀非本地大學率	+

中華基督教會銘賢書院 CCC Ming Yin College

地址	石硤尾偉智街1號
電話	27784512 　傳眞　27883729
電郵	mingyin@cccmyc.edu.hk
網址	www.cccmyc.edu.hk
校長	李揚眞　創校年份　1966
學校類別	資助　學生性別　男女
宗教背景	基督教
主要教學語言	初中:不提供　高中:不提供
一條龍小學	/
直屬小學	/
聯繫小學	/

教師專業資歷

教師人數	■編制內:+　■編制外:+
已接受特殊教育培訓教師人數	+　外籍　+
教師年資	+
教師專業訓練	+
教師資歷	+

21/22學年收生情況

中一生總人數(班數) +(+)

學位分配百分比　■自行:+　■統一:+

自行收生取錄人數　+　競爭情況　+　面試名額　+

22/23學年收生要求

收生準則	
面試內容	+
派表日期	+
收表日期	+
自行收生預算學額	+

學校特色

+

21/22學年中一教學語言

全級英文為教學語言科目　不提供

中學文憑試成績（2021年7月畢業生）

33222率	+
中文科達3級率	+
英文科達3級率	+
數學科達2級率	+
通識科達2級率	+
人均優良成績	+
入讀本地大專文憑率	+
入讀本地大學率	+
入讀(只限港大、中大、科大)率	+
入讀非本地大學率	+

深水埗區

天主教南華中學 Nam Wah Catholic Secondary School

地址	深水埗永明街5號
電話	27411174 　傳眞　27454538
電郵	info@nwcss.edu.hk
網址	www.nwcss.edu.hk
校長	鄭淑美　創校年份　1946
學校類別	資助　學生性別　男女
宗教背景	天主教
主要教學語言	初中:中文　高中:中文
一條龍小學	/
直屬小學	/
聯繫小學	/

教師專業資歷

教師人數	■編制內:+　■編制外:+
已接受特殊教育培訓教師人數	+　外籍　+
教師年資	+
教師專業訓練	+
教師資歷	+

21/22學年收生情況

中一生總人數(班數) +(+)

學位分配百分比　■自行:+　■統一:+

自行收生取錄人數　+　競爭情況　+　面試名額　+

22/23學年收生要求

收生準則	+
面試內容	
派表日期	+
收表日期	+
自行收生預算學額	+

學校特色

+

21/22學年中一教學語言

全級英文為教學語言科目　不提供

中學文憑試成績（2021年7月畢業生）

33222率	+
中文科達3級率	+
英文科達3級率	+
數學科達2級率	+
通識科達2級率	+
人均優良成績	+
入讀本地大專文憑率	+
入讀本地大學率	+
入讀(只限港大、中大、科大)率	+
入讀非本地大學率	+

註：+表示學校沒有提供資料；/表示沒有或不適用

佛教大雄中學 Buddhist Tai Hung College

地址	深水埗蘇屋長發街38號
電話	23862988　　傳真　　23869365
電郵	office@mail.bthc.edu.hk
網址	www.bthc.edu.hk
校長	招康明　　創校年份　1969
學校類別	資助　學生性別　男女
宗教背景	佛教
主要教學語言	初中:中、英　高中:中、英
一條龍小學	/
直屬小學	/
聯繫小學	/

教師專業資歷

教師人數	■編制內：52　■編制外：5
已接受特殊教育培訓教師人數	22　外籍　1
教師年資	■0-4年：9人　■5-9年：5人　■10年或以上：43人
教師專業訓練	■認可教師證書/教育文憑：96%
教師資歷	■大學學位：35%　■碩士或以上：65%

21/22學年收生情況

中一生總人數(班數)　132（4）

學位分配百分比　　■自行:30%　■統一:70%

自行收生取錄人數　40　競爭情況　1:9.43　面試名額　+

22/23學年收生要求

收生準則　■學業成績：50%　■操行及態度：25%　■面試表現：25%

面試內容　溝通技巧/應對；禮儀；常識；中英文能力；學習態度；應變能力

派表日期　2021.12.01-2022.01.17
收表日期　2022.01.03-2022.01.17

自行收生預算學額　40

學校特色

■教師共同擬定學校發展目標及計劃，校本管理委員會協助校長推行校政
■推行及優化提升英語水平計劃；教導學生多元化學習技巧及高階思維
■校風淳樸，善用資源，支援學生學業、課外活動及品德均衡發展

21/22學年中一教學語言

全級英文為教學語言科目　英文、數學、科學

中學文憑試成績（2021年7月畢業生）

33222率	+
中文科達3級率	+
英文科達3級率	+
數學科達2級率	+
通識科達2級率	+
人均優良成績	
入讀本地大專文憑率	
入讀本地大學率	
入讀(只限港大、中大、科大)率	
入讀非本地大學率	

東華三院張明添中學 TWGHs Chang Ming Thien College

地址	深水埗南昌街300號
電話	27792986　　傳真　　27881677
電郵	info@twghcmts.edu.hk
網址	www.twghcmts.edu.hk
校長	方信文　　創校年份　1971
學校類別	資助　學生性別　男女
宗教背景	沒有
主要教學語言	初中:中、英　高中:中、英
一條龍小學	/
直屬小學	/
聯繫小學	東華三院羅裕積小學

教師專業資歷

教師人數	■編制內：56　■編制外：3
已接受特殊教育培訓教師人數	10　外籍　1
教師年資	■0-4年：12人　■5-9年：1人　■10年或以上：46人
教師專業訓練	■認可教師證書/教育文憑：90%
教師資歷	■大學學位：47%　■碩士或以上：51%

21/22學年收生情況

中一生總人數(班數)　127（4）

學位分配百分比　　■自行:30%　■統一:70%

自行收生取錄人數　40　競爭情況　+　面試名額　所有申請人

22/23學年收生要求

收生準則　■教育局成績次第：80%　■課外活動：10%　■面試表現：10%　■服務表現，連同課外活動及面試表現，共佔比20%

面試內容　溝通技巧/應對；禮儀；常識；體藝才能；應變能力；中英文能力；數理能力；學習態度；家庭生活；閱讀及參與課外活動情況

派表日期　2022.01.03-2022.01.17
收表日期　2022.01.03-2022.01.17

自行收生預算學額　40

學校特色

■設語文自學中心及科藝創建空間，加強兩文三語及STEM教育培訓
■在初中高中均設校本課程，培育學生全方位學習
■設輔導和增潤的教學組別以及午膳及放學家課輔導，並推行補考計劃

21/22學年中一教學語言

全級英文為教學語言科目　英文、科學、地理

中學文憑試成績（2021年7月畢業生）

33222率	+
中文科達3級率	+
英文科達3級率	+
數學科達2級率	+
通識科達2級率	+
人均優良成績	
入讀本地大專文憑率	
入讀本地大學率	
入讀(只限港大、中大、科大)率	
入讀非本地大學率	

長沙灣天主教英文中學 Cheung Sha Wan Catholic Secondary School

地址	長沙灣福榮街533號
電話	27415034　　傳真　　27444810
電郵	contact@cswcss.edu.hk
網址	www.cswcss.edu.hk
校長	潘盛楷　　創校年份　1970
學校類別	資助　學生性別　男
宗教背景	天主教
主要教學語言	初中:英文　高中:英文
一條龍小學	/
直屬小學	/
聯繫小學	聖方濟愛德小學

教師專業資歷

教師人數	■編制內：53　■編制外：4
已接受特殊教育培訓教師人數	16　外籍　1
教師年資	■0-4年：5人　■5-9年：1人　■10年或以上：51人
教師專業訓練	■認可教師證書/教育文憑：96%
教師資歷	■大學學位：47%　■碩士或以上：53%

21/22學年收生情況

中一生總人數(班數)　144（4）

學位分配百分比　　■自行:30%　■統一:70%

自行收生取錄人數　43　競爭情況　1:0　面試名額　所有申請人

22/23學年收生要求

收生準則　■學業成績：50%　■課外活動：10%　■面試表現：30%　■操行及態度：10%

面試內容　溝通技巧/應對；禮儀；常識；中英文能力；數理能力；學習態度；家庭生活；應變能力

派表日期　2022.01.03-2022.01.17
收表日期　2022.01.03-2022.01.17

自行收生預算學額　43

學校特色

■首批核准英語授課中學，傳統英中男校；文憑試通識科以英語作答
■數學、理科、運動出色，曾獲多個獎項
■學校傳統「25圍環校長跑（7公里）」，鍛煉學生意志和體魄

21/22學年中一教學語言

全級英文為教學語言科目　英文、歷史、數學、科學、地理、音樂、閱讀科、電腦與科技、生活與社會

中學文憑試成績（2021年7月畢業生）

33222率	+
中文科達3級率	+
英文科達3級率	+
數學科達2級率	+
通識科達2級率	+
人均優良成績	
入讀本地大專文憑率	
入讀本地大學率	
入讀(只限港大、中大、科大)率	
入讀非本地大學率	+

深水埗區

註：+表示學校沒有提供資料；/表示沒有或不適用

保良局唐乃勤初中書院 PLK Tong Nai Kan Junior Secondary College

地址	深水埗美荔道11號
電話	21945707　傳眞　21945718
電郵	plktnkjsc@plktnkjsc.edu.hk
網址	www.plktnkjsc.edu.hk
校長	黃仲奇　創校年份　1997
學校類別	資助　學生性別　男女
宗教背景	沒有
主要教學語言	初中:英文　高中:英文
一條龍小學	/
直屬小學	/
聯繫小學	/

教師專業資歷

教師人數	■編制內:40　■編制外:8
已接受特殊教育培訓教師人數	23　外籍　1
教師年資	■0-4年:9人 ■5-9年:9人 ■10年或以上:30人
教師專業訓練	■認可教師證書/教育文憑:85%
教師資歷	■大學學位:48% ■碩士或以上:52%

21/22學年收生情況

中一生總人數(班數)　+(6)

學位分配百分比　■自行:+　■統一:+

自行收生取錄人數　59　競爭情況　1:3.5　面試名額　+

22/23學年收生要求

收生準則
■教育局成績次第:25%　■學業成績:25%
■面試表現:30%　■課外活動/獎項 20%
■操行必須B或以上

面試內容　溝通技巧/應對；禮儀；體藝才能；中英文能力；數理能力；學習態度

派表日期　2022.01.03-2022.01.17

收表日期　2022.01.03-2022.01.17

自行收生預算學額　59

學校特色

■ 3 pillars of STEM development : Bio-Tech, AI & Robotic Control, Smart Home Smart City
■ Internship & 1-year oversea exchange Opportunities for S3 graduates
■ Gifted Education

21/22學年中一教學語言

全級英文為教學語言科目　不提供

中學文憑試成績（2021年7月畢業生）

33222率	/%
中文科達3級率	/%
英文科達3級率	/%
數學科達2級率	/%
通識科達2級率	/%
人均優良成績	+
入讀本地大專文憑率	+
入讀本地大學率	+
入讀(只限港大、中大、科大)率	+
入讀非本地大學率	+

香港四邑商工總會黃棣珊紀念中學 HKSYCIA Wong Tai Shan Memorial College

地址	深水埗南昌街250號
電話	27788982　傳眞　27773690
電郵	mails@wtsmc.edu.hk
網址	www.wtsmc.edu.hk
校長	趙麗雅　創校年份　1975
學校類別	資助　學生性別　男女
宗教背景	沒有
主要教學語言	初中:英文　高中:英文
一條龍小學	/
直屬小學	/
聯繫小學	香港四邑商工總會新會商會學校

教師專業資歷

教師人數	■編制內:53　■編制外:6
已接受特殊教育培訓教師人數	20　外籍　1
教師年資	■0-4年:16人 ■5-9年:6人 ■10年或以上:37人
教師專業訓練	■認可教師證書/教育文憑:100%
教師資歷	■大學學位:47% ■碩士或以上:53%

21/22學年收生情況

中一生總人數(班數)　129(4)

學位分配百分比　■自行:32%　■統一:68%

自行收生取錄人數　40　競爭情況　+　面試名額　所有申請人

22/23學年收生要求

收生準則　適時於學校網頁公布

面試內容　+

派表日期　2022.01.03-2022.01.17

收表日期　2022.01.03-2022.01.17

自行收生預算學額　40

學校特色

■致力讓學生發揮潛能，培養自學精神，着重解難及分析，達致終身學習
■提倡正向教育，從逆境中學習，珍惜所有，建立關愛校園

21/22學年中一教學語言

全級英文為教學語言科目　英文、歷史、數學、科學、地理、經公、電腦、音樂、視藝、體育

中學文憑試成績（2021年7月畢業生）

33222率	+
中文科達3級率	+
英文科達3級率	+
數學科達2級率	+
通識科達2級率	+
人均優良成績	+
入讀本地大專文憑率	+
入讀本地大學率	+
入讀(只限港大、中大、科大)率	+
入讀非本地大學率	+

滙基書院 United Christian College

地址	大坑東棠蔭街11號
電話	27778344　傳眞　27882116
電郵	ucc-mail@ucc.edu.hk
網址	www.ucc.edu.hk
校長	劉振華　創校年份　1974
學校類別	按額津貼　學生性別　男女
宗教背景	基督教
主要教學語言	初中:中、英　高中:中、英
一條龍小學	/
直屬小學	/
聯繫小學	/

教師專業資歷

教師人數	■編制內:55　■編制外:3
已接受特殊教育培訓教師人數	19　外籍　2
教師年資	■0-4年:14人 ■5-9年:7人 ■10年或以上:37人
教師專業訓練	■認可教師證書/教育文憑:100%
教師資歷	■大學學位:57% ■碩士或以上:43%

21/22學年收生情況

中一生總人數(班數)　134(4)

學位分配百分比　■自行:30%　■統一:70%

自行收生取錄人數　41　競爭情況　1:7.56　面試名額　所有申請人

22/23學年收生要求

收生準則
■教育局成績次第及學業成績:50%
■操行及態度:10%　■面試表現:30%
■獎項及課外活動:10%

面試內容　溝通技巧/應對；禮儀；中英文能力；數理能力；學習態度；家庭生活；應變能力

派表日期　2022.01.03-2022.01.17

收表日期　2022.01.03-2022.01.17

自行收生預算學額　41

學校特色

■學校老師均爲熱心教育的基督徒，深信能以生命影響生命，培育學生成才
■師生關係良好，學生能在和諧友善的氣氛中愉快學習，健康成長
■重視學生品格培育、思維和溝通能力的訓練

21/22學年中一教學語言

全級英文為教學語言科目　英文、數學

中學文憑試成績（2021年7月畢業生）

33222率	+
中文科達3級率	+
英文科達3級率	+
數學科達2級率	+
通識科達2級率	+
人均優良成績	+
入讀本地大專文憑率	+
入讀本地大學率	+
入讀(只限港大、中大、科大)率	+
入讀非本地大學率	+

深水埗區

註:+表示學校沒有提供資料；/表示沒有或不適用

聖公會聖馬利亞堂莫慶堯中學 S.K.H. St. Mary's Church Mok Hing Yiu College

地址	深水埗海麗街1號
電話	25775347　傳真　25775514
電郵	info@smcc.edu.hk
網址	www.smcc.edu.hk
校長	錢群英　創校年份　1963
學校類別	資助　學生性別　男女
宗教背景	基督教
主要教學語言	初中:中、英及普通話　高中:中、英
一條龍小學	/
直屬小學	/
聯繫小學	/

教師專業資歷

教師人數	■編制內：+　■編制外：+
已接受特殊教育培訓教師人數	+　外籍　+
教師年資	+
教師專業訓練	+
教師資歷	+

21/22學年收生情況

中一生總人數(班數)　+（+）
學位分配百分比　　■自行:+　■統一:+
自行收生取錄人數　+　競爭情況　+　面試名額　+

22/23學年收生要求

收生準則　+

面試內容　+

派表日期　+
收表日期　+
自行收生預算學額　+

學校特色

+

21/22學年中一教學語言

全級英文為教學語言科目　不提供

中學文憑試成績（2021年7月畢業生）

33222率	+
中文科達3級率	+
英文科達3級率	+
數學科達2級率	+
通識科達2級率	+
人均優良成績	
入讀本地大專文憑率	
入讀本地大學率	+
入讀(只限港大、中大、科大)率	+
入讀非本地大學率	+

聖母玫瑰書院 Our Lady of the Rosary College

地址	又一村玫瑰街22號
電話	23806468　傳真　23812639
電郵	olr@olr.edu.hk
網址	www2.olr.edu.hk
校長	陳偉超　創校年份　1971
學校類別	資助　學生性別　女
宗教背景	天主教
主要教學語言	初中:英文　高中:英文
一條龍小學	/
直屬小學	/
聯繫小學	/

教師專業資歷

教師人數	■編制內：+　■編制外：+
已接受特殊教育培訓教師人數	+　外籍　+
教師年資	+
教師專業訓練	+
教師資歷	+

21/22學年收生情況

中一生總人數(班數)　+（+）
學位分配百分比　　■自行:+　■統一:+
自行收生取錄人數　+　競爭情況　+　面試名額　+

22/23學年收生要求

收生準則　+

面試內容　+

派表日期　+
收表日期　+
自行收生預算學額　+

學校特色

+

21/22學年中一教學語言

全級英文為教學語言科目　不提供

中學文憑試成績（2021年7月畢業生）

33222率	+
中文科達3級率	+
英文科達3級率	+
數學科達2級率	+
通識科達2級率	+
人均優良成績	
入讀本地大專文憑率	
入讀本地大學率	
入讀(只限港大、中大、科大)率	
入讀非本地大學率	

路德會協同中學 Concordia Lutheran School

地址	大坑東道12號
電話	23808837　傳真　23990143
電郵	mail@cls.edu.hk
網址	www.cls.edu.hk
校長	梁逸恆　創校年份　1953
學校類別	資助　學生性別　男女
宗教背景	基督教
主要教學語言	初中:中、英　高中:中、英
一條龍小學	/
直屬小學	/
聯繫小學	/

教師專業資歷

教師人數	■編制內：+　■編制外：+
已接受特殊教育培訓教師人數	+　外籍　+
教師年資	+
教師專業訓練	+
教師資歷	+

21/22學年收生情況

中一生總人數(班數)　+（+）
學位分配百分比　　■自行:+　■統一:+
自行收生取錄人數　+　競爭情況　+　面試名額　+

22/23學年收生要求

收生準則　+

面試內容　+

派表日期　+
收表日期　+
自行收生預算學額　+

學校特色

+

21/22學年中一教學語言

全級英文為教學語言科目　不提供

中學文憑試成績（2021年7月畢業生）

33222率	+
中文科達3級率	+
英文科達3級率	+
數學科達2級率	+
通識科達2級率	+
人均優良成績	
入讀本地大專文憑率	
入讀本地大學率	
入讀(只限港大、中大、科大)率	
入讀非本地大學率	

深水埗區

註:+表示學校沒有提供資料;/表示沒有或不適用

瑪利諾神父教會學校 Maryknoll Fathers' School

地址	大坑東桃源街2號
電話	27775117　傳眞　27785871
電郵	mail@mfs.edu.hk
網址	www.mfs1.edu.hk
校長	何力生　創校年份　1957
學校類別	資助　學生性別　男女
宗教背景	天主教
主要教學語言	初中:中、英　高中:英文
一條龍小學	
直屬小學	瑪利諾神父教會學校（小學部）
聯繫小學	

教師專業資歷

教師人數	■編制內:52　■編制外:1
已接受特殊教育培訓教師人數　19　外籍　1	
教師年資	■0-4年:30人 ■5-9年:5人 ■10年或以上:18人
教師專業訓練	■認可教師證書/教育文憑:94%
教師資歷	■大學學位:57% ■碩士或以上:43%

21/22學年收生情況

中一生總人數(班數) 132（4）

學位分配百分比　■自行:30%　■統一:70%

自行收生取錄人數　40　競爭情況　1:8.35　面試名額 所有申請人

22/23學年收生要求

收生準則	■學業成績:25%　■教育局成績次第:25% ■面試表現:25%　■課外活動及操行:25%
面試內容	溝通技巧/應對;禮儀;常識;中英文能力; 家庭生活;應變能力
派表日期	2022.01.03-2022.01.17
收表日期	2022.01.03-2022.01.17
自行收生預算學額　40	

學校特色

■培養學生成為積極主動和自我反省的學習者,以應對社會不斷變化的學習模式的需要
■按照天主教價值,加強學生的責任感和能力,以提升學生在對家庭和社會的責任感,建立健康、和平的家庭和社會

21/22學年中一教學語言

全級英文為教學語言科目　英文、科學、綜合人文

中學文憑試成績（2021年7月畢業生）

33222率	+
中文科達3級率	+
英文科達3級率	+
數學科達2級率	+
通識科達2級率	+
人均優良成績	+
入讀本地大專文憑率	+
入讀本地大學率	+
入讀(只限港大、中大、科大)率	+
入讀非本地大學率	+

廠商會中學 CMA Secondary School

地址	南昌街298號
電話	27796851　傳眞　27884434
電郵	school@cmass.edu.hk
網址	www.cmass.edu.hk
校長	周修略　創校年份　1976
學校類別	資助　學生性別　男女
宗教背景	沒有
主要教學語言	初中:中文　高中:中文
一條龍小學	/
直屬小學	/
聯繫小學	/

教師專業資歷

教師人數	■編制內:64　■編制外:3
已接受特殊教育培訓教師人數　18　外籍　1	
教師年資	■0-4年:19人 ■5-9年:8人 ■10年或以上:37人
教師專業訓練	■認可教師證書/教育文憑:92%
教師資歷	■大學學位:44% ■碩士或以上:56%

21/22學年收生情況

中一生總人數(班數) 128（4）

學位分配百分比　■自行:7%　■統一:93%

自行收生取錄人數　+　競爭情況　+　面試名額 所有申請人

22/23學年收生要求

收生準則	■教育局成績次第:30%　■課外活動:20% ■操行及態度:20%　■面試表現:30%
面試內容	溝通技巧/應對;中英文能力;學習態度
派表日期	2022.01.03
收表日期	2022.01.17
自行收生預算學額　40	

學校特色

■學生品行優良,師生關係良好,活動多元化,科技活動屢獲獎項

21/22學年中一教學語言

全級英文為教學語言科目　不提供

中學文憑試成績（2021年7月畢業生）

33222率	+
中文科達3級率	+
英文科達3級率	+
數學科達2級率	69%
通識科達2級率	83%
人均優良成績	+
入讀本地大專文憑率	+
入讀本地大學率	+
入讀(只限港大、中大、科大)率	+
入讀非本地大學率	+

德貞女子中學 Tack Ching Girls' Secondary School

地址	興華街西九號
電話	27293211　傳眞　27251779
電郵	tcgss@tackching.edu.hk
網址	www.tackching.edu.hk
校長	許燕姍　創校年份　1923
學校類別	資助　學生性別　女
宗教背景	天主教
主要教學語言	初中:中、英及普通話　高中:中、英
一條龍小學	/
直屬小學	/
聯繫小學	/

教師專業資歷

教師人數	■編制內:70　■編制外:6
已接受特殊教育培訓教師人數　36　外籍　2	
教師年資	■0-4年:10人 ■5-9年:7人 ■10年或以上:59人
教師專業訓練	■認可教師證書/教育文憑:99%
教師資歷	■大學學位:29% ■碩士或以上:71%

21/22學年收生情況

中一生總人數(班數) 160（5）

學位分配百分比　■自行:30%　■統一:70%

自行收生取錄人數　51　競爭情況　+　面試名額 所有申請人

22/23學年收生要求

收生準則	■學業成績:50%　■獎項:5% ■課外活動:5%　■操行及態度:10% ■面試表現:30%
面試內容	溝通技巧/應對;禮儀;中英文能力;學習態度
派表日期	2022.01.03-2022.01.17
收表日期	2022.01.03-2022.01.17
自行收生預算學額　51	

學校特色

■本校以「禮、義、廉、恥」為校訓,讓學校成為一個融合有序的校園
■校風淳樸,注重關愛,亦十分重視學生的全人教育
■培養學生積極及正確的人生觀

21/22學年中一教學語言

全級英文為教學語言科目　英文

中學文憑試成績（2021年7月畢業生）

33222率	+
中文科達3級率	+
英文科達3級率	+
數學科達2級率	+
通識科達2級率	+
人均優良成績	+
入讀本地大專文憑率	+
入讀本地大學率	+
入讀(只限港大、中大、科大)率	+
入讀非本地大學率	+

深水埗區

註:+表示學校沒有提供資料;/表示沒有或不適用

德雅中學 Tak Nga Secondary School

地址　九龍塘又一村達之路18號
電話　23803788　　傳眞　27871917
電郵　tnss@taknga.edu.hk
網址　www.taknga.edu.hk
校長　張嘉慧　　創校年份　1962
學校類別　資助　學生性別　女
宗教背景　天主教
主要教學語言　初中:英文　高中:英文
一條龍小學　/
直屬小學　/
聯繫小學　/

教師專業資歷
教師人數　■編制內:52　　■編制外:5
已接受特殊教育培訓教師人數　8　外籍　1
教師年資
　■0-4年:17人
　■5-9年:9人
　■10年或以上:31人
教師專業訓練　■認可教師證書/教育文憑:95%
教師資歷　■大學學位:65%　■碩士或以上:35%

21/22學年收生情況
中一生總人數(班數)　132 (4)
學位分配百分比　■自行:30%　■統一:70%
自行收生取錄人數　40　競爭情況　+　面試名額　所有申請人

22/23學年收生要求
收生準則
■教育局成績次第:30%　■學業成績:10%
■課外活動:5%　■操行及態度:10%
■面試表現:45%

面試內容　溝通技巧/應對;禮儀;中英文能力

派表日期　2021.12.04-2022.01.17
收表日期　2022.01.03-2022.01.17
自行收生預算學額　40

學校特色
■採用教育家聖若望鮑思高的預防教育法,以理智、宗教、仁愛薰陶學生
■照顧學生學習的多樣性,制定拔尖、補底和提中策略
■重視學生的生涯規劃,協助學生了解自己,訂立目標

21/22學年中一教學語言
全級英文為教學語言科目　英文、英語文學、數學、科學

中學文憑試成績（2021年7月畢業生）
33222率	66.7%
中文科達3級率	79.6%
英文科達3級率	77.8%
數學科達2級率	97%
通識科達2級率	100%
人均優良成績	+
入讀本地大專文憑率	21.43%
入讀本地大學率	63.3%
入讀(只限港大、中大、科大)率	+
入讀非本地大學率	10.2%

寶血會上智英文書院 Holy Trinity College

地址　石硤尾偉智街3號
電話　27793220　　傳眞　27789273
電郵　info@htc.edu.hk
網址　www.htc.edu.hk
校長　馮鄭惠儀　　創校年份　1966
學校類別　資助　學生性別　女
宗教背景　天主教
主要教學語言　初中:英文　高中:英文
一條龍小學　/
直屬小學　/
聯繫小學　/

教師專業資歷
教師人數　■編制內:+　■編制外:+
已接受特殊教育培訓教師人數　+　外籍　+
教師年資　+
教師專業訓練　+
教師資歷　+

21/22學年收生情況
中一生總人數(班數)　+ (+)
學位分配百分比　■自行:+　■統一:+
自行收生取錄人數　+　競爭情況　+　面試名額　+

22/23學年收生要求
收生準則　+

面試內容　+

派表日期　+
收表日期　+
自行收生預算學額　+

學校特色
+

21/22學年中一教學語言
全級英文為教學語言科目　不提供

中學文憑試成績（2021年7月畢業生）
33222率	+
中文科達3級率	+
英文科達3級率	+
數學科達2級率	+
通識科達2級率	+
人均優良成績	+
入讀本地大專文憑率	+
入讀本地大學率	+
入讀(只限港大、中大、科大)率	+
入讀非本地大學率	+

中華基督教會扶輪中學 CCC Rotary Secondary School

地址　橫頭磡龍翔道157號
電話　23381971　　傳眞　23383748
電郵　info@rotary.edu.hk
網址　www.rotary.edu.hk
校長　薛昌華　　創校年份　1972
學校類別　資助　學生性別　男女
宗教背景　基督教
主要教學語言　初中:中文　高中:中文
一條龍小學　/
直屬小學　/
聯繫小學　/

教師專業資歷
教師人數　■編制內:49　　■編制外:1
已接受特殊教育培訓教師人數　30　外籍　1
教師年資
　■0-4年:6人
　■5-9年:4人
　■10年或以上:40人
教師專業訓練　■認可教師證書/教育文憑:100%
教師資歷　■大學學位:46%　■碩士或以上:48%

註:教師年資只計算編制內教師人數

21/22學年收生情況
中一生總人數(班數)　74 (3)
學位分配百分比　■自行:30%　■統一:70%
自行收生取錄人數　30　競爭情況　+　面試名額　所有申請人

22/23學年收生要求
收生準則
■學業成績:30%　■課外活動:20%
■操行及態度:30%
■面試(包括STEAM創意表現):20%

面試內容　溝通技巧/應對;禮儀;常識;體藝才能;中英文能力;數理能力;學習態度;家庭生活;應變能力;創意及解難能力

派表日期　2022.01.03-2022.01.17
收表日期　2022.01.03-2022.01.17
自行收生預算學額　30

學校特色
■榮獲2019年度國際啟發潛能教育學校大獎
■透過每天的多元學習節及課後活動啟發同學潛能及發展多元智能
■透過特色課程及多元化學習經歷,培育學生正向價值觀和態度

21/22學年中一教學語言
全級英文為教學語言科目　英文

中學文憑試成績（2021年7月畢業生）
33222率	+
中文科達3級率	+
英文科達3級率	+
數學科達2級率	+
通識科達2級率	+
人均優良成績	+
入讀本地大專文憑率	+
入讀本地大學率	+
入讀(只限港大、中大、科大)率	+
入讀非本地大學率	+

深水埗區、黃大仙區

註:+表示學校沒有提供資料;/表示沒有或不適用

中華基督教會協和書院 CCC Heep Woh College

地址	慈雲山蒲崗村道171號
電話	23234265　傳眞　23233258
電郵	info@ccchwc.edu.hk
網址	www.ccchwc.edu.hk
校長	朱啟榮　創校年份　1970
學校類別	資助　學生性別　男女
宗教背景	基督教
主要教學語言	初中:英文　高中:英文
一條龍小學	/
直屬小學	/
聯繫小學	/

教師專業資歷

教師人數	■編制內：57　■編制外：6
已接受特殊教育培訓教師人數	21　外籍　1
教師年資	■0–4年：6人 ■5–9年：8人 ■10年或以上：49人
教師專業訓練	■認可教師證書/教育文憑:97%
教師資歷	■大學學位:33% ■碩士或以上:67%

21/22學年收生情況

中一生總人數(班數) 127 (4)
學位分配百分比　■自行:30%　■統一:70%
自行收生取錄人數　40　競爭情況　1：12　面試名額　360

22/23學年收生要求

收生準則	■面試表現：35%　■操行乙級或以上 ■學業表現（參考教育局提供的「申請學生成績次第名單」、小五及小六校內成績）：50% ■課外活動、校內及校外獎項/成就：15%
面試內容	溝通技巧/應對；禮儀；常識；中英文能力；學習態度；家庭生活；應變能力
派表日期	2022.01.03–2022.01.17
收表日期	2022.01.03–2022.01.17
自行收生預算學額	50

學校特色

■以言教身教傳承彼此關愛、互相尊重的校園文化
■以「逆境自強」爲學年主題
■提供不同交流機會，讓學生放眼世界達致全人發展目標

21/22學年中一教學語言

全級英文為教學語言科目	英文、歷史、數學、科學、地理、電腦、音樂、視藝、體育、宗教

中學文憑試成績（2021年7月畢業生）

33222率	+
中文科達3級率	+
英文科達3級率	+
數學科達2級率	+
通識科達2級率	+
人均優良成績	
入讀本地大專文憑率	
入讀本地大學率	
入讀(只限港大、中大、科大)率	+
入讀非本地大學率	

中華基督教會基協中學 CCC Kei Heep Secondary School

地址	黃大仙東頭村道161號
電話	23204557　傳眞　23251715
電郵	email@keiheep.edu.hk
網址	https://www2.keiheep.edu.hk
校長	羅裕安　創校年份　1963
學校類別	資助　學生性別　男女
宗教背景	基督教
主要教學語言	初中:中文　高中:中文
一條龍小學	/
直屬小學	/
聯繫小學	/

教師專業資歷

教師人數	■編制內：43　■編制外：11
已接受特殊教育培訓教師人數	23　外籍　1
教師年資	■0–4年：13人 ■5–9年：6人 ■10年或以上：35人
教師專業訓練	■認可教師證書/教育文憑:93%
教師資歷	■大學學位:54% ■碩士或以上:46%

21/22學年收生情況

中一生總人數(班數)　+ (3)
學位分配百分比　■自行:+　■統一:+
自行收生取錄人數　+　競爭情況　+　面試名額　+

22/23學年收生要求

收生準則	■學業成績：20%　■課外活動：20% ■操行及態度：20%　■面試表現：40% ■如因疫情而未能進行面試，面試則會取消，收生比重改爲：學業成績35%、操行紀律35%、課外活動30%
面試內容	溝通技巧/應對；禮儀；中英文能力；學習態度；家庭生活
派表日期	2022.01.03–2022.01.17
收表日期	2022.01.03–2022.01.17
自行收生預算學額	+

學校特色

■正向教育：中一至中五各級有不同的服務學習活動培養正向價值觀
■生涯規劃：六年一貫課程，老師個別輔導支援，尋找生涯發展方向
■適異課程：與大學及教育局保持交流與協作，持續改善和革新課程

21/22學年中一教學語言

全級英文為教學語言科目	英文

中學文憑試成績（2021年7月畢業生）

33222率	+
中文科達3級率	+
英文科達3級率	+
數學科達2級率	+
通識科達2級率	+
人均優良成績	
入讀本地大專文憑率	
入讀本地大學率	
入讀(只限港大、中大、科大)率	
入讀非本地大學率	

五旬節聖潔會永光書院 PHC Wing Kwong College

地址	橫頭磡龍翔道155號
電話	23370137　傳眞　23363142
電郵	webmaster@wingkwong.edu.hk
網址	www.wingkwong.edu.hk
校長	郭文坤　創校年份　1973
學校類別	資助　學生性別　男女
宗教背景	基督教
主要教學語言	初中:中文　高中:中文
一條龍小學	/
直屬小學	/
聯繫小學	/

教師專業資歷

教師人數	■編制內：+　■編制外：+
已接受特殊教育培訓教師人數	+　外籍　+
教師年資	+
教師專業訓練	+
教師資歷	+

21/22學年收生情況

中一生總人數(班數)　+ (+)
學位分配百分比　■自行:+　■統一:+
自行收生取錄人數　+　競爭情況　+　面試名額　+

22/23學年收生要求

收生準則	+
面試內容	
派表日期	+
收表日期	+
自行收生預算學額	+

學校特色

+

21/22學年中一教學語言

全級英文為教學語言科目	不提供

中學文憑試成績（2021年7月畢業生）

33222率	+
中文科達3級率	+
英文科達3級率	+
數學科達2級率	+
通識科達2級率	+
人均優良成績	+
入讀本地大專文憑率	+
入讀本地大學率	+
入讀(只限港大、中大、科大)率	+
入讀非本地大學率	+

黃大仙區

註：+表示學校沒有提供資料；/表示沒有或不適用

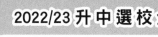

天主教伍華中學 Ng Wah Catholic Secondary School

地址	新蒲崗彩虹道5號
電話	23838077　傳真　27182543
電郵	school@ngwahsec.edu.hk
網址	www.ngwahsec.edu.hk
校長	李宛儀　創校年份　1965
學校類別	資助　學生性別　男女
宗教背景	天主教
主要教學語言	初中:中、英　高中:中、英
一條龍小學	/
直屬小學	天主教伍華小學
聯繫小學	/

教師專業資歷

教師人數	■編制內:60　■編制外:3
已接受特殊教育培訓教師人數	26　外籍　1
教師年資	■0-4年:7人 ■5-9年:0人 ■10年或以上:53人
教師專業訓練	■認可教師證書/教育文憑:94%
教師資歷	■大學學位:41% ■碩士或以上:59%

註:教師年資只計算編制內教師人數;2021/22學年學位分配百分比不包括一條龍小學學生

21/22學年收生情況

中一生總人數(班數)　107 (4)

學位分配百分比　　■自行:30%　■統一:70%

自行收生取錄人數　40　競爭情況　1:1.90　面試名額　所有申請人

22/23學年收生要求

收生準則　■教育局成績次第:35%

面試內容　溝通技巧/應對;禮儀;常識;中英文能力;家庭生活

派表日期　2021.12.03-2022.01.17
收表日期　2022.01.03-2022.01.17
自行收生預算學額　40

學校特色

■透過學校不同的學習經歷,培養學生責任感和積極的人生觀
■優化電子學習策略及推動創科教育,提升學生自主學習及創意思維能力

21/22學年中一教學語言

全級英文為教學語言科目　英文、按班別訂定教學語言的科目為:綜合科學、數學

中學文憑試成績
(2021年7月畢業生)

33222率	+
中文科達3級率	+
英文科達3級率	+
數學科達2級率	+
通識科達2級率	+
人均優良成績	+
入讀本地大專文憑率	+
入讀本地大學率	+
入讀(只限港大、中大、科大)率	+
入讀非本地大學率	+

文理書院（九龍） Cognitio College (Kowloon)

地址	沐虹街6號
電話	23231741　傳真　23255465
電郵	cckmail@cckln.edu.hk
網址	www.cckln.edu.hk
校長	談國軒　創校年份　1962
學校類別	資助　學生性別　男女
宗教背景	沒有
主要教學語言	初中:中、英　高中:英文
一條龍小學	/
直屬小學	/
聯繫小學	/

教師專業資歷

教師人數	■編制內:+　■編制外:+
已接受特殊教育培訓教師人數	+　外籍　+
教師年資	+
教師專業訓練	+
教師資歷	+

21/22學年收生情況

中一生總人數(班數)　+ (+)

學位分配百分比　　■自行:+　■統一:+

自行收生取錄人數　+　競爭情況　+　面試名額　+

22/23學年收生要求

收生準則　+

面試內容　+

派表日期
收表日期
自行收生預算學額　+

學校特色

+

21/22學年中一教學語言

全級英文為教學語言科目　不提供

中學文憑試成績
(2021年7月畢業生)

33222率	+
中文科達3級率	+
英文科達3級率	+
數學科達2級率	+
通識科達2級率	+
人均優良成績	+
入讀本地大專文憑率	+
入讀本地大學率	+
入讀(只限港大、中大、科大)率	+
入讀非本地大學率	+

可立中學（嗇色園主辦） Ho Lap College (Sponsored By the SSY)

地址	新蒲崗爵祿街15號
電話	23222229　傳真　23202414
電郵	hlc-mail@holap.edu.hk
網址	http://www.holap.edu.hk
校長	彭惠蘭　創校年份　1969
學校類別	資助　學生性別　男女
宗教背景	儒釋道
主要教學語言	初中:英文　高中:英文
一條龍小學	/
直屬小學	/
聯繫小學	/

教師專業資歷

教師人數	■編制內:53　■編制外:4
已接受特殊教育培訓教師人數	5　外籍　2
教師年資	■0-4年:5人 ■5-9年:3人 ■10年或以上:49人
教師專業訓練	■認可教師證書/教育文憑:100%
教師資歷	■大學學位:50% ■碩士或以上:50%

21/22學年收生情況

中一生總人數(班數)　132 (4)

學位分配百分比　　■自行:30%　■統一:70%

自行收生取錄人數　+　競爭情況　+　面試名額　+

22/23學年收生要求

收生準則　■學業成績:40%　■操行及態度:15%
　　　　　■面試表現:25%　■活動表現:15%
　　　　　■與本校/辦學團體的關係:5%

面試內容　+

派表日期　2021.11.20-2022.01.17
收表日期　2022.01.03-2022.01.17
自行收生預算學額　40

學校特色

■裝備學生成為21世紀的主動學習者
■在關愛及豐盛的校園中培養學生自我實現
■建立專業學習社群,提升教師專業能量

21/22學年中一教學語言

全級英文為教學語言科目　英文、歷史、數學、科學、地理、電腦、音樂、視藝、體育、家政、生活與社會、科學(中一至中二)、生物(中三)、化學(中三)、物理(中三)

中學文憑試成績
(2021年7月畢業生)

33222率	+
中文科達3級率	+
英文科達3級率	+
數學科達2級率	+
通識科達2級率	+
人均優良成績	+
入讀本地大專文憑率	+
入讀本地大學率	+
入讀(只限港大、中大、科大)率	+
入讀非本地大學率	+

註:+表示學校沒有提供資料;/表示沒有或不適用

佛教孔仙洲紀念中學 Buddhist Hung Sean Chau Memorial College

地址	斧山平定道10號
電話	23226915　　傳眞　23513614
電郵	info@bhscmc.edu.hk
網址	www.bhscmc.edu.hk
校長	莫仲輝　　創校年份　1982
學校類別	資助　　學生性別　男女
宗教背景	佛教
主要教學語言	初中:中文　高中:中、英
一條龍小學	/
直屬小學	/
聯繫小學	/

教師專業資歷

教師人數	■編制內:55　　■編制外:2
已接受特殊教育培訓教師人數	19　外籍　1
教師年資	■0-4年:7人 ■5-9年:4人 ■10年或以上:46人
教師專業訓練	■認可教師證書/教育文憑:100%
教師資歷	■大學學位:67% ■碩士或以上:33%

21/22學年收生情況

中一生總人數(班數) 125 (4)

學位分配百分比　■自行:30%　■統一:70%

自行收生取錄人數　+　競爭情況　+　面試名額　所有申請人

22/23學年收生要求

收生準則	■教育局成績次第:60% ■非學業表現(例如:課外活動、面試表現、獎項、操行等)40%
面試內容	+
派表日期	2021.12.02-2022.01.17
收表日期	2022.01.03-2022.01.17
自行收生預算學額	40

學校特色

+

21/22學年中一教學語言

全級英文為教學語言科目　不提供

中學文憑試成績（2021年7月畢業生）

33222率	+
中文科達3級率	+
英文科達3級率	+
數學科達2級率	+
通識科達2級率	+
人均優良成績	+
入讀本地大專文憑率	+
入讀本地大學率	+
入讀(只限港大、中大、科大)率	+
入讀非本地大學率	+

佛教志蓮中學 Chi Lin Buddhist Secondary School

地址	鑽石山志蓮道9號
電話	23218511　　傳眞　23212776
電郵	admin@clbss.edu.hk
網址	www.clbss.edu.hk
校長	伍日明　　創校年份　1998
學校類別	資助　　學生性別　男女
宗教背景	佛教
主要教學語言	初中:中文　高中:中文
一條龍小學	/
直屬小學	/
聯繫小學	/

教師專業資歷

教師人數	■編制內:50　　■編制外:2
已接受特殊教育培訓教師人數	42　外籍　3
教師年資	■0-4年:11人 ■5-9年:8人 ■10年或以上:33人
教師專業訓練	■認可教師證書/教育文憑:94%
教師資歷	■大學學位:45% ■碩士或以上:55%

註:教師年資只計算編制內教師人數

21/22學年收生情況

中一生總人數(班數) 53 (3)

學位分配百分比　■自行:74%　■統一:26%

自行收生取錄人數　+　競爭情況　+　面試名額　所有申請人

22/23學年收生要求

收生準則	■操行及態度:15%　■面試表現:50% ■30%學習困難程度(例如評估報告)及學生成績
面試內容	表達能力、溝通技巧、理解能力、思考判斷等
派表日期	2022.01.03-2022.01.17
收表日期	2022.01.03-2022.01.17
自行收生預算學額	+

學校特色

■以主流中學編制提供特色課程,服務有特殊教育需要的學生
■施行小班(8-20人)教學,中、英、數等科目按學生能力分組上課
■高中開設資歷架構選修科目,中六同學畢業前須參加3周工作實習

21/22學年中一教學語言

全級英文為教學語言科目　英文

中學文憑試成績（2021年7月畢業生）

33222率	/%
中文科達3級率	/%
英文科達3級率	/%
數學科達2級率	/%
通識科達2級率	/%
人均優良成績	+
入讀本地大專文憑率	0%
入讀本地大學率	0%
入讀(只限港大、中大、科大)率	0%
入讀非本地大學率	+

李求恩紀念中學 Lee Kau Yan Memorial School

地址	太子道東596號
電話	23834815　　傳眞　27185334
電郵	general@gs.lkyms.edu.hk
網址	www.lkyms.edu.hk
校長	徐曉琦署任校長　　創校年份　1964
學校類別	資助　　學生性別　男女
宗教背景	基督教
主要教學語言	初中:中、英及普通話　高中:中、英
一條龍小學	/
直屬小學	/
聯繫小學	/

教師專業資歷

教師人數	■編制內:55　　■編制外:9
已接受特殊教育培訓教師人數	18　外籍　4
教師年資	■0-4年:18人 ■5-9年:6人 ■10年或以上:40人
教師專業訓練	■認可教師證書/教育文憑:92%
教師資歷	■大學學位:58% ■碩士或以上:42%

21/22學年收生情況

中一生總人數(班數) 122 (4)

學位分配百分比　■自行:30%　■統一:70%

自行收生取錄人數　40　競爭情況　+　面試名額　+

22/23學年收生要求

收生準則	■學業成績:50%　■課外活動:10% ■面試表現:20%　■操行及態度:20%
面試內容	溝通技巧/應對;禮儀;常識;體藝才能;應變能力; 中英文能力;數理能力;學習態度;家庭生活
派表日期	+
收表日期	+
自行收生預算學額	40

學校特色

■重視英語學習,爲學生創設不同學習英語的機會
■以基督的愛作中心,爲學生提供基督化教育,建立正確人生觀
■設有STEAM教育小組,透過不同的課程和活動啟發學生創新思維和解難能力

21/22學年中一教學語言

全級英文為教學語言科目　英文、語言藝術(英文)

中學文憑試成績（2021年7月畢業生）

33222率	+
中文科達3級率	+
英文科達3級率	+
數學科達2級率	+
通識科達2級率	+
人均優良成績	+
入讀本地大專文憑率	+
入讀本地大學率	+
入讀(只限港大、中大、科大)率	+
入讀非本地大學率	+

黃大仙區

註:+表示學校沒有提供資料;/表示沒有或不適用

保良局何蔭棠中學 PLK Celine Ho Yam Tong College

地址　黃大仙蒲崗村道176號學校村
電話　26269930　　傳真　26269339
電郵　info@plkchc.edu.hk
網址　www.plkchc.edu.hk
校長　勞國樑　　創校年份　2001
學校類別　資助　學生性別　男女
宗教背景　沒有
主要教學語言　初中：英文　高中：英文
一條龍小學　/
直屬小學　/
聯繫小學　/

教師專業資歷

教師人數　■編制內：+　■編制外：+
已接受特殊教育培訓教師人數　+　外籍　+

教師年資　+

教師專業訓練　+

教師資歷　+

21/22學年收生情況

中一生總人數(班數)　+（+）
學位分配百分比　■自行：+　■統一：+
自行收生取錄人數　+　競爭情況　+　面試名額　+

22/23學年收生要求

收生準則　+

面試內容　+

派表日期　
收表日期　
自行收生預算學額　+

學校特色

+

21/22學年中一教學語言

全級英文為教學語言科目　不提供

中學文憑試成績
（2021年7月畢業生）

33222率	+
中文科達3級率	+
英文科達3級率	+
數學科達2級率	+
通識科達2級率	+
人均優良成績	+
入讀本地大專文憑率	+
入讀本地大學率	+
入讀(只限港大、中大、科大)率	+
入讀非本地大學率	+

保良局第一張永慶中學 PLK No.1 W.H. Cheung College

地址　慈雲山蒲崗村道173號
電話　23212167　　傳真　23284301
電郵　plkno1@eservices.hkedcity.net
網址　www.plkno1.edu.hk
校長　周楚成　　創校年份　1971
學校類別　資助　學生性別　男女
宗教背景　沒有
主要教學語言　初中：英文　高中：英文
一條龍小學　/
直屬小學　/
聯繫小學　保良局錦泰小學、保良局何壽南小學、保良局陳南昌夫人小學

教師專業資歷

教師人數　■編制內：63　■編制外：0
已接受特殊教育培訓教師人數　21　外籍　1

教師年資　■0-4年：9人
　　　　　■5-9年：8人
　　　　　■10年或以上：46人

教師專業訓練　■認可教師證書/教育文憑：100%

教師資歷　■大學學位：46%
　　　　　■碩士或以上：54%

註：教師年資只計算編制內教師人數

21/22學年收生情況

中一生總人數(班數)　161（5）
學位分配百分比　■自行：30%　■統一：70%
自行收生取錄人數　50　競爭情況　1：6.20　面試名額　+

22/23學年收生要求

收生準則　■課外活動：10%　■操行及態度：10%
　　　　　■面試表現：30%
　　　　　■學業成績（教育局成績次第、獎項）：50%

面試內容　溝通技巧/應對；禮儀；常識；體藝才能；應變能力；中英文能力；數理能力；學習態度；家庭生活；

派表日期　2021.12.20-2022.01.17
收表日期　2022.01.03-2022.01.17
自行收生預算學額　50

學校特色

■提倡優質教育，學與教以雙向互動為主
■教學活動多元化，培養學生具有綜合發展和應用共通能力
■鼓勵閱讀，培養學生會學習，成為獨立和自主的學習者

21/22學年中一教學語言

全級英文為教學語言科目　英文、歷史、數學、科學、地理、電腦、音樂、視藝、體育、家政、生活與社會

中學文憑試成績
（2021年7月畢業生）

33222率	91.6%
中文科達3級率	93%
英文科達3級率	100%
數學科達2級率	100%
通識科達2級率	99.3%
人均優良成績	1.94
入讀本地大專文憑率	12.6%
入讀本地大學率	82.5%
入讀(只限港大、中大、科大)率	39.9%
入讀非本地大學率	3.5%

香港神託會培敦中學 Stewards Pooi Tun Secondary School

地址　鑽石山斧山道162號
電話　23265211　　傳真　23201344
電郵　info@pooitun.edu.hk
網址　www.pooitun.edu.hk
校長　林佩儀　　創校年份　1974
學校類別　資助　學生性別　男女
宗教背景　基督教
主要教學語言　初中：中、英　高中：中、英
一條龍小學　/
直屬小學　/
聯繫小學　/

教師專業資歷

教師人數　■編制內：57　■編制外：4
已接受特殊教育培訓教師人數　15　外籍　1

教師年資　■0-4年：2人
　　　　　■5-9年：11人
　　　　　■10年或以上：44人

教師專業訓練　■認可教師證書/教育文憑：98%

教師資歷　■大學學位：41%
　　　　　■碩士或以上：59%

註：教師年資只計算編制內教師人數

21/22學年收生情況

中一生總人數(班數)　122（4）
學位分配百分比　■自行：30%　■統一：70%
自行收生取錄人數　40　競爭情況　1：7.68　面試名額　所有申請人

22/23學年收生要求

收生準則　■課外活動：15%　■學業成績：50%
　　　　　■面試表現：15%　■操行及態度：20%

面試內容　溝通技巧/應對；禮儀；常識；中英文能力；學習態度；家庭生活；應變能力

派表日期　2022.01.03-2022.01.17
收表日期　2022.01.03-2022.01.17
自行收生預算學額　40

學校特色

■透過正確價值內化、人格培養及靈性提升，培育道德生命
■以校本課程為經、互動教學模式為緯，訓練高階思維及主動學習
■提供多種活動、境外交流考察及戶外學習，擴展學生視野，豐富人生

21/22學年中一教學語言

全級英文為教學語言科目　英文、數學、科學

中學文憑試成績
（2021年7月畢業生）

33222率	+
中文科達3級率	+
英文科達3級率	+
數學科達2級率	+
通識科達2級率	+
人均優良成績	+
入讀本地大專文憑率	+
入讀本地大學率	+
入讀(只限港大、中大、科大)率	+
入讀非本地大學率	+

黃大仙區

註：+表示學校沒有提供資料；/表示沒有或不適用

彩虹邨天主教英文中學 Choi Hung Estate Catholic Secondary School

地址	彩虹邨紫葳路1號
電話	23203594　傳真　23256405
電郵	enquiry@choihung.edu.hk
網址	www.choihung.edu.hk
校長	何家欣　創校年份　1965
學校類別	資助　學生性別　男
宗教背景	天主教
主要教學語言	初中:中、英　高中:中、英
一條龍小學	/
直屬小學	/
聯繫小學	/

教師專業資歷

教師人數	■編制內:59　　■編制外:2
已接受特殊教育培訓教師人數	22　外籍　1
教師年資	■0-4年:3人　■5-9年:11人　■10年或以上:45人
教師專業訓練	■認可教師證書/教育文憑:98%
教師資歷	■大學學位:48%　■碩士或以上:52%

註：教師年資只計算編制內教師人數

21/22學年收生情況

中一生總人數(班數)　129 (4)

學位分配百分比　■自行:30%　■統一:70%

自行收生取錄人數　40　競爭情況　+　面試名額　所有申請人

22/23學年收生要求

收生準則	■教育局成績次第:30%　■學業成績:10%　■面試表現:40%　■獎項:10%　■操行及態度:10%
面試內容	溝通技巧/應對；禮儀；常識；體藝才能；應變能力；中英文能力；數理能力；學習態度；家庭生活
派表日期	2022.01.03-2022.01.17
收表日期	2022.01.03-2022.01.17
自行收生預算學額	40

學校特色

■透過電子教學及多元化策略，深化學生終身自學素質及學習動機與興趣
■透過STEM教育的跨科合作，提升學生綜合應用跨科知識及創新開拓精神
■重視價值觀教育和提供多元及均衡的學習經歷，營造自愛互愛校園文化

21/22學年中一教學語言

全級英文為教學語言科目　英文

中學文憑試成績（2021年7月畢業生）

33222率	+
中文科達3級率	+
英文科達3級率	+
數學科達2級率	+
通識科達2級率	+
人均優良成績	+
入讀本地大專文憑率	+
入讀本地大學率	+
入讀(只限港大、中大、科大)率	+
入讀非本地大學率	+

救世軍卜維廉中學 The Salvation Army William Booth Secondary School

地址	慈雲山毓華街100號
電話	23269068　傳真　23280052
電郵	wbss@hkm.salvationarmy.org
網址	www.wbss.edu.hk
校長	洪楚英　創校年份　1973
學校類別	資助　學生性別　男女
宗教背景	基督教
主要教學語言	初中:中、英及普通話　高中:中、英及普通話
一條龍小學	/
直屬小學	/
聯繫小學	/

教師專業資歷

教師人數	■編制內:45　　■編制外:7
已接受特殊教育培訓教師人數	10　外籍　1
教師年資	■0-4年:11.5人　■5-9年:4人　■10年或以上:30.5人
教師專業訓練	■認可教師證書/教育文憑:93%
教師資歷	■大學學位:50%　■碩士或以上:48%

21/22學年收生情況

中一生總人數(班數)　80 (4)

學位分配百分比　■自行:30%　■統一:70%

自行收生取錄人數　30　競爭情況　+　面試名額　所有申請人

22/23學年收生要求

收生準則	■教育局成績次第:15%　■課外活動:20%　■學業成績:15%　■操行及態度:30%　■面試表現:20%
面試內容	溝通技巧/應對；禮儀；常識；體藝才能；應變能力；中英文能力；數理能力；學習態度；家庭生活
派表日期	2022.01.03-2022.01.17
收表日期	2022.01.03-2022.01.17
自行收生預算學額	30

學校特色

■中英文科實施小班分流教學，初中校本STEAM，高中職業英語課程
■着重生涯規劃、職業專才教育及應用學習課程，照顧同學的身心發展
■全方位學習如歷奇、外展訓練和新地單車學院等，促進學生全人發展

21/22學年中一教學語言

全級英文為教學語言科目　英文

中學文憑試成績（2021年7月畢業生）

33222率	+
中文科達3級率	+
英文科達3級率	+
數學科達2級率	+
通識科達2級率	+
人均優良成績	+
入讀本地大專文憑率	+
入讀本地大學率	+
入讀(只限港大、中大、科大)率	+
入讀非本地大學率	+

聖公會聖本德中學 SKH St Benedict's School

地址	彩虹邨藍鐘路11號
電話	23200011　傳真　23204470
電郵	info@skhsbs.edu.hk
網址	www.skhsbs.edu.hk
校長	鄭銘強　創校年份　1965
學校類別	資助　學生性別　男女
宗教背景	基督教
主要教學語言	初中:中文　高中:中文
一條龍小學	/
直屬小學	/
聯繫小學	/

教師專業資歷

教師人數	■編制內:47.5　　■編制外:3.2
已接受特殊教育培訓教師人數	15　外籍　1
教師年資	■0-4年:0人　■5-9年:1人　■10年或以上:47人
教師專業訓練	■認可教師證書/教育文憑:100%
教師資歷	■大學學位:47%　■碩士或以上:53%

註：2021/22學年學位分配百分比不包括一條龍小學學生

21/22學年收生情況

中一生總人數(班數)　78 (3)

學位分配百分比　■自行:30%　■統一:70%

自行收生取錄人數　30　競爭情況　1:1.83　面試名額　所有申請人

22/23學年收生要求

收生準則	■學業成績:30%　■課外活動:10%　■操行及態度:20%　■面試表現:40%
面試內容	溝通技巧/應對；禮儀；常識；中英文能力；數理能力；應變能力
派表日期	2022.01.03-2022.01.17
收表日期	2022.01.03-2022.01.17
自行收生預算學額	30

學校特色

■各學科建立內容豐富的網上學習平台，以提升學生的學習效能
■籌辦大量境外交流活動以豐富學生的學習經歷
■設計校本的品德及公民教育課程和生涯規劃課程，強化學生正確的價值觀，協助學生及早制定自己的發展方向

21/22學年中一教學語言

全級英文為教學語言科目　英文

中學文憑試成績（2021年7月畢業生）

33222率	+
中文科達3級率	+
英文科達3級率	+
數學科達2級率	+
通識科達2級率	+
人均優良成績	+
入讀本地大專文憑率	+
入讀本地大學率	+
入讀(只限港大、中大、科大)率	+
入讀非本地大學率	+

黃大仙區

註：+表示學校沒有提供資料；/表示沒有或不適用

聖文德書院 St Bonaventure College & High School

地址	慈雲山雙鳳街47號
電話	23238217　　傳真　　23228786
電郵	office@sbc.edu.hk
網址	www.sbc.edu.hk
校長	羅偉南　　創校年份　1970
學校類別	資助　學生性別　男女
宗教背景	天主教
主要教學語言	初中:中、英　高中:中、英
一條龍小學	/
直屬小學	/
聯繫小學	慈雲山聖文德天主教小學；聖文德天主教小學

教師專業資歷

教師人數　■編制內:+　■編制外:+
已接受特殊教育培訓教師人數　+　外籍　+

教師年資　+

教師專業訓練　+

教師資歷　+

21/22學年收生情況

中一生總人數(班數)　+ (+)
學位分配百分比　■自行:+　■統一:+
自行收生取錄人數　+　競爭情況　+　面試名額　+

22/23學年收生要求

收生準則　+

面試內容

派表日期　+
收表日期　+
自行收生預算學額　+

學校特色

+

21/22學年中一教學語言

全級英文為教學語言科目　不提供

中學文憑試成績（2021年7月畢業生）

33222率	+
中文科達3級率	+
英文科達3級率	+
數學科達2級率	+
通識科達2級率	+
人均優良成績	+
入讀本地大專文憑率	+
入讀本地大學率	+
入讀(只限港大、中大、科大)率	+
入讀非本地大學率	+

聖母書院 Our Lady's College

地址	黃大仙龍鳳街3號
電話	23275860　　傳真　　27527645
電郵	info@olc.edu.hk
網址	www.olc.edu.hk
校長	林麗玲　　創校年份　1953
學校類別	資助　學生性別　女
宗教背景	天主教
主要教學語言	初中:英文　高中:英文
一條龍小學	/
直屬小學	聖母小學
聯繫小學	

教師專業資歷

教師人數　■編制內:52.1　■編制外:3.9
已接受特殊教育培訓教師人數　16　外籍　1

教師年資　■0-4年：24人　■5-9年：4人　■10年或以上：28人

教師專業訓練　■認可教師證書/教育文憑:98.2%

教師資歷　■大學學位:42.8%　■碩士或以上:57.1%

註：2021/22學年學位分配百分比不包括一條龍小學學生

21/22學年收生情況

中一生總人數(班數)　129 (4)
學位分配百分比　■自行:30%　■統一:70%
自行收生取錄人數　40　競爭情況　+　面試名額　所有申請人

22/23學年收生要求

收生準則
■教育局成績次第：20%　■獎項：5%
■學業成績：20%　　　　■課外活動：5%
■面試表現：35%　　　　■操行及態度：10%
■有姊妹就讀、相同宗教信仰：5%

面試內容　溝通技巧/應對；常識；中英文能力；學習態度；應變能力；禮儀

派表日期　2022.01.03-2022.01.17
收表日期　2022.01.03-2022.01.17
自行收生預算學額　40

學校特色

■普及資優教育，展現卓越潛能；適切學習支援，照顧個別差異
■多元學習經歷，促進全人發展；境外學習交流，增長學生見聞
■校風淳樸，培養良好品德；關愛遍佈校園，活現家庭精神

21/22學年中一教學語言

全級英文為教學語言科目　英文、科學、綜合人文

中學文憑試成績（2021年7月畢業生）

33222率	+
中文科達3級率	+
英文科達3級率	+
數學科達2級率	+
通識科達2級率	+
人均優良成績	+
入讀本地大專文憑率	+
入讀本地大學率	+
入讀(只限港大、中大、科大)率	+
入讀非本地大學率	+

德愛中學 Tak Oi Secondary School

地址	慈雲山道8號
電話	23238504　　傳真　　27261153
電郵	school@takoi.edu.hk
網址	www.takoi.edu.hk
校長	薛綺媚　　創校年份　1970
學校類別	資助　學生性別　女
宗教背景	天主教
主要教學語言	初中:英文　高中:英文
一條龍小學	/
直屬小學	/
聯繫小學	/

教師專業資歷

教師人數　■編制內：50　■編制外：6
已接受特殊教育培訓教師人數　12　外籍　1

教師年資　■0-4年：9人　■5-9年：3人　■10年或以上：38人

教師專業訓練　■認可教師證書/教育文憑:94.64%

教師資歷　■大學學位:46.43%　■碩士或以上:53.57%

21/22學年收生情況

中一生總人數(班數)　123 (4)
學位分配百分比　■自行:32.26%　■統一:67.74%
自行收生取錄人數　40　競爭情況　+　面試名額　+

22/23學年收生要求

收生準則
■教育局成績次第：40%　■獎項：10%
■學業成績：10%　　　　■課外活動：5%
■面試表現：35%　　　　■操行達B+或以上

面試內容　溝通技巧/應對；禮儀；常識；中英文能力；學習態度；家庭生活；應變能力

派表日期　2021.12.13-2022.01.17
收表日期　2022.01.03-2022.01.17
自行收生預算學額　40

學校特色

■注重人的培育，推動關愛文化，以生命影響生命
■着重學與教及評核的整體配合，使學生能有效地學習，發揮潛能
■幫助學生建立積極的人生觀及正面的價值，使學生能健康、充滿活力地成長

21/22學年中一教學語言

全級英文為教學語言科目　英文、數學、科學、電腦、音樂、視藝、體育、科技與生活、生活與社會

中學文憑試成績（2021年7月畢業生）

33222率	73%
中文科達3級率	90%
英文科達3級率	91%
數學科達2級率	92%
通識科達2級率	96%
人均優良成績	+
入讀本地大專文憑率	+
入讀本地大學率	+
入讀(只限港大、中大、科大)率	+
入讀非本地大學率	+

黃大仙區

註：+表示學校沒有提供資料；/表示沒有或不適用

樂善堂王仲銘中學 LST Wong Chung Ming Secondary School

地址　新蒲崗樂善道161號
電話　23820002　　傳眞　27184649
電郵　contact@lstwcm.edu.hk
網址　www.lstwcm.edu.hk
校長　謝國駿　　創校年份　1982
學校類別　資助　學生性別　男女
宗教背景　沒有
主要教學語言　初中：中文　高中：中、英
一條龍小學　/
直屬小學　/
聯繫小學　樂善堂楊仲明學校

教師專業資歷

教師人數　■編制內：+　■編制外：+
已接受特殊教育培訓教師人數　+　外籍　+

教師年資　+

教師專業訓練　+

教師資歷　+

21/22學年收生情況

中一生總人數(班數)　+ (+)
學位分配百分比　■自行：+　■統一：+
自行收生取錄人數　+　競爭情況　+　面試名額　+

22/23學年收生要求

收生準則　+

面試內容　+

派表日期　+
收表日期　+
自行收生預算學額　+

學校特色

+

21/22學年中一教學語言

全級英文為教學語言科目　不提供

中學文憑試成績（2021年7月畢業生）

33222率	+
中文科達3級率	+
英文科達3級率	+
數學科達2級率	+
通識科達2級率	+
人均優良成績	+
入讀本地大專文憑率	+
入讀本地大學率	+
入讀(只限港大、中大、科大)率	+
入讀非本地大學率	+

樂善堂余近卿中學 LST Yu Kan Hing Secondary School

地址　橫頭磡富裕街3號
電話　23362657　　傳眞　23385504
電郵　info@ykh.edu.hk
網址　www.ykh.edu.hk
校長　劉振鴻　　創校年份　1969
學校類別　資助　學生性別　男女
宗教背景　沒有
主要教學語言　初中：中、英及普通話　高中：中、英
一條龍小學　/
直屬小學　/
聯繫小學　/

教師專業資歷

教師人數　■編制內：+　■編制外：+
已接受特殊教育培訓教師人數　+　外籍　+

教師年資　+

教師專業訓練　+

教師資歷　+

21/22學年收生情況

中一生總人數(班數)　+ (+)
學位分配百分比　■自行：+　■統一：+
自行收生取錄人數　+　競爭情況　+　面試名額　+

22/23學年收生要求

收生準則　+

面試內容　+

派表日期　+
收表日期　+
自行收生預算學額　+

學校特色

+

21/22學年中一教學語言

全級英文為教學語言科目　不提供

中學文憑試成績（2021年7月畢業生）

33222率	+
中文科達3級率	+
英文科達3級率	+
數學科達2級率	+
通識科達2級率	+
人均優良成績	+
入讀本地大專文憑率	+
入讀本地大學率	+
入讀(只限港大、中大、科大)率	+
入讀非本地大學率	+

潔心林炳炎中學 Kit Sam Lam Bing Yim Secondary School

地址　橫頭磡富美街9號
電話　23379594　　傳眞　23363549
電郵　school@kitsam.edu.hk
網址　www.kitsam.edu.hk
校長　劉瑤紅　　創校年份　1972
學校類別　資助　學生性別　女
宗教背景　天主教
主要教學語言　初中：中、英　高中：中、英
一條龍小學　/
直屬小學　/
聯繫小學　/

教師專業資歷

教師人數　■編制內：56　■編制外：6
已接受特殊教育培訓教師人數　16　外籍　1

教師年資　■0-4年：6人
　■5-9年：13人
　■10年或以上：37人

教師專業訓練　■認可教師證書/教育文憑：100%

教師資歷　■大學學位：50%
　■碩士或以上：50%

註：教師年資只計算編制內教師人數

21/22學年收生情況

中一生總人數(班數)　122 (4)
學位分配百分比　■自行：30%　■統一：70%
自行收生取錄人數　40　競爭情況　+　面試名額　+

22/23學年收生要求

收生準則　■教育局成績次第：40%　■操行及態度：30%
　■課外活動：10%　■面試表現：20%

面試內容　溝通技巧/應對；禮儀；中英文能力；應變能力；學習態度、思辨能力

派表日期　2022.01.03-2022.01.17
收表日期　2022.01.03-2022.01.17
自行收生預算學額　40

學校特色

■校風淳樸，師生關係良好；設雙班主任制度，校園洋溢關愛文化
■推廣閱讀、專題研習及全方位學習，養成學生主動積極學習態度
■初中數學、科學（按班）和高中理科以英語授課；課外活動多元化，藝術及體育表現優異

21/22學年中一教學語言

全級英文為教學語言科目　英文、數學、初中精英班科學科採用英語授課；其他科設英語延展教學活動

中學文憑試成績（2021年7月畢業生）

33222率	+
中文科達3級率	+
英文科達3級率	+
數學科達2級率	+
通識科達2級率	+
人均優良成績	+
入讀本地大專文憑率	+
入讀本地大學率	+
入讀(只限港大、中大、科大)率	+
入讀非本地大學率	+

黃大仙區

註：+表示學校沒有提供資料；/表示沒有或不適用

黃大仙區、觀塘區

龍翔官立中學 Lung Cheung Government Secondary School

地址　黃大仙馬仔坑道1號
電話　23234202　傳真　23202246
電郵　lcgss@edb.gov.hk
網址　www.lcgss.edu.hk
校長　翁翠華　創校年份　1970
學校類別　官立　學生性別　男女
宗教背景　沒有
主要教學語言　初中：中文　高中：中文
一條龍小學　/
直屬小學　/
聯繫小學　黃大仙官立小學

教師專業資歷

教師人數　■編制內：＋　■編制外：＋
已接受特殊教育培訓教師人數　＋　外籍　＋

教師年資　＋

教師專業
訓練　＋

教師資歷

21/22學年收生情況

中一生總人數(班數)　＋(＋)
學位分配百分比　■自行：＋　■統一：＋
自行收生取錄人數　＋　競爭情況　＋　面試名額　＋

22/23學年收生要求

收生準則　＋

面試內容

派表日期　＋
收表日期　＋
自行收生預算學額　＋

學校特色

＋

21/22學年中一教學語言

全級英文
為教學語
言科目　不提供

中學文憑試成績
（2021年7月畢業生）

33222率	＋
中文科達3級率	＋
英文科達3級率	＋
數學科達2級率	＋
通識科達2級率	＋
人均優良成績	＋
入讀本地大專文憑率	＋
入讀本地大學率	＋
入讀(只限港大、中大、科大)率	＋
入讀非本地大學率	＋

中華基督教會基智中學 CCC Kei Chi Secondary School

地址　觀塘瑞寧街20號
電話　23422954　傳真　23445392
電郵　office@keichi.edu.hk
網址　www.keichi.edu.hk
校長　李淦章　創校年份　1965
學校類別　資助　學生性別　男女
宗教背景　基督教
主要教學語言　初中：中、英及普通話　高中：中、英
一條龍小學　/
直屬小學　/
聯繫小學　/

教師專業資歷

教師人數　■編制內：＋　■編制外：＋
已接受特殊教育培訓教師人數　＋　外籍　＋

教師年資　＋

教師專業
訓練　＋

教師資歷

21/22學年收生情況

中一生總人數(班數)　＋
學位分配百分比　■自行：＋　■統一：＋
自行收生取錄人數　＋　競爭情況　＋　面試名額　＋

22/23學年收生要求

收生準則　＋

面試內容

派表日期　＋
收表日期　＋
自行收生預算學額　＋

學校特色

＋

21/22學年中一教學語言

全級英文
為教學語
言科目　不提供

中學文憑試成績
（2021年7月畢業生）

33222率	＋
中文科達3級率	＋
英文科達3級率	＋
數學科達2級率	＋
通識科達2級率	＋
人均優良成績	＋
入讀本地大專文憑率	＋
入讀本地大學率	＋
入讀(只限港大、中大、科大)率	＋
入讀非本地大學率	＋

中華基督教會蒙民偉書院 C.C.C. Mong Man Wai College

地址　觀塘曉明街20號
電話　27276372　傳真　23483900
電郵　info@cccmmwc.edu.hk
網址　www.cccmmwc.edu.hk
校長　呂以敏　創校年份　1974
學校類別　資助　學生性別　男女
宗教背景　基督教
主要教學語言　初中：英文　高中：英文
一條龍小學　/
直屬小學　/
聯繫小學　/

教師專業資歷

教師人數　■編制內：＋　■編制外：＋
已接受特殊教育培訓教師人數　＋　外籍　＋

教師年資　＋

教師專業
訓練　＋

教師資歷　＋

21/22學年收生情況

中一生總人數(班數)　＋(＋)
學位分配百分比　■自行：＋　■統一：＋
自行收生取錄人數　＋　競爭情況　＋　面試名額　＋

22/23學年收生要求

收生準則　＋

面試內容

派表日期　＋
收表日期　＋
自行收生預算學額　＋

學校特色

＋

21/22學年中一教學語言

全級英文
為教學語
言科目　不提供

中學文憑試成績
（2021年7月畢業生）

33222率	＋
中文科達3級率	＋
英文科達3級率	＋
數學科達2級率	＋
通識科達2級率	＋
人均優良成績	＋
入讀本地大專文憑率	＋
入讀本地大學率	＋
入讀(只限港大、中大、科大)率	＋
入讀非本地大學率	＋

註：＋表示學校沒有提供資料；/表示沒有或不適用

五邑司徒浩中學 FDBWA Szeto Ho Secondary School

地址 藍田啟田道7號
電話 23405916　傳眞 23496376
電郵 office@szetoho.edu.hk
網址 www.szetoho.edu.hk
校長 陳麗薇　創校年份 1978
學校類別 資助　學生性別 男女
宗教背景 沒有
主要教學語言 初中:中文 高中:中文
一條龍小學 /
直屬小學 /
聯繫小學 /

教師專業資歷

教師人數 ■編制內:56　■編制外:4
已接受特殊教育培訓教師人數 25　外籍 1
教師年資
■0-4年:10人
■5-9年:17人
■10年或以上:33人
教師專業訓練 ■認可教師證書/教育文憑:98%
教師資歷 ■大學學位:43%　■碩士或以上:57%

註:教師年資只計算編制內教師人數

21/22學年收生情況

中一生總人數(班數) 132 (4)
學位分配百分比 ■自行:32.3%　■統一:67.7%
自行收生取錄人數 40　競爭情況 1:7.83　面試名額 所有申請人

22/23學年收生要求

收生準則 ■學業成績:50%　■操行及態度:10%
■面試表現:30%　■課外活動及服務10%

面試內容 溝通技巧/應對;禮儀;常識;中英文能力
派表日期 2022.01.03-2022.01.17
收表日期 2022.01.03-2022.01.17
自行收生預算學額 40

學校特色

■重視品德培養,保持淳樸良好校風
■加強教學效能,提升同學學習自信心
■正向教育,協助同學提升個人質素

21/22學年中一教學語言

全級英文為教學語言科目 英文、數學

中學文憑試成績 (2021年7月畢業生)

33222率	+
中文科達3級率	+
英文科達3級率	+
數學科達2級率	+
通識科達2級率	+
人均優良成績	+
入讀本地大專文憑率	+
入讀本地大學率	+
入讀(只限港大、中大、科大)率	+
入讀非本地大學率	+

仁濟醫院羅陳楚思中學 YCH Law Chan Chor Si College

地址 九龍灣啟禮道10號
電話 26821315　傳眞 31294752
電郵 ych1ccsc@ych1ccsc.edu.hk
網址 www.ych1ccsc.edu.hk
校長 楊佩珊　創校年份 2001
學校類別 按額資助　學生性別 男女
宗教背景 沒有
主要教學語言 初中:中、英及普通話 高中:中、英
一條龍小學 /
直屬小學 /
聯繫小學 /

教師專業資歷

教師人數 ■編制內:55　■編制外:7
已接受特殊教育培訓教師人數 22　外籍 1
教師年資
■0-4年:7人
■5-9年:3人
■10年或以上:45人
教師專業訓練 ■認可教師證書/教育文憑:100%
教師資歷 ■大學學位:48%　■碩士或以上:52%

註:教師年資只計算編制內教師人數

21/22學年收生情況

中一生總人數(班數) 122 (4)
學位分配百分比 ■自行:30%■統一:70%
自行收生取錄人數 40　競爭情況 1:10.75　面試名額 所有申請人

22/23學年收生要求

收生準則 ■學業成績:30%　■操行及態度:30%
■面試表現:40%

面試內容 溝通技巧/應對;禮儀;中英文能力;數理能力;學習態度;家庭生活
派表日期 2022.01.03-2022.01.17
收表日期 2022.01.03-2022.01.17
自行收生預算學額 40

學校特色

■全校英文科推行小組教學、跨學科英語課程及外籍英語導師實習計劃
■「7個高效能青少年習慣」品德教育課程、「7個高效能習慣」家長培訓課程
■澳洲、美國、蘇格蘭及內地重點中學交流、交換生計劃及國內外考察團和義工團

21/22學年中一教學語言

全級英文為教學語言科目 英文、數學及科學按班別以英文授課

中學文憑試成績 (2021年7月畢業生)

33222率	+
中文科達3級率	+
英文科達3級率	+
數學科達2級率	+
通識科達2級率	+
人均優良成績	+
入讀本地大專文憑率	54.6%
入讀本地大學率	28.6%
入讀(只限港大、中大、科大)率	+
入讀非本地大學率	14.3%

天主教普照中學 Po Chiu Catholic Secondary School

地址 油塘普照路1號
電話 23479907　傳眞 27175293
電郵 pochiu@pochiu.edu.hk
網址 www.pochiu.edu.hk
校長 李玳華　創校年份 1970
學校類別 資助　學生性別 男女
宗教背景 天主教
主要教學語言 初中:中文 高中:中文
一條龍小學 /
直屬小學 /
聯繫小學 /

教師專業資歷

教師人數 ■編制內:59　■編制外:4
已接受特殊教育培訓教師人數 22　外籍 1
教師年資
■0-4年:9人
■5-9年:3人
■10年或以上:51人
教師專業訓練 ■認可教師證書/教育文憑:98%
教師資歷 ■大學學位:52%　■碩士或以上:48%

21/22學年收生情況

中一生總人數(班數) 115 (4)
學位分配百分比 ■自行:30%　■統一:70%
自行收生取錄人數 40　競爭情況 +　面試名額 所有申請人

22/23學年收生要求

收生準則 ■教育局成績次第:30%　■課外活動:5%
■學業成績:20%　■操行及態度:20%
■面試表現:20%　■服務 5%

面試內容 溝通技巧/應對;禮儀;中英文能力;學習態度;家庭生活
派表日期 2022.01.03-2022.01.17
收表日期 2022.01.03-2022.01.17
自行收生預算學額 40

學校特色

■中、英、數設校本課程,以照顧同學的不同學習需要;學校亦安排適切的學習活動,發展同學多元智能
■重視學生品格發展,透過天主教教育核心價值,培養學生「端莊顯俊秀,律己鑄校風」精神
■重視發展學生潛能,透過多元化活動(舞蹈、體育運動、視藝及戲劇)啟發學生

21/22學年中一教學語言

全級英文為教學語言科目 英文

中學文憑試成績 (2021年7月畢業生)

33222率	
中文科達3級率	
英文科達3級率	
數學科達2級率	
通識科達2級率	
人均優良成績	
入讀本地大專文憑率	
入讀本地大學率	
入讀(只限港大、中大、科大)率	
入讀非本地大學率	

觀塘區

註:+表示學校沒有提供資料;/表示沒有或不適用

105

佛教何南金中學 Buddhist Ho Nam Kam College

地址　油塘高超道3號
電話　23400871　傳真　23473665
電郵　enquiry@bhnkc.edu.hk
網址　www.bhnkc.edu.hk
校長　馬寶紅　創校年份　1988
學校類別　資助　學生性別　男女
宗教背景　佛教
主要教學語言　初中:中文　高中:中、英
一條龍小學　/
直屬小學　/
聯繫小學　/

教師專業資歷

教師人數　■編制內:61.6　■編制外:4.4
已接受特殊教育培訓教師人數　36　外籍　1
教師年資　■0-4年:17人
　　　　　■5-9年:2人
　　　　　■10年或以上:47人
教師專業訓練　■認可教師證書/教育文憑:100%
教師資歷　■大學學位:65%
　　　　　■碩士或以上:35%

21/22學年收生情況

中一生總人數(班數)　128 (4)
學位分配百分比　■自行:30%　■統一:70%
自行收生取錄人數　40　競爭情況　+　面試名額　+

22/23學年收生要求

收生準則
■教育局成績次第:10%　■面試表現:30%
■學業成績:20%　■課外活動:10%
■操行及態度:20%　■獎項:10%

面試內容　溝通技巧/應對；禮儀；常識；體藝才能；應變能力；中英文能力；學習態度

派表日期　2022.01.03-2022.01.17
收表日期　2022.01.03-2022.01.17
自行收生預算學額　40

學校特色

■2010年已獲外評報告認同師生關係融洽密切，營造關愛學習環境
■師生在STEM教育路上表現卓越，獲QEF邀請，引領着19間小學同行
■高中學習有多元出路、多重活動，讓同學可盡展所長

21/22學年中一教學語言

全級英文為教學語言科目　英文

中學文憑試成績（2021年7月畢業生）

33222率	+
中文科達3級率	+
英文科達3級率	+
數學科達2級率	+
通識科達2級率	+
人均優良成績	+
入讀本地大專文憑率	+
入讀本地大學率	+
入讀(只限港大、中大、科大)率	+
入讀非本地大學率	+

香港布廠商會朱石麟中學 HKWMA Chu Shek Lun Secondary School

地址　九龍灣啟樂街11號
電話　27968323　傳真　27554009
電郵　general@chusheklun.edu.hk
網址　www.hkwmacsl.edu.hk
校長　張齊欣　創校年份　1987
學校類別　資助　學生性別　男女
宗教背景　沒有
主要教學語言　初中:中文　高中:中文
一條龍小學　/
直屬小學　/
聯繫小學　/

教師專業資歷

教師人數　■編制內:44　■編制外:9
已接受特殊教育培訓教師人數　23　外籍　2
教師年資　■0-4年:9人
　　　　　■5-9年:8人
　　　　　■10年或以上:36人
教師專業訓練　■認可教師證書/教育文憑:94%
教師資歷　■大學學位:58%
　　　　　■碩士或以上:42%

21/22學年收生情況

中一生總人數(班數)　94 (4)
學位分配百分比　■自行:30%　■統一:70%
自行收生取錄人數　+　競爭情況　+　面試名額　+

22/23學年收生要求

收生準則
■學業成績:25%　■課外活動:15%
■操行及態度:25%　■面試表現:25%
■小學的評語:10%

面試內容　溝通技巧/應對；禮儀；中英文能力；學習態度；家庭生活

派表日期　2022.01.03-2022.01.17
收表日期　2022.01.03-2022.01.17
自行收生預算學額　+

學校特色

■發展學生的多元智能，建構愉快學習經歷，提高學生的抗逆力
■落實電子學習，推行一人一機政策，促進學習互動性及自主學習
■兩位英語外籍教師適時舉辦多元化活動，營造愉快學習英語的語境

21/22學年中一教學語言

全級英文為教學語言科目　英文

中學文憑試成績（2021年7月畢業生）

33222率	+
中文科達3級率	+
英文科達3級率	+
數學科達2級率	+
通識科達2級率	+
人均優良成績	+
入讀本地大專文憑率	+
入讀本地大學率	+
入讀(只限港大、中大、科大)率	+
入讀非本地大學率	+

香港聖公會何明華會督中學 HKSKH Bishop Hall Secondary School

地址　秀茂坪曉光街82號
電話　23479224　傳真　23488639
電郵　bhss@go.bhss.edu.hk
網址　www.bhss.edu.hk
校長　金偉明　創校年份　1978
學校類別　資助　學生性別　男女
宗教背景　基督教
主要教學語言　初中:中文　高中:中文
一條龍小學　/
直屬小學　/
聯繫小學　/

教師專業資歷

教師人數　■編制內:51　■編制外:10
已接受特殊教育培訓教師人數　8　外籍　1
教師年資　■0-4年:19人
　　　　　■5-9年:6人
　　　　　■10年或以上:36人
教師專業訓練　■認可教師證書/教育文憑:92%
教師資歷　■大學學位:57%
　　　　　■碩士或以上:43%

註：教師年資只計算編制內教師人數；學校於2014/15學年由男校轉為男女校

21/22學年收生情況

中一生總人數(班數)　99 (3)
學位分配百分比　■自行:30%　■統一:70%
自行收生取錄人數　30　競爭情況　1:5.17　面試名額　所有申請人

22/23學年收生要求

收生準則
■教育局成績次第:20%　■學業成績:15%
■面試表現:30%　■課外活動:15%
■操行及態度:20%

面試內容　溝通技巧/應對；禮儀；常識；中英文能力；學習態度；家庭生活；應變能力

派表日期　2022.01.03-2022.01.17
收表日期　2022.01.03-2022.01.17
自行收生預算學額　30

學校特色

■秉承基督精神，幫助學生認識上帝
■以正向教育模式建立學生正向積極的人生觀，達致全人發展
■培養學生多元智能，為賽馬會中大人工智能課程先導學校之一

21/22學年中一教學語言

全級英文為教學語言科目　英文

中學文憑試成績（2021年7月畢業生）

33222率	+
中文科達3級率	+
英文科達3級率	+
數學科達2級率	+
通識科達2級率	+
人均優良成績	+
入讀本地大專文憑率	+
入讀本地大學率	+
入讀(只限港大、中大、科大)率	+
入讀非本地大學率	+

註：+表示學校沒有提供資料；/表示沒有或不適用

香港道教聯合會青松中學 The HKTA Ching Chung Secondary School

地址	秀茂坪曉育徑4號
電話	27274315　傳眞　35497609
電郵	info@ccss.edu.hk
網址	www.ccss.edu.hk
校長	蔡子戾　創校年份　1985
學校類別	資助　學生性別　男女
宗教背景	道教
主要教學語言	初中:中文　高中:中文
一條龍小學	/
直屬小學	/
聯繫小學	/

教師專業資歷

教師人數	■編制內:62　■編制外:2
已接受特殊教育培訓教師人數	15　外籍　1
教師年資	■0-4年:11人 ■5-9年:2人 ■10年或以上:51人
教師專業訓練	■認可教師證書/教育文憑:95%
教師資歷	■大學學位:56% ■碩士或以上:44%

21/22學年收生情況

中一生總人數(班數) 128 (4)

學位分配百分比　■自行:30%　■統一:70%

自行收生取錄人數　40　競爭情況　1:3　面試名額　所有申請人

22/23學年收生要求

收生準則	■教育局成績次第:10% ■學業成績:20%　■課外活動:15% ■面試表現:25%　■操行及態度:20% ■父母或兄姊在學校就讀:10%
面試內容	溝通技巧/應對;禮儀;中英文能力;學習態度;應變能力
派表日期	2022.01.03-2022.01.17
收表日期	2022.01.03-2022.01.17
自行收生預算學額	40

學校特色

■學術體藝多元發展
■全方位推動生涯規劃,讓學生們有更多升學出路
■推動生命教育,建構「健康關愛綠色校園」

21/22學年中一教學語言

全級英文為教學語言科目	英文、生活英語 English for Life

中學文憑試成績（2021年7月畢業生）

33222率	+
中文科達3級率	+
英文科達3級率	+
數學科達2級率	+
通識科達2級率	+
人均優良成績	
入讀本地大專文憑率	
入讀本地大學率	
入讀(只限港大、中大、科大)率	
入讀非本地大學率	

高雷中學 Ko Lui Secondary School

地址	觀塘和康徑9號
電話	23890213　傳眞　27635927
電郵	office@klss.edu.hk
網址	www.klss.edu.hk
校長	王雙琴　創校年份　1971
學校類別	資助　學生性別　男女
宗教背景	沒有
主要教學語言	初中:中文　高中:中文
一條龍小學	/
直屬小學	/
聯繫小學	/

教師專業資歷

教師人數	■編制內:+　■編制外:+
已接受特殊教育培訓教師人數	+　外籍　+
教師年資	+
教師專業訓練	+
教師資歷	+

21/22學年收生情況

中一生總人數(班數) + (+)

學位分配百分比　■自行:+　■統一:+

自行收生取錄人數　+　競爭情況　+　面試名額　+

22/23學年收生要求

收生準則	+
面試內容	+
派表日期	+
收表日期	+
自行收生預算學額	+

學校特色

+

21/22學年中一教學語言

全級英文為教學語言科目	不提供

中學文憑試成績（2021年7月畢業生）

33222率	
中文科達3級率	
英文科達3級率	
數學科達2級率	
通識科達2級率	
人均優良成績	
入讀本地大專文憑率	
入讀本地大學率	
入讀(只限港大、中大、科大)率	
入讀非本地大學率	

基督教聖約教會堅樂中學 The Mission Covenant Church Holm Glad College

地址	觀塘曉明街26號
電話	27274311　傳眞　23473916
電郵	contact@holmglad.edu.hk
網址	www.holmglad.edu.hk
校長	李立中　創校年份　1969
學校類別	資助　學生性別　男女
宗教背景	基督教
主要教學語言	初中:中、英及普通話　高中:中、英
一條龍小學	/
直屬小學	/
聯繫小學	/

教師專業資歷

教師人數	■編制內:56　■編制外:5
已接受特殊教育培訓教師人數	18　外籍　3
教師年資	■0-4年:6人 ■5-9年:7人 ■10年或以上:48人
教師專業訓練	■認可教師證書/教育文憑:100%
教師資歷	■大學學位:46% ■碩士或以上:54%

21/22學年收生情況

中一生總人數(班數) 128 (4)

學位分配百分比　■自行:30%　■統一:70%

自行收生取錄人數　37　競爭情況　1:9.43　面試名額　所有申請人

22/23學年收生要求

收生準則	■教育局成績次第:40%　■學業成績 ■操行及態度:30%　■課外活動 ■面試表現:30%　■獎項 ■學生與本校的關係可獲最多額外10%
面試內容	溝通技巧/應對;禮儀;常識;體藝才能;應變能力;中英文能力;學習態度;家庭生活
派表日期	2022.01.03-2022.01.17
收表日期	2022.01.03-2022.01.17
自行收生預算學額	37

學校特色

■本年主題為「堅毅感恩、自主學習」
■按學生能力安排學習語言,初中50%學生以英語學習科學和地理,高中會開辦英文組化學和物理
■推行全校參與牧養模式,大部分班別推行雙班主任制

21/22學年中一教學語言

全級英文為教學語言科目	英文,地理及綜合科學部份班別為英語教學

中學文憑試成績（2021年7月畢業生）

33222率	
中文科達3級率	
英文科達3級率	
數學科達2級率	
通識科達2級率	
人均優良成績	
入讀本地大專文憑率	
入讀本地大學率	
入讀(只限港大、中大、科大)率	
入讀非本地大學率	

註:2021/22學年學位分配百分比不包括一條龍小學生;學校與基督教聖約教會堅樂小學的一條龍模式已解除,所有中一學位將開放給所有小六學生申請

註:+表示學校沒有提供資料;/表示沒有或不適用

觀塘區

梁式芝書院 Leung Shek Chee College

地址　觀塘曉光街80號
電話　23496626　傳真　23496390
電郵　contact@lscc.edu.hk
網址　www.lscc.edu.hk
校長　周淑敏　創校年份　1977
學校類別　資助　學生性別　女
宗教背景　天主教
主要教學語言　初中：英文　高中：英文
一條龍小學　/
直屬小學　/
聯繫小學　/

教師專業資歷

教師人數　■編制內：54　■編制外：5
已接受特殊教育培訓教師人數　12　外籍　1

教師年資
■0-4年：13人
■5-9年：5人
■10年或以上：41人

教師專業訓練　■認可教師證書/教育文憑：83%

教師資歷
■大學學位：47%
■碩士或以上：53%

註：2021/22學年學位分配百分比不包括一條龍小學學生

21/22學年收生情況

中一生總人數(班數)　130 (4)
學位分配百分比　■自行：30%　■統一：70%
自行收生取錄人數　41　競爭情況　+　面試名額　所有申請人

22/23學年收生要求

收生準則
■教育局成績次第：30%　■學業成績：30%
■操行及態度：20%　■面試表現：20%
■非學術範疇上具備潛質及有突出表現

面試內容　溝通技巧/應對；禮儀；中英文能力；學習態度；家庭生活；應變能力

派表日期　2022.01.03-2022.01.17
收表日期　2022.01.03-2022.01.17
自行收生預算學額　41

學校特色

■提倡天主教全人教育，校風淳樸，關愛校園，家校攜手合作
■推行正向教育，鼓勵同學力行天主教核心價值，建立積極人生觀
■培育同學發展多元智能，爭取個人優秀學術成就，實踐人生目標

21/22學年中一教學語言

全級英文為教學語言科目　英文、歷史、數學、科學、地理、電腦、音樂、視藝、Language Arts (語言藝術)、Language Across Curriculum

中學文憑試成績（2021年7月畢業生）

33222率	+
中文科達3級率	+
英文科達3級率	+
數學科達2級率	+
通識科達2級率	+
人均優良成績	+
入讀本地大專文憑率	+
入讀本地大學率	+
入讀(只限港大、中大、科大)率	+
入讀非本地大學率	+

順利天主教中學 Shun Lee Catholic Secondary School

地址　順利邨順緻街7號
電話　23893082　傳真　23894111
電郵　contact@slcss.edu.hk
網址　www.slcss.edu.hk
校長　詹燕珠　創校年份　1982
學校類別　資助　學生性別　男女
宗教背景　天主教
主要教學語言　初中：英文　高中：英文
一條龍小學　/
直屬小學　/
聯繫小學　/

教師專業資歷

教師人數　■編制內：+　■編制外：+
已接受特殊教育培訓教師人數　+　外籍　+

教師年資　+

教師專業訓練　+

教師資歷

21/22學年收生情況

中一生總人數(班數)　+ (+)
學位分配百分比　■自行：+　■統一：+
自行收生取錄人數　+　競爭情況　+　面試名額　+

22/23學年收生要求

收生準則　+

面試內容　+

派表日期　+
收表日期　+
自行收生預算學額　+

學校特色

+

21/22學年中一教學語言

全級英文為教學語言科目　不提供

中學文憑試成績（2021年7月畢業生）

33222率	+
中文科達3級率	+
英文科達3級率	+
數學科達2級率	+
通識科達2級率	+
人均優良成績	+
入讀本地大專文憑率	+
入讀本地大學率	+
入讀(只限港大、中大、科大)率	+
入讀非本地大學率	+

新生命教育協會呂郭碧鳳中學 NLSI Lui Kwok Pat Fong College

地址　九龍觀塘翠屏道102號
電話　23480103　傳真　23409716
電郵　info@lkpfc.edu.hk
網址　www.lkpfc.edu.hk
校長　張豐　創校年份　1969
學校類別　資助　學生性別　男女
宗教背景　基督教
主要教學語言　初中：英文　高中：英文
一條龍小學　/
直屬小學　/
聯繫小學　/

教師專業資歷

教師人數　■編制內：49.5　■編制外：12
已接受特殊教育培訓教師人數　16　外籍　1

教師年資
■0-4年：25人
■5-9年：7人
■10年或以上：29人

教師專業訓練　■認可教師證書/教育文憑：90%

教師資歷
■大學學位：49%
■碩士或以上：51%

註：2021/22學年學位分配百分比不包括一條龍小學學生

21/22學年收生情況

中一生總人數(班數)　118 (4)
學位分配百分比　■自行：30%　■統一：70%
自行收生取錄人數　40　競爭情況　+　面試名額　所有申請人

22/23學年收生要求

收生準則
■教育局成績次第：+　■獎項：+
■學業成績：55%　■課外活動：+
■面試表現：20%　■操行及態度：20%
■申請人的直系親屬曾在/現在本校就讀：5%

面試內容　溝通技巧/應對；禮儀；常識；體藝才能；應變能力；中英文能力；數理能力；學習態度；家庭生活

派表日期　2021.12.01
收表日期　2022.01.03-2022.01.17
自行收生預算學額　40

學校特色

■按聖經真理施行基督教全人教育，讓學生認識基督乃生命之主
■着重學生學業表現及成就，鼓勵學生追求卓越，擴闊視野，發展潛能
■重視品德教育，建立學生正確價值觀，自律守規，成爲良好公民

21/22學年中一教學語言

全級英文為教學語言科目　英文、歷史、數學、科學、地理、電腦、音樂、視藝、家政、生活與社會

中學文憑試成績（2021年7月畢業生）

33222率	70%
中文科達3級率	72%
英文科達3級率	70%
數學科達2級率	92%
通識科達2級率	96%
人均優良成績	+
入讀本地大專文憑率	42.7%
入讀本地大學率	48.3%
入讀(只限港大、中大、科大)率	16.9%
入讀非本地大學率	6.7%

註：+表示學校沒有提供資料；/表示沒有或不適用

聖公會基孝中學 SKH Kei Hau Secondary School

地址	藍田啟田道5號
電話	23460252　傳眞　23464648
電郵	info@keihau.edu.hk
網址	www.keihau.edu.hk
校長	宋錦文　創校年份　1972
學校類別	資助　學生性別　男女
宗教背景	基督教
主要教學語言	初中:中文　高中:中文
一條龍小學	/
直屬小學	/
聯繫小學	/

教師專業資歷

教師人數	■編制內：56　　■編制外：1
已接受特殊教育培訓教師人數	25　外籍　1
教師年資	■0-4年：8人 ■5-9年：9人 ■10年或以上：40人
教師專業訓練	■認可教師證書/教育文憑：100%
教師資歷	■大學學位：44% ■碩士或以上：52%

21/22學年收生情況

中一生總人數（班數）130（4）

學位分配百分比　■自行:31%　■統一:69%

自行收生取錄人數　40　競爭情況　1:3.50　面試名額　所有申請人

22/23學年收生要求

收生準則	■教育局成績次第：25%　■學業成績：25% ■操行及態度：25%　■面試表現：25%
面試內容	溝通技巧/應對；禮儀；常識；中英文能力；數理能力；學習態度；家庭生活；應變能力
派表日期	2022.01.03-2022.01.17
收表日期	2022.01.03-2022.01.17
自行收生預算學額	40

學校特色

- ■優化教學互動　提高學習興趣
- ■深化自主學習　靈活運用知識
- ■強化價值教育　慎思明辨眞理

21/22學年中一教學語言

全級英文為教學語言科目　英文

中學文憑試成績（2021年7月畢業生）

33222率	+
中文科達3級率	+
英文科達3級率	+
數學科達2級率	+
通識科達2級率	+
人均優良成績	+
入讀本地大專文憑率	+
入讀本地大學率	+
入讀(只限港大、中大、科大)率	+
入讀非本地大學率	+

聖公會梁季彝中學 S.K.H. Leung Kwai Yee Secondary School

地址	觀塘曉明街28號
電話	27274321　傳眞　23481627
電郵	lky@house.skhlkyss.edu.hk
網址	www.skhlkyss.edu.hk
校長	韓汶珊　創校年份　1978
學校類別	資助　學生性別　男女
宗教背景	基督教
主要教學語言	初中:中文　高中:中文
一條龍小學	/
直屬小學	/
聯繫小學	/

教師專業資歷

教師人數	■編制內：52　　■編制外：5
已接受特殊教育培訓教師人數	14　外籍　1
教師年資	■0-4年：13人 ■5-9年：5人 ■10年或以上：39人
教師專業訓練	■認可教師證書/教育文憑：100%
教師資歷	■大學學位：40% ■碩士或以上：58%

註：2021/22學年學位分配百分比不包括一條龍小學學生

21/22學年收生情況

中一生總人數（班數）131（4）

學位分配百分比　■自行:+　■統一:+

自行收生取錄人數　+　競爭情況　+　面試名額　+

22/23學年收生要求

收生準則	■學業成績：40%　■操行及態度：10% ■面試表現：40%　■非學業方面成就 10%
面試內容	溝通技巧/應對；禮儀；中英文能力；學習態度；家庭生活；應變能力
派表日期	2022.01.03-2022.01.17
收表日期	2022.01.03-2022.01.17
自行收生預算學額	+

學校特色

- ■本校深信每一個學生也是神所創造而獨一無二的，學校致力爲學生提供多元的發展平台，讓學生在不同崗曠燃亮自己，並照亮他人
- ■本校以正面管教的策略推動全人發展，讓學生從體驗中學習，於經歷中成長。除利用資訊科技提升學與教效能外，更透過跨學科、全方位及境外考察等推動學生主動學習
- ■本校重視生命教育，透過具特色的校本課程，宗教及義工服務活動等，讓學生愛己愛人愛神

21/22學年中一教學語言

全級英文為教學語言科目　英文、地理、跨學科英語

中學文憑試成績（2021年7月畢業生）

33222率	+
中文科達3級率	+
英文科達3級率	+
數學科達2級率	+
通識科達2級率	+
人均優良成績	+
入讀本地大專文憑率	+
入讀本地大學率	+
入讀(只限港大、中大、科大)率	+
入讀非本地大學率	+

聖安當女書院 St Antonius Girls' College

地址	油塘高超道1號
電話	23481379　傳眞　23481090
電郵	school@sagc.edu.hk
網址	www.sagc.edu.hk
校長	朱蓓蕾　創校年份　1972
學校類別	資助　學生性別　女
宗教背景	天主教
主要教學語言	初中:中文　高中:中、英
一條龍小學	/
直屬小學	/
聯繫小學	/

教師專業資歷

教師人數	■編制內：53　　■編制外：4
已接受特殊教育培訓教師人數	14　外籍　1
教師年資	■0-4年：14人 ■5-9年：2人 ■10年或以上：41人
教師專業訓練	■認可教師證書/教育文憑：100%
教師資歷	■大學學位：31% ■碩士或以上：67%

21/22學年收生情況

中一生總人數（班數）124（4）

學位分配百分比　■自行:30%　■統一:70%

自行收生取錄人數　40　競爭情況　1:3.28　面試名額　所有申請人

22/23學年收生要求

收生準則	■學業成績：45%　■課外活動：5% ■面試表現：30%　■操行及態度：15%
面試內容	溝通技巧/應對；禮儀；中英文能力；學習態度；家庭生活
派表日期	2022.01.03-2022.01.17
收表日期	2022.01.03-2022.01.17
自行收生預算學額	40

學校特色

- ■學生淳樸有禮，活潑開朗，樂於與人溝通。學生上課態度認眞，聽從師長教導，師生關係融洽。友儕相處和睦，高年級學生關愛學妹（節錄自《校外評核報告》2020年1月）
- ■本校重視學生預習、協助筆記和撰寫反思，並成爲學生的習慣，從問卷所得，學生均同意此舉有助她們自主學習，提升學習效能和學術成績
- ■本校設學生學習檔案，老師定期協助學生訂定和檢視學習目標，並記錄學業成績、參加課外活動和服務的資料，讓她們不斷自我反省

21/22學年中一教學語言

全級英文為教學語言科目　英文

中學文憑試成績（2021年7月畢業生）

33222率	+
中文科達3級率	+
英文科達3級率	+
數學科達2級率	+
通識科達2級率	+
人均優良成績	+
入讀本地大專文憑率	+
入讀本地大學率	+
入讀(只限港大、中大、科大)率	+
入讀非本地大學率	+

109

註：+表示學校沒有提供資料；/表示沒有或不適用

聖言中學 Sing Yin Secondary School

地址 新清水灣道38號
電話 23496281 **傳真** 23484096
電郵 syadm@eservices.hkedcity.net
網址 www.singyin.edu.hk
校長 黃志強 **創校年份** 1970
學校類別 資助 **學生性別** 男
宗教背景 天主教
主要教學語言 初中：英文 高中：英文
一條龍小學 /
直屬小學 /
聯繫小學 /

教師專業資歷

教師人數 ■編制內：63 ■編制外：2
已接受特殊教育培訓教師人數 24 **外籍** 1
教師年資 ■0-4年：10人 ■5-9年：3人 ■10年或以上：52人
教師專業訓練 ■認可教師證書/教育文憑：98%
教師資歷 ■大學學位：34% ■碩士或以上：66%

21/22學年收生情況

中一生總人數(班數) 167 (5)
學位分配百分比 ■自行：30% ■統一：65%
自行收生取錄人數 51 競爭情況 1：6.61 面試名額 200

22/23學年收生要求

收生準則 ■教育局成績次第：30% ■學業成績：30% ■面試表現：20% ■課外活動：15% ■其他：5%

面試內容 溝通技巧/應對；中英文能力；數理能力

派表日期 2022.01.03-2022.01.17
收表日期 2022.01.03-2022.01.17
自行收生預算學額 51

學校特色

■重視學生的全面發展，包括靈德智體群美及領袖訓練
■物理、電腦、地理、英文、數學、天文、問答和體育等課外活動有傑出表現
■為香港首間環保示範中學

21/22學年中一教學語言

全級英文為教學語言科目 英文、歷史、數學、科學、地理、經公、電腦、音樂

中學文憑試成績（2021年7月畢業生）

33222率	89.10%
中文科達3級率	91.67%
英文科達3級率	98.72%
數學科達2級率	100%
通識科達2級率	97.44%
人均優良成績	2.65
入讀本地大專文憑率	13.46%
入讀本地大學率	78.21%
入讀(只限港大、中大、科大)率	50.00%
入讀非本地大學率	6.41%

聖若瑟英文中學 St Joseph's Anglo-Chinese School

地址 新清水灣道46號
電話 23225773 **傳真** 23252358
電郵 sch-mail@sjacs.edu.hk
網址 www.sjacs.edu.hk
校長 潘永強 **創校年份** 1958
學校類別 資助 **學生性別** 男
宗教背景 天主教
主要教學語言 初中：中、英 高中：中、英
一條龍小學 /
直屬小學 聖若瑟英文小學
聯繫小學 /

教師專業資歷

教師人數 ■編制內：55 ■編制外：2
已接受特殊教育培訓教師人數 + **外籍** 2
教師年資 ■0-4年：9人 ■5-9年：5人 ■10年或以上：43人
教師專業訓練 ■認可教師證書/教育文憑：98%
教師資歷 ■大學學位：46% ■碩士或以上：52%

21/22學年收生情況

中一生總人數(班數) 132 (5)
學位分配百分比 ■自行：30% ■統一：70%
自行收生取錄人數 40 競爭情況 1：6.45 面試名額 +

22/23學年收生要求

收生準則 ■教育局成績次第：50% ■面試表現：40% ■與中學聯繫：10%

面試內容 溝通技巧/應對；常識；中英文能力；學習態度

派表日期 2022.01.03-2022.01.17
收表日期 2022.01.03-2022.01.17
自行收生預算學額 40

學校特色

■提供天主教全人教育
■注重學業成就，照顧個別差異
■利用校園優為勢發展為多元體育、環境及STREAM教育

21/22學年中一教學語言

全級英文為教學語言科目 英文、綜合科學、綜合人文；數學、電腦及音樂按班別以不同教學語言授課

中學文憑試成績（2021年7月畢業生）

33222率	+
中文科達3級率	+
英文科達3級率	+
數學科達2級率	+
通識科達2級率	+
人均優良成績	+
入讀本地大專文憑率	+
入讀本地大學率	+
入讀(只限港大、中大、科大)率	+
入讀非本地大學率	+

聖傑靈女子中學 St Catharine's School for Girls

地址 觀塘康利道26號
電話 23456481 **傳真** 27902381
電郵 scsg@scsg.edu.hk
網址 www.scsg.edu.hk
校長 香玉梅 **創校年份** 1968
學校類別 資助 **學生性別** 女
宗教背景 基督教
主要教學語言 初中：英文 高中：英文
一條龍小學 /
直屬小學 /
聯繫小學 /

教師專業資歷

教師人數 ■編制內：62 ■編制外：3
已接受特殊教育培訓教師人數 15 **外籍** 1
教師年資 ■0-4年：9人 ■5-9年：4人 ■10年或以上：50人
教師專業訓練 ■認可教師證書/教育文憑：100%
教師資歷 ■大學學位：54% ■碩士或以上：46%

21/22學年收生情況

中一生總人數(班數) 152 (5)
學位分配百分比 ■自行：30% ■統一：70%
自行收生取錄人數 50 競爭情況 + 面試名額 +

22/23學年收生要求

收生準則 ■教育局成績次第：50% ■操行及態度：10% ■面試表現：30% ■獎項及活動：10%

面試內容 溝通技巧/應對；禮儀；常識；中英文能力；學習態度；應變能力

派表日期 2022.01.03-2022.01.17
收表日期 2022.01.03-2022.01.17
自行收生預算學額 50

學校特色

■着重學生之全人成長，推行均衡教育
■着重品德培育，培養學生自樂、自律、自信、自立、自愛而不自私的精神
■重視健康教育、公民教育及環境保護，而學術表現向稱優秀，歷年公開試成績令人鼓舞

21/22學年中一教學語言

全級英文為教學語言科目 英文、歷史、數學、科學、地理、電腦、音樂、體育、家政

中學文憑試成績（2021年7月畢業生）

33222率	+
中文科達3級率	+
英文科達3級率	+
數學科達2級率	+
通識科達2級率	+
人均優良成績	+
入讀本地大專文憑率	+
入讀本地大學率	+
入讀(只限港大、中大、科大)率	+
入讀非本地大學率	+

觀塘區

註：+表示學校沒有提供資料；/表示沒有或不適用

寧波公學 Ning Po College

地址 觀塘功樂道7號
電話 23455633　　傳眞　23418282
電郵 info@npc.edu.hk
網址 www.npc.edu.hk
校長 許善娟　　創校年份　1971
學校類別 資助　學生性別　男女
宗教背景 沒有
主要教學語言 初中：中、英　高中：中、英
一條龍小學 /
直屬小學 /
聯繫小學 /

教師專業資歷

教師人數　■編制內：54　　■編制外：2
已接受特殊教育培訓教師人數　7　外籍　1

教師年資
■0-4年：17人
■5-9年：5人
■10年或以上：34人

教師專業訓練　■認可教師證書/教育文憑：93%

教師資歷
■大學學位：64%
■碩士或以上：38%

21/22學年收生情況

中一生總人數（班數）123（4）
學位分配百分比　　■自行：30%　■統一：70%
自行收生取錄人數　38　競爭情況　1：6.03　面試名額　150

22/23學年收生要求

收生準則
■學業成績：50%　■課外活動：15%
■操行及態度：25%
■兄姊在學校就讀、其他專長：10%

面試內容　溝通技巧/應對；禮儀；常識；中英文能力
派表日期　2022.01.03-2022.01.17
收表日期　2022.01.03-2022.01.17
自行收生預算學額　40

學校特色

■校風淳樸，培育學生「專心致志，持久忍耐」的恆毅精神
■初中設英語班，新高中科目設英語組別
■師生屢獲殊榮，詳情請瀏覽本校網頁

21/22學年中一教學語言

全級英文為教學語言科目　英文

中學文憑試成績（2021年7月畢業生）

33222率	+
中文科達3級率	+
英文科達3級率	+
數學科達2級率	+
通識科達2級率	+
人均優良成績	
入讀本地大專文憑率	+
入讀本地大學率	+
入讀（只限港大、中大、科大）率	+
入讀非本地大學率	+

寧波第二中學 Ning Po No.2 College

地址 觀塘順天邨順安道9號
電話 23467465　　傳眞　27723377
電郵 info@np2c.edu.hk
網址 www.np2c.edu.hk
校長 梁超然　　創校年份　1987
學校類別 資助　學生性別　男女
宗教背景 沒有
主要教學語言 初中：中、英　高中：中、英
一條龍小學 /
直屬小學 /
聯繫小學 /

教師專業資歷

教師人數　■編制內：48　　■編制外：10
已接受特殊教育培訓教師人數　14　外籍　0

教師年資
■0-4年：12人
■5-9年：2人
■10年或以上：44人

教師專業訓練　■認可教師證書/教育文憑：79%

教師資歷
■大學學位：52%
■碩士或以上：48%

21/22學年收生情況

中一生總人數（班數）126（4）
學位分配百分比　　■自行：30%　■統一：70%
自行收生取錄人數　40　競爭情況　1：15.70　面試名額　所有申請人

22/23學年收生要求

收生準則
■學業成績：30%　■獎項：5%
■面試表現：25%　■特長：5%
■操行及態度：25%　■課外活動：10%

面試內容　溝通技巧/應對；禮儀；常識；中英文能力；數理能力；學習態度；家庭生活；應變能力；社會時事
派表日期　2022.01.03-2022.01.17
收表日期　2022.01.03-2022.01.17
自行收生預算學額　40

學校特色

■重視學生品德培育及學業表現，在關愛環境下發揮潛能
■推行投入學習，鼓勵學生投入參與課堂，積極分享
■重視英語培訓，每年暑假校董會贊助舉辦活學英語沉浸課程

21/22學年中一教學語言

全級英文為教學語言科目　科學、英文（設有環境教育為主題的教學活動）、資訊科技

中學文憑試成績（2021年7月畢業生）

33222率	+
中文科達3級率	+
英文科達3級率	+
數學科達2級率	+
通識科達2級率	+
人均優良成績	
入讀本地大專文憑率	+
入讀本地大學率	+
入讀（只限港大、中大、科大）率	+
入讀非本地大學率	+

觀塘區

瑪利諾中學 Maryknoll Secondary School

地址 九龍觀塘秀茂坪安秀道27號
電話 27583102　　傳眞　27557634
電郵 admin@maryknoll.edu.hk
網址 www.maryknoll.edu.hk
校長 賴永春　　創校年份　1966
學校類別 資助　學生性別　男女
宗教背景 天主教
主要教學語言 初中：中文　高中：中文
一條龍小學 /
直屬小學 /
聯繫小學 /

教師專業資歷

教師人數　■編制內：56　　■編制外：10
已接受特殊教育培訓教師人數　16　外籍　1

教師年資
■0-4年：4人
■5-9年：9人
■10年或以上：43人

教師專業訓練　■認可教師證書/教育文憑：94%

教師資歷
■大學學位：44%
■碩士或以上：55%

註：教師年資只計算編制內教師人數

21/22學年收生情況

中一生總人數（班數）132（4）
學位分配百分比　　■自行：30%　■統一：64%
自行收生取錄人數　40　競爭情況　+　面試名額　+

22/23學年收生要求

收生準則
■教育局成績次第：15%　■面試表現：30%
■學業成績：15%　■操行及態度：20%
■課外活動：10%　■學校推薦：5%
■與中學聯繫：5%
■運動表現優越同學亦能透過運動優才計劃申請入讀本校

面試內容　溝通技巧/應對；禮儀；中英文能力；學習態度；家庭生活
派表日期　2022.01.03-2022.01.17
收表日期　2022.01.03-2022.01.17
自行收生預算學額　40

學校特色

■重視培養學生靈性發展、更了解天主慈愛，使愛德彰顯於生活中
■「仁愛」及「勤學」為校訓，透過不同策略令學生成為才德兼備的「瑪中人」
■學生能學會學習，主動學習，最終達至終身學習的目標

21/22學年中一教學語言

全級英文為教學語言科目　英文

中學文憑試成績（2021年7月畢業生）

33222率	+
中文科達3級率	+
英文科達3級率	+
數學科達2級率	+
通識科達2級率	+
人均優良成績	
入讀本地大專文憑率	+
入讀本地大學率	+
入讀（只限港大、中大、科大）率	+
入讀非本地大學率	+

註：+表示學校沒有提供資料；/表示沒有或不適用

藍田聖保祿中學 St Paul's School (Lam Tin)

地址　藍田安田街10號
電話　23472991　傳眞　23497892
電郵　school@spslt.edu.hk
網址　www.spslt.edu.hk
校長　王美德　創校年份　1970
學校類別　資助　學生性別　女
宗教背景　天主教
主要教學語言　初中:英文　高中:英文
一條龍小學　/
直屬小學　/
聯繫小學　/

教師專業資歷

教師人數　■編制內:61.5　■編制外:6.5
已接受特殊教育培訓教師人數　23　外籍　2
教師年資
　■0-4年:20人
　■5-9年:9人
　■10年或以上:39人
教師專業訓練　■認可教師證書/教育文憑:94%
教師資歷
　■大學學位:37%
　■碩士或以上:62%

註：收生準則分數多於100，總分是：150

21/22學年收生情況

中一生總人數(班數)　+ (5)
學位分配百分比　■自行:30%　■統一:70%
自行收生取錄人數　+　競爭情況　+　面試名額　250

22/23學年收生要求

收生準則
　■教育局成績次第:63%　■宗教背景相同:3%
　■操行及態度:7%　■面試表現:10%
　■與中學聯繫:7%　■課外活動:10%

面試內容　溝通技巧/應對；禮儀；中英文能力；應變能力

派表日期　2022.01.03-2022.01.17
收表日期　2022.01.03-2022.01.17
自行收生預算學額　+

學校特色

■重視語文教育，培養兩文三語能力
■發展多元智能，讓學生均衡發展
■重視學業、課外活動及品格培養，鼓勵學生積極參與服務

21/22學年中一教學語言

全級英文為教學語言科目　英文、英語文學、生活與社會、歷史、數學、科學、地理、電腦、音樂、視藝、體育、家政、生活與社會

中學文憑試成績（2021年7月畢業生）

33222率	85.7%
中文科達3級率	88.4%
英文科達3級率	97.8%
數學科達2級率	96.4%
通識科達2級率	100%
人均優良成績	+
入讀本地大專文憑率	22.7%
入讀本地大學率	62.4%
入讀(只限港大、中大、科大)率	+
入讀非本地大學率	5.7%

觀塘功樂官立中學 Kwun Tong Kung Lok Government Secondary School

地址　觀塘功樂道90號
電話　23435059　傳眞　23044668
電郵　ktklgss@edb.gov.hk
網址　www.ktklgss.edu.hk
校長　嚴淑貞　創校年份　1970
學校類別　官立　學生性別　男
宗教背景　沒有
主要教學語言　初中:中、英　高中:中、英
一條龍小學　/
直屬小學　/
聯繫小學　觀塘官立小學；將軍澳官立小學；觀塘官立小學(秀明道)

教師專業資歷

教師人數　■編制內:+　■編制外:+
已接受特殊教育培訓教師人數　+　外籍　+
教師年資　+
教師專業訓練　+
教師資歷　+

21/22學年收生情況

中一生總人數(班數)　+ (+)
學位分配百分比　■自行:+　■統一:+
自行收生取錄人數　+　競爭情況　+　面試名額　+

22/23學年收生要求

收生準則　+

面試內容　+

派表日期　+
收表日期　+
自行收生預算學額　+

學校特色

+

21/22學年中一教學語言

全級英文為教學語言科目　不提供

中學文憑試成績（2021年7月畢業生）

33222率	+
中文科達3級率	+
英文科達3級率	+
數學科達2級率	+
通識科達2級率	+
人均優良成績	+
入讀本地大專文憑率	+
入讀本地大學率	+
入讀(只限港大、中大、科大)率	+
入讀非本地大學率	+

觀塘官立中學 Kwun Tong Government Secondary School

地址　順利邨順緻街9號
電話　23436220　傳眞　23044671
電郵　ktgss@email.ktgss.edu.hk
網址　www.ktgss.edu.hk
校長　葉麗紅　創校年份　1982
學校類別　官立　學生性別　男女
宗教背景　沒有
主要教學語言　初中:英文　高中:英文
一條龍小學　+
直屬小學　+
聯繫小學　觀塘官立小學；黃大仙官立小學；觀塘官立小學(秀明道)

教師專業資歷

教師人數　■編制內:+　■編制外:0
已接受特殊教育培訓教師人數　+　外籍　+
教師年資　+
教師專業訓練　+
教師資歷　+

21/22學年收生情況

中一生總人數(班數)　+ (+)
學位分配百分比　■自行:+　■統一:+
自行收生取錄人數　+　競爭情況　+　面試名額　+

22/23學年收生要求

收生準則　+

面試內容　+

派表日期　+
收表日期　+
自行收生預算學額　+

學校特色

+

21/22學年中一教學語言

全級英文為教學語言科目　不提供

中學文憑試成績（2021年7月畢業生）

33222率	+
中文科達3級率	+
英文科達3級率	+
數學科達2級率	+
通識科達2級率	+
人均優良成績	+
入讀本地大專文憑率	+
入讀本地大學率	+
入讀(只限港大、中大、科大)率	+
入讀非本地大學率	+

觀塘區

註：+表示學校沒有提供資料；/表示沒有或不適用

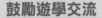

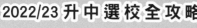

觀塘瑪利諾書院 Kwun Tong Maryknoll College

地址	觀塘翠屏道100號
電話	27171485　傳眞　27272788
電郵	ktmc@ktmc.edu.hk
網址	www.ktmc.edu.hk
校長	余健華　創校年份　1971
學校類別	資助　學生性別　男
宗教背景	天主教
主要教學語言	初中：英文　高中：英文
一條龍小學	/
直屬小學	/
聯繫小學	/

教師專業資歷

教師人數	■編制內：53　■編制外：3
已接受特殊教育培訓教師人數	15　外籍　1
教師年資	■0-4年：7人 ■5-9年：4人 ■10年或以上：45人
教師專業訓練	■認可教師證書/教育文憑：100%
教師資歷	■大學學位：50% ■碩士或以上：50%

21/22學年收生情況

中一生總人數(班數) 136 (4)

學位分配百分比　■自行：30%　■統一：70%

自行收生取錄人數　41　競爭情況　+　面試名額　所有申請人

22/23學年收生要求

收生準則	■學業成績：35%　■課外活動：15% ■面試表現：25%　■操行及態度：15% ■與學校聯繫：10%
面試內容	溝通技巧/應對；禮儀；常識；中英文能力；學習態度
派表日期	2022.01.03-2022.01.17
收表日期	2022.01.03-2022.01.17
自行收生預算學額	41

學校特色

■將高中原有的四班重新劃分爲五班，以小班形式教學，照顧學習差異
■參加了多項中學校際及大學主辦的資優教育計劃，以及傑出學生選舉
■STEM、宗教及倫理科均爲校本課程，切合校情及同學興趣

21/22學年中一教學語言

全級英文爲教學語言科目	英文、歷史、數學、科學、地理、電腦、音樂、視藝、體育、STEM

中學文憑試成績（2021年7月畢業生）

33222率	88.9%
中文科達3級率	88.9%
英文科達3級率	97.9%
數學科達2級率	100%
通識科達2級率	100%
人均優良成績	+
入讀本地大專文憑率	+
入讀本地大學率	83.8%
入讀(只限港大、中大、科大)率	41%
入讀非本地大學率	+

仁濟醫院王華湘中學 YCH Wong Wha San Secondary School

地址	將軍澳唐俊街8號
電話	27060477　傳眞　27060455
電郵	info@ychwwsss.edu.hk
網址	https://www.ychwwsss.edu.hk
校長	邱少雄　創校年份　1999
學校類別	資助　學生性別　男女
宗教背景	沒有
主要教學語言	初中：中、英及普通話　高中：中、英
一條龍小學	/
直屬小學	/
聯繫小學	/

教師專業資歷

教師人數	■編制內：55　■編制外：5
已接受特殊教育培訓教師人數	15　外籍　1
教師年資	■0-4年：12人 ■5-9年：6人 ■10年或以上：42人
教師專業訓練	■認可教師證書/教育文憑：100%
教師資歷	■大學學位：32% ■碩士或以上：68%

21/22學年收生情況

中一生總人數(班數) 130 (4)

學位分配百分比　■自行：30%　■統一：70%

自行收生取錄人數　40　競爭情況　1:11.48　面試名額　所有申請人

22/23學年收生要求

收生準則	■教育局成績次第：20%　■獎項：10% ■學業成績：25%　■課外活動：5% ■操行及態度：20%　■面試表現：20%
面試內容	溝通技巧/應對；禮儀；中英文能力；數理能力
派表日期	2022.01.03-2022.01.17
收表日期	2022.01.03-2022.01.17
自行收生預算學額	40

學校特色

■提供多元優質課程，鼓勵學生學藝雙修，協助學生建立全球視野
■以全方位學習模式和先進資訊科技設備，提升學生兩文三語水平和共通能力
■重視德育，提倡賞識教育，建立學生積極人生觀，熱心服務社會

21/22學年中一教學語言

全級英文爲教學語言科目	英文、數學、經濟

中學文憑試成績（2021年7月畢業生）

33222率	58%
中文科達3級率	65.7%
英文科達3級率	71.3%
數學科達2級率	96.3%
通識科達2級率	95.4%
人均優良成績	0.64
入讀本地大專文憑率	38.9%
入讀本地大學率	47.2%
入讀(只限港大、中大、科大)率	17.6%
入讀非本地大學率	8.3%

仁濟醫院靚次伯紀念中學 YCH Lan Chi Pat Memorial Secondary School

地址	將軍澳毓雅里10號
電話	27029033　傳眞　27021170
電郵	lcp-mail@lcp.mysch.net
網址	www.lcp.edu.hk
校長	曾國勇　創校年份　1996
學校類別	資助　學生性別　男女
宗教背景	沒有
主要教學語言	初中：中文　高中：中文
一條龍小學	/
直屬小學	/
聯繫小學	/

教師專業資歷

教師人數	■編制內：46　■編制外：3
已接受特殊教育培訓教師人數	25　外籍　1
教師年資	■0-4年：0人 ■5-9年：0人 ■10年或以上：46人
教師專業訓練	■認可教師證書/教育文憑：100%
教師資歷	■大學學位：31% ■碩士或以上：69%

註：教師年資只計算編制內教師人數

21/22學年收生情況

中一生總人數(班數) 70 (3)

學位分配百分比　■自行：30%　■統一：70%

自行收生取錄人數　+　競爭情況　+　面試名額　所有申請人

22/23學年收生要求

收生準則	■學業成績：30%　■課外活動：25% ■操行及態度：20%　■面試表現：25%
面試內容	溝通技巧/應對；禮儀；常識；體藝才能；應變能力；中英文能力；數理能力；學習態度；家庭生活
派表日期	2022.01.03-2022.01.17
收表日期	2022.01.03-2022.01.17
自行收生預算學額	+

學校特色

■推動創新科技教育（STEM），並以此推行課程改革
■初中推行小班及協作教學，重視學生品德教育及全人發展
■引入了外間資源，爲學生創造良好的英語學習環境

21/22學年中一教學語言

全級英文爲教學語言科目	英文

中學文憑試成績（2021年7月畢業生）

33222率	+
中文科達3級率	+
英文科達3級率	+
數學科達2級率	+
通識科達2級率	+
人均優良成績	+
入讀本地大專文憑率	+
入讀本地大學率	12%
入讀(只限港大、中大、科大)率	+
入讀非本地大學率	28%

觀塘區、西貢區

註：+表示學校沒有提供資料；/表示沒有或不適用

福建中學
FUKIEN SECONDARY SCHOOL
香港福建商會創辦　政府直接資助學校

1951年由香港福建商會創立，師生關愛、校風純樸，學生在公開考試及對外比賽表現突出。1991年，參加政府直接資助計劃，於2000年遷入觀塘千禧校舍，致力提供優質教育。

11月27日(六)
中一入學資訊日暨簡介會

A組：1:30pm - 4:00pm
B組：2:30pm - 5:00pm

請瀏覽本校網頁，進行預先登記

中一入學申請
(2022年9月入學)
已開始接受網上報名
網址：https://fms.ievent.hk
面試日期 12月4日 (六)

重視兩文三語創科教育
教學質素被受肯定

本校向來重視學生的語文發展，全面落實「兩文三語」政策，中一至中三級全面採用英語授課。全校的中國語文、中國歷史均以普通話授課。

本校銳意發展創科教育，在初中設置「STEM研習課」及「數學增進課程」，又刻意建造一系列的創科實驗室，例如：求真天地、STEM專用實驗室，為學生提供一個優良的科研環境。

2017年，教育局外評小組到本校進行校外評估。學校在「管理與組織」、「學與教」、「校風及學生支援」和「學生表現」四大範疇，獲高度評價。

2021年本校學生
入讀大學學位課程創新高

本校171名中六畢業生中，共有125人(73%)入讀各院校學士學位課程。有77位學生入讀本港五所著名大學，包括香港大學、中文大學、科技大學、城市大學、理工大學。

陳沛軒同學榮獲香港大學醫學院學位課程取錄
譚聯興同學榮獲香港科技大學國際科研學位課程取錄
黃煒照同學榮獲香港科技大學風險管理及商業智能學學位課程取錄
胡焯培和吳凱倫同學榮獲香港中文大學計量金融學學位課程取錄

本校近年獲港大/中大醫學院錄取的畢業生

年份	姓名	院校
2013	林浩東	港大
2014	黎蘊瑩	中大
2014	李健禧	中大
2016	劉牧南	中大
2016	林敏婷	中大
2018	林靜藍	中大
2020	唐詩雨	港大
2021	陳沛軒	港大

近年本校畢業生獲港大、中大及科大錄取情況 (2016-2021)

2016 & 2017	2018 & 2019	2020 & 2021
75	93	97

文憑考試成績斐然
考入三大再創高峰

2021年香港中學文憑考試 (DSE)

本校考生共取得 106科次5**或5*(2020年為82科次)，整體優良率(4級或以上)及摘星率(5**/5*)遠高於全港水平。

考生在文憑試考獲 4級、5級、5*/5** 比率

	本校	香港
5*/5**	9.9%	5.2%
5級或以上	21%	12.9%
4級或以上	53.5%	35.8%

校舍設施完備先進
提升學生學習效能

- 廿一世紀校舍，設施先進完善。
- 本校更設有室內恆溫泳池體育館、大劇院、英語劇場、STEM實驗室、求真天地（創客空間）、恬園（心靈成長空間）、再生能源教育角、文化體驗空間、傳統文化室、新穎設計圖書館、「電子互動教學屏幕」的課室及10多個專用室等，藉此開拓更多學習及活動空間。
- 教師能善用資訊科技教學，中一至中六學生均利用「平板電腦」進行電子學習，所有課室已安裝「電子互動教學屏幕」取代傳統的黑板，以提升教學效能。

■ 室內恆溫泳池

■ 電子互動教學屏幕　　■ 劇院

課外活動表現卓越
公開比賽屢創佳績

- 2018-2021年，本校在公開比賽中共獲得1294項獎項。
- 在體育成績方面，本校在近年約200所男女校中排名三甲之內，並曾榮獲學界最高榮譽的「中銀香港紫荊杯」男女校冠軍。

學界第一組別校隊

9隊
- ▶男子羽毛球
- ▶女子羽毛球
- ▶男子乒乓球
- ▶男子游泳
- ▶女子游泳
- ▶女子乒乓球
- ▶女子籃球
- ▶男子越野
- ▶女子越野

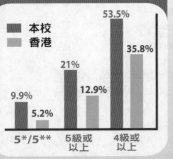

中一入學申請

網上報名　本校沒有參與教育局的統一派位機制，家長若為貴子弟申請入讀本校中一，必須透過本校的網上報名系統，直接報名申請。

學費　2022-2023年度，中一級全年學費港幣21,100元正，分10期繳交(有待教育局批准)。

獎助學金
- 品學優良／體藝表現優秀學生可申請「優異生入讀中一獎學金計劃」，申請表可在網頁下載或向本校索取。經濟上有需要的學生，可申請學費減免。
- 本校會撥出學費收入的十分之一作獎助學金。

地址：九龍觀塘振華道83號　　電話：25781745　　傳真：25120659　　網址：http://www.fms.edu.hk

天主教鳴遠中學 Catholic Ming Yuen Secondary School

地址　將軍澳厚德邨
電話　27027102　傳真　27027370
電郵　info@mingyuen.edu.hk
網址　www.mingyuen.edu.hk
校長　袁玉蘭　創校年份　1950
學校類別　資助　學生性別　男女
宗教背景　天主教
主要教學語言　初中：中文　高中：中文
一條龍小學　/
直屬小學　/
聯繫小學　/

教師專業資歷
教師人數　■編制內：35　■編制外：7
已接受特殊教育培訓教師人數　17　外籍　1
教師年資　■0-4年：18人
　■5-9年：6人
　■10年或以上：18人
教師專業訓練　■認可教師證書/教育文憑：95%
教師資歷　■大學學位：47%
　■碩士或以上：53%

21/22學年收生情況
中一生總人數(班數)　+ (3)
學位分配百分比　■自行：+　■統一：+
自行收生取錄人數　+　競爭情況　+　面試名額　所有申請人

22/23學年收生要求
收生準則　■學業成績：30%　■課外活動：20%
　■操行及態度：30%　■面試表現：20%
面試內容　溝通技巧/應對；禮儀；體藝才能；學習態度
派表日期　2022.01.03-2022.01.17
收表日期　2022.01.03-2022.01.17
自行收生預算學額　30

學校特色
■致力照顧學生個別差異，裁剪課程並強調小班教學和分組上課並設有拔尖課程
■與大專協辦應用學習課程，並提早於中四推行，讓學生發展多元智能及助其做好生涯規劃
■照顧新來港學生，多年獲關愛校園獎。在照顧有特殊教育需要學生方面富有經驗

21/22學年中一教學語言
全級英文為教學語言科目　英文

中學文憑試成績（2021年7月畢業生）
33222率	+
中文科達3級率	+
英文科達3級率	+
數學科達2級率	+
通識科達2級率	+
人均優良成績	
入讀本地大專文憑率	
入讀本地大學率	
入讀(只限港大、中大、科大)率	
入讀非本地大學率	

西貢崇真天主教學校（中學部） Sai Kung Sung Tsun Catholic School (Secondary Section)

地址　西貢普通道A-E座
電話　27926712　傳真　27910401
電郵　sts-mail@hkedcity.net
網址　www.sts.edu.hk
校長　甘陳富文　創校年份　1924
學校類別　資助　學生性別　男女
宗教背景　天主教
主要教學語言　初中：中、英及普通話　高中：中、英
一條龍小學　西貢崇真天主教學校（小學部）
直屬小學　/
聯繫小學　/

教師專業資歷
教師人數　■編制內：59　■編制外：2
已接受特殊教育培訓教師人數　21　外籍　2
教師年資　■0-4年：4人
　■5-9年：20人
　■10年或以上：37人
教師專業訓練　■認可教師證書/教育文憑：100%
教師資歷　■大學學位：45%
　■碩士或以上：55%

註：2021/22學年自行學位分配百分比包括一條龍小學學生：一條龍小學部為2班班級結構，而中學部為4班班級結構，所以會對外收取中一學生

21/22學年收生情況
中一生總人數(班數)　100 (4)
學位分配百分比　■自行：40%　■統一：60%
自行收生取錄人數　40　競爭情況　+　面試名額　所有申請人

22/23學年收生要求
收生準則　■教育局成績次第：15%　■獎項：5%
　■學業成績：20%　■課外活動：10%
　■面試表現：20%　■操行及態度：20%
　■校內及校外服務：10%
面試內容　溝通技巧/應對；禮儀；常識；體藝才能；應變能力；中英文能力；數理能力；學習態度；家庭生活
派表日期　2022.01.03-2022.01.17
收表日期　2022.01.03-2022.01.17
自行收生預算學額　40

學校特色
■校舍寬敞，設施包括多個籃球場、手球場、羽毛球場及健體中心等
■成立崇真科學中心，引發學生學習科學的興趣，推動STEM教育
■推行「寓靈修於教育」計劃，設計心靈教育課，培育學生反思生命

21/22學年中一教學語言
全級英文為教學語言科目　英文

中學文憑試成績（2021年7月畢業生）
33222率	+
中文科達3級率	+
英文科達3級率	+
數學科達2級率	+
通識科達2級率	+
人均優良成績	
入讀本地大專文憑率	
入讀本地大學率	
入讀(只限港大、中大、科大)率	
入讀非本地大學率	

東華三院呂潤財紀念中學 TWGHs Lui Yun Choy Memorial College

地址　寶琳毓雅里8號
電話　27060743　傳真　27024592
電郵　twghlycmc@gmail.com
網址　www.lycmc.edu.hk
校長　黎偉江　創校年份　1995
學校類別　資助　學生性別　男女
宗教背景　沒有
主要教學語言　初中：中、英　高中：中、英
一條龍小學　/
直屬小學　/
聯繫小學　/

教師專業資歷
教師人數　■編制內：50　■編制外：11
已接受特殊教育培訓教師人數　19　外籍　2
教師年資　■0-4年：13人
　■5-9年：5人
　■10年或以上：43人
教師專業訓練　■認可教師證書/教育文憑：92%
教師資歷　■大學學位：56%
　■碩士或以上：44%

註：已結束一條龍模式並全面開放中一學位

21/22學年收生情況
中一生總人數(班數)　132 (4)
學位分配百分比　■自行：30%　■統一：70%
自行收生取錄人數　40　競爭情況　+　面試名額　所有申請人

22/23學年收生要求
收生準則　■教育局成績次第：40%　■獎項：5%
　■面試表現：20%　■學業成績：10%
　■操行及態度：20%　■課外活動：5%
面試內容　溝通技巧/應對；禮儀；常識；體藝才能；應變能力；中英文能力；學習態度；家庭生活
派表日期　2022.01.03-2022.01.17
收表日期　2022.01.03-2022.01.17
自行收生預算學額　40

學校特色
■營造英語學習環境：校本英國文學和傳媒英語課程，並以英語演講等配合
■擴闊國際視野：透過交流團和國際交流生計劃，讓學生放眼世界
■課程多元化：學校重視閱讀、STEM教育等課程，並舉辦延伸活動鞏固學習

21/22學年中一教學語言
全級英文為教學語言科目　英文、英語文學、數學、科學、地理、電腦、傳媒英語

中學文憑試成績（2021年7月畢業生）
33222率	+
中文科達3級率	+
英文科達3級率	+
數學科達2級率	+
通識科達2級率	+
人均優良成績	
入讀本地大專文憑率	
入讀本地大學率	
入讀(只限港大、中大、科大)率	
入讀非本地大學率	+

西貢區

註：+表示學校沒有提供資料；/表示沒有或不適用

嶺南鍾榮光博士紀念中學
Lingnan Dr. Chung Wing Kwong Memorial Secondary School

新界葵涌荔景邨 | 2743 9488 | www.ldcwkmss.edu.hk

學校短片

弘基格致

本校為一所基督教津貼男女中學,由嶺南教育機構於1978年創辦。全校中一至中六,每級開設四班,每班約三十人。教師和學生比例為1:10。

校監	吳桂華先生
校長	鄺綺詩博士
校牧	黃偉東長老
顧問團隊	陳加恩校長、羅素芝女士 Mrs. Helen Cheung

本校的辦學團體為嶺南教育機構 (Lingnan Education Organization),其服務範圍橫跨學前以至專上教育。

服務社群

優化課程

注重教學改革,開創校本特色中文課程
- 設計「主題式」教學單元;初中單元教學內,加入「思辯」元素
- 每一單元均設「創意寫作練習」,配合「微型小說」閱讀
- 開發「語文基礎電子作業平台」

投放大量資源,締造英語學習氛圍
- 重新規劃初中三年英文課程,用輕鬆活潑的手法教學
- 英文自學手冊－讓同學可預先溫習整個學年所有英文生字及文法內容
- 小組教學,每組15–20人
- 開發校本英文電子教學系統

加強科技教育,鼓勵學生突破自我
- 推行學生自攜裝置計劃 (BYOD)
- 大力推廣科技教育
- 引入AI人工智能課題
- 引入「虛擬實境海事訓練及貨櫃港自動化」(VR) 課題

拓闊初中基礎課程,讓學生全人發展
初中開設科目:

中一至中三	中國語文、英國語文、數學、普通話、中國歷史、電腦、音樂、體育
中一及中二	綜合人文、綜合科學、設計與科技、家政、生命教育、生活技能、宗教知識
中二	STEM、生命教育
中二及中三	視覺藝術
中三	經濟、地理、世界歷史、物理、化學、生物、基本商業、專題研習

高中開設科目
中國語文、英國語文、數學、公民與社會發展 / 通識教育、數學延伸M1、數學延伸M2、中國歷史、經濟、地理、世界歷史、旅遊與款待、企業會計及財務概論、物理、化學、生物、資訊及通訊科技、音樂、體育、視覺藝術、另有47個校外選修科目,例如日文,及其他應用學習課程。

推行啟發潛能教育
把整個校園化為生活技能課的教室,推動IE校園生活,讓學生透過培訓、學習、參與、體驗、實踐,培養學生正面的自我形像

健康校園

綠色生活
學生透過學科學習、校園綠化、領袖訓練等多元化方式實踐「可持續發展生活模式」。

IoT 智能課室節能學習計劃
在 STEM ROOM 加裝 IOT 感應器,可以就溫度、光度等,調節燈、冷氣開關,學生會於 STEM 堂及相關科目中學習有關知識。

展藝項目
除了一般球類活動、藝術活動和中英文學會外,本校還有童軍、海事科技學會、家政學會、音樂學會、Band隊、管樂班、結他班、多媒體創作班、微電影小組、爬蟲學會、STEM科技學會、武術學會、咖啡拉花班、另外會組織一些切合時代脈搏的活動如:漫畫入門、街舞、日文、扭氣球、各種DIY,活動會隨著年青人的需要和興趣而增減。

關愛生活

照顧初中學生
- 暑期中一適應課程
- 中、英、數三科分小組上課
- **「快樂教室」**－透過坊間最新流行玩意加上輔導技巧,加強學生內在學習動機
- **青苗計劃**－與教會合作,在星期六設恒常小組活動,輔導低年級同學功課及提供成長支援
- **正向文化**－透過"嶺"我高飛計劃肯定學生在學業和行為上的改變,藉此提升學生自信心

保良局甲子何玉清中學 PLK Ho Yuk Ching (1984) College

地址	將軍澳集福路2號
電話	27037363　傳真　27049602
電郵	plk1984@gmail.com
網址	www.plk1984.edu.hk
校長	王翠萌　創校年份　1994
學校類別	資助　學生性別　男女
宗教背景	沒有
主要教學語言	初中：中文　高中：中文
一條龍小學	/
直屬小學	/
聯繫小學	/

教師專業資歷

教師人數	■編制內：56　■編制外：1
已接受特殊教育培訓教師人數	19　外籍　1
教師年資	■0-4年：6人 ■5-9年：6人 ■10年或以上：45人
教師專業訓練	■認可教師證書/教育文憑：100%
教師資歷	■大學學位：40% ■碩士或以上：60%

21/22學年收生情況

中一生總人數(班數)　113 (4)
學位分配百分比　　■自行：38%　■統一：62%
自行收生取錄人數　40　競爭情況　1：5.15　面試名額　120

22/23學年收生要求

收生準則	■詳情參考學校網頁
面試內容	溝通技巧/應對；禮儀；中英文能力；學習態度；家庭生活
派表日期	2021.12.01-2022.01.17
收表日期	2022.01.03-2022.01.17
自行收生預算學額	40

學校特色

■學校着重培養關愛及正向文化，連續8年獲得「關愛校園」殊榮
■重視全人發展，提供多元化活動讓學生參與，發揮學生專才及才能
■校風淳樸，以學生為本，致力建立自尊、自信及愛人如己之素質

21/22學年中一教學語言

全級英文為教學語言科目　英文

中學文憑試成績（2021年7月畢業生）

33222率	+
中文科達3級率	+
英文科達3級率	+
數學科達2級率	+
通識科達2級率	+
人均優良成績	+
入讀本地大專文憑率	+
入讀本地大學率	+
入讀(只限港大、中大、科大)率	+
入讀非本地大學率	+

迦密主恩中學 Carmel Divine Grace Foundation Secondary School

地址	將軍澳寶林邨
電話	27010908　傳真　27040404
電郵	info@school.cdgfss.edu.hk
網址	www.cdgfss.edu.hk
校長	徐家賢　創校年份　1987
學校類別	資助　學生性別　男女
宗教背景	基督教
主要教學語言	初中：英文　高中：英文
一條龍小學	/
直屬小學	/
聯繫小學	/

教師專業資歷

教師人數	■編制內：52　■編制外：3
已接受特殊教育培訓教師人數	11　外籍　1
教師年資	■0-4年：14人 ■5-9年：3人 ■10年或以上：38人
教師專業訓練	■認可教師證書/教育文憑：98.2%
教師資歷	■大學學位：56.4% ■碩士或以上：43.6%

註：2021/22學年學位分配百分比不包括一條龍小學學生

21/22學年收生情況

中一生總人數(班數)　130 (4)
學位分配百分比　　■自行：30%　■統一：70%
自行收生取錄人數　+　競爭情況　+　面試名額　所有申請人

22/23學年收生要求

收生準則	■學業成績：50%　■獎項：10% ■面試表現：30%　■課外活動：10% ■操行B級或以上
面試內容	溝通技巧/應對；禮儀；常識；中英文能力；學習態度；家庭生活；應變能力；解難、邏輯思維及價值判斷
派表日期	2021.12.06-2022.01.17
收表日期	2022.01.03-2022.01.17
自行收生預算學額	40

學校特色

■提供良好英語環境及多元化英語活動，拓展學生國際視野
■校風淳樸，師生關係融洽；教師以基督的愛孕育學生，教導正確人生觀
■學風嚴謹，提供不同類型的學習經歷及課外活動，啟發學生的多元智能

21/22學年中一教學語言

全級英文為教學語言科目　英文、數學、科學、地理、電腦、音樂、視藝、體育、家政、設計與科技、英文閱讀、跨學科英語

中學文憑試成績（2021年7月畢業生）

33222率	91.8%
中文科達3級率	91.8%
英文科達3級率	100%
數學科達2級率	100%
通識科達2級率	100%
人均優良成績	+
入讀本地大專文憑率	+
入讀本地大學率	90.2%
入讀(只限港大、中大、科大)率	+
入讀非本地大學率	+

香海正覺蓮社佛教正覺中學 HHCKLA Buddhist Ching Kok Secondary School

地址	調景嶺翠嶺路38號
電話	22463383　傳真　22463283
電郵	chingkok@bckss.edu.hk
網址	www.bckss.edu.hk
校長	游美斯　創校年份　2003
學校類別	資助　學生性別　男女
宗教背景	佛教
主要教學語言	初中：中、英　高中：中、英
一條龍小學	香海正覺蓮社佛教黃藻森學校
直屬小學	/
聯繫小學	/

教師專業資歷

教師人數	■編制內：49　■編制外：3
已接受特殊教育培訓教師人數	32　外籍　1
教師年資	■0-4年：6人 ■5-9年：14人 ■10年或以上：32人
教師專業訓練	■認可教師證書/教育文憑：100%
教師資歷	■大學學位：34% ■碩士或以上：66%

註：2021/22學年學位分配百分比以扣減一條龍小學學生人數後計算

21/22學年收生情況

中一生總人數(班數)　+ (3)
學位分配百分比　　■自行：30%　■統一：70%
自行收生取錄人數　+　競爭情況　+　面試名額　+

22/23學年收生要求

收生準則	■學業成績：45%　■課外活動：10% ■面試表現：20%　■操行及態度：25%
面試內容	溝通技巧/應對；禮儀；常識；中英文能力；學習態度；家庭生活
派表日期	2021.10.30-2022.01.17
收表日期	2022.01.03-2022.01.17
自行收生預算學額	+

學校特色

■設十多個情景教室（Lego STEM Lab、Maker Lab、Fitness Centre、中華文化館等），配合與時並進課程，讓同學盡展潛能
■獲商界及大學專業支援及財政資源，推行多項學與教及學生成長活動
■推動「一人一證書」，讓學生在學術及非學術範疇都能獲得專業認同，提升競爭力

21/22學年中一教學語言

全級英文為教學語言科目　英文

中學文憑試成績（2021年7月畢業生）

33222率	+
中文科達3級率	+
英文科達3級率	+
數學科達2級率	+
通識科達2級率	+
人均優良成績	+
入讀本地大專文憑率	+
入讀本地大學率	+
入讀(只限港大、中大、科大)率	+
入讀非本地大學率	+

註：+表示學校沒有提供資料；/表示沒有或不適用

孔聖堂中學 (中英文直資中學)
Confucius Hall Secondary School (DSS)

當西方文化遇上東方道德的
孔聖堂中學 ⋯⋯⋯

全港唯一
以弘揚儒學為辦
學宗旨的
中英文直資中學

▶ 融匯東西文化的國際交流體驗計劃

- 為學生提供一連串國內、外的交流、考察及交換生計劃，親身感受不同國家的上課模式及入住當地學生家庭體驗外地生活習慣。近年交換生計劃到訪中學包括德國（Stormanschule Arensburg）、丹麥（Odsherreds Efterskole）、法國（Odsherreds Efterskole）及美國（Mt Everett Regional School）等當地著名學府。國際活動包括世界中學生水資源研討會、美國侯斯頓國際科技比賽（ISWEEEP）、馬來西亞欖球訓練團、姊妹學校計劃等。

- 學校積極籌辦多元化的交流活動，前往北京、南京、西安、山東、四川、雲南、哈爾濱、內蒙古、台灣等地，帶領學生參訪當地學校，認識當地歷史文化，擴闊學生眼界。

- 多位名人到校演講，包括北京大學儒學大師杜維明教授、英國牛頓大學教授劉偉榮博士、香港中文大學丁新豹教授、青年發展委員會副主席劉鳴煒先生及資深傳媒人林超榮先生等。

- 設立多元文化小組，並增設法文，西班牙文興趣班，學生來自英國、美國、西班牙、日本、菲律賓等國家，建造國際化校園環境。

◀ 多元化的學習體驗 讓學生的光芒揚遍國際

- 全港首間與香港欖球總會進行欖球合作學校計劃 (School of Rugby)，獲英格蘭首席大臣薩蒙德親臨本校參觀課堂。

- 香港中學文憑試成績優異，升學率高於全港水平，學生成功獲香港大學、香港中文大學、香港科技大學、香港理工大學、香港城市大學、香港教育大學、嶺南大學、樹仁大學、國內、台灣及海外等學府取錄。

- 以儒學教化每位學生，重視培養學生的道德感，教導學生奉行儒家精神，發展完美的人格。

▶ 平等教育設多個獎、助學金計劃

- 學校貫徹平等教育，目標是希望沒有學生因經濟問題而不能就學或參加任何的國際考察或交流活動。

- 綜援家庭學費全免、居住新界及九龍區有經濟困難的學生將獲每月最高港幣$500交通津貼、學校教育基金提供港幣$20000元給予成功升讀海外或國內大學的學生、考獲前3名學生可豁免全年學費、並設有「賽馬會全方位學習基金」、「課後支援計劃」、「區本計劃」等。

- 設立「梁浩堂紀念基金」資助同學參加課外活動及海外交流，以及「學費減免計劃」紓緩學生財政壓力。

申請入學

有興趣入讀本校2021/22年度各級插級生或2022/23年度各級新生，可由即日起前往本校網址進行網上申請入學或下載入學申請表，並親臨、郵寄或傳真至本校，獲面試機會的同學將由學校個別通知，詳情可直接向本校校務處查詢。

地址：香港銅鑼灣加路連山道77號
電話 Tel：2576 3415　　電郵 Email：enquiry@chss.edu.hk　　傳真 Fax：2882 8658
網址 Website：http://www.chss.edu.hk

香港道教聯合會圓玄學院第三中學 HKTA The Yuen Yuen Institute No.3 Secondary School

地址　將軍澳唐明街2號尚德邨
電話　21783223　傳真　21783636
電郵　yy3mail@hktayy3.edu.hk
網址　www.hktayy3.edu.hk
校長　賴俊榮　創校年份　1998
學校類別　資助　學生性別　男女
宗教背景　道教
主要教學語言　初中:中、英　高中:中、英
一條龍小學　/
直屬小學　/
聯繫小學　/

教師專業資歷

教師人數　■編制內:59　■編制外:11
已接受特殊教育培訓教師人數　34　外籍　3
教師年資
■0-4年:21人
■5-9年:3人
■10年或以上:46人
教師專業訓練　■認可教師證書/教育文憑:84%
教師資歷
■大學學位:56%
■碩士或以上:44%

註:2021/22學年學位分配百分比不包括一條龍小學學生

21/22學年收生情況

中一生總人數(班數)　91 (4)
學位分配百分比　■自行:+　■統一:+
自行收生取錄人數　40　競爭情況　1:2.50　面試名額　所有申請人

22/23學年收生要求

收生準則　■學業成績:50%　■課外活動:5%　■操行及態度:30%　■面試表現:10%　■評語:5%
面試內容　溝通技巧/應對;禮儀;常識;體藝才能;家庭生活;中英文能力;數理能力;學習態度
派表日期　2022.01.03-2022.01.17
收表日期　2022.01.03-2022.01.17
自行收生預算學額　40

學校特色

■多位老師於不同範疇獲獎,包括優秀教師、品德教育傑出教學獎及學校優秀教練獎等
■英文學習語境;學生按能力分班,並因應學生的學習需要,部分科目採用英語作為教學語言
■本校學生於2021年DSE中學文憑考試獲得優異成績,近四成學生獲大學聯招取錄,其中共5名尖子考入港大及科大

21/22學年中一教學語言

全級英文為教學語言科目　英文

中學文憑試成績（2021年7月畢業生）

33222率	+
中文科達3級率	+
英文科達3級率	+
數學科達2級率	+
通識科達2級率	+
人均優良成績	+
入讀本地大專文憑率	+
入讀本地大學率	+
入讀(只限港大、中大、科大)率	+
入讀非本地大學率	+

馬錦明慈善基金馬陳端喜紀念中學 MKMCF Ma Chan Duen Hey Memorial College

地址　將軍澳運隆路2號
電話　27067477　傳真　27064177
電郵　info@mcdhmc.edu.hk
網址　www.mcdhmc.edu.hk
校長　彭志遠　創校年份　1998
學校類別　資助　學生性別　男女
宗教背景　基督教
主要教學語言　初中:中文　高中:中文
一條龍小學　/
直屬小學　/
聯繫小學　/

教師專業資歷

教師人數　■編制內:57　■編制外:+
已接受特殊教育培訓教師人數　1　外籍　1
教師年資
■0-4年:4人
■5-9年:9人
■10年或以上:44人
教師專業訓練　■認可教師證書/教育文憑:94.7%
教師資歷
■大學學位:31.6%
■碩士或以上:59.7%

註:教師年資只計算編制內教師人數

21/22學年收生情況

中一生總人數(班數)　+ (3)
學位分配百分比　■自行:+　■統一:+
自行收生取錄人數　+　競爭情況　+　面試名額　+

22/23學年收生要求

收生準則　■升學期望
面試內容　溝通技巧/應對;禮儀;常識;中英文能力;學習態度;家庭生活
派表日期　2022.01.03-2022.01.17
收表日期　2022.01.03-2022.01.17
自行收生預算學額　+

學校特色

+

21/22學年中一教學語言

全級英文為教學語言科目　英文、歷史

中學文憑試成績（2021年7月畢業生）

33222率	+
中文科達3級率	+
英文科達3級率	+
數學科達2級率	+
通識科達2級率	+
人均優良成績	+
入讀本地大專文憑率	+
入讀本地大學率	+
入讀(只限港大、中大、科大)率	+
入讀非本地大學率	+

基督教宣道會宣基中學 C. & M. A. Sun Kei Secondary School

地址　將軍澳唐俊街6號
電話　21916022　傳真　21916601
電郵　skss@skss.edu.hk
網址　www.skss.edu.hk
校長　潘淑嫻　創校年份　1999
學校類別　資助　學生性別　男女
宗教背景　基督教
主要教學語言　初中:中、英及普通話　高中:中、英
一條龍小學　/
直屬小學　/
聯繫小學　/

教師專業資歷

教師人數　■編制內:50　■編制外:5
已接受特殊教育培訓教師人數　11　外籍　2
教師年資
■0-4年:6人
■5-9年:6人
■10年或以上:43人
教師專業訓練　■認可教師證書/教育文憑:98%
教師資歷
■大學學位:39%
■碩士或以上:59%

21/22學年收生情況

中一生總人數(班數)　127 (4)
學位分配百分比　■自行:30%　■統一:70%
自行收生取錄人數　40　競爭情況　1:11.83　面試名額　所有申請人

22/23學年收生要求

收生準則　■學業成績:40%　■課外活動:20%　■面試表現:40%
面試內容　溝通技巧/應對;禮儀;常識;體藝才能;應變能力;中英文能力;數理能力;學習態度;家庭生活
派表日期　2022.01.03-2022.01.17
收表日期　2022.01.03-2022.01.17
自行收生預算學額　40

學校特色

■獲啟發潛能學校成就大獎,STEM(實驗隨神州十一號升空)成就超卓
■培育學生才德兼備,十四度獲西貢區傑出學生選舉最佳學校團隊獎
■師資優秀,三度榮獲行政長官卓越教學獎及優質評核管理認證計劃認證

21/22學年中一教學語言

全級英文為教學語言科目　英文、英語文學、歷史、數學、科學、地理、電腦、音樂、體育、家政

中學文憑試成績（2021年7月畢業生）

33222率	87.4%
中文科達3級率	+
英文科達3級率	+
數學科達2級率	+
通識科達2級率	+
人均優良成績	+
入讀本地大專文憑率	+
入讀本地大學率	+
入讀(只限港大、中大、科大)率	+
入讀非本地大學率	+

西貢區

註:+表示學校沒有提供資料;/表示沒有或不適用

將軍澳官立中學 Tseung Kwan O Government Secondary School

地址	將軍澳敬賢里2號
電話	27040051　傳眞　27040777
電郵	info@tkogss.edu.hk
網址	www.tkogss.edu.hk
校長	姚寶琼　創校年份　1988
學校類別	官立　學生性別　男女
宗教背景	沒有
主要教學語言	初中:英文　高中:英文
一條龍小學	/
直屬小學	/
聯繫小學	將軍澳官立小學

教師專業資歷

教師人數	■編制內:54　■編制外:0
已接受特殊教育培訓教師人數	26　外籍　1
教師年資	■0-4年:3人 ■5-9年:6人 ■10年或以上:46人
教師專業訓練	■認可教師證書/教育文憑:100%
教師資歷	■大學學位:53% ■碩士或以上:43%

註:教師年資只計算編制內教師人數;2021/22學年學位分配百分比不包括一條龍小學學生

21/22學年收生情況

中一生總人數(班數) 142 (4)
學位分配百分比　■自行:30%　■統一:70%
自行收生取錄人數　43　競爭情況　1:8.14　面試名額　350

22/23學年收生要求

收生準則	■教育局成績次第:40%　■獎項:10% ■課外活動:10%　■面試表現:30% ■學業成績:10%　■操行須達乙級或以上
面試內容	語文能力、數理能力、對日常事物的認識
派表日期	2021.12.10-2022.01.17
收表日期	2022.01.03-2022.01.17
自行收生預算學額	43

學校特色

■區內唯一一所官立中學,師資、設備優良,提供均衡教育的課程以幫助學生全人發展
■配合社會的需要,致力提升學生兩文三語的能力;大部分科目以英語授課
■培養學生建立積極而正確的人生觀:主動學習、積極參與課外活動及服務社群

21/22學年中一教學語言

全級英文為教學語言科目　英文、歷史、數學、科學、地理、電腦、音樂、家政

中學文憑試成績（2021年7月畢業生）

33222率	+
中文科達3級率	+
英文科達3級率	+
數學科達2級率	+
通識科達2級率	+
人均優良成績	+
入讀本地大專文憑率	+
入讀本地大學率	+
入讀(只限港大、中大、科大)率	+
入讀非本地大學率	+

張沛松紀念中學 Chang Pui Chung Memorial School

地址	將軍澳運隆路3號
電話	27047002　傳眞　26237885
電郵	cpcmail@cpc.edu.hk
網址	www.cpc.edu.hk
校長	何惠成　創校年份　1997
學校類別	資助　學生性別　男女
宗教背景	沒有
主要教學語言	初中:中文　高中:中文
一條龍小學	/
直屬小學	/
聯繫小學	/

教師專業資歷

教師人數	■編制內:61　■編制外:3
已接受特殊教育培訓教師人數	19　外籍　3
教師年資	■0-4年:14人 ■5-9年:5人 ■10年或以上:45人
教師專業訓練	■認可教師證書/教育文憑:92%
教師資歷	■大學學位:48% ■碩士或以上:52%

21/22學年收生情況

中一生總人數(班數) 131 (4)
學位分配百分比　■自行:30%　■統一:70%
自行收生取錄人數　40　競爭情況　+　面試名額　+

22/23學年收生要求

收生準則	■教育局成績次第:20%　■學業成績:30% ■操行及態度:30%　■面試表現:20%
面試內容	溝通技巧/應對;禮儀;常識;學習態度
派表日期	2022.01.03-2022.01.17
收表日期	2022.01.03-2022.01.17
自行收生預算學額	40

學校特色

■採用多元互動教學模式,設功課輔導及增潤班,加強中英數基礎
■聘用3名外籍英語教師,將戲劇融入教學,提升學生的英語溝通能力
■創新科技STEM教育、多元課外活動,讓學生增廣見聞,創藝展才

21/22學年中一教學語言

全級英文為教學語言科目　英文

中學文憑試成績（2021年7月畢業生）

33222率	+
中文科達3級率	+
英文科達3級率	+
數學科達2級率	+
通識科達2級率	+
人均優良成績	+
入讀本地大專文憑率	+
入讀本地大學率	+
入讀(只限港大、中大、科大)率	+
入讀非本地大學率	+

博愛醫院八十週年鄧英喜中學 POH 80th Anniversary Tang Ying Hei College

地址	將軍澳唐賢里2號
電話	22463221　傳眞　22464514
電郵	webadmin@pohtyh.edu.hk
網址	www.pohtyh.edu.hk
校長	李慧　創校年份　1999
學校類別	資助　學生性別　男女
宗教背景	沒有
主要教學語言	初中:中、英　高中:中、英
一條龍小學	/
直屬小學	/
聯繫小學	/

教師專業資歷

教師人數	■編制內:56　■編制外:4
已接受特殊教育培訓教師人數	23　外籍　1
教師年資	■0-4年:10人 ■5-9年:7人 ■10年或以上:43人
教師專業訓練	■認可教師證書/教育文憑:92%
教師資歷	■大學學位:50% ■碩士或以上:50%

21/22學年收生情況

中一生總人數(班數) 124 (4)
學位分配百分比　■自行:30%　■統一:70%
自行收生取錄人數　40　競爭情況　+　面試名額　所有申請人

22/23學年收生要求

收生準則	■教育局成績次第:20%　■學業成績:20% ■獎項:5%　■課外活動:10% ■操行及態度:20%　■面試表現:20% ■小學評語:5% （如面試因疫情取消,各項目比例或會調整。）
面試內容	溝通技巧/應對;禮儀;常識;體藝才能;家庭生活;中英文能力;數理能力;學習態度
派表日期	2022.01.03-2022.01.17
收表日期	2022.01.03-2022.01.17
自行收生預算學額	40

學校特色

■屢獲國際啟發潛能教育獎項,另外已連續十年榮獲關愛校園大獎
■設校本資優培訓課程,助富學術天賦的同學追求卓越,創建未來
■適異創新,提供多元機會,輔以創新科技,助學生閃耀潛能

21/22學年中一教學語言

全級英文為教學語言科目　英文、數學、科學

中學文憑試成績（2021年7月畢業生）

33222率	+
中文科達3級率	+
英文科達3級率	+
數學科達2級率	+
通識科達2級率	+
人均優良成績	+
入讀本地大專文憑率	+
入讀本地大學率	+
入讀(只限港大、中大、科大)率	+
入讀非本地大學率	+

西貢區

註:+表示學校沒有提供資料;/表示沒有或不適用

西貢區

景嶺書院 King Ling College

地址	將軍澳林盛路1號
電話	27029602　傳真　27043244
電郵	klc-mail@kingling.edu.hk
網址	www.kingling.edu.hk
校長	楊明倫　創校年份　1994
學校類別	資助　學生性別　男女
宗教背景	沒有
主要教學語言	初中：英文　高中：英文
一條龍小學	/
直屬小學	/
聯繫小學	/

教師專業資歷

教師人數	■編制內：51　■編制外：1
已接受特殊教育培訓教師人數	8　外籍　1
教師年資	■0-4年：7人　■5-9年：3人　■10年或以上：42人
教師專業訓練	■認可教師證書/教育文憑：100%
教師資歷	■大學學位：19.6%　■碩士或以上：80.4%

21/22學年收生情況

中一生總人數(班數)　123 (4)

學位分配百分比　■自行：30%　■統一：70%

自行收生取錄人數　41　競爭情況　+　面試名額　+

22/23學年收生要求

收生準則	■學業成績：50%　■操行及態度：10%　■面試表現：30%　■其他：10%
面試內容	溝通技巧/應對；禮儀；常識；中英文能力；數理能力；學習態度；家庭生活；應變能力
派表日期	2022.01.03-2022.01.17
收表日期	2022.01.03-2022.01.17
自行收生預算學額	41

學校特色

■弘揚中華文化，於各科課程及課外活動滲入此元素
■「一人一體育」計劃及樂器培訓，培養學生不同興趣
■飯堂自專廚師現場烹調午膳，不使用即棄餐具

21/22學年中一教學語言

全級英文為教學語言科目	英文、歷史、數學、科學、地理、電腦、音樂、視藝、體育、家政

中學文憑試成績（2021年7月畢業生）

33222率	88.2%
中文科達3級率	90.6%
英文科達3級率	97.7%
數學科達2級率	98.8%
通識科達2級率	100%
人均優良成績	+
入讀本地大專文憑率	12.8%
入讀本地大學率	81.4%
入讀(只限港大、中大、科大)率	29.1%
入讀非本地大學率	5.8%

港澳信義會慕德中學 HKMLC Queen Maud Secondary School

地址	將軍澳厚德邨第3期
電話	27026509　傳真　27019865
電郵	info@qmss.edu.hk
網址	www.qmss.edu.hk
校長	張坤玲　創校年份　1950
學校類別	資助　學生性別　男女
宗教背景	基督教
主要教學語言	初中：中、英　高中：中、英
一條龍小學	/
直屬小學	/
聯繫小學	港澳信義會小學；港澳信義會明道小學

教師專業資歷

教師人數	■編制內：54　■編制外：5
已接受特殊教育培訓教師人數	12　外籍　2
教師年資	■0-4年：16人　■5-9年：9人　■10年或以上：34人
教師專業訓練	■認可教師證書/教育文憑：93%
教師資歷	■大學學位：44%　■碩士或以上：56%

21/22學年收生情況

中一生總人數(班數)　136 (4)

學位分配百分比　■自行：30%　■統一：70%

自行收生取錄人數　43　競爭情況　+　面試名額　+

22/23學年收生要求

收生準則	■教育局成績次第：60%　■學業成績：10%　■面試表現：30%　■非學術之傑出表現將獲額外加分：1-10%
面試內容	溝通技巧/應對；禮儀；常識；中英文能力；學習態度；家庭生活；應變能力
派表日期	2022.01.03-2022.01.17
收表日期	2022.01.03-2022.01.17
自行收生預算學額	43

學校特色

■以聖經真理和價值觀作為教育基礎，培育學生勤學進德，美善純真，並提升他們的公民素質
■以多元化學習經歷，如：電子教學、服務學習及體驗式學習，提升學生高層次思考能力，促進自主學習
■校本資優教育採取三層支援模式，以有效的浮尖、拔尖策略，栽培具不同潛能的學生

21/22學年中一教學語言

全級英文為教學語言科目	英文、數學、科學，部分班別以英語授課：歷史、地理、電腦科技與生活教育、科學探究

中學文憑試成績（2021年7月畢業生）

33222率	+
中文科達3級率	+
英文科達3級率	+
數學科達2級率	+
通識科達2級率	+
人均優良成績	+
入讀本地大專文憑率	+
入讀本地大學率	+
入讀(只限港大、中大、科大)率	+
入讀非本地大學率	+

順德聯誼總會鄭裕彤中學 STFA Cheng Yu Tung Secondary School

地址	將軍澳學林里9號
電話	21910291　傳真　21910290
電郵	info@cyt.edu.hk
網址	www.cyt.edu.hk
校長	李永揚　創校年份　1997
學校類別	資助　學生性別　男女
宗教背景	沒有
主要教學語言	初中：不提供　高中：不提供
一條龍小學	/
直屬小學	/
聯繫小學	/

教師專業資歷

教師人數	■編制內：+　■編制外：+
已接受特殊教育培訓教師人數	+　外籍　+
教師年資	+
教師專業訓練	
教師資歷	+

21/22學年收生情況

中一生總人數(班數)　+ (+)

學位分配百分比　■自行：+　■統一：+

自行收生取錄人數　+　競爭情況　+　面試名額　+

22/23學年收生要求

收生準則	+
面試內容	+
派表日期	
收表日期	
自行收生預算學額	+

學校特色

+

21/22學年中一教學語言

全級英文為教學語言科目	不提供

中學文憑試成績（2021年7月畢業生）

33222率	+
中文科達3級率	+
英文科達3級率	+
數學科達2級率	+
通識科達2級率	+
人均優良成績	+
入讀本地大專文憑率	+
入讀本地大學率	+
入讀(只限港大、中大、科大)率	+
入讀非本地大學率	+

註：+表示學校沒有提供資料；/表示沒有或不適用

新界西貢坑口區鄭植之中學 Cheng Chek Chee Secondary School of Sai Kung & Hang Hau District NT

地址	西貢竹角路8號
電話	27198598　傳真　27194078
電郵	enquiry@cccss.edu.hk
網址	www.cccss.edu.hk
校長	列志佳　　創校年份　1979
學校類別	資助　學生性別　男女
宗教背景	沒有
主要教學語言	初中:中文　高中:中、英
一條龍小學	/
直屬小學	/
聯繫小學	/

教師專業資歷

教師人數　■編制內:58　■編制外:1
已接受特殊教育培訓教師人數　14　外籍　1

教師年資	■0-4年:12人 ■5-9年:5人 ■10年或以上:42人
教師專業訓練	■認可教師證書/教育文憑:98%
教師資歷	■大學學位:58% ■碩士或以上:42%

註:2021/22學年學位分配百分比不包括一條龍小學學生

21/22學年收生情況

中一生總人數(班數) +(4)
學位分配百分比　■自行:30%　■統一:70%
自行收生取錄人數　+　競爭情況　+　面試名額　所有申請人

22/23學年收生要求

收生準則	■學業成績:40%　■操行及態度:20% ■面試表現:20%　■「非學術表現」:20%
面試內容	溝通技巧/應對;禮儀;常識;中英文能力; 數理能力;學習態度;家庭生活;應變能力
派表日期	2022.01.03-2022.01.17
收表日期	2022.01.03-2022.01.17
自行收生預算學額	+

學校特色

■校風嚴謹,學生謙遜有禮,深受區內人士稱許
■教學質素高,多位老師獲頒行政長官卓越教學獎及其他教學獎項
■校園環境優美,是莘莘學子專心求學的好地方,學生公開試成績理想

21/22學年中一教學語言

全級英文為教學語言科目　英文

中學文憑試成績 （2021年7月畢業生）

33222率	+
中文科達3級率	+
英文科達3級率	+
數學科達2級率	+
通識科達2級率	+
人均優良成績	+
入讀本地大專文憑率	+
入讀本地大學率	+
入讀(只限港大、中大、科大)率	+
入讀非本地大學率	+

寶覺中學 Po Kok Secondary School

地址	將軍澳彩明苑彩明街9號
電話	27022863　傳真　27022337
電郵	pokok@pokok.edu.hk
網址	www.pokok.edu.hk
校長	陳淑雯　　創校年份　1931
學校類別	資助　學生性別　男女
宗教背景	佛教
主要教學語言	初中:中、英　高中:中、英
一條龍小學	/
直屬小學	/
聯繫小學	/

教師專業資歷

教師人數　■編制內:60　■編制外:6
已接受特殊教育培訓教師人數　17　外籍　1

教師年資	■0-4年:14人 ■5-9年:2人 ■10年或以上:50人
教師專業訓練	■認可教師證書/教育文憑:93%
教師資歷	■大學學位:56% ■碩士或以上:44%

21/22學年收生情況

中一生總人數(班數) 126(4)
學位分配百分比　■自行:30%　■統一:70%
自行收生取錄人數　40　競爭情況　+　面試名額　所有申請人

22/23學年收生要求

收生準則	■教育局成績次第:45%　■學業成績:20% ■操行及態度、面試表現:30%　■課外活動:5%
面試內容	溝通技巧/應對;禮儀;常識;中英文能力; 數理能力;學習態度;家庭生活
派表日期	2022.01.03-2022.01.17
收表日期	2022.01.03-2022.01.17
自行收生預算學額	40

學校特色

■提倡五自教育（自信、自學、自治、自我形象、自我評估）
■深化學生自主學習的能力,邁向自主學習3.0
■深化啟發潛能教育,培育正向思維

21/22學年中一教學語言

全級英文為教學語言科目　英文

中學文憑試成績 （2021年7月畢業生）

33222率	+
中文科達3級率	+
英文科達3級率	+
數學科達2級率	+
通識科達2級率	+
人均優良成績	+
入讀本地大專文憑率	+
入讀本地大學率	+
入讀(只限港大、中大、科大)率	+
入讀非本地大學率	+

五旬節林漢光中學 Pentecostal Lam Hon Kwong School

地址	沙田愉田苑
電話	26488291　傳真　26473324
電郵	office@lamhonkwong.edu.hk
網址	www.plhks.edu.hk
校長	何樞熾　　創校年份　1983
學校類別	資助　學生性別　男女
宗教背景	基督教
主要教學語言	初中:英文　高中:英文
一條龍小學	/
直屬小學	/
聯繫小學	/

教師專業資歷

教師人數　■編制內:51　■編制外:3
已接受特殊教育培訓教師人數　12　外籍　1

教師年資	■0-4年:20人 ■5-9年:11人 ■10年或以上:23人
教師專業訓練	■認可教師證書/教育文憑:94%
教師資歷	■大學學位:52% ■碩士或以上:46%

21/22學年收生情況

中一生總人數(班數) 117(4)
學位分配百分比　■自行:/%　■統一:/%
自行收生取錄人數　40　競爭情況　1:11.50　面試名額　所有申請人

22/23學年收生要求

收生準則	■教育局成績次第:30%　■學業成績:30% ■操行及態度:10%　■面試表現:20% ■活動及獎項:10%
面試內容	溝通技巧/應對;中英文能力;學習態度;家庭生活
派表日期	2022.01.03-2022.01.17
收表日期	2022.01.03-2022.01.17
自行收生預算學額	40

學校特色

■重視學生全面發展,以基督教信仰為根基,培養學生正確價值觀
■以英語為主要授課語言,致力發展學生兩文三語能力
■中文及藝術教育推行校本課程,推行電子學習、STEAM教育,提升學習效能

21/22學年中一教學語言

全級英文為教學語言科目　英文、歷史、數學、科學、地理、音樂、視藝、體育、家政、設計與科技、戲劇

中學文憑試成績 （2021年7月畢業生）

33222率	+
中文科達3級率	+
英文科達3級率	+
數學科達2級率	+
通識科達2級率	+
人均優良成績	+
入讀本地大專文憑率	+
入讀本地大學率	+
入讀(只限港大、中大、科大)率	+
入讀非本地大學率	+

123

註:+表示學校沒有提供資料;/表示沒有或不適用

五育中學 Ng Yuk Secondary School

地址　大圍新翠邨
電話　26921870　傳真　26950029
電郵　email@nyss.edu.hk
網址　www.nyss.edu.hk
校長　馮潤儀　　創校年份　1978
學校類別　資助　學生性別　男女
宗教背景　沒有
主要教學語言　初中:中文　高中:中文
一條龍小學　/
直屬小學　/
聯繫小學　/

教師專業資歷

教師人數　■編制內:62　■編制外:9
已接受特殊教育培訓教師人數　12　外籍　1
教師年資　■0-4年:18人
　　　　　■5-9年:5人
　　　　　■10年或以上:48人
教師專業訓練　■認可教師證書/教育文憑:92%
教師資歷　■大學學位:67%
　　　　　■碩士或以上:32%

21/22學年收生情況

中一生總人數(班數)　154 (5)
學位分配百分比　■自行:30%　■統一:70%
自行收生取錄人數　45　競爭情況　+　面試名額　所有申請人

22/23學年收生要求

收生準則　■學業成績:50%　■課外活動:5%
　　　　　■操行及態度:20%　■面試表現:15%
　　　　　■家長支援、對學校辦學理念的認同:10%

面試內容　溝通技巧/應對；禮儀；中英文能力；學習態度；家庭生活

派表日期　2022.01.03-2022.01.17
收表日期　2022.01.03-2022.01.17
自行收生預算學額　32

學校特色

■小班教學:增加教師對學生在課堂內的照顧,提高師生互動性
■提倡自主學習:初中學生設課後預習,讓學生積極參與課堂
■教師同儕學習及分享:透過同儕備課、觀課、習作閱覽及課堂研究,優化教學

21/22學年中一教學語言

全級英文為教學語言科目　英文

中學文憑試成績（2021年7月畢業生）

33222率	+
中文科達3級率	+
英文科達3級率	+
數學科達2級率	+
通識科達2級率	+
人均優良成績	+
入讀本地大專文憑率	+
入讀本地大學率	+
入讀(只限港大、中大、科大)率	+
入讀非本地大學率	+

仁濟醫院董之英紀念中學 YCH Tung Chi Ying Memorial Secondary School

沙田區

地址　沙田馬鞍山路210號
電話　26409822　傳真　26432808
電郵　office@ychtcy.edu.hk
網址　www.ychtcy.edu.hk
校長　彭綺蓮　　創校年份　1994
學校類別　資助　學生性別　男女
宗教背景　沒有
主要教學語言　初中:中、英及普通話　高中:中、英及普通話
一條龍小學　/
直屬小學　/
聯繫小學　/

教師專業資歷

教師人數　■編制內:35　■編制外:6
已接受特殊教育培訓教師人數　17　外籍　1
教師年資　■0-4年:8人
　　　　　■5-9年:2人
　　　　　■10年或以上:31人
教師專業訓練　■認可教師證書/教育文憑:97.7%
教師資歷　■大學學位:51.22%
　　　　　■碩士或以上:48.78%

21/22學年收生情況

中一生總人數(班數)　+ (3)
學位分配百分比　■自行:30%　■統一:70%
自行收生取錄人數　+　競爭情況　+　面試名額　+

22/23學年收生要求

收生準則　■學業成績:30%　■課外活動:15%
　　　　　■面試表現:20%　■操行及態度:30%
　　　　　■有兄弟姊妹在本校就讀:5%

面試內容　溝通技巧/應對；禮儀；中英文能力；學習態度；應變能力

派表日期　2022.01.03-2022.01.17
收表日期　2022.01.03-2022.01.17
自行收生預算學額　29

學校特色

■以學術、創藝、體育的「三元教育」理念提升學生學習動機和學業水平
■與大專院校合辦「升大學直通車計劃」,令學生更容易升讀專上課程,繼續進修
■多元學習,開辦「董之英足球計劃」及「創藝大道計劃」,發掘學生潛能

21/22學年中一教學語言

全級英文為教學語言科目　英文

中學文憑試成績（2021年7月畢業生）

33222率	+
中文科達3級率	+
英文科達3級率	+
數學科達2級率	+
通識科達2級率	+
人均優良成績	+
入讀本地大專文憑率	+
入讀本地大學率	+
入讀(只限港大、中大、科大)率	+
入讀非本地大學率	+

天主教郭得勝中學 Kwok Tak Seng Catholic Secondary School

地址　沙田秦石邨
電話　26059033　傳真　26057956
電郵　info@ktscss.edu.hk
網址　www.ktscss.edu.hk
校長　韓思騁　　創校年份　1987
學校類別　資助　學生性別　男女
宗教背景　天主教
主要教學語言　初中:英文　高中:英文
一條龍小學　/
直屬小學　/
聯繫小學　/

教師專業資歷

教師人數　■編制內:53　■編制外:7
已接受特殊教育培訓教師人數　19　外籍　1
教師年資　■0-4年:3人
　　　　　■5-9年:2人
　　　　　■10年或以上:56人
教師專業訓練　■認可教師證書/教育文憑:97%
教師資歷　■大學學位:58%
　　　　　■碩士或以上:40%

21/22學年收生情況

中一生總人數(班數)　124 (4)
學位分配百分比　■自行:30%　■統一:70%
自行收生取錄人數　40　競爭情況　+　面試名額　所有申請人

22/23學年收生要求

收生準則　■學業成績:40%　■課外活動:10%
　　　　　■操行及態度:20%　■語文能力:20%
　　　　　■家庭對學生支援:10%

面試內容　溝通技巧/應對；禮儀；常識；中英文能力；學習態度；家庭生活；應變能力

派表日期　2021.11.20-2022.01.17
收表日期　2022.01.03-2022.01.17
自行收生預算學額　40

學校特色

■營造豐富英語環境,所有班別以英語作為主要教學語言
■初中推行校本 INNO-Master 課程,讓學生充分發揮科研創意
■着重資優教育,提供不同機會讓同學展示潛能,進行重點培訓

21/22學年中一教學語言

全級英文為教學語言科目　英文、數學、科學、地理、電腦、音樂、視藝、家政、閱讀課、INNO-MASTER、生活與社會

中學文憑試成績（2021年7月畢業生）

33222率	+
中文科達3級率	+
英文科達3級率	+
數學科達2級率	+
通識科達2級率	+
人均優良成績	+
入讀本地大專文憑率	+
入讀本地大學率	+
入讀(只限港大、中大、科大)率	+
入讀非本地大學率	+

註:2021/22學年學位分配百分比不包括一條龍小學學生

註:+表示學校沒有提供資料;/表示沒有或不適用

台山商會中學 Toi Shan Association College

地址　沙田圓洲角路10號
電話　26487871　　傳眞　26489307
電郵　mail@tsac.edu.hk
網址　www.tsac.edu.hk
校長　謝文忠　　創校年份　1982
學校類別　資助　學生性別　男女
宗教背景　沒有
主要教學語言　初中：中文　高中：中文
一條龍小學　/
直屬小學　/
聯繫小學　/

教師專業資歷

教師人數　■編制內：47　■編制外：14
已接受特殊教育培訓教師人數　21　外籍　2
教師年資
　■0-4年：16人
　■5-9年：7人
　■10年或以上：38人
教師專業訓練　■認可教師證書/教育文憑：93.4%
教師資歷　■大學學位：52.5%
　■碩士或以上：44.3%

21/22學年收生情況

中一生總人數(班數)　132（4）
學位分配百分比　　■自行：+　■統一：+
自行收生取錄人數　+　競爭情況　+　面試名額　+

22/23學年收生要求

收生準則　■學業成績：40%　■課外活動：15%
　■操行及態度：30%　■面試表現：15%

面試內容　溝通技巧/應對；禮儀；常識；體藝才能；中英文能力；數理能力；學習態度；家庭生活；應變能力；誠懇，有禮，好學

派表日期　+
收表日期　+
自行收生預算學額　+

學校特色

■重視校園關愛文化，師生關係親切和諧
■重視全方位學習經歷，培育學生的正面的價值觀、態度和技能，以符合社會對未來人才需求
■培養學生達至「勇於嘗試、誠於服務、樂於欣賞、善於溝通」的台中人素質

21/22學年中一教學語言

全級英文為教學語言科目　英文

中學文憑試成績（2021年7月畢業生）

33222率	+
中文科達3級率	+
英文科達3級率	+
數理科達2級率	+
通識科達2級率	+
人均優良成績	
入讀本地大專文憑率	
入讀本地大學率	
入讀(只限港大、中大、科大)率	
入讀非本地大學率	

佛教黃允畋中學 Buddhist Wong Wan Tin College

地址　大圍美林邨
電話　26052876　　傳眞　26020776
電郵　info@bwwtc.edu.hk
網址　bwwtc.edu.hk
校長　李鏡品　　創校年份　1981
學校類別　資助　學生性別　男女
宗教背景　佛教
主要教學語言　初中：中、英　高中：中、英
一條龍小學　/
直屬小學　/
聯繫小學　/

教師專業資歷

教師人數　■編制內：55　■編制外：9
已接受特殊教育培訓教師人數　19　外籍　4
教師年資
　■0-4年：12人
　■5-9年：3人
　■10年或以上：49人
教師專業訓練　■認可教師證書/教育文憑：98%
教師資歷　■大學學位：40%
　■碩士或以上：58%

註：教師年資只計算編制內教師人數

21/22學年收生情況

中一生總人數(班數)　132（4）
學位分配百分比　　■自行：30%　■統一：70%
自行收生取錄人數　37　競爭情況　1：3.75　面試名額　所有申請人

22/23學年收生要求

收生準則　■學業成績：40%　■課外活動：10%
　■操行及態度：20%　■面試表現：30%

面試內容　溝通技巧/應對；禮儀；常識；體藝才能；中英文能力；學習態度；家庭生活；應變能力

派表日期　2022.01.03-2022.01.17
收表日期　2022.01.03-2022.01.17
自行收生預算學額　40

學校特色

■管理與組織：推動團際學習，邁向學習型組織，發展質素學校
■學與教：增強學生說寫表達能力，發展深度思維
■學生成長：透過素質教育，讓學生能發揮個人潛能，並培養良好的品格

21/22學年中一教學語言

全級英文為教學語言科目　英文，中一其中一班的科學科及地理科以英文為教學語言

中學文憑試成績（2021年7月畢業生）

33222率	+
中文科達3級率	+
英文科達3級率	+
數理科達2級率	+
通識科達2級率	+
人均優良成績	
入讀本地大專文憑率	
入讀本地大學率	
入讀(只限港大、中大、科大)率	
入讀非本地大學率	

佛教覺光法師中學 Buddhist Kok Kwong Secondary School

地址　沙田沙角邨
電話　26473737　　傳眞　26364050
電郵　bkkssoffice@gmail.com
網址　www.bkkss.edu.hk
校長　黃海卓　　創校年份　1981
學校類別　資助　學生性別　男女
宗教背景　佛教
主要教學語言　初中：中、英　高中：中、英
一條龍小學　/
直屬小學　/
聯繫小學　/

教師專業資歷

教師人數　■編制內：59　■編制外：6
已接受特殊教育培訓教師人數　18　外籍　1
教師年資
　■0-4年：12人
　■5-9年：3人
　■10年或以上：50人
教師專業訓練　■認可教師證書/教育文憑：96.9%
教師資歷　■大學學位：53.8%
　■碩士或以上：43.07%

21/22學年收生情況

中一生總人數(班數)　123（4）
學位分配百分比　　■自行：30%　■統一：70%
自行收生取錄人數　50　競爭情況　1：7　面試名額　所有申請人

22/23學年收生要求

收生準則　■教育局成績次第：25%　■學業成績：15%
　■操行及態度：20%　■面試表現：40%

面試內容　溝通技巧/應對；禮儀；中英文能力；學習態度

派表日期　2022.01.03-2022.01.17
收表日期　2022.01.03-2022.01.17
自行收生預算學額　39

學校特色

■教育學生具備中國傳統價值觀，特別提倡孝順父母、尊敬師長
■爲擴闊學生國際視野，每年安排學生往內地、澳洲或英國交流
■爲培訓學生的領導才能、組織能力及溝通技巧，每年安排學生義工及領袖培訓

21/22學年中一教學語言

全級英文為教學語言科目　英文、數學、科學、音樂、西方文化欣賞

中學文憑試成績（2021年7月畢業生）

33222率	+
中文科達3級率	+
英文科達3級率	+
數理科達2級率	+
通識科達2級率	+
人均優良成績	
入讀本地大專文憑率	
入讀本地大學率	
入讀(只限港大、中大、科大)率	
入讀非本地大學率	

註：+表示學校沒有提供資料；/表示沒有或不適用

沙田蘇浙公學 Kiangsu-Chekiang College (Shatin)

地址	禾輋邨豐順街7號
電話	26972179　傳眞　26025293
電郵	kccs@kccshatin.edu.hk
網址	www.kccshatin.edu.hk
校長	陳雅麗　創校年份　1978
學校類別	資助　學生性別　男女
宗教背景	沒有
主要教學語言	初中:英、普通話　高中:英、普通話
一條龍小學	/
直屬小學	/
聯繫小學	/

教師專業資歷

教師人數	■編制內：53　■編制外：7
已接受特殊教育培訓教師人數	16　外籍　3
教師年資	■0-4年：7人 ■5-9年：6人 ■10年或以上：47人
教師專業訓練	■認可教師證書/教育文憑：95%
教師資歷	■大學學位：38.33% ■碩士或以上：58.33%

21/22學年收生情況

中一生總人數(班數)　128（4）

學位分配百分比　■自行:30%　■統一:70%

自行收生取錄人數　40　競爭情況　1:8.93　面試名額　所有申請人

22/23學年收生要求

收生準則　■教育局成績次第：20%　■學業成績：20%
■操行及態度：20%　■面試表現：30%
■學術、體藝等專長、獎項及課外活動表現和服務 10%

面試內容　溝通技巧/應對；禮儀；常識；體藝才能；應變能力；中英文能力；數理能力；學習態度；家庭生活

派表日期　2022.01.03-2022.01.17
收表日期　2022.01.03-2022.01.17
自行收生預算學額　40

學校特色

■管理、教學、校風等獲教育局高度評價，並獲頒發傑出學校獎
■重視五育均衡，課程多元化，學生學業及課外活動表現優異
■師資優良，3名博士及逾半數教師爲碩士，加聘10名專業導師

21/22學年中一教學語言

全級英文為教學語言科目　英文、歷史、數學、科學、地理、電腦、音樂、視藝、體育、家政、設計與科技、戲劇、生活與社會

中學文憑試成績（2021年7月畢業生）

33222率	94%
中文科達3級率	96%
英文科達3級率	97%
數學科達2級率	100%
通識科達2級率	100%
人均優良成績	2%
入讀本地大專文憑率	10%
入讀本地大學率	88%
入讀(只限港大、中大、科大)率	35%
入讀非本地大學率	2%

沙田官立中學 Sha Tin Government Secondary School

地址	沙田文禮路11至17號
電話	26914744　傳眞　26091456
電郵	genoff@stgss.edu.hk
網址	www.stgss.edu.hk
校長	林月華　創校年份　1972
學校類別	官立　學生性別　男女
宗教背景	沒有
主要教學語言	初中:英文　高中:英文
一條龍小學	/
直屬小學	/
聯繫小學	沙田官立小學

教師專業資歷

教師人數	■編制內：+　■編制外：+
已接受特殊教育培訓教師人數	+　外籍　+
教師年資	+
教師專業訓練	+
教師資歷	+

21/22學年收生情況

中一生總人數(班數)　+（+）

學位分配百分比　■自行:+　■統一:+

自行收生取錄人數　+　競爭情況　　面試名額　+

22/23學年收生要求

收生準則　+

面試內容　+

派表日期　+
收表日期　+
自行收生預算學額　+

學校特色

+

21/22學年中一教學語言

全級英文為教學語言科目　不提供

中學文憑試成績（2021年7月畢業生）

33222率	+
中文科達3級率	+
英文科達3級率	+
數學科達2級率	+
通識科達2級率	+
人均優良成績	+
入讀本地大專文憑率	+
入讀本地大學率	+
入讀(只限港大、中大、科大)率	+
入讀非本地大學率	

沙田培英中學 Shatin Pui Ying College

地址	沙田禾輋邨豐順街九號
電話	26917217　傳眞　26020411
電郵	info@pyc.edu.hk
網址	www.pyc.edu.hk
校長	陳麗芬　創校年份　1978
學校類別	資助　學生性別　男女
宗教背景	基督教
主要教學語言	初中:英文　高中:英文
一條龍小學	/
直屬小學	/
聯繫小學	/

教師專業資歷

教師人數	■編制內：51　■編制外：7
已接受特殊教育培訓教師人數	15　外籍　1
教師年資	■0-4年：12人 ■5-9年：9人 ■10年或以上：37人
教師專業訓練	■認可教師證書/教育文憑：97%
教師資歷	■大學學位：47% ■碩士或以上：53%

21/22學年收生情況

中一生總人數(班數)　120（4）

學位分配百分比　■自行:30%　■統一:70%

自行收生取錄人數　40　競爭情況　1:13.85　面試名額　所有申請人

22/23學年收生要求

收生準則　■教育局成績次第：50%　■面試表現：40%
■操行、課外活動、校內及校外服務、獎項及任何可反映多元智能（包括語文智能、音樂智能或運動智能等）的資料：10%

面試內容　溝通技巧/應對；禮儀；常識；中英文能力；學習態度；應變能力；分析及表達能力

派表日期　2022.01.03-2022.01.17
收表日期　2022.01.03-2022.01.17
自行收生預算學額　40

學校特色

■以學生爲本，裝備學生面對挑戰；重視德育、價值教育、藝術教育及領袖培訓
■推動教師專業發展，提升學與教的效能
■照顧學習多樣性，協助學生自主學習；幫助學生作生涯規劃，確立學習方向

21/22學年中一教學語言

全級英文為教學語言科目　英文、歷史、數學、科學、地理、電腦、音樂、視藝、體育、家政、戲劇

中學文憑試成績（2021年7月畢業生）

33222率	89.2%
中文科達3級率	92.7%
英文科達3級率	97.3%
數學科達2級率	100%
通識科達2級率	98.2%
人均優良成績	1.52
入讀本地大專文憑率	13.51%
入讀本地大學率	73.87%
入讀(只限港大、中大、科大)率	29.73%
入讀非本地大學率	12.61%

沙田區

註：+表示學校沒有提供資料；/表示沒有或不適用

沙田崇真中學 Shatin Tsung Tsin Secondary School

地址　大圍美田路 1 號
電話　26073881　傳真　26047350
電郵　info@sttss.edu.hk
網址　www.sttss.edu.hk
校長　梁潔妍　　創校年份　1985
學校類別　資助　學生性別　男女
宗教背景　基督教
主要教學語言　初中：英文　高中：英文
一條龍小學　/
直屬小學　/
聯繫小學　/

教師專業資歷

教師人數　■編制內：63　　■編制外：10
已接受特殊教育培訓教師人數　16　外籍　1

教師年資
■ 0-4 年：11 人
■ 5-9 年：4 人
■ 10 年或以上：58 人

教師專業訓練　■認可教師證書/教育文憑：97%

教師資歷
■大學學位：59%
■碩士或以上：41%

21/22 學年收生情況

中一生總人數（班數）　160（6）
學位分配百分比　■自行：30%　■統一：63.6%
自行收生取錄人數　+　競爭情況　+　面試名額　所有申請人

22/23 學年收生要求

收生準則
■教育局成績次第：45%　■操行及態度：5%
■面試表現：40%
■獎項（校外體藝、音樂及服務獎項）：10%
就教育局成績次第，每位申請人按其排名獲取相應分數

面試內容　溝通技巧/應對；禮儀；常識；中英文能力；學習態度；家庭生活；應變能力

派表日期　2022.01.03-2022.01.17
收表日期　2022.01.03-2022.01.17
自行收生預算學額　50

學校特色

■教學出色，增值理想，藉小班教學及學生備課，促進生生、師生互動，提升成效
■藉思考方法課程、專題研習及各類比賽，培養學生思考、自學及溝通能力
■發展生命教育課、資優、體藝及領袖訓練，培養學生品格及不同才能

21/22 學年中一教學語言

全級英文為教學語言科目　英文、英語文學、歷史、數學、科學、地理、電腦、體育、生活藝術（綜合音樂、視藝及家政之校本課程）

中學文憑試成績（2021 年 7 月畢業生）

33222 率	91.9%
中文科達 3 級率	93.3%
英文科達 3 級率	99.3%
數學科達 2 級率	100%
通識科達 2 級率	99.3%
人均優良成績	+
入讀本地大專文憑率	7.4%
入讀本地大學率	90.4%
入讀（只限港大、中大、科大）率	46.7%
入讀非本地大學率	1.5%

沙田循道衛理中學 Sha Tin Methodist College

地址　沙田新田圍邨
電話　26021300　傳真　26091477
電郵　info@stmc.edu.hk
網址　www.stmc.edu.hk
校長　張翠儀　　創校年份　1983
學校類別　資助　學生性別　男女
宗教背景　基督教
主要教學語言　初中：英文　高中：英文
一條龍小學　/
直屬小學　/
聯繫小學　/

教師專業資歷

教師人數　■編制內：52　　■編制外：8
已接受特殊教育培訓教師人數　21　外籍　1

教師年資
■ 0-4 年：14 人
■ 5-9 年：0 人
■ 10 年或以上：38 人

教師專業訓練　■認可教師證書/教育文憑：91.7%

教師資歷
■大學學位：56.7%
■碩士或以上：43.3%

21/22 學年收生情況

中一生總人數（班數）　151（5）
學位分配百分比　■自行：30%　■統一：70%
自行收生取錄人數　50　競爭情況　1：8.42　面試名額　所有申請人

22/23 學年收生要求

收生準則
■教育局成績次第：40%　■面試表現：25%
■學業成績：10%　　■操行及態度：10%
■課外活動：10%　　■獎項：5%

面試內容　溝通技巧/應對；禮儀；常識；中英文能力；學習態度；家庭生活；應變能力

派表日期　2022.01.03-2022.01.17
收表日期　2022.01.03-2022.01.17
自行收生預算學額　40

學校特色

■推動自主及同儕學習，跨科學習，中一至中三 BYOD 電子計劃，讓學生學得有效
■設立 STEM 科，鼓勵創科及初創企業，舉辦體驗學習及全級境外遊，Careers Week，深化學習
■推行生命教育，在課堂及活動中培養學生成長思維、堅毅及感恩精神

21/22 學年中一教學語言

全級英文為教學語言科目　英文、歷史、數學、科學、地理、電腦、音樂、視藝、STEM、設計與科技、生活與社會

中學文憑試成績（2021 年 7 月畢業生）

33222 率	82.5%
中文科達 3 級率	90.3%
英文科達 3 級率	91.3%
數學科達 2 級率	100%
通識科達 2 級率	99%
人均優良成績	+
入讀本地大專文憑率	
入讀本地大學率	82%
入讀（只限港大、中大、科大）率	41%
入讀非本地大學率	

明愛馬鞍山中學 Caritas Ma On Shan Secondary School

地址　馬鞍山錦英路 2 號
電話　26419733　傳真　26435704
電郵　mail@cmos.edu.hk
網址　www.cmos.edu.hk
校長　曹雪蓮　　創校年份　1998
學校類別　資助　學生性別　男女
宗教背景　天主教
主要教學語言　初中：中、英及普通話　高中：中、英
一條龍小學　/
直屬小學　/
聯繫小學　/

教師專業資歷

教師人數　■編制內：40　　■編制外：4
已接受特殊教育培訓教師人數　17　外籍　1

教師年資
■ 0-4 年：5 人
■ 5-9 年：4 人
■ 10 年或以上：35 人

教師專業訓練　■認可教師證書/教育文憑：98%

教師資歷
■大學學位：43%
■碩士或以上：57%

21/22 學年收生情況

中一生總人數（班數）　+（3）
學位分配百分比　■自行：30%　■統一：70%
自行收生取錄人數　21　競爭情況　+　面試名額　所有申請人

22/23 學年收生要求

收生準則
■教育局成績次第：10%　■學業成績：20%
■課外活動：10%　　■操行及態度：30%
■家庭支援：10%　　■面試表現：20%

面試內容　溝通技巧/應對；禮儀；常識；中英文能力；數理能力

派表日期　2022.01.03-2022.01.17
收表日期　2022.01.03-2022.01.17
自行收生預算學額　21

學校特色

■實施小班教學、小組補課、課程調適及活動教學法
■設有宿舍，提供 86 個資助宿位及 12 個私立宿位，讓有需要的學生入住
■推行全校參與模式的融合教育計劃

21/22 學年中一教學語言

全級英文為教學語言科目　英文、英語文學

中學文憑試成績（2021 年 7 月畢業生）

33222 率	+
中文科達 3 級率	+
英文科達 3 級率	+
數學科達 2 級率	+
通識科達 2 級率	+
人均優良成績	+
入讀本地大專文憑率	+
入讀本地大學率	+
入讀（只限港大、中大、科大）率	+
入讀非本地大學率	+

沙田區

註：教師年資只計算編制內教師人數；與廣東省佛山市高明紀念中學及深圳坪山高級中學締結成姊妹學校

127

註：+表示學校沒有提供資料；/表示沒有或不適用

東莞工商總會劉百樂中學 GCCITKD Lau Pak Lok Secondary School

地址	大圍積泰里1號
電話	26951336　傳真　26026165
電郵	info@lplss.edu.hk
網址	lplss.edu.hk
校長	黃慧文　創校年份 1984
學校類別	資助　學生性別　男女
宗教背景	沒有
主要教學語言	初中:中、英　高中:中、英
一條龍小學	/
直屬小學	/
聯繫小學	東莞工商總會張煌偉小學

教師專業資歷

教師人數	■編制內:60　■編制外:5
已接受特殊教育培訓教師人數	19　外籍 3
教師年資	■0-4年:19人 ■5-9年:4人 ■10年或以上:37人
教師專業訓練	■認可教師證書/教育文憑:100%
教師資歷	■大學學位:60% ■碩士或以上:40%

註：教師年資只計算編制內教師人數；收生準則分數多於100，總分是：100

21/22學年收生情況

中一生總人數(班數)　124 (4)

學位分配百分比　■自行:32%　■統一:68%

自行收生取錄人數　40　競爭情況　+　面試名額 所有申請人

22/23學年收生要求

收生準則	■教育局成績次第:40%　■課外活動:5% ■面試表現:20%　■操行及態度:15% ■中、英文能力:20%
面試內容	溝通技巧/應對；禮儀；中英文能力；學習態度；家庭生活；應變能力
派表日期	2022.01.03-2022.01.17
收表日期	2022.01.03-2022.01.17
自行收生預算學額	40

學校特色

■營造英語學習環境，推動多元化英語活動，讓學生在愉快英語環境下成長
■引入電子教學，提升學生學習興趣及自學能力
■STEM教育，學生盡展創意，參與校外比賽屢獲殊榮

21/22學年中一教學語言

全級英文為教學語言科目　英文

中學文憑試成績（2021年7月畢業生）

33222率	+
中文科達3級率	+
英文科達3級率	+
數學科達2級率	+
通識科達2級率	+
人均優良成績	+
入讀本地大專文憑率	+
入讀本地大學率	+
入讀(只限港大、中大、科大)率	+
入讀非本地大學率	+

東華三院邱金元中學 TWGHs Yow Kam Yuen College

沙田區

地址	沙田第一城第14J區
電話	26497385　傳真　26494688
電郵	twykyc@yahoo.com.hk
網址	www.twyky.edu.hk
校長	楊俊文　創校年份 1985
學校類別	資助　學生性別　男女
宗教背景	沒有
主要教學語言	初中:中文　高中:中文
一條龍小學	/
直屬小學	/
聯繫小學	/

教師專業資歷

教師人數	■編制內:49　■編制外:5
已接受特殊教育培訓教師人數	13　外籍 1
教師年資	■0-4年:7人 ■5-9年:8人 ■10年或以上:39人
教師專業訓練	■認可教師證書/教育文憑:98%
教師資歷	■大學學位:37% ■碩士或以上:61%

註：2021/22學年學位分配百分比不包括一條龍小學學生

21/22學年收生情況

中一生總人數(班數)　114 (4)

學位分配百分比　■自行:30%　■統一:70%

自行收生取錄人數　40　競爭情況　1:2.83　面試名額 所有申請人

22/23學年收生要求

收生準則	■教育局成績次第:40%　■面試表現:30% ■課外活動:20%　■操行及態度:10%
面試內容	溝通技巧/應對；禮儀；常識；中英文能力；數理能力；學習態度；家庭生活
派表日期	2022.01.03-2022.01.17
收表日期	2022.01.03-2022.01.17
自行收生預算學額	40

學校特色

■鼓勵多元發展、重視關愛接納、強調持續進步及注重綠色健康的校園
■重視人的需要、做人的態度、發展的機會及持續的改進
■相信每一位同學都有進步的能力、學習向好的能力及有努力求進的能力

21/22學年中一教學語言

全級英文為教學語言科目　英文

中學文憑試成績（2021年7月畢業生）

33222率	+
中文科達3級率	+
英文科達3級率	+
數學科達2級率	+
通識科達2級率	+
人均優良成績	+
入讀本地大專文憑率	+
入讀本地大學率	+
入讀(只限港大、中大、科大)率	+
入讀非本地大學率	+

東華三院馮黃鳳亭中學 TWGHs Mrs. Fung Wong Fung Ting College

地址	瀝源邨瀝源街3-5號
電話	26913738　傳真　26026734
電郵	info@mail.twghfwfts.edu.hk
網址	www.twghfwfts.edu.hk
校長	譚耀華　創校年份 1978
學校類別	資助　學生性別　男女
宗教背景	沒有
主要教學語言	初中:中、英及普通話　高中:中、英
一條龍小學	/
直屬小學	/
聯繫小學	/

教師專業資歷

教師人數	■編制內:52　■編制外:6
已接受特殊教育培訓教師人數	21　外籍 1
教師年資	■0-4年:14人 ■5-9年:5人 ■10年或以上:39人
教師專業訓練	■認可教師證書/教育文憑:100%
教師資歷	■大學學位:48% ■碩士或以上:52%

21/22學年收生情況

中一生總人數(班數)　125 (4)

學位分配百分比　■自行:30%　■統一:70%

自行收生取錄人數　40　競爭情況　1:9.88　面試名額 所有申請人

22/23學年收生要求

收生準則	■教育局成績次第:45%　■獎項:5% ■面試表現:30%　■操行及態度:15% ■課外活動:5%
面試內容	溝通技巧/應對；禮儀；中英文能力；家庭生活；應變能力
派表日期	2022.01.03-2022.01.17
收表日期	2022.01.03-2022.01.17
自行收生預算學額	40

學校特色

■推行正向教育
■重視培養學生兩文三語及創新科技的能力
■鼓勵學生參與職場體驗活動，加強生涯規劃意識

21/22學年中一教學語言

全級英文為教學語言科目　英文

中學文憑試成績（2021年7月畢業生）

33222率	+
中文科達3級率	+
英文科達3級率	+
數學科達2級率	+
通識科達2級率	+
人均優良成績	+
入讀本地大專文憑率	+
入讀本地大學率	+
入讀(只限港大、中大、科大)率	+
入讀非本地大學率	+

註：+表示學校沒有提供資料；/表示沒有或不適用

東華三院黃鳳翎中學 TWGHs Wong Fung Ling College

地址	馬鞍山馬鞍山路208號
電話	26416238　傳眞　26414853
電郵	info@twghwflc.edu.hk
網址	www.twghwflc.edu.hk
校長	李鳳鋒　創校年份　1977
學校類別	資助　學生性別　男女
宗教背景	沒有
主要教學語言	初中:中、英　高中:中、英
一條龍小學	/
直屬小學	/
聯繫小學	/

教師專業資歷

教師人數	■編制內:44　■編制外:8
已接受特殊教育培訓教師人數	22　外籍　1
教師年資	■0-4年:14人　■5-9年:8人　■10年或以上:30人
教師專業訓練	■認可教師證書/教育文憑:93%
教師資歷	■大學學位:63%　■碩士或以上:37%

註:教師年資只計算編制內教師人數

21/22學年收生情況

中一生總人數(班數) + (4)

學位分配百分比　■自行:30%　■統一:70%

自行收生取錄人數　+　競爭情況　+　面試名額　所有申請人

22/23學年收生要求

收生準則	■學業成績:30%　■課外活動:20%　■面試表現:50%
面試內容	溝通技巧/應對;禮儀;常識;中英文能力;數理能力;學習態度;家庭生活;應變能力
派表日期	2022.01.03-2022.01.17
收表日期	2022.01.03-2022.01.17
自行收生預算學額	29

學校特色

■照顧學習多樣性,推行分層教學,因材施教
■初中中、英、數按能力分組教學;而高中中、英、數、通按能力分組教學
■推行「東華三院黃鳳翎中學賽馬會 MAKER+創新課程」,於科目滲透STEAM教育

21/22學年中一教學語言

全級英文為教學語言科目　沒有

中學文憑試成績（2021年7月畢業生）

33222率	+
中文科達3級率	+
英文科達3級率	+
數學科達2級率	+
通識科達2級率	+
人均優良成績	
入讀本地大專文憑率	
入讀本地大學率	
入讀(只限港大、中大、科大)率	
入讀非本地大學率	

青年會書院 Chinese YMCA College

地址	馬鞍山恆安邨86地段
電話	26419588　傳眞　26419566
電郵	college@ymca.org.hk
網址	www.cymcac.edu.hk
校長	劉國良　創校年份　1952
學校類別	資助　學生性別　男女
宗教背景	基督教
主要教學語言	初中:中、英及普通話　高中:中、英
一條龍小學	/
直屬小學	/
聯繫小學	/

教師專業資歷

教師人數	■編制內:57　■編制外:1
已接受特殊教育培訓教師人數	22　外籍　1
教師年資	■0-4年:8人　■5-9年:9人　■10年或以上:41人
教師專業訓練	■認可教師證書/教育文憑:100%
教師資歷	■大學學位:52%　■碩士或以上:48%

21/22學年收生情況

中一生總人數(班數) 114 (4)

學位分配百分比　■自行:30%　■統一:70%

自行收生取錄人數　+　競爭情況　+　面試名額　所有申請人

22/23學年收生要求

收生準則	■學業成績:35%　■獎項:7%　■課外活動:8%　■操行及態度:15%　■面試表現:35%
面試內容	溝通技巧/應對;禮儀;常識;體藝才能;中英文能力;數理能力;學習態度;家庭生活;應變能力
派表日期	2022.01.03-2022.01.17
收表日期	2022.01.03-2022.01.17
自行收生預算學額	+

學校特色

■重視學生的語文發展,提升兩文三語能力
■文理均衡的初中課程,參考國際普通中學教育文憑課程,在中三數學和科學科設有校本增潤課程,提升對數理學科的認識,選擇最適合的高中選修科目
■鼓勵參加IGCSE考試,檢視數理學習能力,有利於海外升學。各級人文學科設本地、內地及國外參觀、實習、義工服務、遊學交流及交換生計劃,培養同學的人文知識和素養

21/22學年中一教學語言

全級英文為教學語言科目　英文、數學、科學、跨學科英語學習一綜合人文

中學文憑試成績（2021年7月畢業生）

33222率	+
中文科達3級率	+
英文科達3級率	+
數學科達2級率	+
通識科達2級率	+
人均優良成績	
入讀本地大專文憑率	
入讀本地大學率	
入讀(只限港大、中大、科大)率	
入讀非本地大學率	

保良局朱敬文中學 PLK C W Chu College

地址	大圍隆亨邨
電話	26991031　傳眞　26030743
電郵	master@plkcwc.edu.hk
網址	www.plkcwc.edu.hk
校長	莫瑞祺　創校年份　1985
學校類別	資助　學生性別　男女
宗教背景	沒有
主要教學語言	初中:中文　高中:中、英
一條龍小學	/
直屬小學	/
聯繫小學	/

教師專業資歷

教師人數	■編制內:+　■編制外:+
已接受特殊教育培訓教師人數	+　外籍
教師年資	+
教師專業訓練	+
教師資歷	+

21/22學年收生情況

中一生總人數(班數) + (+)

學位分配百分比　■自行:+　■統一:+

自行收生取錄人數　+　競爭情況　+　面試名額　+

22/23學年收生要求

收生準則	+
面試內容	+
派表日期	
收表日期	
自行收生預算學額	+

學校特色

+

21/22學年中一教學語言

全級英文為教學語言科目　不提供

中學文憑試成績（2021年7月畢業生）

33222率	+
中文科達3級率	+
英文科達3級率	+
數學科達2級率	+
通識科達2級率	+
人均優良成績	
入讀本地大專文憑率	
入讀本地大學率	
入讀(只限港大、中大、科大)率	
入讀非本地大學率	

沙田區

註:+表示學校沒有提供資料;/表示沒有或不適用

沙田區

保良局胡忠中學 PLK Wu Chung College

地址　馬鞍山恆錦街1號恆安邨
電話　26415866　傳真　26415777
電郵　school@plkwcc.edu.hk
網址　www.plkwcc.edu.hk
校長　陳廣昌　創校年份　1977
學校類別　資助　學生性別　男女
宗教背景　沒有
主要教學語言　初中:兩班英文班
高中:半數選修科目以英語授課
一條龍小學　/
直屬小學　/
聯繫小學　/

教師專業資歷

教師人數　■編制內:55　■編制外:3
已接受特殊教育培訓教師人數　11　外籍　1
教師年資
■0-4年:15人
■5-9年:8人
■10年或以上:35人
教師專業訓練　■認可教師證書/教育文憑:96%
教師資歷　■大學學位:52%
■碩士或以上:48%

註:教師年資只計算編制內教師人數;本校善用各類資源,致力提升學與教效能及建構正向校園文化,培養學生好奇的各方面之正確價值觀,促進學生自主學習。學校持續進步,按照教育局語言微調政策,本校於2022-2023年開始,初中將開設2班英文班。

21/22學年收生情況

中一生總人數(班數)　124 (4)
學位分配百分比　■自行:30%　■統一:70%
自行收生取錄人數　40　競爭情況　1:7　面試名額　200

22/23學年收生要求

收生準則　■教育局成績次第:70%　■面試表現:30%

面試內容　溝通技巧/應對;中英文能力;數理能力;學習態度;中英文朗讀、英語/閱讀活動、實驗、面談等

派表日期　2021.11.06-2022.01.17
收表日期　2022.01.03-2022.01.17
自行收生預算學額　40

學校特色

■強化英語學習,各級設有專題活動以提升同學英語能力,如英語話劇
■初高中主科設小組授課並推行自主學習,提升學生學習自信及學習效能
■建構正向校園文化,推展生涯規劃,協助同學訂立目標,發展多元潛能

21/22學年中一教學語言

全級英文為教學語言科目　英文、數學、科學;2021-22設1班英文班,2022-23設2班英文班

中學文憑試成績 （2021年7月畢業生）

33222率	+
中文科達3級率	+
英文科達3級率	+
數學科達2級率	+
通識科達2級率	+
人均優良成績	+
入讀本地大專文憑率	+
入讀本地大學率	+
入讀(只限港大、中大、科大)率	+
入讀非本地大學率	+

香港九龍塘基督教中華宣道會鄭榮之中學 Christian Alliance Cheng Wing Gee College

地址　大圍積運街12至14號
電話　26049762　傳真　26016758
電郵　school@cwgc.edu.hk
網址　www.cwgc.edu.hk
校長　陳嘉麗　創校年份　1984
學校類別　資助　學生性別　男女
宗教背景　基督教
主要教學語言　初中:英文　高中:英文
一條龍小學　/
直屬小學　/
聯繫小學　/

教師專業資歷

教師人數　■編制內:+　■編制外:+
已接受特殊教育培訓教師人數　+　外籍　+
教師年資　+
教師專業訓練　+
教師資歷　+

21/22學年收生情況

中一生總人數(班數)　+ (+)
學位分配百分比　■自行:+　■統一:+
自行收生取錄人數　+　競爭情況　+　面試名額　所有申請入

22/23學年收生要求

收生準則　+

面試內容　

派表日期　+
收表日期　+
自行收生預算學額　+

學校特色

+

21/22學年中一教學語言

全級英文為教學語言科目　不提供

中學文憑試成績 （2021年7月畢業生）

33222率	+
中文科達3級率	+
英文科達3級率	+
數學科達2級率	+
通識科達2級率	+
人均優良成績	+
入讀本地大專文憑率	+
入讀本地大學率	+
入讀(只限港大、中大、科大)率	+
入讀非本地大學率	+

香港中文大學校友會聯會陳震夏中學 CUHKFAA Chan Chun Ha Secondary School

地址　馬鞍山西沙路632號頌安邨
電話　26305006　傳真　26305299
電郵　info@cch.edu.hk
網址　www.cch.edu.hk
校長　何淑妍　創校年份　2000
學校類別　資助　學生性別　男女
宗教背景　沒有
主要教學語言　初中:中、英及普通話　高中:中、英
一條龍小學　/
直屬小學　/
聯繫小學　/

教師專業資歷

教師人數　■編制內:59　■編制外:1
已接受特殊教育培訓教師人數　10　外籍　1
教師年資
■0-4年:13人
■5-9年:5人
■10年或以上:42人
教師專業訓練　■認可教師證書/教育文憑:95%
教師資歷　■大學學位:63%
■碩士或以上:37%

註:一條龍模式已於2018/19學年後中止

21/22學年收生情況

中一生總人數(班數)　117 (4)
學位分配百分比　■自行:30%　■統一:70%
自行收生取錄人數　40　競爭情況　+　面試名額　+

22/23學年收生要求

收生準則
■教育局成績次第:20%　■獎項:7.5%
■學業成績:20%　■課外活動:7.5%
■面試表現:25%　■操行及態度:20%

面試內容　溝通技巧/應對;禮儀;常識;中英文能力;學習態度;家庭生活;應變能力;創意能力;閱讀習慣

派表日期　2021.12.04-2022.01.17
收表日期　2022.01.03-2022.01.17
自行收生預算學額　40

學校特色

■自主互助學習:以學生為本的學習模式,重視建立學生學習習慣,自主探究知識
■推動資優教育:為學生創造多元學習經歷及展示機會,發掘每位學生的潛能
■著重兩文三語:致力營造豐富的語文學習環境,培養學生善用「兩文三語」溝通

21/22學年中一教學語言

全級英文為教學語言科目　英文、數學、科學、設主要英語授課班,以英語教授綜合人文、生活科技、音樂和視藝

中學文憑試成績 （2021年7月畢業生）

33222率	+
中文科達3級率	+
英文科達3級率	+
數學科達2級率	+
通識科達2級率	+
人均優良成績	+
入讀本地大專文憑率	+
入讀本地大學率	+
入讀(只限港大、中大、科大)率	+
入讀非本地大學率	+

註:+表示學校沒有提供資料;/表示沒有或不適用

香港中國婦女會馮堯敬紀念中學 HKCWC Fung Yiu King Memorial Secondary School

地址	馬鞍山恆光街10號
電話	26404968　傳眞　26421896
電郵	info@fyk.edu.hk
網址	www.fyk.edu.hk
校長	孫莉華　創校年份　1990
學校類別	資助　學生性別　男女
宗教背景	沒有
主要教學語言	初中:中、普通話　高中:中、英
一條龍小學	/
直屬小學	/
聯繫小學	/

教師專業資歷

教師人數	■編制內:+　　■編制外:+
已接受特殊教育培訓教師人數	+　外籍　+
教師年資	+
教師專業訓練	+
教師資歷	+

21/22學年收生情況

中一生總人數(班數)　+ (+)

學位分配百分比　　■自行:+　■統一:+

自行收生取錄人數　+　競爭情況　+　面試名額　+

22/23學年收生要求

收生準則	+
面試內容	+
派表日期	+
收表日期	+
自行收生預算學額	+

學校特色

+

21/22學年中一教學語言

全級英文為教學語言科目	不提供

中學文憑試成績（2021年7月畢業生）

33222率	+
中文科達3級率	+
英文科達3級率	+
數學科達2級率	+
通識科達2級率	+
人均優良成績	+
入讀本地大專文憑率	+
入讀本地大學率	+
入讀(只限港大、中大、科大)率	+
入讀非本地大學率	+

浸信會呂明才中學 Baptist Lui Ming Choi Secondary School

地址	瀝源邨源禾路11號
電話	26922161　傳眞　26915406
電郵	info@blmcss.edu.hk
網址	www.blmcss.edu.hk
校長	溫家傑　創校年份　1978
學校類別	資助　學生性別　男女
宗教背景	基督教
主要教學語言	初中:英文　高中:英文
一條龍小學	/
直屬小學	/
聯繫小學	浸信會呂明才小學、浸信會沙田圍呂明才小學

教師專業資歷

教師人數	■編制內:65　　■編制外:8
已接受特殊教育培訓教師人數	18　外籍　2
教師年資	■0-4年:6人　■5-9年:11人　■10年或以上:56人
教師專業訓練	■認可教師證書/教育文憑:100%
教師資歷	■大學學位:41.1%　■碩士或以上:57.5%

註：2021/22學年學位分配百分比不包括一條龍小學學生

21/22學年收生情況

中一生總人數(班數)　161 (5)

學位分配百分比　　■自行:30%　■統一:70%

自行收生取錄人數　50　競爭情況　1:8.76　面試名額　+

22/23學年收生要求

收生準則	■學業成績：25%　■課外活動：25% ■面試表現：25%　■操行及態度：25%
面試內容	溝通技巧/應對；禮儀；常識；中英文能力；學習態度；家庭生活；應變能力
派表日期	2022.01.03-2022.01.17
收表日期	2022.01.03-2022.01.17
自行收生預算學額	50

學校特色

■重視師生關係：敢於管、敢於教、敢於建立關係
■四足並立，透過教務、輔訓、福音及活動的學習經歷引導學生的身心靈發展
■訓輔合一：重視集體的安頓和個人成長輔導

21/22學年中一教學語言

全級英文為教學語言科目	英文、歷史、數學、科學、地理、電腦、音樂、視藝、家政、設計與科技、戲劇

中學文憑試成績（2021年7月畢業生）

33222率	93.1%
中文科達3級率	+
英文科達3級率	+
數學科達2級率	+
通識科達2級率	+
人均優良成績	2.2
入讀本地大專文憑率	12.33%
入讀本地大學率	67.12%
入讀(只限港大、中大、科大)率	39.73%
入讀非本地大學率	18.49%

馬鞍山崇真中學 Ma On Shan Tsung Tsin Secondary School

地址	馬鞍山恆信街5號
電話	26404938　傳眞　26404965
電郵	mosttss@mosttss.edu.hk
網址	www.mosttss.edu.hk
校長	嚴基柱　創校年份　1958
學校類別	資助　學生性別　男女
宗教背景	基督教
主要教學語言	初中:中、英　高中:中、英
一條龍小學	/
直屬小學	/
聯繫小學	沙田崇眞學校

教師專業資歷

教師人數	■編制內:53　　■編制外:6
已接受特殊教育培訓教師人數	16　外籍　3
教師年資	■0-4年:4人　■5-9年:3人　■10年或以上:52人
教師專業訓練	■認可教師證書/教育文憑:100%
教師資歷	■大學學位:50%　■碩士或以上:50%

21/22學年收生情況

中一生總人數(班數)　125 (4)

學位分配百分比　　■自行:30%　■統一:70%

自行收生取錄人數　40　競爭情況　1:10.18　面試名額　所有申請人

22/23學年收生要求

收生準則	■教育局成績次第　■學業成績 ■課外活動　　　　■操行及態度 ■面試表現
面試內容	溝通技巧/應對；禮儀；常識；中英文能力；思辯能力
派表日期	2022.01.03-2022.01.17
收表日期	2022.01.03-2022.01.17
自行收生預算學額	40

學校特色

■設EMI班，配合「Towards EMI」校本課程計劃，奠定學生英語基礎
■職員團隊中有近六成教師擁有碩士學位，良好師資助學生爭取佳績
■提供優質基督教全人教育，對學生「嚴而有愛」，讓學生有愉快的校園生活

21/22學年中一教學語言

全級英文為教學語言科目	英文、數學、科學

中學文憑試成績（2021年7月畢業生）

33222率	50%
中文科達3級率	69%
英文科達3級率	58%
數學科達2級率	95%
通識科達2級率	94%
人均優良成績	63
入讀本地大專文憑率	36%
入讀本地大學率	41%
入讀(只限港大、中大、科大)率	16%
入讀非本地大學率	15%

註：+表示學校沒有提供資料；/表示沒有或不適用

馬鞍山聖若瑟中學 Ma On Shan St. Joseph's Secondary School

地址	馬鞍山恆光街8號
電話	26339913　傳真　26339990
電郵	moss.jss008@eservices.hkedcity.net
網址	www.mossjss.edu.hk
校長	黃幗懿　創校年份　1996
學校類別	資助　學生性別　男女
宗教背景	天主教
主要教學語言	初中:中、英及普通話　高中:中、英
一條龍小學	/
直屬小學	/
聯繫小學	/

教師專業資歷

教師人數	■編制內：55　■編制外：6
已接受特殊教育培訓教師人數	16　外籍　0
教師年資	■0-4年：15人 ■5-9年：3人 ■10年或以上：43人
教師專業訓練	■認可教師證書/教育文憑：100%
教師資歷	■大學學位：36% ■碩士或以上：64%

21/22學年收生情況

中一生總人數(班數)　147 (5)
學位分配百分比　■自行:30%■統一:70%
自行收生取錄人數　50　競爭情況　1:4.20　面試名額　所有申請人

22/23學年收生要求

收生準則	■教育局成績次第：40%　■獎項及課外活動：5% ■操行及校內評試：10%　■面試表現：30% ■學業成績：10%　■直系親屬在校：5%
面試內容	溝通技巧/應對；禮儀；常識；體藝才能；應變能力；中英文能力；數理能力；學習態度
派表日期	2021.12.01-2022.01.17
收表日期	2022.01.03-2022.01.17
自行收生預算學額	40

學校特色

■校風嚴謹淳樸，發揚天主教及方濟會教育優良傳統，引導學生認識天主教信仰及基督精神
■曾獲行政長官卓越教學獎，與教育局合作發展校本課程及種籽計劃
■公開試成績表現優異，緊貼教育趨勢，推廣STEM教學；電子化設備延展學習

21/22學年中一教學語言

全級英文為教學語言科目	英文、設中英文組/主要英語授課班、以英語教授英文、數學、科學、電腦及社會科學(地理、生活與社會)

中學文憑試成績（2021年7月畢業生）

33222率	+
中文科達3級率	+
英文科達3級率	+
數學科達2級率	+
通識科達2級率	+
人均優良成績	+
入讀本地大專文憑率	+
入讀本地大學率	40%
入讀非本地大學率	+

基督書院 Christ College

地址	沙田博康邨
電話	26353330　傳真　26364588
電郵	info@christcollege.edu.hk
網址	www.ccst.edu.hk
校長	馮志德　創校年份　1953
學校類別	資助　學生性別　男女
宗教背景	基督教
主要教學語言	初中:中、英　高中:中、英
一條龍小學	/
直屬小學	/
聯繫小學	/

教師專業資歷

教師人數	■編制內：48　■編制外：55
已接受特殊教育培訓教師人數	21　外籍　1
教師年資	■0-4年：7人 ■5-9年：7人 ■10年或以上：41人
教師專業訓練	■認可教師證書/教育文憑：93%
教師資歷	■大學學位：45% ■碩士或以上：55%

21/22學年收生情況

中一生總人數(班數)　703 (4)
學位分配百分比　■自行:30%■統一:70%
自行收生取錄人數　40　競爭情況　1:14.25　面試名額　所有申請人

22/23學年收生要求

收生準則	■教育局成績次第：20%　■學業成績：15% ■面試表現：35%　■獎項：10% ■操行及態度：20%
面試內容	溝通技巧/應對；禮儀；常識；體藝才能；應變能力；中英文能力；學習態度；家庭生活
派表日期	2022.01.03-2022.01.17
收表日期	2022.01.03-2022.01.17
自行收生預算學額	40

學校特色

■培育學生擁有基督人素質，包括關愛樂群、柔和謙遜、堅毅抗逆、忠誠信實、策略學習及珍惜感恩
■以「立志、篤行、參省」作定位，培養學生正向的人生態度

21/22學年中一教學語言

全級英文為教學語言科目	英文

中學文憑試成績（2021年7月畢業生）

33222率	+
中文科達3級率	+
英文科達3級率	+
數學科達2級率	+
通識科達2級率	+
人均優良成績	+
入讀本地大專文憑率	+
入讀本地大學率	+
入讀(只限港大、中大、科大)率	+
入讀非本地大學率	+

梁文燕紀念中學（沙田） Helen Liang Memorial Secondary School (Shatin)

地址	大圍顯田街2號
電話	26941414　傳真　26091245
電郵	email@mail.hlmssst.edu.hk
網址	www.hlmssst.edu.hk
校長	楊麗萍　創校年份　1977
學校類別	官立　學生性別　男女
宗教背景	沒有
主要教學語言	初中:中、英及普通話　高中:中、英
一條龍小學	/
直屬小學	/
聯繫小學	/

教師專業資歷

教師人數	■編制內：56　■編制外：1
已接受特殊教育培訓教師人數	16　外籍　1
教師年資	■0-4年：4人 ■5-9年：7人 ■10年或以上：46人
教師專業訓練	■認可教師證書/教育文憑：95%
教師資歷	■大學學位：49% ■碩士或以上：49%

21/22學年收生情況

中一生總人數(班數)　111 (4)
學位分配百分比　■自行:30%■統一:70%
自行收生取錄人數　40　競爭情況　1:4.98　面試名額　80-100

22/23學年收生要求

收生準則	■教育局成績次第：30%　■獎項：5% ■操行及態度：20%　■課外活動：5% ■面試表現：40%
面試內容	溝通技巧/應對；禮儀；常識；中英文能力；學習態度；家庭生活；應變能力
派表日期	2022.01.03-2022.01.17
收表日期	2022.01.03-2022.01.17
自行收生預算學額	40

學校特色

■積極提升學生的學業水平，因應學生表現，在各科舉辦增潤課程
■營造優良英語環境，推動電子學習，加強課堂互動
■提供多元學習環境，拓闊學生視野，舉辦或安排學生參加境外交流活動

21/22學年中一教學語言

全級英文為教學語言科目	英文，初中各級設一班以英文教授數學科及科學科

中學文憑試成績（2021年7月畢業生）

33222率	+
中文科達3級率	+
英文科達3級率	+
數學科達2級率	+
通識科達2級率	+
人均優良成績	+
入讀本地大專文憑率	+
入讀本地大學率	+
入讀(只限港大、中大、科大)率	+
入讀非本地大學率	+

註：+表示學校沒有提供資料；/表示沒有或不適用

博愛醫院陳楷紀念中學 POH Chan Kai Memorial College

地址	沙田隆亨邨
電話	26044118　傳眞　26031087
電郵	pohckmc@gmail.com
網址	www.pohck.edu.hk
校長	鄭美菁　創校年份　1990
學校類別	資助　學生性別　男女
宗教背景	沒有
主要教學語言	初中:中、英及普通話　高中:中、英
一條龍小學	/
直屬小學	/
聯繫小學	/

教師專業資歷

教師人數	■編制內：+　■編制外：+
已接受特殊教育培訓教師人數	+　外籍　+
教師年資	+
教師專業訓練	+
教師資歷	+

21/22學年收生情況

中一生總人數(班數)　+ (+)
學位分配百分比　■自行:+　■統一:+
自行收生取錄人數　+　競爭情況　+　面試名額　+

22/23學年收生要求

收生準則	+
面試內容	+
派表日期	+
收表日期	+
自行收生預算學額	+

學校特色

+

21/22學年中一教學語言

全級英文為教學語言科目　不提供

中學文憑試成績（2021年7月畢業生）

33222率	+
中文科達3級率	+
英文科達3級率	+
數學科達2級率	+
通識科達2級率	+
人均優良成績	
入讀本地大專文憑率	
入讀本地大學率	
入讀(只限港大、中大、科大)率	+
入讀非本地大學率	+

曾璧山中學 Tsang Pik Shan Secondary School

地址	馬鞍山恆光街12號
電話	26404933　傳眞　26403680
電郵	contact@tpsslss.edu.hk
網址	www.tpsss.edu.hk/site/
校長	何沛勝　創校年份　1990
學校類別	資助　學生性別　男女
宗教背景	沒有
主要教學語言	初中:不提供　高中:不提供
一條龍小學	/
直屬小學	/
聯繫小學	/

教師專業資歷

教師人數	■編制內：+　■編制外：+
已接受特殊教育培訓教師人數	+　外籍　+
教師年資	+
教師專業訓練	+
教師資歷	+

21/22學年收生情況

中一生總人數(班數)　+ (+)
學位分配百分比　■自行:+　■統一:+
自行收生取錄人數　+　競爭情況　+　面試名額　+

22/23學年收生要求

收生準則	+
面試內容	+
派表日期	+
收表日期	+
自行收生預算學額	+

學校特色

+

21/22學年中一教學語言

全級英文為教學語言科目　不提供

中學文憑試成績（2021年7月畢業生）

33222率	+
中文科達3級率	+
英文科達3級率	+
數學科達2級率	+
通識科達2級率	+
人均優良成績	+
入讀本地大專文憑率	
入讀本地大學率	
入讀(只限港大、中大、科大)率	
入讀非本地大學率	

聖公會林裘謀中學 SKH Lam Kau Mow Secondary School

地址	沙田第一城得寶街10號
電話	26488222　傳眞　26376489
電郵	skhlkmss@skhlkmss.edu.hk
網址	www.skhlkmss.edu.hk
校長	陳鐘亮　創校年份　1982
學校類別	資助　學生性別　男女
宗教背景	基督教
主要教學語言	初中:英文　高中:英文
一條龍小學	/
直屬小學	/
聯繫小學	/

教師專業資歷

教師人數	■編制內：53.8　■編制外：2
已接受特殊教育培訓教師人數	9　外籍　1
教師年資	■0-4年：10人　■5-9年：3人　■10年或以上：43人
教師專業訓練	■認可教師證書/教育文憑:100%
教師資歷	■大學學位:53.6%　■碩士或以上:46.4%

21/22學年收生情況

中一生總人數(班數)　124 (4)
學位分配百分比　■自行:33%　■統一:67%
自行收生取錄人數　40　競爭情況　+　面試名額　設有面試

22/23學年收生要求

收生準則	■教育局成績次第：50%　■面試表現：40%　■獎項及課外活動：10%
面試內容	溝通技巧/應對；中英文能力
派表日期	2022.01.03-2022.01.17
收表日期	2022.01.03-2022.01.17
自行收生預算學額	40

學校特色

■強化學生自主學習技巧及習慣，提升學習動機，以成爲終身學習者
■培養學生的自尊感及抗逆能力，使成爲積極及有承擔的青年人
■重整電腦認知及設計與工藝科課程，改建設計與工藝教室，推廣創科教育

21/22學年中一教學語言

全級英文為教學語言科目　英文、數學、歷史、科學、地理、電腦、音樂、視藝、家政、設計與科技

中學文憑試成績（2021年7月畢業生）

33222率	94.69%
中文科達3級率	97.35%
英文科達3級率	98.23%
數學科達2級率	100%
通識科達2級率	100%
人均優良成績	1.67
入讀本地大專文憑率	10.7%
入讀本地大學率	80.4%
入讀(只限港大、中大、科大)率	32.1%
入讀非本地大學率	8.9%

沙田區

註：+表示學校沒有提供資料；/表示沒有或不適用

聖公會曾肇添中學 SKH Tsang Shiu Tim Secondary School

地址	沙田禾輋邨德厚街6號	
電話	26975566	傳真 26922146
電郵	info@skhtst.edu.hk	
網址	www.skhtst.edu.hk	
校長	王裕泰	創校年份 1978
學校類別	資助	學生性別 男女
宗教背景	基督教	
主要教學語言	初中:英文 高中:英文	
一條龍小學	/	
直屬小學	/	
聯繫小學	/	

教師專業資歷

教師人數	■編制內:62.5	■編制外:4.5
已接受特殊教育培訓教師人數	19	外籍 1
教師年資	■0-4年:4人 ■5-9年:9人 ■10年或以上:54人	
教師專業訓練	■認可教師證書/教育文憑:98.5%	
教師資歷	■大學學位:34.5% ■碩士或以上:64%	

21/22學年收生情況

中一生總人數(班數) 153 (5)

學位分配百分比　■自行:30%　■統一:70%

自行收生取錄人數 50　競爭情況 +　面試名額 280

22/23學年收生要求

收生準則	■教育局成績次第:60%　■面試表現:30% ■學業、品行、課外活動和服務方面的表現佔10%
面試內容	溝通技巧/應對;禮儀;常識;中英文能力
派表日期	2021.12.07-2022.01.17
收表日期	2022.01.03-2022.01.17
自行收生預算學額	50

學校特色

■透過不同的特色跨科學習活動,擴闊學生眼界,培養世界視野
■初中推行一人一運動、一人一藝術及一人一服務,發展學生體藝能力,從服務中成長
■積極推廣義工服務,培養學生關心社會的精神

21/22學年中一教學語言

全級英文為教學語言科目	英文、歷史、數學、科學、地理、電腦、音樂、視藝、體育、家政、設計與科技

中學文憑試成績（2021年7月畢業生）

33222率	94.3%
中文科達3級率	94.3%
英文科達3級率	99.3%
數學科達2級率	100%
通識科達2級率	100%
人均優良成績	2.77
入讀本地大專文憑率	7.1%
入讀本地大學率	84.4%
入讀(只限港大、中大、科大)率	42.6%
入讀非本地大學率	8.5%

聖母無玷聖心書院 Immaculate Heart of Mary College

地址	乙明邨街四號	
電話	26471358	傳真 26479606
電郵	info@ihmc.edu.hk	
網址	www.ihmc.edu.hk	
校長	莫潔如	創校年份 1981
學校類別	資助	學生性別 男女
宗教背景	天主教	
主要教學語言	初中:中、英及普通話 高中:中、英	
一條龍小學	/	
直屬小學	/	
聯繫小學	聖母無玷聖心學校	

教師專業資歷

教師人數	■編制內:53	■編制外:4
已接受特殊教育培訓教師人數	18	外籍 1
教師年資	■0-4年:11人 ■5-9年:9人 ■10年或以上:37人	
教師專業訓練	■認可教師證書/教育文憑:91%	
教師資歷	■大學學位:47% ■碩士或以上:53%	

21/22學年收生情況

中一生總人數(班數) 121 (4)

學位分配百分比　■自行:32%　■統一:68%

自行收生取錄人數 41　競爭情況 1:7.93　面試名額 所有申請人

22/23學年收生要求

收生準則	■教育局成績次第:20%　■獎項:10% ■學業成績:20%　■課外活動:5% ■面試表現:25%　■操行及態度:10% ■天主教徒:5%　■父母/兄姊爲校友:5%
面試內容	溝通技巧/應對;禮儀;常識;中英文能力;學習態度;家庭生活
派表日期	2022.01.03-2022.01.17
收表日期	2022.01.03-2022.01.17
自行收生預算學額	41

學校特色

■以聖母瑪利亞爲榜樣,培育學生以愛德服務社群
■學校營造英語環境,致力令學生透過不同方式學習英語
■着重全人培育,學生歷年在校際數理、中英文朗誦、體育等方面屢獲獎項

21/22學年中一教學語言

全級英文為教學語言科目	英文、歷史、數學、科學、地理、電腦、音樂、視藝、家政、設計與科技、生活與社會

中學文憑試成績（2021年7月畢業生）

33222率	+
中文科達3級率	+
英文科達3級率	+
數學科達2級率	+
通識科達2級率	+
人均優良成績	+
入讀本地大專文憑率	+
入讀本地大學率	+
入讀(只限港大、中大、科大)率	13%
入讀非本地大學率	11%

沙田區

聖羅撒書院 St Rose of Lima's College

地址	沙田銀城街29號	
電話	23371867	傳真 23380915
電郵	info@hksrl.edu.hk	
網址	www.hksrl.edu.hk	
校長	練茂棠	創校年份 1948
學校類別	資助	學生性別 女
宗教背景	天主教	
主要教學語言	初中:英文 高中:英文	
一條龍小學	/	
直屬小學	聖羅撒學校	
聯繫小學	/	

教師專業資歷

教師人數	■編制內:64	■編制外:0
已接受特殊教育培訓教師人數	11	外籍 1
教師年資	■0-4年:22人 ■5-9年:10人 ■10年或以上:32人	
教師專業訓練	■認可教師證書/教育文憑:92%	
教師資歷	■大學學位:50% ■碩士或以上:50%	

21/22學年收生情況

中一生總人數(班數) 152 (5)

學位分配百分比　■自行:30%　■統一:70%

自行收生取錄人數 51　競爭情況 1:3.92　面試名額 所有申請人

22/23學年收生要求

收生準則	■教育局成績次第:30%　■學業成績:15% ■操行及態度:5%　■課外活動:2.5% ■與中學聯繫:5%　■獎項:2.5% ■面試表現:40%
面試內容	溝通技巧/應對;禮儀;常識;中英文能力;學習態度;家庭生活;應變能力
派表日期	2021.12
收表日期	2022.01.03-2022.01.17
自行收生預算學額	51

學校特色

■英語爲教學語言,着重學業成績及培養閱讀風氣,安排各項多元化活動
■提供多元化課程,爲學生升讀本地或海外大學作出準備
■學校設有校園電視室及STEM室,課室及特別室均設有實物投影器及電腦

21/22學年中一教學語言

全級英文為教學語言科目	英文、英語文學、生活與社會、歷史、數學、科學、地理、電腦、音樂、視藝、體育、家政

中學文憑試成績（2021年7月畢業生）

33222率	76.1%
中文科達3級率	79.5%
英文科達3級率	100%
數學科達2級率	96.6%
通識科達2級率	99.1%
人均優良成績	1.01
入讀本地大專文憑率	20.2%
入讀本地大學率	58.8%
入讀(只限港大、中大、科大)率	16%
入讀非本地大學率	14.3%

註:+表示學校沒有提供資料;/表示沒有或不適用

樂善堂楊葛小琳中學 LST Young Ko Hsiao Lin Secondary School

地址	沙田隆亨邨 2A 地段
電話	26056632　傳眞　26025433
電郵	lstykh1@lstyoungkh1.edu.hk
網址	www.lstyoungkh1.edu.hk
校長	林德眞　創校年份　1990
學校類別	資助　學生性別　男女
宗教背景	沒有
主要教學語言	初中:中、英　高中:中、英
一條龍小學	/
直屬小學	/
聯繫小學	/

教師專業資歷

教師人數	■編制內:+　■編制外:+
已接受特殊教育培訓教師人數	+　外籍　+
教師年資	+
教師專業訓練	+
教師資歷	+

21/22學年收生情況

中一生總人數(班數)　+(+)
學位分配百分比　■自行:+　■統一:+
自行收生取錄人數　+　競爭情況　+　面試名額　+

22/23學年收生要求

收生準則	+
面試內容	+
派表日期	+
收表日期	+
自行收生預算學額	+

學校特色

+

21/22學年中一教學語言

全級英文為教學語言科目　不提供

中學文憑試成績（2021年7月畢業生）

33222率	+
中文科達3級率	+
英文科達3級率	+
數學科達2級率	+
通識科達2級率	+
人均優良成績	+
入讀本地大專文憑率	+
入讀本地大學率	+
入讀(只限港大、中大、科大)率	+
入讀非本地大學率	+

樂道中學 Lock Tao Secondary School

地址	大圍美林邨
電話	26021000　傳眞　26927712
電郵	school@locktao.edu.hk
網址	www.locktao.edu.hk
校長	王志偉　創校年份　1962
學校類別	資助　學生性別　男女
宗教背景	基督教
主要教學語言	初中:中文　高中:中文
一條龍小學	/
直屬小學	/
聯繫小學	/

教師專業資歷

教師人數	■編制內:52　■編制外:60
已接受特殊教育培訓教師人數	27　外籍　1
教師年資	■0-4年:17人　■5-9年:4人　■10年或以上:39人
教師專業訓練	■認可教師證書/教育文憑:88%
教師資歷	■大學學位:53%　■碩士或以上:47%

21/22學年收生情況

中一生總人數(班數)　98(4)
學位分配百分比　■自行:30%　■統一:70%
自行收生取錄人數　+　競爭情況　+　面試名額　所有申請人

22/23學年收生要求

收生準則	■教育局成績次第:20%　■獎項:10% ■學業成績:30%　■課外活動:10% ■操行及態度:20%　■面試表現:10%
面試內容	溝通技巧/應對；禮儀；常識；中英文能力；學習態度；家庭生活；應變能力
派表日期	2021.12.01-2022.01.17
收表日期	2022.01.03-2022.01.17
自行收生預算學額	40

學校特色

■培養學生良好的品德
■建立學生學習目標和習慣
■發展學生潛能，建構學生的生涯規劃

21/22學年中一教學語言

全級英文為教學語言科目　英文

中學文憑試成績（2021年7月畢業生）

33222率	+
中文科達3級率	+
英文科達3級率	+
數學科達2級率	+
通識科達2級率	+
人均優良成績	+
入讀本地大專文憑率	+
入讀本地大學率	+
入讀(只限港大、中大、科大)率	+
入讀非本地大學率	+

潮州會館中學 Chiu Chow Association Secondary School

地址	馬鞍山恆安邨
電話	26428383　傳眞　26835164
電郵	school@ccass.edu.hk
網址	www.ccass.edu.hk
校長	梁鳳兒　創校年份　1987
學校類別	資助　學生性別　男女
宗教背景	沒有
主要教學語言	初中:中、英　高中:中、英
一條龍小學	/
直屬小學	/
聯繫小學	/

教師專業資歷

教師人數	■編制內:+　■編制外:+
已接受特殊教育培訓教師人數	+　外籍　+
教師年資	+
教師專業訓練	+
教師資歷	+

21/22學年收生情況

中一生總人數(班數)　+(+)
學位分配百分比　■自行:+　■統一:+
自行收生取錄人數　+　競爭情況　+　面試名額　+

22/23學年收生要求

收生準則	+
面試內容	+
派表日期	+
收表日期	+
自行收生預算學額	+

學校特色

+

21/22學年中一教學語言

全級英文為教學語言科目　不提供

中學文憑試成績（2021年7月畢業生）

33222率	+
中文科達3級率	+
英文科達3級率	+
數學科達2級率	+
通識科達2級率	+
人均優良成績	+
入讀本地大專文憑率	+
入讀本地大學率	+
入讀(只限港大、中大、科大)率	+
入讀非本地大學率	+

沙田區

135

註:+表示學校沒有提供資料；/表示沒有或不適用

賽馬會體藝中學 Jockey Club Ti-I College

地址 火炭樂景街5-7號
電話 26917150　**傳眞** 26932941
電郵 info@tic.edu.hk
網址 https://www.tic.edu.hk
校長 鄭元山　**創校年份** 1989
學校類別 資助　**學生性別** 男女
宗教背景 沒有
主要教學語言 初中:英文　高中:英文
一條龍小學 /
直屬小學 /
聯繫小學 /

教師專業資歷

教師人數 ■編制內:62　■編制外:10
已接受特殊教育培訓教師人數 13　**外籍** 1
教師年資
■0-4年:20人
■5-9年:7人
■10年或以上:45人
教師專業訓練 ■認可教師證書/教育文憑:99%
教師資歷 ■大學學位:43%　■碩士或以上:57%

21/22學年收生情況

中一生總人數(班數) 157 (5)
學位分配百分比 ■自行:100%　■統一:0%
自行收生取錄人數 150　**競爭情況** +　**面試名額** +

22/23學年收生要求

收生準則
■教育局成績次第　■學業成績　■獎項
■課外活動　■操行及態度　■面試表現
■對運動或視覺藝術感興趣及具潛質、有參與體育或藝術活動之經驗

面試內容 溝通技巧/應對;禮儀;常識;體藝才能;應變能力;中英文能力;學習態度;家庭生活

派表日期 2021.12.01 起
收表日期 2022.01.03-2022.01.19
自行收生預算學額 155

學校特色

■提供正規文法中學課程及校本的體藝增潤課程,強調均衡全人發展
■設宿舍方便學生學習,培養獨立處事、自律、溝通及合作技巧
■全港唯一不受區網限制,可百分百自行分配學位的資助中學

21/22學年中一教學語言

全級英文為教學語言科目 英文、歷史、數學、科學、地理、音樂、視藝、體育、生活與社會、科技與生活、資訊及通訊科技

中學文憑試成績（2021年7月畢業生）

33222率	+
中文科達3級率	+
英文科達3級率	+
數學科達2級率	+
通識科達2級率	+
人均優良成績	+
入讀本地大專文憑率	+
入讀本地大學率	+
入讀(只限港大、中大、科大)率	+
入讀非本地大學率	+

中華基督教會馮梁結紀念中學 CCC Fung Leung Kit Memorial Secondary School

地址 大埔寶湖道22號
電話 26516033　**傳眞** 26509629
電郵 info@flk.edu.hk
網址 www.flk.edu.hk
校長 梅浩基　**創校年份** 1987
學校類別 資助　**學生性別** 男女
宗教背景 基督教
主要教學語言 初中:中文　高中:中文
一條龍小學 /
直屬小學 /
聯繫小學 /

教師專業資歷

教師人數 ■編制內:57　■編制外:3
已接受特殊教育培訓教師人數 18　**外籍** 1
教師年資
■0-4年:17人
■5-9年:13人
■10年或以上:30人
教師專業訓練 ■認可教師證書/教育文憑:97%
教師資歷 ■大學學位:52%　■碩士或以上:48%
註:2021/22學年學位分配百分比不包括一條龍小學學生

21/22學年收生情況

中一生總人數(班數) 97 (4)
學位分配百分比 ■自行:30%　■統一:70%
自行收生取錄人數 +　**競爭情況** +　**面試名額** +

22/23學年收生要求

收生準則 +

面試內容 溝通技巧/應對;禮儀;常識;中英文能力;學習態度;家庭生活

派表日期 2021.11.22
收表日期 2022.01.03-2022.01.17
自行收生預算學額 +

學校特色

■推行大埔新高中課程聯網計劃,本校開設視覺藝術及設計與應用科技科;與職業訓練局合作開設應用學習科目:形象設計課程
■網上教學形式主要利用遠程教育平台Microsoft Teams作實時網絡課堂,並落實師生以雲端/電子方式收發功課
■於第七十二屆香港學校朗誦節中五級英語詩文(非母語)男子獨誦優異及女子獨誦優異

21/22學年中一教學語言

全級英文為教學語言科目 英文

中學文憑試成績（2021年7月畢業生）

33222率	+
中文科達3級率	+
英文科達3級率	+
數學科達2級率	+
通識科達2級率	+
人均優良成績	+
入讀本地大專文憑率	+
入讀本地大學率	+
入讀(只限港大、中大、科大)率	+
入讀非本地大學率	+

中華聖潔會靈風中學 China Holiness Church Living Spirit College

地址 大埔棟樑里1號
電話 29589694　**傳眞** 29589846
電郵 lsc@lsc.edu.hk
網址 www.lsc.edu.hk
校長 李志誠　**創校年份** 1998
學校類別 資助　**學生性別** 男女
宗教背景 基督教
主要教學語言 初中:中文　高中:中文
一條龍小學 /
直屬小學 /
聯繫小學 /

教師專業資歷

教師人數 ■編制內:55　■編制外:10
已接受特殊教育培訓教師人數 14　**外籍** 1
教師年資
■0-4年:5人
■5-9年:9人
■10年或以上:51人
教師專業訓練 ■認可教師證書/教育文憑:100%
教師資歷 ■大學學位:34%　■碩士或以上:66%

21/22學年收生情況

中一生總人數(班數) 124 (4)
學位分配百分比 ■自行:30%　■統一:70%
自行收生取錄人數 40　**競爭情況** 1:6.73　**面試名額** 所有申請人

22/23學年收生要求

收生準則 ■學業成績:25%　■課外活動:25%　■操行及態度:25%　■面試表現:25%

面試內容 溝通技巧/應對;禮儀;常識;體藝才能;應變能力;中英文能力;數理能力;學習態度;家庭生活

派表日期 2022.01.03-2022.01.17
收表日期 2022.01.03-2022.01.17
自行收生預算學額 40

學校特色

■以宗教、品德、學術、體藝、服務、人際關係並重之多元化課程及活動,建立品德與專長
■自設網上自學平台、氣象台、暖水習泳池、環保園供各科學習
■足球、足毽獲學界/全港冠軍;視藝公開試及比賽多優異;英語音樂劇屢獲好評

21/22學年中一教學語言

全級英文為教學語言科目 英文

中學文憑試成績（2021年7月畢業生）

33222率	+
中文科達3級率	+
英文科達3級率	+
數學科達2級率	+
通識科達2級率	+
人均優良成績	+
入讀本地大專文憑率	+
入讀本地大學率	+
入讀(只限港大、中大、科大)率	+
入讀非本地大學率	+

沙田區、大埔區

註:+表示學校沒有提供資料;/表示沒有或不適用

孔教學院大成何郭佩珍中學 Confucian Tai Shing Ho Kwok Pui Chun College

地址　大埔富善邨
電話　26665926　　傳眞　26607988
電郵　info@ctshkpcc.net
網址　www.ctshkpcc.edu.hk
校長　覃紋坤　　創校年份　1963
學校類別　資助　學生性別　男女
宗教背景　孔教
主要教學語言　初中:中、英　高中:中、英
一條龍小學　/
直屬小學　/
聯繫小學　/

教師專業資歷

教師人數　■編制內：+　　■編制外：+
已接受特殊教育培訓教師人數　+　外籍　+
教師年資　+
教師專業訓練　+
教師資歷　+

21/22學年收生情況

中一生總人數(班數)　+ (+)
學位分配百分比　■自行:+　■統一:+
自行收生取錄人數　+　競爭情況　+　面試名額　+

22/23學年收生要求

收生準則　+
面試內容　+
派表日期　+
收表日期　+
自行收生預算學額　+

學校特色

+

21/22學年中一教學語言

全級英文為教學語言科目　不提供

中學文憑試成績（2021年7月畢業生）

33222率	+
中文科達3級率	+
英文科達3級率	+
數學科達2級率	+
通識科達2級率	+
人均優良成績	+
入讀本地大專文憑率	+
入讀本地大學率	+
入讀(只限港大、中大、科大)率	+
入讀非本地大學率	+

王肇枝中學 Wong Shiu Chi Secondary School

地址　大埔廣福道182號
電話　26561270　　傳眞　26507256
電郵　mail@wscss.edu.hk
網址　www.wscss.edu.hk
校長　鄭思宏　　創校年份　1960
學校類別　資助　學生性別　男女
宗教背景　基督教
主要教學語言　初中:英文　高中:英文
一條龍小學　/
直屬小學　/
聯繫小學　/

教師專業資歷

教師人數　■編制內：+　　■編制外：+
已接受特殊教育培訓教師人數　+　外籍　+
教師年資　+
教師專業訓練　+
教師資歷　+

21/22學年收生情況

中一生總人數(班數)　+ (+)
學位分配百分比　■自行:+　■統一:+
自行收生取錄人數　+　競爭情況　+　面試名額　+

22/23學年收生要求

收生準則　+
面試內容　+
派表日期　+
收表日期　+
自行收生預算學額　+

學校特色

+

21/22學年中一教學語言

全級英文為教學語言科目　不提供

中學文憑試成績（2021年7月畢業生）

33222率	+
中文科達3級率	+
英文科達3級率	+
數學科達2級率	+
通識科達2級率	+
人均優良成績	+
入讀本地大專文憑率	+
入讀本地大學率	+
入讀(只限港大、中大、科大)率	+
入讀非本地大學率	+

佛教大光慈航中學 Buddhist Tai Kwong Chi Hong College

地址　大埔翠怡街4號
電話　26640833　　傳眞　26646687
電郵　btc@btkchc.edu.hk
網址　www.btkchc.edu.hk
校長　梁穎媛　　創校年份　2009
學校類別　資助　學生性別　男女
宗教背景　佛教
主要教學語言　初中:中文　高中:中文
一條龍小學　/
直屬小學　/
聯繫小學　/

教師專業資歷

教師人數　■編制內：46　　■編制外：1
已接受特殊教育培訓教師人數　23　外籍　1
教師年資　■0-4年：11人　■5-9年：6人　■10年或以上：30人
教師專業訓練　■認可教師證書/教育文憑:100%
教師資歷　■大學學位:35.4%　■碩士或以上:60.4%

21/22學年收生情況

中一生總人數(班數)　+ (3)
學位分配百分比　■自行:+　■統一:+
自行收生取錄人數　+　競爭情況　+　面試名額　所有申請人

22/23學年收生要求

收生準則　■學業成績：10%　■獎項：10%　■課外活動：10%　■操行及態度：40%　■面試表現：30%
面試內容　溝通技巧/應對；禮儀；常識；學習態度；家庭生活
派表日期　2022.01.03-2022.01.17
收表日期　2022.01.03-2022.01.17
自行收生預算學額　30

學校特色

■推動STEM教育、成長及發展課，發展電子學習，照顧學習多樣性
■照顧學生的個別差異，設專責部門跟進有特殊教育需要學生的輔導
■重視生涯規劃教育，讓學生從活動體驗中認識自我，確立發展方向

21/22學年中一教學語言

全級英文為教學語言科目　英文

中學文憑試成績（2021年7月畢業生）

33222率	+
中文科達3級率	+
英文科達3級率	+
數學科達2級率	+
通識科達2級率	+
人均優良成績	+
入讀本地大專文憑率	+
入讀本地大學率	+
入讀(只限港大、中大、科大)率	+
入讀非本地大學率	+

大埔區

註：+表示學校沒有提供資料；/表示沒有或不適用

南亞路德會沐恩中學 SALEM – Immanuel Lutheran College

地址　大埔大元邨
電話　26673129　　傳真　26650600
電郵　info@ilc.edu.hk
網址　www.ilc.edu.hk
校長　屈佩芬　　創校年份　1983
學校類別　資助　　學生性別　男女
宗教背景　基督教
主要教學語言　初中：英文　高中：英文
一條龍小學　/
直屬小學　/
聯繫小學　/

教師專業資歷

教師人數　■編制內：54　　■編制外：4
已接受特殊教育培訓教師人數　18　外籍　1
教師年資
■0-4年：11人
■5-9年：6人
■10年或以上：41人
教師專業訓練　■認可教師證書/教育文憑：95%
教師資歷　■大學學位：36%　■碩士或以上：64%

21/22學年收生情況

中一生總人數(班數)　120 (4)
學位分配百分比　■自行：30%　■統一：70%
自行收生取錄人數　40　競爭情況　+　面試名額　所有申請人

22/23學年收生要求

收生準則
■學業成績：50%　■面試表現：25%
■課外活動、獎項、操行、服務、專長及才能：25%

面試內容
溝通技巧/應對；禮儀；常識；中英文能力；
學習態度；家庭生活；應變能力

派表日期　2022.01.03-2022.01.17
收表日期　2022.01.03-2022.01.17
自行收生預算學額　40

學校特色

■初中部分學科行學段制課程，每學期可修讀較少科目，每科節數較多，學習較集中
■推行「跨科語文」課程，訓練學生結合思維組織能力和語文能力，提升學習效能
■結合生涯規劃元素，推行「學生學習雁閱」。學生定時檢視學習進度，反思學習成效，建立目標

21/22學年中一教學語言

全級英文為教學語言科目　英文、歷史、數學、科學、地理、電腦、音樂、視藝、家政、設計與科技

中學文憑試成績（2021年7月畢業生）

33222率	73.08%
中文科達3級率	81.73%
英文科達3級率	85.58%
數學科達2級率	100%
通識科達2級率	100%
人均優良成績	1.29
入讀本地大專文憑率	30.77%
入讀本地大學率	57.69%
入讀(只限港大、中大、科大)率	15.38%
入讀非本地大學率	4.81%

迦密柏雨中學 Carmel Pak U Secondary School

地址　大埔大元邨
電話　26650078　　傳真　26621785
電郵　cpu@cpu.edu.hk
網址　www.cpu.edu.hk
校長　黃偉強　　創校年份　1979
學校類別　資助　　學生性別　男女
宗教背景　基督教
主要教學語言　初中：英文　高中：英文
一條龍小學　/
直屬小學　/
聯繫小學　/

教師專業資歷

教師人數　■編制內：54　　■編制外：1
已接受特殊教育培訓教師人數　18　外籍　0
教師年資
■0-4年：7人
■5-9年：1人
■10年或以上：47人
教師專業訓練　■認可教師證書/教育文憑：95%
教師資歷　■大學學位：40%　■碩士或以上：58%

21/22學年收生情況

中一生總人數(班數)　125 (4)
學位分配百分比　■自行：30%　■統一：70%
自行收生取錄人數　40　競爭情況　1:7.65　面試名額　所有申請人

22/23學年收生要求

收生準則
■學業成績：50%　■課外活動：10%
■面試表現：20%　■操行及態度：10%
■酌情分（特殊表現、成就或獎項、學校學生/校友/教職員家屬）：10%

面試內容
溝通技巧/應對；禮儀；中英文能力；學習態度；家庭生活；應變能力

派表日期　2022.01.03-2022.01.17
收表日期　2022.01.03-2022.01.17
自行收生預算學額　40

學校特色

■推行基督教全人教育，培養學生均衡發展
■教師愛護學生，賞罰分明，學生品行端正
■提供多元化的學術及課外活動

21/22學年中一教學語言

全級英文為教學語言科目　英文、歷史、數學、科學、地理、電腦、生活與社會

中學文憑試成績（2021年7月畢業生）

33222率	92.8%
中文科達3級率	93.1%
英文科達3級率	99.1%
數學科達2級率	100%
通識科達2級率	100%
人均優良成績	2.23
入讀本地大專文憑率	13.5%
入讀本地大學率	74.8%
入讀(只限港大、中大、科大)率	32.4%
入讀非本地大學率	10%

迦密聖道中學 Carmel Holy Word Secondary School

地址　大埔太和路10號
電話　26539786　　傳真　26532583
電郵　mail@chw.edu.hk
網址　www.chw.edu.hk
校長　鍾志源　　創校年份　1998
學校類別　資助　　學生性別　男女
宗教背景　基督教
主要教學語言　初中：中、英　高中：中、英
一條龍小學　/
直屬小學　/
聯繫小學　/

教師專業資歷

教師人數　■編制內：56　　■編制外：10
已接受特殊教育培訓教師人數　19　外籍　0
教師年資
■0-4年：7人
■5-9年：11人
■10年或以上：41人
教師專業訓練　■認可教師證書/教育文憑：97%
教師資歷　■大學學位：54%　■碩士或以上：46%

21/22學年收生情況

中一生總人數(班數)　121 (4)
學位分配百分比　■自行：30%　■統一：70%
自行收生取錄人數　40　競爭情況　+　面試名額　不設面試

22/23學年收生要求

收生準則
■教育局成績次第：50%　■課外活動：20%
■操行及態度：20%
■升中資訊晚會分組活動表現：10%

面試內容　+

派表日期　2022.01.03-2022.01.17
收表日期　2022.01.03-2022.01.17
自行收生預算學額　40

學校特色

■以基督教教育理念教導學生，培養高尚生命情操及正確人生價值
■致力為學生設計均衡的課程，探索不同的教學和評估方法
■製造成功機會，建立學生自信，培育領袖才能

21/22學年中一教學語言

全級英文為教學語言科目　英文、數學、電腦

中學文憑試成績（2021年7月畢業生）

33222率	+
中文科達3級率	+
英文科達3級率	+
數學科達2級率	+
通識科達2級率	+
人均優良成績	+
入讀本地大專文憑率	+
入讀本地大學率	+
入讀(只限港大、中大、科大)率	+
入讀非本地大學率	+

大埔區

註：+表示學校沒有提供資料；/表示沒有或不適用

香港紅卍字會大埔卍慈中學 HKRSS Tai Po Secondary School

地址	大埔富亨邨
電話	26666821　傳真　26678029
電郵	info@hkrsstpss.edu.hk
網址	www.hkrsstpss.edu.hk
校長	潘啟祥　創校年份　1989
學校類別	資助　學生性別　男女
宗教背景	沒有
主要教學語言	初中:中文　高中:中文
一條龍小學	/
直屬小學	/
聯繫小學	/

教師專業資歷

教師人數	■編制內：53　■編制外：6
已接受特殊教育培訓教師人數	30　外籍　1
教師年資	■0-4年：19人 ■5-9年：10人 ■10年或以上：24人
教師專業訓練	■認可教師證書/教育文憑：98%
教師資歷	■大學學位：71% ■碩士或以上：27%

註：教師年資只計算編制內教師人數

21/22學年收生情況

中一生總人數(班數) 108 (4)

學位分配百分比　■自行:30%　■統一:70%

自行收生取錄人數　40　競爭情況　+　面試名額　所有申請人

22/23學年收生要求

收生準則	■學業成績：20%　■課外活動：15% ■操行及態度：20%　■面試表現：25% ■家長支援：20%
面試內容	溝通技巧/應對；禮儀；學習態度；家庭生活
派表日期	2022.01.03-2022.01.17
收表日期	2022.01.03-2022.01.17
自行收生預算學額	30

學校特色

■照顧學習差異，發掘孩子潛能
■透過課程、教材及評估調適，照顧不同學生的需要
■致力推廣共融文化、建立助互愛的校園氛圍

21/22學年中一教學語言

全級英文為教學語言科目　英文

中學文憑試成績（2021年7月畢業生）

33222率	+
中文科達3級率	+
英文科達3級率	+
數學科達2級率	+
通識科達2級率	+
人均優良成績	+
入讀本地大專文憑率	+
入讀本地大學率	+
入讀(只限港大、中大、科大)率	+
入讀非本地大學率	+

香港教師會李興貴中學 Hong Kong Teachers' Association Lee Heng Kwei Secondary School

地址	大埔運頭塘邨
電話	26317556　傳真　26517911
電郵	info@hktalhk.edu.hk
網址	www.hktalhk.edu.hk
校長	李永鴻　創校年份　1994
學校類別	資助　學生性別　男女
宗教背景	沒有
主要教學語言	初中:不提供　高中:不提供
一條龍小學	/
直屬小學	/
聯繫小學	/

教師專業資歷

教師人數	■編制內：+　■編制外：+
已接受特殊教育培訓教師人數	+　外籍　+
教師年資	+
教師專業訓練	+
教師資歷	+

21/22學年收生情況

中一生總人數(班數) + (+)

學位分配百分比　■自行:+　■統一:+

自行收生取錄人數　+　競爭情況　+　面試名額　+

22/23學年收生要求

收生準則	+
面試內容	+
派表日期	+
收表日期	+
自行收生預算學額	+

學校特色

+

21/22學年中一教學語言

全級英文為教學語言科目　不提供

中學文憑試成績（2021年7月畢業生）

33222率	+
中文科達3級率	+
英文科達3級率	+
數學科達2級率	+
通識科達2級率	+
人均優良成績	+
入讀本地大專文憑率	+
入讀本地大學率	+
入讀(只限港大、中大、科大)率	+
入讀非本地大學率	+

香港道教聯合會圓玄學院第二中學 HKTA The Yuen Yuen Institute No.2 Secondary School

地址	大埔富善邨
電話	26616038　傳真　26613337
電郵	enquiry@yy2.edu.hk
網址	www.yy2.edu.hk
校長	林廣輝　創校年份　1988
學校類別	資助　學生性別　男女
宗教背景	道教
主要教學語言	初中:不提供　高中:不提供
一條龍小學	/
直屬小學	/
聯繫小學	/

教師專業資歷

教師人數	■編制內：58　■編制外：5
已接受特殊教育培訓教師人數	50　外籍　1
教師年資	■0-4年：12人 ■5-9年：2人 ■10年或以上：44人
教師專業訓練	■認可教師證書/教育文憑：94%
教師資歷	■大學學位：58% ■碩士或以上：42%

註：教師年資只計算編制內教師人數

21/22學年收生情況

中一生總人數(班數) 128 (4)

學位分配百分比　■自行:+　■統一:+

自行收生取錄人數　40　競爭情況　1:9.10　面試名額　所有申請人

22/23學年收生要求

收生準則	■體藝成績：10%　■學業成績：40% ■課外活動：10%　■操行及態度：15% ■面試表現：15%　■獎項：10%
面試內容	+
派表日期	2022.01.03-2022.01.17
收表日期	2022.01.03-2022.01.17
自行收生預算學額	40

學校特色

■致力發展科研，學生曾於國際或全港比賽中屢獲殊榮
■體育活動成績彪炳，連續六年為學體會大北區男子組總成績第一名
■學科中加入STEM元素，提升學生的創意思維、解難及自主學習能力

21/22學年中一教學語言

全級英文為教學語言科目　不提供

中學文憑試成績（2021年7月畢業生）

33222率	+
中文科達3級率	+
英文科達3級率	+
數學科達2級率	+
通識科達2級率	+
人均優良成績	+
入讀本地大專文憑率	+
入讀本地大學率	+
入讀(只限港大、中大、科大)率	+
入讀非本地大學率	+

註：+表示學校沒有提供資料；/表示沒有或不適用

恩主教書院 Valtorta College

地址	大埔培賢里
電話	26560017　傳真　26546224
電郵	valtorta@valtorta.edu.hk
網址	www.valtorta.edu.hk
校長	賀妙珍　創校年份　1976
學校類別	資助　學生性別　男女
宗教背景	天主教
主要教學語言	初中：英文　高中：英文
一條龍小學	/
直屬小學	/
聯繫小學	/

教師專業資歷
教師人數 ■編制內：52 ■編制外：6
已接受特殊教育培訓教師人數 15 外籍 1
教師年資 ■0-4年：5人 ■5-9年：7人 ■10年或以上：46人
教師專業訓練 ■認可教師證書/教育文憑：98%
教師資歷 ■大學學位：38% ■碩士或以上：55%

21/22學年收生情況
中一生總人數(班數) 124 (4)
學位分配百分比 ■自行：25% ■統一：75%
自行收生取錄人數 40 競爭情況 + 面試名額 所有申請人

22/23學年收生要求
收生準則 ■教育局成績次第：50% ■課外活動：10% ■面試表現：20% ■操行及態度：10% ■與中學聯繫：10%
面試內容 溝通技巧/應對；中英文能力
派表日期 2021.11.01-2022.01.17
收表日期 2022.01.03-2022.01.17
自行收生預算學額 40

學校特色
■全人教育，重視靈性發展。透過服務及體驗學習，讓學生熱愛生命，關愛社群
■全英語教學，善用數據，制定有效之教學策略，故入讀大學大專率達98%
■校風淳樸，重視德育，關愛家庭，追求真理，實踐義德

21/22學年中一教學語言
全級英文為教學語言科目：英文、歷史、數學、科學、電腦、音樂、視藝、家政、地理、生活與社會

中學文憑試成績（2021年7月畢業生）
33222率	+
中文科達3級率	+
英文科達3級率	+
數學科達2級率	+
通識科達2級率	+
人均優良成績	+
入讀本地大專文憑率	+
入讀本地大學率	+
入讀(只限港大、中大、科大)率	+
入讀非本地大學率	+

神召會康樂中學 Assembly of God Hebron Secondary School

地址	大埔寶雅苑
電話	26520698　傳真　26522070
電郵	aoghssspchk@yahoo.com.hk
網址	www.hebron.edu.hk
校長	蔡康年　創校年份　1961
學校類別	資助　學生性別　男女
宗教背景	基督教
主要教學語言	初中：中文　高中：中文
一條龍小學	/
直屬小學	/
聯繫小學	/

教師專業資歷
教師人數 ■編制內：58 ■編制外：1
已接受特殊教育培訓教師人數 20 外籍 1
教師年資 ■0-4年：5人 ■5-9年：5人 ■10年或以上：49人
教師專業訓練 ■認可教師證書/教育文憑：100%
教師資歷 ■大學學位：32% ■碩士或以上：68%

21/22學年收生情況
中一生總人數(班數) 122 (4)
學位分配百分比 ■自行：30% ■統一：70%
自行收生取錄人數 40 競爭情況 1:6.10 面試名額 所有申請人

22/23學年收生要求
收生準則 ■教育局成績次第：20% ■課外活動：15% ■學業成績：20% ■操行及態度：20% ■面試表現：20% ■與中學聯繫：5%
面試內容 溝通技巧/應對；禮儀；常識；中英文能力；學習態度；家庭生活；應變能力
派表日期 2022.01.03-2022.01.17
收表日期 2022.01.03-2022.01.17
自行收生預算學額 40

學校特色
■以基督教全人教育精神辦校，校風淳樸，校規嚴謹
■提供學生參與內地交流及服務的機會，從實踐中認識祖國，開拓視野，關心國事
■師生每年參與不少於20小時義工服務，助人自助

21/22學年中一教學語言
全級英文為教學語言科目：英文

中學文憑試成績（2021年7月畢業生）
33222率	+
中文科達3級率	+
英文科達3級率	+
數學科達2級率	+
通識科達2級率	+
人均優良成績	+
入讀本地大專文憑率	+
入讀本地大學率	+
入讀(只限港大、中大、科大)率	+
入讀非本地大學率	+

救恩書院 Kau Yan College

地址	大埔富善邨
電話	26608308　傳真　26620377
電郵	mail@kyc.edu.hk
網址	www.kyc.edu.hk
校長	周家駒　創校年份　1950
學校類別	資助　學生性別　男女
宗教背景	基督教
主要教學語言	初中：中、英　高中：英文
一條龍小學	/
直屬小學	/
聯繫小學	/

教師專業資歷
教師人數 ■編制內：55 ■編制外：6
已接受特殊教育培訓教師人數 24 外籍 1
教師年資 ■0-4年：7人 ■5-9年：4人 ■10年或以上：50人
教師專業訓練 ■認可教師證書/教育文憑：100%
教師資歷 ■大學學位：38% ■碩士或以上：60%

21/22學年收生情況
中一生總人數(班數) 132 (4)
學位分配百分比 ■自行：30% ■統一：70%
自行收生取錄人數 40 競爭情況 1:9.35 面試名額 250

22/23學年收生要求
收生準則 ■學業成績：50% ■課外活動：10% ■面試表現：40% ■操行及態度
面試內容 溝通技巧/應對；禮儀；常識；中英文能力；數理能力；學習態度；家庭生活；應變能力
派表日期 2022.01.03-2022.01.17
收表日期 2022.01.03-2022.01.17
自行收生預算學額 40

學校特色
■校風淳樸，師生關係融洽，強調學生全人發展
■發展電子學習，培養學生思考分析及自主學習能力
■初中全級4組以英語教授地理、科學；其中3組以英語教授數學、科技及電腦；高中以英語教學，為升學做準備

21/22學年中一教學語言
全級英文為教學語言科目：英文、科學、地理

中學文憑試成績（2021年7月畢業生）
33222率	+
中文科達3級率	+
英文科達3級率	+
數學科達2級率	+
通識科達2級率	+
人均優良成績	+
入讀本地大專文憑率	+
入讀本地大學率	+
入讀(只限港大、中大、科大)率	+
入讀非本地大學率	+

註：教師年資只計算編制內教師人數

註：+表示學校沒有提供資料；/表示沒有或不適用

港九街坊婦女會孫方中書院 HK & Kowloon Kaifong Women's Association(Sun Fong Chung College)

地址	大埔公路大埔滘段4643號
電話	26567123　傳真　26546886
電郵	info@sunfc.edu.hk
網址	sunfc.edu.hk
校長	吳少祺　創校年份　2002
學校類別	資助　學生性別　男女
宗教背景	沒有
主要教學語言	初中:英、普通話　高中:英、普通話
一條龍小學	孫方中小學
直屬小學	/
聯繫小學	/

教師專業資歷

教師人數	■編制內:56　■編制外:1
已接受特殊教育培訓教師人數　25　外籍　2	
教師年資	■0-4年:6人 ■5-9年:1人 ■10年或以上:50人
教師專業訓練	■認可教師證書/教育文憑:100%
教師資歷	■大學學位:32% ■碩士或以上:68%

註:2021/22學年學位分配百分比不包括一條龍小學學生

21/22學年收生情況

中一生總人數(班數) 120 (4)

學位分配百分比　■自行:30%　■統一:30%

自行收生取錄人數　40　競爭情況　+　面試名額　所有申請人

22/23學年收生要求

收生準則	■教育局成績次第:20%　■學業成績:20% ■獎項:20%　■操行及態度:20% ■面試表現:20%
面試內容	溝通技巧/應對;禮儀;常識;學習態度;應變能力
派表日期	2022.01.03-2022.01.17
收表日期	2022.01.03-2022.01.17
自行收生預算學額　124	

學校特色

■按學生的學習需要及多樣性,培養自主學習能力,發展所長
■制訂「協助學生提升英語水平」的措施,聘請2名外籍教師
■發掘學生多元智能,讓學生當主角,使他們得到全面而具個性的發展

21/22學年中一教學語言

全級英文 為教學語 言科目	英文、科學、電腦、 跨學科英語課程 (歷史、地理)

中學文憑試成績
(2021年7月畢業生)

33222率	+
中文科達3級率	+
英文科達3級率	+
數學科達2級率	+
通識科達2級率	+
人均優良成績	+
入讀本地大專文憑率	+
入讀本地大學率	+
入讀(只限港大、中大、科大)率	+
入讀非本地大學率	+

新界鄉議局大埔區中學 NTHYK Tai Po District Secondary School

地址	大埔汀角路10號
電話	26643032　傳真　26678085
電郵	nthyktpdss@edb.gov.hk
網址	www.nthyktpdss.edu.hk
校長	劉清容　創校年份　1981
學校類別	官立　學生性別　男女
宗教背景	沒有
主要教學語言	初中:中文　高中:中文
一條龍小學	/
直屬小學	/
聯繫小學	大埔官立小學

教師專業資歷

教師人數	■編制內:52　■編制外:0
已接受特殊教育培訓教師人數　16　外籍　1	
教師年資	■0-4年:8人 ■5-9年:7人 ■10年或以上:37人
教師專業訓練	■認可教師證書/教育文憑:92%
教師資歷	■大學學位:42% ■碩士或以上:56%

21/22學年收生情況

中一生總人數(班數) 86 (3)

學位分配百分比　■自行:30%　統一:70%

自行收生取錄人數　+　競爭情況　+　面試名額　所有申請人

22/23學年收生要求

收生準則	■學業成績:20%　■獎項:7.5% ■面試表現:50%　■課外活動:7.5% ■操行及態度:15%
面試內容	溝通技巧/應對;禮儀;常識;體藝才能; 中英文能力;學習態度
派表日期	2022.01.03-2022.01.17
收表日期	2022.01.03-2022.01.17
自行收生預算學額　30	

學校特色

■運用自主學習及電子學習等策略,促進學生的課堂參與及學習能力
■設計校本課程,推行STEM教育及跨科學習活動,提升學習效能
■根據需要,為學生設定適切的學生支援計劃,促進全人發展

21/22學年中一教學語言

全級英文 為教學語 言科目	英文

中學文憑試成績
(2021年7月畢業生)

33222率	+
中文科達3級率	+
英文科達3級率	+
數學科達2級率	+
通識科達2級率	+
人均優良成績	+
入讀本地大專文憑率	+
入讀本地大學率	+
入讀(只限港大、中大、科大)率	+
入讀非本地大學率	+

聖公會莫壽增會督中學 SKH Bishop Mok Sau Tseng Secondary School

地址	大埔運頭角里26號
電話	26567804　傳真　26507265
電郵	info@mst.edu.hk
網址	www.mst.edu.hk
校長	秀琼　創校年份　1975
學校類別	資助　學生性別　男女
宗教背景	基督教
主要教學語言	初中:英文　高中:英文
一條龍小學	/
直屬小學	/
聯繫小學	/

教師專業資歷

教師人數	■編制內:50　■編制外:6
已接受特殊教育培訓教師人數　30　外籍　1	
教師年資	■0-4年:10人 ■5-9年:5人 ■10年或以上:41人
教師專業訓練	■認可教師證書/教育文憑:91.1%
教師資歷	■大學學位:37.5% ■碩士或以上:60.7%

21/22學年收生情況

中一生總人數(班數) 124 (4)

學位分配百分比　■自行:30%　統一:70%

自行收生取錄人數　40　競爭情況　+　面試名額　所有申請人

22/23學年收生要求

收生準則	■學業成績:50%　■課外活動:25% ■面試表現:25%　■操行須達B或以上
面試內容	溝通技巧/應對;英語能力
派表日期	2022.01.03-2022.01.17
收表日期	2022.01.03-2022.01.17
自行收生預算學額　40	

學校特色

■優化學與教效能
■培育學生正面價值觀,以助全人發展
■積極培育領袖人才

21/22學年中一教學語言

全級英文 為教學語 言科目	英文、歷史、數學、 科學、地理、電腦、 音樂、家政

中學文憑試成績
(2021年7月畢業生)

33222率	80%
中文科達3級率	85.71%
英文科達3級率	93.81%
數學科達2級率	96.46%
通識科達2級率	99.12%
人均優良成績	1.92
入讀本地大專文憑率	12.07%
入讀本地大學率	69.8%
入讀(只限港大、中大、科大)率	31.03%
入讀非本地大學率	11.21%

大埔區

註:+表示學校沒有提供資料;/表示沒有或不適用

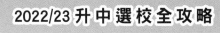

靈糧堂劉梅軒中學 Ling Liang Church M H Lau Secondary School

地址	大埔公路（元洲仔段）雍宜路3號
電話	26531234　傳真　26532111
電郵	school@llcmhlau.edu.hk
網址	www.llcmhlau.edu.hk
校長	林治彬　創校年份　1999
學校類別	資助　學生性別　男女
宗教背景	基督教
主要教學語言	初中:中文　高中:中文
一條龍小學	/
直屬小學	/
聯繫小學	/

教師專業資歷

教師人數	■編制內：60　■編制外：5
已接受特殊教育培訓教師人數　14　外籍　1	
教師年資	■0-4年：9人 ■5-9年：12人 ■10年或以上：44人
教師專業訓練	■認可教師證書/教育文憑:97%
教師資歷	■大學學位:43% ■碩士或以上:57%

21/22學年收生情況

中一生總人數(班數)　128（4）

學位分配百分比　■自行:30%　■統一:70%

自行收生取錄人數　40　競爭情況　+　面試名額　+

22/23學年收生要求

收生準則	■課外活動:15%　■操行及態度:15% ■面試表現:35% ■教育局成績次第及學業成績:35%
面試內容	溝通技巧/應對；禮儀；常識；體藝才能；應變能力；中英文能力；數理能力；學習態度
派表日期	2022.01.03-2022.01.17
收表日期	2022.01.03-2022.01.17
自行收生預算學額	40

學校特色

■積極推動英文閱讀計劃，設英語自學中心，採用平版電腦及電子學習工具
■致力發展創科教育（STEM），初中推行BYOD教學
■積極推動服務學習，本校獲義務工作發展局頒發團體服務獎金狀

21/22學年中一教學語言

全級英文為教學語言科目　英文

中學文憑試成績（2021年7月畢業生）

33222率	+
中文科達3級率	+
英文科達3級率	+
數學科達2級率	+
通識科達2級率	+
人均優良成績	+
入讀本地大專文憑率	+
入讀本地大學率	+
入讀(只限港大、中大、科大)率	+
入讀非本地大學率	+

上水官立中學 Sheung Shui Government Secondary School

地址	上水百和路21號
電話	26680628　傳真　26685885
電郵	ssgss@ssgss.edu.hk
網址	www.ssgss.edu.hk
校長	李隆熙　創校年份　1991
學校類別	官立　學生性別　男女
宗教背景	沒有
主要教學語言	初中:不提供　高中:不提供
一條龍小學	/
直屬小學	/
聯繫小學	/

教師專業資歷

教師人數	■編制內：+　■編制外：+
已接受特殊教育培訓教師人數　+　外籍　+	
教師年資	+
教師專業訓練	+
教師資歷	+

21/22學年收生情況

中一生總人數(班數)　+（+）

學位分配百分比　■自行:+　■統一:+

自行收生取錄人數　+　競爭情況　+　面試名額　+

22/23學年收生要求

收生準則	+
面試內容	+
派表日期	+
收表日期	+
自行收生預算學額	+

學校特色

+

21/22學年中一教學語言

全級英文為教學語言科目　不提供

中學文憑試成績（2021年7月畢業生）

33222率	+
中文科達3級率	+
英文科達3級率	+
數學科達2級率	+
通識科達2級率	+
人均優良成績	+
入讀本地大專文憑率	+
入讀本地大學率	+
入讀(只限港大、中大、科大)率	+
入讀非本地大學率	+

中華基督教會基新中學 CCC Kei San Secondary School

地址	粉嶺蝴蝶山路8號
電話	26693906　傳真　26693583
電郵	mail@ks.edu.hk
網址	www.ks.edu.hk
校長	翁港成　創校年份　1969
學校類別	資助　學生性別　男女
宗教背景	基督教
主要教學語言	初中:中、英及普通話　高中:中文
一條龍小學	/
直屬小學	/
聯繫小學	/

教師專業資歷

教師人數	■編制內：+　■編制外：+
已接受特殊教育培訓教師人數　+　外籍　+	
教師年資	+
教師專業訓練	+
教師資歷	+

21/22學年收生情況

中一生總人數(班數)　+（+）

學位分配百分比　■自行:+　■統一:+

自行收生取錄人數　+　競爭情況　+　面試名額　+

22/23學年收生要求

收生準則	+
面試內容	+
派表日期	+
收表日期	+
自行收生預算學額	+

學校特色

+

21/22學年中一教學語言

全級英文為教學語言科目　不提供

中學文憑試成績（2021年7月畢業生）

33222率	+
中文科達3級率	+
英文科達3級率	+
數學科達2級率	+
通識科達2級率	+
人均優良成績	+
入讀本地大專文憑率	+
入讀本地大學率	+
入讀(只限港大、中大、科大)率	+
入讀非本地大學率	+

大埔區、北區

註：+表示學校沒有提供資料；/表示沒有或不適用

田家炳中學 Tin Ka Ping Secondary School

地址 粉嶺維翰路1號
電話 26731778　傳眞 26737730
電郵 tkpss@web.tkpss.edu.hk
網址 web.tkpss.edu.hk
校長 陳雨瀚　創校年份 1994
學校類別 資助　學生性別 男女
宗教背景 沒有
主要教學語言 初中:英文　高中:英文
一條龍小學 /
直屬小學 /
聯繫小學 /

教師專業資歷

教師人數 ■編制內:59　■編制外:9
已接受特殊教育培訓教師人數 15　外籍 1
教師年資 ■0-4年:24人
■5-9年:7人
■10年或以上:37人
教師專業訓練 ■認可教師證書/教育文憑:91.1%
教師資歷 ■大學學位:65%
■碩士或以上:35%

21/22學年收生情況

中一生總人數(班數)　165（5）
學位分配百分比　■自行:30%　■統一:70%
自行收生取錄人數　51　競爭情況　1:8.59　面試名額 所有申請人

22/23學年收生要求

收生準則
■教育局成績次第:30%　■課外活動:10%
■面試表現:40%　■操行及態度:10%
■學業成績:10%

面試內容 溝通技巧/應對;禮儀;常識;中英文能力;數理能力;學習態度;應變能力
派表日期 2022.01.03-2022.01.17
收表日期 2022.01.03-2022.01.17
自行收生預算學額　51

學校特色

■針對學生不同學能的需要,為學生創造空間,促進自主學習
■建立關愛校園,加強關顧學生的生活及心靈健康,讓學生追求有目標的中學生活
■學校致力建構多元化的英語環境,來塑造良好的英語學習氛圍

21/22學年中一教學語言

全級英文為教學語言科目　英文、歷史、數學、科學、地理、音樂、視藝、體育、電腦與科技、科技教育（商業單元）

中學文憑試成績（2021年7月畢業生）

33222率	76.5%
中文科達3級率	88.7%
英文科達3級率	83.5%
數學科達2級率	100%
通識科達2級率	100%
人均優良成績	+
入讀本地大專文憑率	10.6%
入讀本地大學率	75.4%
入讀（只限港大、中大、科大）率	+
入讀非本地大學率	+

明愛粉嶺陳震夏中學 Caritas Fanling Chan Chun Ha Secondary School

地址 粉嶺新運路28號
電話 26699966　傳眞 26776213
電郵 leeww@cfs.edu.hk
網址 www.cfs.edu.hk
校長 何應翰　創校年份 1988
學校類別 資助　學生性別 男女
宗教背景 天主教
主要教學語言 初中:中文　高中:中文
一條龍小學 /
直屬小學 /
聯繫小學 /

教師專業資歷

教師人數 ■編制內:70　■編制外:6
已接受特殊教育培訓教師人數 40　外籍 1
教師年資 ■0-4年:30人
■5-9年:7人
■10年或以上:45人
教師專業訓練 ■認可教師證書/教育文憑:90%
教師資歷 ■大學學位:58%
■碩士或以上:42%

註:2021/22學年學位分配百分比不包括一條龍小學學生

21/22學年收生情況

中一生總人數(班數)　158（5）
學位分配百分比　■自行:30%　■統一:70%
自行收生取錄人數　51　競爭情況　+　面試名額　+

22/23學年收生要求

收生準則
■學業成績:50%　■課外活動:5%
■操行及態度:25%　■面試表現:20%

面試內容 溝通技巧/應對;禮儀;中英文能力;學習態度;家庭生活
派表日期 2022.01.03-2022.01.17
收表日期 2022.01.03-2022.01.17
自行收生預算學額　51

學校特色

■課程多元化,以學生為本,為學生提供發展潛能的機會
■配合電子學習,激發學生學習動機及興趣,促進自主學習
■培養勤奮、關愛、誠信、珍惜、堅毅及尊重的素養;全面照顧學習差異,拔尖補底

21/22學年中一教學語言

全級英文為教學語言科目　英文

中學文憑試成績（2021年7月畢業生）

33222率	+
中文科達3級率	+
英文科達3級率	+
數學科達2級率	+
通識科達2級率	+
人均優良成績	+
入讀本地大專文憑率	+
入讀本地大學率	+
入讀（只限港大、中大、科大）率	+
入讀非本地大學率	+

北區

東華三院甲寅年總理中學 TWGHs Kap Yan Directors' College

地址 上水彩園邨
電話 26727395　傳眞 26790330
電郵 mail@twghkyds.edu.hk
網址 www.twghkyds.edu.hk
校長 邱春燕　創校年份 1982
學校類別 資助　學生性別 男女
宗教背景 沒有
主要教學語言 初中:英文　高中:英文
一條龍小學 /
直屬小學 /
聯繫小學 /

教師專業資歷

教師人數 ■編制內:54　■編制外:9
已接受特殊教育培訓教師人數 7　外籍 1
教師年資 ■0-4年:8人
■5-9年:7人
■10年或以上:48人
教師專業訓練 ■認可教師證書/教育文憑:98.4%
教師資歷 ■大學學位:46%
■碩士或以上:52%

21/22學年收生情況

中一生總人數(班數)　164（5）
學位分配百分比　■自行:30%　■統一:70%
自行收生取錄人數　51　競爭情況　1:9.86　面試名額 所有申請人

22/23學年收生要求

收生準則 ■面試表現:30%

面試內容 溝通技巧/應對;中英文能力;學習態度;應變能力
派表日期 2022.01.03-2022.01.17
收表日期 2022.01.03-2022.01.17
自行收生預算學額　51

學校特色

■貫徹全人教育宗旨,學生在學術、體藝、文化等範疇均有卓越表現
■培育具環球視野及積極主動的學生
■積極推動STEM及人工智能教育,為未來培育科研人才
■設英語週、生涯規劃課程及英語增潤課程

21/22學年中一教學語言

全級英文為教學語言科目　英文、歷史、數學、科學、地理、生社、電腦、音樂、視藝、家政、STEM

中學文憑試成績（2021年7月畢業生）

33222率	90.91%
中文科達3級率	91.74%
英文科達3級率	97.52%
數學科達2級率	97.52%
通識科達2級率	98.35%
人均優良成績	+
入讀本地大專文憑率	4.1%
入讀本地大學率	90.1%
入讀（只限港大、中大、科大）率	+
入讀非本地大學率	2.5%

註:+表示學校沒有提供資料;/表示沒有或不適用

東華三院李嘉誠中學 TWGHs Li Ka Shing College

地址	粉嶺祥華邨	
電話	26697455	傳真 26699631
電郵	lksss@tungwah.org.hk	
網址	www.twghlkss.edu.hk	
校長	歐文素	創校年份 1982
學校類別	資助	學生性別 男女
宗教背景	沒有	
主要教學語言	初中：英文 高中：英文	
一條龍小學	/	
直屬小學	/	
聯繫小學	/	

教師專業資歷

教師人數	■編制內：62	■編制外：4
已接受特殊教育培訓教師人數	15	外籍 1
教師年資	■0-4年：18人 ■5-9年：6人 ■10年或以上：42人	
教師專業訓練	■認可教師證書/教育文憑：95%	
教師資歷	■大學學位：42% ■碩士或以上：58%	

21/22學年收生情況

中一生總人數(班數) 163 (5)

學位分配百分比 ■自行：30% ■統一：70%

自行收生取錄人數 51 競爭情況 1：6.90 面試名額 320

22/23學年收生要求

收生準則	■教育局成績次第：30% ■學業成績：10% ■面試表現：40% ■課外活動(服務、校內外活動及獲獎項目)：20% 表現特別優異者，如全港性比賽首3名，作個別考慮
面試內容	溝通技巧/應對；禮儀；常識；體藝才能；應變能力；中英文能力；數理能力；學習態度；家庭生活；
派表日期	2022.01.03-2022.01.17
收表日期	2022.01.03-2022.01.17
自行收生預算學額	51

學校特色

■致力提升學生兩文三語能力，以英文為主要教學語言，並舉辦不同類型的語文學習活動
■致力培養校園閱讀氛圍，推廣跨學科閱讀，培養學生自主學習能力
■致力推行全人教育，除於各級開設校本德育課，亦設社會服務、體育及藝術發展委員會，培育學生領導才能

21/22學年中一教學語言

全級英文為教學語言科目 — 英文、英語文學、數學、科學、地理、電腦、家政、設計與科技

中學文憑試成績（2021年7月畢業生）

33222率	73.6%
中文科達3級率	90.1%
英文科達3級率	79.3%
數學科達2級率	97.5%
通識科達2級率	97.5%
人均優良成績	1.12
入讀本地大專文憑率	21.5%
入讀本地大學率	56.2%
入讀(只限港大、中大、科大)率	28.1%
入讀非本地大學率	15.7%

保良局馬錦明中學 PLK Ma Kam Ming College

地址	粉嶺華明路38號	
電話	26794545	傳真 26797125
電郵	info@plkmkmc.edu.hk	
網址	www.plkmkmc.edu.hk	
校長	夏文亮	創校年份 1995
學校類別	資助	學生性別 男女
宗教背景	沒有	
主要教學語言	初中：中、英 高中：中、英	
一條龍小學	/	
直屬小學	/	
聯繫小學	/	

教師專業資歷

教師人數	■編制內：+	■編制外：+
已接受特殊教育培訓教師人數	+	外籍 +
教師年資	+	
教師專業訓練	+	
教師資歷		

21/22學年收生情況

中一生總人數(班數) + (+)

學位分配百分比 ■自行：+ ■統一：+

自行收生取錄人數 + 競爭情況 + 面試名額 +

22/23學年收生要求

收生準則	+
面試內容	+
派表日期	
收表日期	
自行收生預算學額	+

學校特色

+

21/22學年中一教學語言

全級英文為教學語言科目 — 不提供

中學文憑試成績（2021年7月畢業生）

33222率	+
中文科達3級率	+
英文科達3級率	+
數學科達2級率	+
通識科達2級率	+
人均優良成績	+
入讀本地大專文憑率	
入讀本地大學率	
入讀(只限港大、中大、科大)率	
入讀非本地大學率	

宣道會陳朱素華紀念中學 Christian Alliance S W Chan Memorial College

地址	粉嶺華明路12號	
電話	26709229	傳真 26763870
電郵	school@caswcmc.edu.hk	
網址	www.caswcmc.edu.hk	
校長	鄺永燊	創校年份 1998
學校類別	資助	學生性別 男女
宗教背景	基督教	
主要教學語言	初中：中、英 高中：中、英	
一條龍小學	/	
直屬小學	/	
聯繫小學	/	

教師專業資歷

教師人數	■編制內：65	■編制外：5
已接受特殊教育培訓教師人數	23	外籍 3
教師年資	■0-4年：14人 ■5-9年：11人 ■10年或以上：45人	
教師專業訓練	■認可教師證書/教育文憑：97%	
教師資歷	■大學學位：53% ■碩士或以上：47%	

21/22學年收生情況

中一生總人數(班數) 160 (5)

學位分配百分比 ■自行：30% ■統一：70%

自行收生取錄人數 51 競爭情況 1：5.88 面試名額 所有申請人

22/23學年收生要求

收生準則	■學業成績：30% ■操行及態度：30% ■面試表現：20% ■常識、創意、邏輯、分析力：20% 上述準則只作參考用途，詳細準則以本校發放之申請通告為準。學生在STEM範疇有優異表現有機會於中一獲發獎學金
面試內容	溝通技巧/應對；禮儀；常識；中英文能力；數理能力；學習態度；家庭生活；應變能力
派表日期	2022.01.03-2022.01.17
收表日期	2022.01.03-2022.01.17
自行收生預算學額	51

學校特色

■積極發展STEM教育，培育學生的創意及解難能力
■積極培養學生成為「自主學習者」，培養預習的能力、課堂內外與師生互動的能力，以評估提升學習效的能力
■着重學生全人發展，推行宗教、品德、環保、健康及公民教育，建立學生正確人生價值觀

21/22學年中一教學語言

全級英文為教學語言科目 — 英文、科學、數學個別班別以英語授課

中學文憑試成績（2021年7月畢業生）

33222率	+
中文科達3級率	+
英文科達3級率	+
數學科達2級率	+
通識科達2級率	+
人均優良成績	+
入讀本地大專文憑率	65.7%
入讀本地大學率	24%
入讀(只限港大、中大、科大)率	6.5%
入讀非本地大學率	10.1%

註：由2011-2012學年開始之「一條龍」收生機制已完結；
2018-2019學年中一學額已全部透過自行分配學額及中央派位分配

註：+表示學校沒有提供資料；/表示沒有或不適用

北區

風采中學（教育評議會主辦） Elegantia College (Sponsored by Education Convergence)

地址 上水清城路8號
電話 24683680　傳真 24683935
電郵 ec-mail@hkedcity.net
網址 www.elegantia.edu.hk
校長 陳玉燕　創校年份 2002
學校類別 資助　學生性別 男女
宗教背景 沒有
主要教學語言 初中:中、英　高中:中、英
一條龍小學 /
直屬小學 /
聯繫小學 /

教師專業資歷
教師人數 ■編制內：63　■編制外：1
已接受特殊教育培訓教師人數 24　外籍 1
教師年資 ■0-4年：7人　■5-9年：4人　■10年或以上：53人
教師專業訓練 ■認可教師證書/教育文憑：100%
教師資歷 ■大學學位：14%　■碩士或以上：86%

21/22學年收生情況
中一生總人數(班數) 156 (5)
學位分配百分比 ■自行:30%　■統一:70%
自行收生取錄人數 51　競爭情況 1:9.10　面試名額 所有申請人

22/23學年收生要求
收生準則 +
面試內容 溝通技巧/應對；禮儀；常識；體藝才能；應變能力；中英文能力；學習態度；家庭生活
派表日期 2022.01.03-2022.01.17
收表日期 2022.01.03-2022.01.17
自行收生預算學額 51

學校特色
■以品學共融為信念，學生在品德、學業及活動獲平衡及優質的發展
■初中設英語班（EMI），22-23年開始所有中一數學、科學、地理、電腦、音樂、視藝、生活與科技科等以英語教授
■文憑試成績持續優異，近幾年接近八成學生獲本地及海內外大學學士學位錄取

21/22學年中一教學語言
全級英文為教學語言科目 英文、數學、科學

中學文憑試成績（2021年7月畢業生）
33222率	67.2%
中文科達3級率	86.9%
英文科達3級率	75.4%
數學科達2級率	100%
通識科達2級率	99.2%
人均優良成績	1.39
入讀本地大專文憑率	22.9%
入讀本地大學率	66.4%
入讀(只限港大、中大、科大)率	30.3%
入讀非本地大學率	8.2%

香海正覺蓮社佛教馬錦燦紀念英文中學 HHCKLA Buddhist Ma Kam Chan Memorial English Secondary School

地址 粉嶺聯和墟聯盆街9號
電話 26699208　傳真 26698103
電郵 info@bmkc.edu.hk
網址 www.bmkc.edu.hk
校長 方奕亮　創校年份 1993
學校類別 資助　學生性別 男女
宗教背景 佛教
主要教學語言 初中:中、英　高中:中、英
一條龍小學 /
直屬小學 /
聯繫小學 /

教師專業資歷
教師人數 ■編制內：62　■編制外：6
已接受特殊教育培訓教師人數 23　外籍 1
教師年資 ■0-4年：8人　■5-9年：2人　■10年或以上：58人
教師專業訓練 ■認可教師證書/教育文憑：97%
教師資歷 ■大學學位：51.5%　■碩士或以上：48.5%

21/22學年收生情況
中一生總人數(班數) 149 (5)
學位分配百分比 ■自行:30%　■統一:70%
自行收生取錄人數 51　競爭情況 +　面試名額 +

22/23學年收生要求
收生準則 ■學業成績：30%　■課外活動：15%　■操行及態度：25%　■面試表現：30%
面試內容 溝通技巧/應對；禮儀；常識；中英文能力；數理能力；家庭生活
派表日期 2022.01.03-2022.01.17
收表日期 2022.01.03-2022.01.17
自行收生預算學額 +

學校特色
■藉初中科學及人文科英語學習，建構高中修讀英語科目基礎
■校規嚴謹，學生純品守規，校風淳樸
■去屆中六畢業生98%繼續升學，接近40%升讀學士學位課程

21/22學年中一教學語言
全級英文為教學語言科目 英文、科學、地理

中學文憑試成績（2021年7月畢業生）
33222率	+
中文科達3級率	+
英文科達3級率	+
數學科達2級率	+
通識科達2級率	+
人均優良成績	+
入讀本地大專文憑率	+
入讀本地大學率	+
入讀(只限港大、中大、科大)率	+
入讀非本地大學率	+

北區

香港道教聯合會鄧顯紀念中學 HKTA Tang Hin Memorial Secondary School

地址 上水彩園邨
電話 26726820　傳真 26720711
電郵 school@tanghin.edu.hk
網址 www.tanghin.edu.hk
校長 黃信德　創校年份 1982
學校類別 資助　學生性別 男女
宗教背景 道教
主要教學語言 初中:英文　高中:英文
一條龍小學 /
直屬小學 /
聯繫小學 /

教師專業資歷
教師人數 ■編制內：62　■編制外：4
已接受特殊教育培訓教師人數 10　外籍 1
教師年資 ■0-4年：12人　■5-9年：2人　■10年或以上：52人
教師專業訓練 ■認可教師證書/教育文憑：96.97%
教師資歷 ■大學學位：47%　■碩士或以上：53%

21/22學年收生情況
中一生總人數(班數) 164 (5)
學位分配百分比 ■自行:30%　■統一:70%
自行收生取錄人數 51　競爭情況 1:7.84　面試名額 所有申請人

22/23學年收生要求
收生準則 ■教育局成績次第：20%　■獎項：10%　■學業成績：20%　■課外活動：10%　■面試表現：30%　■操行及態度：10%
面試內容 溝通技巧/應對；禮儀；常識；中英文能力；學習態度；應變能力；考核學生思維能力及推理能力
派表日期 2021.11.22-2022.01.17
收表日期 2022.01.03-2022.01.17
自行收生預算學額 51

學校特色
■關顧學生全人發展，尤重品格培養，期使學生立己立人
■提升教學效能，讓學生活學活用，不斷創新
■鼓勵學生參與5個範疇的「其他學習經歷」，以達至均衡及全人發展

21/22學年中一教學語言
全級英文為教學語言科目 英文、數學、科學、地理、電腦、音樂、視藝、生活與社會

中學文憑試成績（2021年7月畢業生）
33222率	98.4%
中文科達3級率	98.4%
英文科達3級率	100%
數學科達2級率	100%
通識科達2級率	100%
人均優良成績	3
入讀本地大專文憑率	0.8%
入讀本地大學率	92.7%
入讀(只限港大、中大、科大)率	57.7%
入讀非本地大學率	6.5%

145

註：+表示學校沒有提供資料；/表示沒有或不適用

粉嶺官立中學 Fanling Government Secondary School

地址	粉嶺一鳴路27號
電話	26776778　傳眞　26776588
電郵	fgss@edb.gov.hk
網址	www.fgss.edu.hk
校長	潘寶娜　　創校年份　1992
學校類別	官立　學生性別　男女
宗教背景	沒有
主要教學語言	初中:不提供　高中:不提供
一條龍小學	/
直屬小學	/
聯繫小學	粉嶺官立小學

教師專業資歷

教師人數	■編制內：+　　■編制外：+
已接受特殊教育培訓教師人數	+　外籍　+
教師年資	+
教師專業訓練	+
教師資歷	+

21/22學年收生情況

中一生總人數(班數)　+（+）

學位分配百分比　　■自行:+　　■統一:+

自行收生取錄人數　+　競爭情況　　面試名額　+

22/23學年收生要求

收生準則	+
面試內容	+
派表日期	
收表日期	
自行收生預算學額	+

學校特色

+

21/22學年中一教學語言

全級英文為教學語言科目　不提供

中學文憑試成績（2021年7月畢業生）

33222率	+
中文科達3級率	+
英文科達3級率	+
數學科達2級率	+
通識科達2級率	+
人均優良成績	+
入讀本地大專文憑率	+
入讀本地大學率	+
入讀(只限港大、中大、科大)率	+
入讀非本地大學率	+

粉嶺救恩書院 Fanling Kau Yan College

地址	粉嶺欣盛里3號
電話	21444545　傳眞　26608435
電郵	info@fkyc.edu.hk
網址	www.fkyc.edu.hk
校長	邱潔瑩　　創校年份　2000
學校類別	資助　學生性別　男女
宗教背景	基督教
主要教學語言	初中:中文　高中:中、英
一條龍小學	/
直屬小學	/
聯繫小學	/

教師專業資歷

教師人數	■編制內：+　　■編制外：+
已接受特殊教育培訓教師人數	+　外籍　+
教師年資	+
教師專業訓練	+
教師資歷	+

21/22學年收生情況

中一生總人數(班數)　+（+）

學位分配百分比　　■自行:+　　■統一:+

自行收生取錄人數　+　競爭情況　+　面試名額　+

22/23學年收生要求

收生準則	+
面試內容	+
派表日期	
收表日期	
自行收生預算學額	+

學校特色

+

21/22學年中一教學語言

全級英文為教學語言科目　不提供

中學文憑試成績（2021年7月畢業生）

33222率	+
中文科達3級率	+
英文科達3級率	+
數學科達2級率	+
通識科達2級率	+
人均優良成績	+
入讀本地大專文憑率	+
入讀本地大學率	+
入讀(只限港大、中大、科大)率	+
入讀非本地大學率	+

北區

粉嶺禮賢會中學 Fanling Rhenish Church Secondary School

地址	粉嶺聯和墟聯盆街1號
電話	29473698　傳眞　29474698
電郵	mail@frcss.edu.hk
網址	www.frcss.edu.hk
校長	陳俊生博士　創校年份　1999
學校類別	資助　學生性別　男女
宗教背景	基督教
主要教學語言	初中:中、英　高中:中、英
一條龍小學	/
直屬小學	/
聯繫小學	/

教師專業資歷

教師人數	■編制內：60　　■編制外：6
已接受特殊教育培訓教師人數	14　外籍　1
教師年資	■0-4年：8人 ■5-9年：6人 ■10年或以上：52人
教師專業訓練	■認可教師證書/教育文憑：98%
教師資歷	■大學學位：45% ■碩士或以上：53%

21/22學年收生情況

中一生總人數(班數)　165（5）

學位分配百分比　　■自行:30%　　■統一:70%

自行收生取錄人數　51　競爭情況　+　面試名額　所有申請人

22/23學年收生要求

收生準則	■面試表現：30%　■學生成績 40% ■操行、課外活動、服務、獎項等 30%
面試內容	溝通技巧/應對；禮儀；常識；中英文能力； 學習態度；家庭生活
派表日期	2022.01.03-2022.01.17
收表日期	2022.01.03-2022.01.17
自行收生預算學額	51

學校特色

■持守基督精神，陶造學生愛己愛人，關顧全人發展
■推行協同探究教學，發展資優教育，照顧學生多樣性
■提供全方位學習活動，擴闊學生視野，展現潛能，成就追夢禮賢人

21/22學年中一教學語言

全級英文為教學語言科目　英文、數學、科學、英語藝術

中學文憑試成績（2021年7月畢業生）

33222率	+
中文科達3級率	+
英文科達3級率	+
數學科達2級率	+
通識科達2級率	+
人均優良成績	+
入讀本地大專文憑率	+
入讀本地大學率	+
入讀(只限港大、中大、科大)率	+
入讀非本地大學率	+

註：+表示學校沒有提供資料；/表示沒有或不適用

新界喇沙中學 De La Salle Secondary School, N.T.

地址	上水金錢村
電話	26700443　傳眞　26790161
電郵	email@delasalle.edu.hk
網址	www.delasalle.edu.hk
校長	曹紹民　創校年份　1965
學校類別	資助　學生性別　男女
宗教背景	天主教
主要教學語言	初中:中文　高中:中文
一條龍小學	/
直屬小學	/
聯繫小學	/

教師專業資歷

教師人數	■編制內:57　■編制外:2
已接受特殊教育培訓教師人數	22　外籍　1
教師年資	■0-4年:19人 ■5-9年:2人 ■10年或以上:38人
教師專業訓練	■認可教師證書/教育文憑:97%
教師資歷	■大學學位:53% ■碩士或以上:47%

註：教師年資只計算編制內教師人數；2021/22學年學位分配百分比不包括一條龍小學學生

21/22學年收生情況

中一生總人數(班數) 107 (4)

學位分配百分比　■自行:33%　■統一:77%

自行收生取錄人數　+　競爭情況　+　面試名額　所有申請人

22/23學年收生要求

收生準則　■學業成績:40%　■課外活動:30%
　　　　　■面試表現:30%

面試內容　溝通技巧/應對；禮儀；常識；體藝才能；應變能力；中英文能力；學習態度；家庭生活

派表日期　2022.01.03

收表日期　2022.01.17

自行收生預算學額　42

學校特色

■以愛心、奪重，觸動學生的心靈，悉心培育，充分發展學生的潛能
■提升學生英語水平、推動互動教學、正向教育及照顧學生學習多樣性
■校園寬敞，設備完善：貢草球場、健身室、校園電視台、氣象站、實物投影機

21/22學年中一教學語言

全級英文為教學語言科目　英文

中學文憑試成績（2021年7月畢業生）

33222率	+
中文科達3級率	+
英文科達3級率	+
數學科達2級率	+
通識科達2級率	+
人均優良成績	+
入讀本地大專文憑率	+
入讀本地大學率	+
入讀(只限港大、中大、科大)率	0%
入讀非本地大學率	+

聖公會陳融中學 SKH Chan Young Secondary School

地址	上水石湖墟智昌路6號
電話	26718989　傳眞　26793399
電郵	info@skhcyss.edu.hk
網址	www.skhcyss.edu.hk
校長	麥耀權　創校年份　1989
學校類別	資助　學生性別　男女
宗教背景	基督教
主要教學語言	初中:英文　高中:英文
一條龍小學	/
直屬小學	/
聯繫小學	/

教師專業資歷

教師人數	■編制內:58.6　■編制外:4
已接受特殊教育培訓教師人數	13　外籍　1
教師年資	■0-4年:19人 ■5-9年:5人 ■10年或以上:39人
教師專業訓練	■認可教師證書/教育文憑:100%
教師資歷	■大學學位:57% ■碩士或以上:43%

註：2021/22學年學位分配百分比不包括一條龍小學學生

21/22學年收生情況

中一生總人數(班數) 157 (5)

學位分配百分比　■自行:30%　■統一:70%

自行收生取錄人數　51　競爭情況　+　面試名額　所有申請人

22/23學年收生要求

收生準則　■學業成績:60%　■操行及態度:10%
　　　　　■面試表現:30%　■必須有參與課外活動或服務

面試內容　溝通技巧/應對；禮儀；常識；中英文能力；應變能力

派表日期　2022.01.03-2022.01.17

收表日期　2022.01.03-2022.01.17

自行收生預算學額　待定

學校特色

■藉生命教育培養學生正面價值觀及態度；營造豐盛校園生活，提高對學校歸屬感
■着重全人教育，制訂學生發展政策及獎勵計劃，協助學生全面成長
■課程以知識、技能及價值與態度並重，並照顧學習差異，提高成績

21/22學年中一教學語言

全級英文為教學語言科目　英文、歷史、數學、科學、地理、電腦、音樂、視藝、家政、設計與科技、生活與社會

中學文憑試成績（2021年7月畢業生）

33222率	75.0%
中文科達3級率	85.2%
英文科達3級率	87.0%
數學科達2級率	99.1%
通識科達2級率	98.1%
人均優良成績	+
入讀本地大專文憑率	30.56%
入讀本地大學率	57.4%
入讀(只限港大、中大、科大)率	+
入讀非本地大學率	10.19%

聖芳濟各書院 St. Francis of Assisi's College

地址	粉嶺欣盛里1號
電話	26779702　傳眞　26779759
電郵	principal@sfac.edu.hk
網址	www.sfac.edu.hk
校長	馬慧茹　創校年份　1977
學校類別	資助　學生性別　男女
宗教背景	天主教
主要教學語言	初中:中文　高中:中文
一條龍小學	/
直屬小學	/
聯繫小學	/

教師專業資歷

教師人數	■編制內:69　■編制外:0
已接受特殊教育培訓教師人數	19　外籍　1
教師年資	■0-4年:19人 ■5-9年:8人 ■10年或以上:42人
教師專業訓練	■認可教師證書/教育文憑:95%
教師資歷	■大學學位:49% ■碩士或以上:51%

註：教師年資只計算編制內教師人數；2021/22學年學位分配百分比不包括一條龍小學學生

21/22學年收生情況

中一生總人數(班數) 159 (5)

學位分配百分比　■自行:30%　■統一:70%

自行收生取錄人數　+　競爭情況　+　面試名額　+

22/23學年收生要求

收生準則　■學業成績:30%　■課外活動:15%
　　　　　■面試表現:40%　■操行及態度:15%

面試內容　+

派表日期　2022.01.03-2022.01.17

收表日期　2022.01.03-2022.01.17

自行收生預算學額　+

學校特色

■本着天主教教育「全人教育」的信念，致力培育學生之自律及自學精神，發揚中國文化
■重視學生的身心健康，經常透過不同的活動，讓同學們明白均衡飲食、持續運動及規律生活的重要
■培養學生兩文三語的能力，初中按學生能力採取不同模式的教學語言安排

21/22學年中一教學語言

全級英文為教學語言科目　不提供

中學文憑試成績（2021年7月畢業生）

33222率	+
中文科達3級率	+
英文科達3級率	+
數學科達2級率	+
通識科達2級率	+
人均優良成績	+
入讀本地大專文憑率	+
入讀本地大學率	+
入讀(只限港大、中大、科大)率	+
入讀非本地大學率	+

註：+表示學校沒有提供資料；/表示沒有或不適用

鳳溪第一中學 Fung Kai No.1 Secondary School

地址　上水馬會道17號
電話　26700366　傳眞　26703051
電郵　fk1ss@fk1ss.edu.hk
網址　www.fk1ss.edu.hk
校長　黃增祥　　創校年份　1952
學校類別　資助　學生性別　男女
宗教背景　沒有
主要教學語言　初中:中、英　高中:中、英
一條龍小學　/
直屬小學　/
聯繫小學　/

教師專業資歷
教師人數　■編制內:66.8　■編制外:73
已接受特殊教育培訓教師人數　11　外籍　2
教師年資
■0-4年:10人
■5-9年:1人
■10年或以上:48人
教師專業訓練　■認可教師證書/教育文憑:92%
教師資歷　■大學學位:53%
■碩士或以上:45%

21/22學年收生情況
中一生總人數(班數)　162 (6)
學位分配百分比　■自行:30%　■統一:70%
自行收生取錄人數　51　競爭情況　1:9.29　面試名額　所有申請人

22/23學年收生要求
收生準則
■學業成績:25%　■課外活動:10%
■面試表現:40%　■操行及態度:15%
■其他傑出表現:10%
面試內容　溝通技巧/應對；禮儀；常識；中英文能力；學習態度；家庭生活；應變能力
派表日期　2022.01.03-2022.01.17
收表日期　2022.01.03-2022.01.17
自行收生預算學額　51

學校特色
■全港最大校園之一。賽馬會鳳溪室內游泳館快將落成
■初中推行電子教學，學生使用 iPad 上課
■積極推行靜觀以培養學生正向思維

21/22學年中一教學語言
全級英文為教學語言科目　英文

中學文憑試成績（2021年7月畢業生）

33222 率	+
中文科達 3 級率	+
英文科達 3 級率	+
數學科達 2 級率	+
通識科達 2 級率	+
人均優良成績	+
入讀本地大專文憑率	+
入讀本地大學率	+
入讀(只限港大、中大、科大)率	+
入讀非本地大學率	+

鳳溪廖萬石堂中學 Fung Kai Liu Man Shek Tong Secondary School

地址　上水鳳南路6號
電話　26736106　傳眞　26736810
電郵　info@fklmstss.edu.hk
網址　www.fklmstss.edu.hk
校長　范志文　　創校年份　1996
學校類別　資助　學生性別　男女
宗教背景　沒有
主要教學語言　初中:中、英　高中:中、英
一條龍小學　/
直屬小學　/
聯繫小學　/

教師專業資歷
教師人數　■編制內:60　■編制外:5
已接受特殊教育培訓教師人數　27　外籍　1
教師年資
■0-4年:9人
■5-9年:1人
■10年或以上:55人
教師專業訓練　■認可教師證書/教育文憑:100%
教師資歷　■大學學位:52.3%
■碩士或以上:46.2%

21/22學年收生情況
中一生總人數(班數)　170 (5)
學位分配百分比　■自行:30%　■統一:60%
自行收生取錄人數　51　競爭情況　1:5.02　面試名額　所有申請人

22/23學年收生要求
收生準則　依照教育局《成績次第名單》取錄，但會剔除以下申請人：英文科總成績曾出現C級或更低、操行曾達B-級或更低、面試表現不合格、缺席面試
面試內容　溝通技巧/應對；禮儀；中英文能力；學習態度
派表日期　2022.01.03-2022.01.17
收表日期　2022.01.03-2022.01.17
自行收生預算學額　51

學校特色
■2018-2021年共有6名學生入讀中大或港大精算系
■另有2名學生入讀中大計量金融系及風險管理學系
■2021年DSE最佳成績5**，5*，5*，5*，5，4，3

21/22學年中一教學語言
全級英文為教學語言科目　英文、數學、綜合科學

中學文憑試成績（2021年7月畢業生）

33222 率	+
中文科達 3 級率	72.0%
英文科達 3 級率	+
數學科達 2 級率	97.6%
通識科達 2 級率	97.6%
人均優良成績	+
入讀本地大專文憑率	+
入讀本地大學率	+
入讀(只限港大、中大、科大)率	8.8%
入讀非本地大學率	+

長洲官立中學 Cheung Chau Government Secondary School

地址　長洲學校路5B
電話　29810514　傳眞　29816349
電郵　ccg@ccgss.edu.hk
網址　www.ccgss.edu.hk
校長　胡麗蘊　　創校年份　1908
學校類別　官立　學生性別　男女
宗教背景　沒有
主要教學語言　初中:中文　高中:中、英
一條龍小學　/
直屬小學　/
聯繫小學　/

教師專業資歷
教師人數　■編制內:+　■編制外:+
已接受特殊教育培訓教師人數　+　外籍　+
教師年資　+
教師專業訓練　+
教師資歷　+

21/22學年收生情況
中一生總人數(班數)　+ (+)
學位分配百分比　■自行:+　■統一:+
自行收生取錄人數　+　競爭情況　+　面試名額　所有申請人

22/23學年收生要求
收生準則　+
面試內容　+
派表日期　+
收表日期　+
自行收生預算學額　+

學校特色
+

21/22學年中一教學語言
全級英文為教學語言科目　不提供

中學文憑試成績（2021年7月畢業生）

33222 率	+
中文科達 3 級率	+
英文科達 3 級率	+
數學科達 2 級率	+
通識科達 2 級率	+
人均優良成績	+
入讀本地大專文憑率	+
入讀本地大學率	+
入讀(只限港大、中大、科大)率	+
入讀非本地大學率	+

註：+表示學校沒有提供資料；/表示沒有或不適用

東涌天主教學校 Tung Chung Catholic School

地址	大嶼山東涌逸東街8號逸東(二)邨
電話	21210884　　傳真　21094803
電郵	email@tccs.edu.hk
網址	www.tccs.edu.hk
校長	林志江　　創校年份　2000
學校類別	資助　學生性別　男女
宗教背景	天主教
主要教學語言	初中：中、英　高中：中、英
一條龍小學	東涌天主教學校(小學部)
直屬小學	/
聯繫小學	/

教師專業資歷

教師人數　■編制內：+　　■編制外：+
已接受特殊教育培訓教師人數　+　外籍　+

教師年資	+
教師專業訓練	+
教師資歷	+

21/22學年收生情況

中一生總人數(班數)	+（+）
學位分配百分比	■自行：+　■統一：+
自行收生取錄人數　+　競爭情況　+　面試名額　+	

22/23學年收生要求

收生準則	+
面試內容	+
派表日期	+
收表日期	+
自行收生預算學額	+

學校特色

+

21/22學年中一教學語言

全級英文為教學語言科目	不提供

中學文憑試成績（2021年7月畢業生）

33222率	+
中文科達3級率	+
英文科達3級率	+
數學科達2級率	+
通識科達2級率	+
人均優良成績	+
入讀本地大專文憑率	+
入讀本地大學率	+
入讀(只限港大、中大、科大)率	+
入讀非本地大學率	+

保良局馬錦明夫人章馥仙中學 PLK Mrs. Ma Kam Ming-Cheung Fook Sien College

地址	大嶼山東涌富東邨
電話	21091133　　傳真　21091118
電郵	plkcfsmail@plkcfs.edu.hk
網址	www.plkcfs.edu.hk
校長	柯玉瓊　　創校年份　1997
學校類別	資助　學生性別　男女
宗教背景	沒有
主要教學語言	初中：中、英　高中：中、英
一條龍小學	/
直屬小學	/
聯繫小學	/

教師專業資歷

教師人數　■編制內：54　　■編制外：3
已接受特殊教育培訓教師人數　17　外籍　1

教師年資	■0-4年：7人　■5-9年：6人　■10年或以上：44人
教師專業訓練	■認可教師證書/教育文憑：98%
教師資歷	■大學學位：50%　■碩士或以上：50%

21/22學年收生情況

中一生總人數(班數)	121（4）
學位分配百分比	■自行：30%　■統一：70%
自行收生取錄人數　+　競爭情況　+　面試名額　+	

22/23學年收生要求

收生準則	■教育局成績次第：40%　■課外活動：20% ■面試表現：40% 獲面試準則：小五、小六各學期操行達B或以上，以及小五下學期及小六上學期中英數整體成績平均達B級(B+/B/B-)或以上
面試內容	溝通技巧/應對；中英文能力
派表日期	2022.01.03-2022.01.17
收表日期	2022.01.03-2022.01.17
自行收生預算學額	+

學校特色

■中一、中二音樂科開發樂器訓練班（由專業導師教導）
■設各級成長課程，培養品德及價值觀
■「Happy Friday」班級經營活動

21/22學年中一教學語言

全級英文為教學語言科目	英文、數學、科學、地理、電腦（地理及電腦設有中文班）

中學文憑試成績（2021年7月畢業生）

33222率	+
中文科達3級率	+
英文科達3級率	+
數學科達2級率	+
通識科達2級率	+
人均優良成績	+
入讀本地大專文憑率	+
入讀本地大學率	+
入讀(只限港大、中大、科大)率	+
入讀非本地大學率	+

香港教育工作者聯會黃楚標中學 HKFEW Wong Cho Bau Secondary School

地址	東涌富東邨第3期第10區
電話	21094005　　傳真　21094006
電郵	contact@wcbss.edu.hk
網址	www.wcbss.edu.hk
校長	許振隆　　創校年份　2003
學校類別	資助　學生性別　男女
宗教背景	沒有
主要教學語言	初中：中、英　高中：中、英
一條龍小學	香港教育工作者聯會黃楚標學校
直屬小學	/
聯繫小學	/

教師專業資歷

教師人數　■編制內：+　　■編制外：+
已接受特殊教育培訓教師人數　+　外籍　+

教師年資	+
教師專業訓練	+
教師資歷	+

21/22學年收生情況

中一生總人數(班數)	+
學位分配百分比	■自行：+　■統一：+
自行收生取錄人數　+　競爭情況　+　面試名額　+	

22/23學年收生要求

收生準則	+
面試內容	+
派表日期	+
收表日期	+
自行收生預算學額	+

學校特色

+

21/22學年中一教學語言

全級英文為教學語言科目	不提供

中學文憑試成績（2021年7月畢業生）

33222率	+
中文科達3級率	+
英文科達3級率	+
數學科達2級率	+
通識科達2級率	+
人均優良成績	+
入讀本地大專文憑率	+
入讀本地大學率	+
入讀(只限港大、中大、科大)率	+
入讀非本地大學率	+

離島區

149

註：+表示學校沒有提供資料；/表示沒有或不適用

嗇色園主辦可譽中學暨可譽小學 Ho Yu College and Primary School (Sponsored by Sik Sik Yuen)

地址	東涌健東路4-6號
電話	21091001　　傳真　　21092002
電郵	mail@hoyu.edu.hk
網址	www.hoyu.edu.hk
校長	麥敏潮　　創校年份　1997
學校類別	資助　學生性別　男女
宗教背景	儒釋道
主要教學語言	初中:中、英及普通話　高中:中、英
一條龍小學	嗇色園主辦可譽中學暨可譽小學
直屬小學	/
聯繫小學	/

教師專業資歷

教師人數	■編制內：60　　■編制外：6
已接受特殊教育培訓教師人數	14　外籍　1
教師年資	■0-4年：18人 ■5-9年：3人 ■10年或以上：45人
教師專業訓練	■認可教師證書/教育文憑：92%
教師資歷	■大學學位：53% ■碩士或以上：47%

註：2021/22學年學位分配百分比不包括一條龍小學學生

21/22學年收生情況

中一生總人數(班數)　132 (4)

學位分配百分比　■自行:30%　■統一:70%

自行收生取錄人數　40　競爭情況　+　　面試名額　所有申請人

22/23學年收生要求

收生準則	■教育局成績次第：10%　■學業成績：30% ■獎項：10%　　　　　■操行及態度：20% ■課外活動：10%　　　■面試表現：20%
面試內容	溝通技巧/應對；禮儀；常識；中英文能力； 數理能力；學習態度；家庭生活；應變能力
派表日期	2021.10.31-2022.01.18
收表日期	2022.01.03-2022.01.17
自行收生預算學額	40

學校特色

■學生以「自主學習」模式進行學習活動，以提升學生的學習積極及自發性，培養協作學習精神
■設有生物科技流動實驗室及生物科教研室，推廣生物科技知識
■設有價值觀教育課，有系統及規劃地培養學生正面價值觀和態度

21/22學年中一教學語言

全級英文為教學語言科目　英文

中學文憑試成績（2021年7月畢業生）

33222率	+
中文科達3級率	+
英文科達3級率	+
數學科達2級率	+
通識科達2級率	+
人均優良成績	+
入讀本地大專文憑率	+
入讀本地大學率	+
入讀(只限港大、中大、科大)率	+
入讀非本地大學率	+

靈糧堂怡文中學 Ling Liang Church E Wun Secondary School

地址	大嶼山東涌文東路37號
電話	21094000　　傳真　　21094066
電郵	ewun@llcew.edu.hk
網址	www.llcew.edu.hk
校長	葉俊傑　　創校年份　2002
學校類別	資助　學生性別　男女
宗教背景	基督教
主要教學語言	初中:中、英　高中:中、英
一條龍小學	靈糧堂秀德小學
直屬小學	/
聯繫小學	/

教師專業資歷

教師人數	■編制內：+　　■編制外：+
已接受特殊教育培訓教師人數	+　外籍　+
教師年資	+
教師專業訓練	+
教師資歷	+

21/22學年收生情況

中一生總人數(班數)　+ (+)

學位分配百分比　■自行:+　■統一:+

自行收生取錄人數　+　競爭情況　+　　面試名額　+

22/23學年收生要求

收生準則	+
面試內容	+
派表日期	+
收表日期	+
自行收生預算學額	+

學校特色

+

21/22學年中一教學語言

全級英文為教學語言科目　不提供

中學文憑試成績（2021年7月畢業生）

33222率	+
中文科達3級率	+
英文科達3級率	+
數學科達2級率	+
通識科達2級率	+
人均優良成績	+
入讀本地大專文憑率	+
入讀本地大學率	+
入讀(只限港大、中大、科大)率	+
入讀非本地大學率	+

中華基督教會全完中學 CCC Chuen Yuen College

地址	葵涌邨上角街15號
電話	24205050　　傳真　　24841431
電郵	office@chuenyuen.edu.hk
網址	www.chuenyuen.edu.hk
校長	葉天祐　　創校年份　1969
學校類別	資助　學生性別　男女
宗教背景	基督教
主要教學語言	初中:中、英　高中:中、英
一條龍小學	+
直屬小學	/
聯繫小學	中華基督教會全完第二小學

教師專業資歷

教師人數	■編制內：53　　■編制外：6
已接受特殊教育培訓教師人數	14　外籍　1
教師年資	■0-4年：12人 ■5-9年：7人 ■10年或以上：40人
教師專業訓練	■認可教師證書/教育文憑：91.8%
教師資歷	■大學學位：42.6% ■碩士或以上：57.4%

註：2021/22學年學位分配百分比不包括一條龍小學學生

21/22學年收生情況

中一生總人數(班數)　132 (4)

學位分配百分比　■自行:30%　■統一:70%

自行收生取錄人數　40　競爭情況　1:9.65　面試名額　所有申請人

22/23學年收生要求

收生準則	■操行及態度：10%　■學業成績：60% ■面試表現：15%　　■獎項：5%
面試內容	學習態度；溝通技巧/應對；禮儀；中英文能力； 應變能力
派表日期	2022.01.03-2022.01.17
收表日期	2022.01.03-2022.01.17
自行收生預算學額	40

學校特色

■老師富有教學經驗，59.6%擁有碩士資歷，26.3%已接受特殊教育訓練
■積極提升及改善校園設施，整個校園已經佈設光纖網絡及應用最新制式的無線網絡技術
■設有超過120項獎學金，並邀請校友於課餘協助老師照顧有學習困難的同學

21/22學年中一教學語言

全級英文為教學語言科目　英文、歷史、數學、科學、地理、創意科技、基礎企業及會計

中學文憑試成績（2021年7月畢業生）

33222率	52.5%
中文科達3級率	69.7%
英文科達3級率	68.7%
數學科達2級率	96%
通識科達2級率	96%
人均優良成績	0.8
入讀本地大專文憑率	49.5%
入讀本地大學率	37.37%
入讀(只限港大、中大、科大)率	18.16%
入讀非本地大學率	7.07%

註：+表示學校沒有提供資料；/表示沒有或不適用

中華基督教會燕京書院 CCC Yenching College

地址　青衣牙鷹洲街12號
電話　23879988　傳真　23868814
電郵　info@yenching.edu.hk
網址　www.yenching.edu.hk
校長　夏麗珠　創校年份　1977
學校類別　資助　學生性別　男女
宗教背景　基督教
主要教學語言　初中:中、英　高中:中、英
一條龍小學　/
直屬小學　/
聯繫小學　/

教師專業資歷

教師人數　■編制內:61　■編制外:/
已接受特殊教育培訓教師人數　19　外籍　1
教師年資　■0-4年:6人　■5-9年:0人　■10年或以上:55人
教師專業訓練　■認可教師證書/教育文憑:100%
教師資歷　■大學學位:38%　■碩士或以上:62%

21/22學年收生情況

中一生總人數(班數)　132 (4)
學位分配百分比　■自行:30%　■統一:70%
自行收生取錄人數　40　競爭情況　1:8.25　面試名額　所有申請人

22/23學年收生要求

收生準則　■學業成績:60%　■面試表現:20%　■操行及活動表現:20%
面試內容　溝通技巧/應對;禮儀;中英文能力;數理能力
派表日期　2022.01.03-2022.01.17
收表日期　2022.01.03-2022.01.17
自行收生預算學額　40

學校特色

■青衣區唯一基督教中學
■校本生命教育課程,以愛和正向思維為核心價值,推動校本價值教育

21/22學年中一教學語言

全級英文為教學語言科目　英文

中學文憑試成績（2021年7月畢業生）

33222率	+
中文科達3級率	+
英文科達3級率	+
數學科達2級率	+
通識科達2級率	+
人均優良成績	+
入讀本地大專文憑率	+
入讀本地大學率	+
入讀(只限港大、中大、科大)率	+
入讀非本地大學率	+

中華傳道會安柱中學 CNEC Christian College

地址　葵涌梨貝街6號
電話　24230365　傳真　24801429
電郵　school@cneccc.edu.hk
網址　www.cneccc.edu.hk
校長　吳家豪　創校年份　1973
學校類別　資助　學生性別　男女
宗教背景　基督教
主要教學語言　初中:中、英　高中:英文
一條龍小學　/
直屬小學　/
聯繫小學　/

教師專業資歷

教師人數　■編制內:53　■編制外:1
已接受特殊教育培訓教師人數　12　外籍　1
教師年資　■0-4年:4人　■5-9年:4人　■10年或以上:46人
教師專業訓練　■認可教師證書/教育文憑:100%
教師資歷　■大學學位:61%　■碩士或以上:39%

21/22學年收生情況

中一生總人數(班數)　132 (4)
學位分配百分比　■自行:30%　■統一:70%
自行收生取錄人數　40　競爭情況　1:8.38　面試名額　所有申請人

22/23學年收生要求

收生準則　■教育局成績次第:50%　■面試表現:40%　■課外活動及獎項:10%
面試內容　溝通技巧/應對;禮儀;常識;中英文能力;學習態度;應變能力
派表日期　2022.01.03-2022.01.17
收表日期　2022.01.03-2022.01.17
自行收生預算學額　40

學校特色

■以信仰基督、服務人群的精神辦學,六育並重,啟導學生認識真理
■追求卓越,提升學生兩文三語能力,重視多元發展,培訓優秀國民
■培養兄友弟恭精神,保存傳統淳樸校風

21/22學年中一教學語言

全級英文為教學語言科目　英文、英語文學、歷史、數學、科學、地理、電腦、音樂、體育

中學文憑試成績（2021年7月畢業生）

33222率	87%
中文科達3級率	91%
英文科達3級率	97%
數學科達2級率	100%
通識科達2級率	99%
人均優良成績	1.9
入讀本地大專文憑率	18%
入讀本地大學率	69%
入讀(只限港大、中大、科大)率	42%
入讀非本地大學率	11%

中華傳道會李賢堯紀念中學 CNEC Lee I Yao Memorial Secondary School

地址　葵盛盛福街1號
電話　24204141　傳真　24257518
電郵　mailbox@vclass.liymss.edu.hk
網址　www.liymss.edu.hk
校長　鄧錦明　創校年份　1981
學校類別　資助　學生性別　男女
宗教背景　基督教
主要教學語言　初中:中、英　高中:中、英
一條龍小學　/
直屬小學　/
聯繫小學　/

教師專業資歷

教師人數　■編制內:52　■編制外:8
已接受特殊教育培訓教師人數　20　外籍　3
教師年資　■0-4年:1人　■5-9年:6人　■10年或以上:45人
教師專業訓練　■認可教師證書/教育文憑:93%
教師資歷　■大學學位:62%　■碩士或以上:38%

21/22學年收生情況

中一生總人數(班數)　126 (4)
學位分配百分比　■自行:30%　■統一:70%
自行收生取錄人數　40　競爭情況　1:9.18　面試名額　所有申請人

22/23學年收生要求

收生準則　■教育局成績次第:50%　■學業成績:20%　■面試表現:10%　■課外活動:5%　■操行及態度:10%　■獎項:5%
面試內容　溝通技巧/應對;禮儀;常識;中英文能力;學習態度;應變能力
派表日期　2021.12月初網上公布
收表日期　2022.01.03-2022.01.17
自行收生預算學額　40

學校特色

■秉持教育信念:珍視學生、欣賞師生付出的努力、嘉許學習成果
■透過新課程元素,為同學提供更廣闊的學習經歷
■堅持優良校風,培育正向品格,強調以生涯規劃協助學生實踐理想

21/22學年中一教學語言

全級英文為教學語言科目　英文、數學及科學(部份內容)

中學文憑試成績（2021年7月畢業生）

33222率	+
中文科達3級率	+
英文科達3級率	+
數學科達2級率	+
通識科達2級率	+
人均優良成績	+
入讀本地大專文憑率	+
入讀本地大學率	+
入讀(只限港大、中大、科大)率	+
入讀非本地大學率	+

註:教師年資只計算編制內教師人數

註:+表示學校沒有提供資料;/表示沒有或不適用

天主教母佑會蕭明中學 Daughters of Mary Help of Christians Siu Ming Catholic Secondary School

地址　葵涌葵葉街6號
電話　24241796　傳眞　24841434
電郵　general@dmhcsm.edu.hk
網址　http://dmhcsm.edu.hk
校長　郭明英修女　創校年份　1973
學校類別　資助　學生性別　女
宗教背景　天主教
主要教學語言　初中：英文　高中：英文
一條龍小學　/
直屬小學　/
聯繫小學　/

教師專業資歷

教師人數　■編制內：51　■編制外：8
已接受特殊教育培訓教師人數　14　外籍　1

教師年資
■0-4年：14人
■5-9年：7人
■10年或以上：38人

教師專業訓練　■認可教師證書/教育文憑：98.3%

教師資歷
■大學學位：37.3%
■碩士或以上：62.7%

21/22學年收生情況

中一生總人數(班數)　126 (4)
學位分配百分比　■自行：30%　■統一：70%
自行收生取錄人數　40　競爭情況　+　面試名額　所有申請人

22/23學年收生要求

收生準則
■學業成績：30%　■獎項：8%
■面試表現：50%　■操行及態度：8%
■課外活動
■宗教信仰、家人在本校就讀或畢業生等：4%

面試內容　溝通技巧/應對；常識；中英文能力；數理能力；學習態度；應變能力

派表日期　2022.01.03-2022.01.17
收表日期　2022.01.03-2022.01.17
自行收生預算學額　40

學校特色

■致力培養學生品學兼優、愛好思考，具共通及自主學習的能力
■培養學生具備積極態度和正面價值觀，而且又擁有主動關心社會的良好公民的素質
■透過生涯規劃教育，鼓勵學生認識自己、興趣及長處，從而選擇事業路向，並能規劃豐盛的人生

21/22學年中一教學語言

全級英文為教學語言科目　英文、英語文學、數學、科學、電腦、音樂、體育、家政、倫理及公民教育、社會教育 (Social Studies)

中學文憑試成績（2021年7月畢業生）

33222率	92%
中文科達3級率	97.2%
英文科達3級率	95.4%
數學科達2級率	100%
通識科達2級率	100%
人均優良成績	+
入讀本地大專文憑率	4.6%
入讀本地大學率	93.5%
入讀(只限港大、中大、科大)率	30.7%
入讀非本地大學率	1.9%

天主教慈幼會伍少梅中學 SDB Ng Siu Mui Secondary School

地址　葵涌葵合街30號
電話　24258223　傳眞　24890921
電郵　ngsiumui@sdbnsm.edu.hk
網址　www.sdbnsm.edu.hk
校長　李建文　創校年份　1972
學校類別　資助　學生性別　男
宗教背景　天主教
主要教學語言　初中：中、英及普通話　高中：中、英
一條龍小學　/
直屬小學　/
聯繫小學　/

教師專業資歷

教師人數　■編制內：36　■編制外：8
已接受特殊教育培訓教師人數　11　外籍　2

教師年資
■0-4年：16人
■5-9年：9人
■10年或以上：19人

教師專業訓練　■認可教師證書/教育文憑：90%

教師資歷
■大學學位：59%
■碩士或以上：41%

21/22學年收生情況

中一生總人數(班數)　54 (3)
學位分配百分比　■自行：+　■統一：+
自行收生取錄人數　+　競爭情況　+　面試名額　所有申請人

22/23學年收生要求

收生準則
■學業成績：25%　■課外活動：20%
■操行及態度：30%　■面試表現：25%

面試內容　溝通技巧/應對；禮儀；常識；體藝才能；應變能力；中英文能力；數理能力；學習態度；家庭生活

派表日期　2022.01.03-2022.01.17
收表日期　2022.01.03-2022.01.17
自行收生預算學額　+

學校特色

■未來校園：學習STEM及數碼知識，訓練兩文三語，提升溝通能力
■社區校園：推動服務學習，並與社區共享資源，一起建設健康社區
■健康校園：實踐健康校園政策和全健學習經歷，發展同學全人健康

21/22學年中一教學語言

全級英文為教學語言科目　英文、非華語學生除中文科外，以英文授課

中學文憑試成績（2021年7月畢業生）

33222率	+
中文科達3級率	+
英文科達3級率	+
數學科達2級率	+
通識科達2級率	+
人均優良成績	+
入讀本地大專文憑率	+
入讀本地大學率	+
入讀(只限港大、中大、科大)率	+
入讀非本地大學率	+

石籬天主教中學 Shek Lei Catholic Secondary School

地址　葵涌石蔭安捷街23-31號
電話　24291221　傳眞　24227104
電郵　email@slc.edu.hk
網址　www.slc.edu.hk
校長　鄭惠兒　創校年份　1981
學校類別　資助　學生性別　男女
宗教背景　天主教
主要教學語言　初中：中、英　高中：中、英
一條龍小學　/
直屬小學　/
聯繫小學　/

教師專業資歷

教師人數　■編制內：54　■編制外：6
已接受特殊教育培訓教師人數　30　外籍　1

教師年資
■0-4年：19人
■5-9年：8人
■10年或以上：33人

教師專業訓練　■認可教師證書/教育文憑：98%

教師資歷
■大學學位：34%
■碩士或以上：64%

21/22學年收生情況

中一生總人數(班數)　126 (4)
學位分配百分比　■自行：30%　■統一：70%
自行收生取錄人數　40　競爭情況　1:6.43　面試名額　所有申請人

22/23學年收生要求

收生準則
■教育局成績次第：30%　■學業成績：20%
■獎項：5%　■課外活動：5%
■操行及態度：5%　■面試表現：25%
■與中學聯繫：10%

面試內容　溝通技巧/應對；禮儀；常識；中英文能力；學習態度；家庭生活

派表日期　2022.01.03-2022.01.17
收表日期　2022.01.03-2022.01.17
自行收生預算學額　40

學校特色

■本校六育並重，提供多元化的活動，使學生能在不同方面發揮所長
■教學方面着重師生互動，照顧學生個別差異
■本校校風淳樸，師生關係良好，訓輔結合，關愛每位學生

21/22學年中一教學語言

全級英文為教學語言科目　英文

中學文憑試成績（2021年7月畢業生）

33222率	+
中文科達3級率	+
英文科達3級率	+
數學科達2級率	+
通識科達2級率	+
人均優良成績	+
入讀本地大專文憑率	+
入讀本地大學率	+
入讀(只限港大、中大、科大)率	+
入讀非本地大學率	+

葵青區

註：+表示學校沒有提供資料；/表示沒有或不適用

佛教善德英文中學 Buddhist Sin Tak College

地址　葵涌興盛路5號
電話　24212580　傳眞　24940104
電郵　info@eclass.bstc.edu.hk
網址　www.bstc.edu.hk
校長　陳世詠　創校年份　1973
學校類別　資助　學生性別　男女
宗教背景　佛教
主要教學語言　初中：英文　高中：英文
一條龍小學　/
直屬小學　/
聯繫小學　/

教師專業資歷

教師人數　■編制內：52　■編制外：2
已接受特殊教育培訓教師人數　18　外籍　1
教師年資　■0-4年：11人　■5-9年：8人　■10年或以上：35人
教師專業訓練　■認可教師證書/教育文憑：100%
教師資歷　■大學學位：39%　■碩士或以上：59%

註：2021/22學年學位分配百分比不包括一條龍小學學生

21/22學年收生情況

中一生總人數（班數）132（4）
學位分配百分比　■自行：30%　■統一：70%
自行收生取錄人數　40　競爭情況　1:9.50　面試名額　所有申請人

22/23學年收生要求

收生準則　■學業成績：55%　■課外活動：10%　■面試表現：35%
面試內容　中英文能力；數理能力
派表日期　2022.01.03-2022.01.17
收表日期　2022.01.03-2022.01.17
自行收生預算學額　40

學校特色

■重視兩文三語，中英文科設不同類型的課外活動以提升同學語文能力
■重視優質閱讀，初中設中英閱讀課節，推動校內閱讀氛圍
■重視教學質素，推行以學生爲本的互動教學，提升學習動機

21/22學年中一教學語言

全級英文爲教學語言科目　英文、歷史、數學、科學、電腦、音樂、家政、STEM（科學、科技工程及數學教育）

中學文憑試成績（2021年7月畢業生）

33222率	82.9%
中文科達3級率	91.5%
英文科達3級率	90.6%
數學科達2級率	96.6%
通識科達2級率	98.3%
人均優良成績	1.56
入讀本地大專文憑率	4.3%
入讀本地大學率	81.2%
入讀（只限港大、中大、科大）率	25.6%
入讀非本地大學率	4.3%

佛教葉紀南紀念中學 Buddhist Yip Kei Nam Memorial College

地址　青衣長青邨
電話　24953363　傳眞　24339009
電郵　ykn-mail@byknmc.edu.hk
網址　www.byknmc.edu.hk
校長　蘇家樑　創校年份　1978
學校類別　資助　學生性別　男女
宗教背景　佛教
主要教學語言　初中：中文　高中：中文
一條龍小學　/
直屬小學　/
聯繫小學　/

教師專業資歷

教師人數　■編制內：62　■編制外：3
已接受特殊教育培訓教師人數　17　外籍　1
教師年資　■0-4年：8人　■5-9年：6人　■10年或以上：51人
教師專業訓練　■認可教師證書/教育文憑：100%
教師資歷　■大學學位：52%　■碩士或以上：48%

註：2021/22學年學位分配百分比不包括一條龍小學學生

21/22學年收生情況

中一生總人數（班數）119（4）
學位分配百分比　■自行：70%　■統一：30%
自行收生取錄人數　38　競爭情況　+　面試名額　所有申請人

22/23學年收生要求

收生準則　■教育局成績次第　■學業成績：30%　■課外活動：20%　■操行及態度：30%　■面試表現：20%
面試內容　溝通技巧/應對；禮儀；常識；中英文能力；學習態度；家庭生活；應變能力
派表日期　+
收表日期　+
自行收生預算學額　40

學校特色

■請參閱家庭與學校合作事宜委員會的中學概覽2020/2021

21/22學年中一教學語言

全級英文爲教學語言科目　英文

中學文憑試成績（2021年7月畢業生）

33222率	+
中文科達3級率	+
英文科達3級率	+
數學科達2級率	+
通識科達2級率	+
人均優良成績	+
入讀本地大專文憑率	+
入讀本地大學率	+
入讀（只限港大、中大、科大）率	+
入讀非本地大學率	+

明愛聖若瑟中學 Caritas St. Joseph Secondary School

地址　青衣邨楓樹窩路10號
電話　24331282　傳眞　24351349
電郵　school@csjss.edu.hk
網址　www.csjss.edu.hk
校長　張美美　創校年份　1971
學校類別　資助　學生性別　男女
宗教背景　天主教
主要教學語言　初中：中文　高中：中文
一條龍小學　/
直屬小學　/
聯繫小學　/

教師專業資歷

教師人數　■編制內：33　■編制外：17
已接受特殊教育培訓教師人數　23　外籍　1
教師年資　■0-4年：21人　■5-9年：5人　■10年或以上：24人
教師專業訓練　■認可教師證書/教育文憑：94%
教師資歷　■大學學位：46%　■碩士或以上：50%

21/22學年收生情況

中一生總人數（班數）+（3）
學位分配百分比　■自行：+　■統一：+
自行收生取錄人數　+　競爭情況　+　面試名額　+

22/23學年收生要求

收生準則　■課外活動：15%　■面試表現：40%　■學生親屬：10%　小學成績：25%　■居於本區/鄰近地區：10%
面試內容　溝通技巧/應對；禮儀；學習態度；家庭生活；應變能力
派表日期　2022.01.03-2022.01.17
收表日期　2022.01.03-2022.01.17
自行收生預算學額　30

學校特色

■啟導學生建立正確價值觀，並引領他們認識天主，效法基督待人的榜樣，反饋社群
■貫徹明愛精神，爲不同性向、能力的學生，提供發揮潛能的機會
■以基於眞理、秉乎正義、發乎仁愛的奉獻精神，爲學生提供基本學術及工藝教育，配合需要

21/22學年中一教學語言

全級英文爲教學語言科目　英文

中學文憑試成績（2021年7月畢業生）

33222率	+
中文科達3級率	+
英文科達3級率	+
數學科達2級率	+
通識科達2級率	+
人均優良成績	+
入讀本地大專文憑率	+
入讀本地大學率	+
入讀（只限港大、中大、科大）率	+
入讀非本地大學率	+

153

註：+表示學校沒有提供資料；/表示沒有或不適用

東華三院伍若瑜夫人紀念中學 TWGHs Mrs. Wu York Yu Memorial College

地址	葵涌石蔭安捷街13至21號
電話	24285129　傳真　24803015
電郵	wyyss@tungwah.org.hk
網址	http://twghwyyms.edu.hk
校長	葉偉明　　創校年份　1977
學校類別	資助　學生性別　男女
宗教背景	沒有
主要教學語言	初中:中、英　高中:中、英
一條龍小學	/
直屬小學	/
聯繫小學	/

教師專業資歷

教師人數	■編制內:50　■編制外:5
已接受特殊教育培訓教師人數	17　外籍 1
教師年資	■0-4年:11人 ■5-9年:7人 ■10年或以上:37人
教師專業訓練	■認可教師證書/教育文憑:98%
教師資歷	■大學學位:51% ■碩士或以上:49%

21/22學年收生情況

中一生總人數(班數)　124 (4)

學位分配百分比　■自行:30%　■統一:70%

自行收生取錄人數　40　競爭情況　1:9.25　面試名額 所有申請人

22/23學年收生要求

收生準則	■教育局成績次第:40%　■面試表現:25% ■小學校內成績及操行:25% ■課外活動表現與中學聯繫:10%
面試內容	溝通技巧/應對；禮儀；常識；中英文能力；學習態度；家庭生活
派表日期	2022.01.03-2022.01.17
收表日期	2022.01.03-2022.01.17
自行收生預算學額	40

學校特色

■十分着重學生品德及全人發展，學生品性淳良和受教有禮
■重中英數，加強兩文三語的學習和學生的行為表現
■師生關係良好，和諧友善

21/22學年中一教學語言

全級英文為教學語言科目	英文、歷史、科學、地理

中學文憑試成績（2021年7月畢業生）

33222率	+
中文科達3級率	+
英文科達3級率	+
數學科達2級率	+
通識科達2級率	+
人均優良成績	
入讀本地大專文憑率	
入讀本地大學率	
入讀(只限港大、中大、科大)率	
入讀非本地大學率	

東華三院吳祥川紀念中學 TWGHs S.C. Gaw Memorial College

地址	青衣市中心清心街7號
電話	24950226　傳真　24954019
電郵	info@twghscgms.edu.hk
網址	www.twghscgms.edu.hk
校長	黃振棪　　創校年份　1984
學校類別	資助　學生性別　男女
宗教背景	沒有
主要教學語言	初中:中、英　高中:中、英
一條龍小學	/
直屬小學	/
聯繫小學	/

教師專業資歷

教師人數	■編制內:51　■編制外:6
已接受特殊教育培訓教師人數	17　外籍 2
教師年資	■0-4年:13人 ■5-9年:3人 ■10年或以上:41人
教師專業訓練	■認可教師證書/教育文憑:100%
教師資歷	■大學學位:52.6% ■碩士或以上:47.4%

21/22學年收生情況

中一生總人數(班數)　131 (4)

學位分配百分比　■自行:30%　■統一:70%

自行收生取錄人數　40　競爭情況　1:7.6　面試名額 所有申請人

22/23學年收生要求

收生準則	■教育局成績次第:30%　■課外活動:10% ■學業成績及操行:45%　■面試表現:15%
面試內容	溝通技巧/應對；禮儀；常識；體藝才能；應變能力；中英文能力；學習態度
派表日期	2022.01.03-2022.01.17
收表日期	2022.01.03-2022.01.17
自行收生預算學額	40

學校特色

■着重兩文三語，正規課程中額外聘請外籍英語老師（共2人）於中一級教授會話及詞彙
■秉承全人教育，中一新生必須參與最少一項體、藝、國粹之學習活動。本校拉丁舞隊更屢獲殊榮，揚威海外
■辦學團體東華三院提供額外資源。除獎學金外，每年均有機會以學生大使身分到歐美等地交流，宣揚東華善業

21/22學年中一教學語言

全級英文為教學語言科目	英文、科學、綜合人文、全方位英語課及英語圖書館課

中學文憑試成績（2021年7月畢業生）

33222率	+
中文科達3級率	+
英文科達3級率	+
數學科達2級率	+
通識科達2級率	+
人均優良成績	
入讀本地大專文憑率	
入讀本地大學率	
入讀(只限港大、中大、科大)率	
入讀非本地大學率	

東華三院陳兆民中學 TWGHs Chen Zao Men College

地址	葵涌葵合街1-5號
電話	24245318　傳真　21496144
電郵	info@twghczm.edu.hk
網址	www.twghczm.edu.hk
校長	呂振基　　創校年份　1972
學校類別	資助　學生性別　男女
宗教背景	沒有
主要教學語言	初中:英文　高中:英文
一條龍小學	/
直屬小學	/
聯繫小學	/

教師專業資歷

教師人數	■編制內:53　■編制外:4
已接受特殊教育培訓教師人數	20　外籍 1
教師年資	■0-4年:13人 ■5-9年:5人 ■10年或以上:39人
教師專業訓練	■認可教師證書/教育文憑:100%
教師資歷	■大學學位:69% ■碩士或以上:31%

21/22學年收生情況

中一生總人數(班數)　127 (4)

學位分配百分比　■自行:30%　■統一:70%

自行收生取錄人數　40　競爭情況　+　面試名額　+

22/23學年收生要求

收生準則	■教育局成績次第:20%　■課外活動:10% ■學業成績:20%　　　■操行及態度:10% ■面試表現:40%
面試內容	溝通技巧/應對；禮儀；常識；體藝才能；應變能力；中英文能力；數理能力；學習態度；家庭生活
派表日期	2022.01.03-2022.01.17
收表日期	2022.01.03-2022.01.17
自行收生預算學額	40

學校特色

■校風優良，以「兆民心」發揮關懷、開明、互重及奮發之團體精神
■設校本課程及各類培訓計劃，全方位發展學生各項共通學習能力
■符合教育局教學語言要求，採用英語授課

21/22學年中一教學語

全級英文為教學語言科目	英文、歷史、數學、科學、地理、電腦、生活與社會

中學文憑試成績（2021年7月畢業生）

33222率	68.8%
中文科達3級率	76.0%
英文科達3級率	85.4%
數學科達2級率	99.0%
通識科達2級率	100%
人均優良成績	+
入讀本地大專文憑率	44.8%
入讀本地大學率	50.0%
入讀(只限港大、中大、科大)率	19.8%
入讀非本地大學率	3.1%

葵青區

註：+表示學校沒有提供資料；/表示沒有或不適用

保良局羅傑承（一九八三）中學 PLK LO KIT SING (1983) COLLEGE

地址	青衣長康邨
電話	24977110 傳真 24311156
電郵	info@plk83.edu.hk
網址	http://plk83.edu.hk
校長	聶誠忠 創校年份 1984
學校類別	資助 學生性別 男女
宗教背景	沒有
主要教學語言	初中：英文 高中：英文
一條龍小學	/
直屬小學	/
聯繫小學	/

教師專業資歷

教師人數	■編制內：50 ■編制外：8
已接受特殊教育培訓教師人數	37 外籍 2
教師年資	■0-4年：14人 ■5-9年：10人 ■10年或以上：34人
教師專業訓練	■認可教師證書/教育文憑：95%
教師資歷	■大學學位：60% ■碩士或以上：40%

21/22學年收生情況

中一生總人數(班數) 129 (4)

學位分配百分比 ■自行:30% ■統一:70%

自行收生取錄人數 40 競爭情況 1:11.25 面試名額 所有申請人

22/23學年收生要求

收生準則	■教育局成績次第：30% ■學業成績：10% ■獎項：5% ■課外活動：5% ■操行及態度：5% ■面試表現：40% ■服務：5%
面試內容	溝通技巧/應對；禮儀；常識；體藝才能；應變能力；中英文能力；數理能力；學習態度；家庭生活
派表日期	2022.01.03-2022.01.17
收表日期	2022.01.03-2022.01.17
自行收生預算學額	40

學校特色

■以英語為主要教學語言，並強化學生兩文三語能力，為高中作最佳銜接
■以「全人教育」為目標，提供均衡課程，對學術及五育發展有完善的規劃
■鼓勵同學達至主動學習、終身學習及自我完善的目標

21/22學年中一教學語言

全級英文為教學語言科目	英文、數學、科學、電腦、音樂、視藝、體育、設計與科技、綜合人文、科技與生活

中學文憑試成績（2021年7月畢業生）

33222率	73.2%
中文科達3級率	78.6%
英文科達3級率	86.6%
數學科達2級率	99.1%
通識科達2級率	98.2%
人均優良成績	1.04
入讀本地大專文憑率	24%
入讀本地大學率	73%
入讀(只限港大、中大、科大)率	19%
入讀非本地大學率	3%

保祿六世書院 Pope Paul VI College

地址	葵涌梨貝街8號
電話	24208155 傳真 24812504
電郵	school@ppaulvi.edu.hk
網址	www.ppaulvi.edu.hk
校長	梁以豪 創校年份 1969
學校類別	資助 學生性別 女
宗教背景	天主教
主要教學語言	初中：英文 高中：英文
一條龍小學	/
直屬小學	/
聯繫小學	/

教師專業資歷

教師人數	■編制內：52 ■編制外：6
已接受特殊教育培訓教師人數	17 外籍 1
教師年資	■0-4年：9人 ■5-9年：5人 ■10年或以上：44人
教師專業訓練	■認可教師證書/教育文憑：89.66%
教師資歷	■大學學位：43.11% ■碩士或以上：55.17%

註：2021/22學年學位分配百分比不包括一條龍小學學生

21/22學年收生情況

中一生總人數(班數) 125 (4)

學位分配百分比 ■自行:30% ■統一:65%

自行收生取錄人數 40 競爭情況 ＋ 面試名額 所有申請人

22/23學年收生要求

收生準則	■教育局成績次第：60% ■課外活動：10% ■面試表現：30% ■申請學生之小五及小六操行必須B級或以上
面試內容	溝通技巧/應對；禮儀；常識；中英文能力；數理能力；學習態度；家庭生活；應變能力
派表日期	2021.11.20-2022.01.17
收表日期	2022.01.03-2022.01.17
自行收生預算學額	40

學校特色

■重視宗教及德育，建立學生正確價值觀及培養良好公民素質
■創設優質英語學習環境，讓學生在多元化活動中自信地表情達意
■積極推動學生參與義工服務，明白個人責任，勇於承擔，造福社群

21/22學年中一教學語言

全級英文為教學語言科目	英文、數學、科學、電腦、綜合人文、音樂、視藝、家政

中學文憑試成績（2021年7月畢業生）

33222率	87.62%
中文科達3級率	96.1%
英文科達3級率	91.4%
數學科達2級率	99%
通識科達2級率	99%
人均優良成績	＋
入讀本地大專文憑率	＋
入讀本地大學率	＋
入讀(只限港大、中大、科大)率	＋
入讀非本地大學率	＋

皇仁舊生會中學 Queen's College Old Boys' Association Secondary School

地址	青衣島長安邨第一期
電話	24975688 傳真 24336598
電郵	info@qcobass.edu.hk
網址	www.qcobass.edu.hk
校長	許建業 創校年份 1987
學校類別	資助 學生性別 男女
宗教背景	沒有
主要教學語言	初中：中、英 高中：中、英
一條龍小學	/
直屬小學	/
聯繫小學	/

教師專業資歷

教師人數	■編制內：56 ■編制外：6
已接受特殊教育培訓教師人數	11 外籍 1
教師年資	■0-4年：7人 ■5-9年：20人 ■10年或以上：35人
教師專業訓練	■認可教師證書/教育文憑：100%
教師資歷	■大學學位：43% ■碩士或以上：57%

21/22學年收生情況

中一生總人數(班數) 120 (4)

學位分配百分比 ■自行:30% ■統一:70%

自行收生取錄人數 40 競爭情況 1:5.25 面試名額 所有申請人

22/23學年收生要求

收生準則	■學業成績：30% ■操行及態度：30% ■面試表現：40% ■平均成績達B級、操行B級以上、亦考慮課外活動及獎項
面試內容	溝通技巧/應對；禮儀；常識；中英文能力；學習態度；應變能力
派表日期	2022.01.03-2022.01.17
收表日期	2022.01.03-2022.01.17
自行收生預算學額	40

學校特色

■拓展多元化學與教模式，促進學生積極求學精神
■優化課程及學習環境，持續培育學生學習語文的興趣及自信心
■延續「勤‧融‧奮‧承」教育，拓展學生正向潛能

21/22學年中一教學語言

全級英文為教學語言科目	英文

中學文憑試成績（2021年7月畢業生）

33222率	＋
中文科達3級率	＋
英文科達3級率	＋
數學科達2級率	＋
通識科達2級率	＋
人均優良成績	＋
入讀本地大專文憑率	＋
入讀本地大學率	＋
入讀(只限港大、中大、科大)率	＋
入讀非本地大學率	＋

葵青區

155

註：＋表示學校沒有提供資料；/表示沒有或不適用

迦密愛禮信中學 Carmel Alison Lam Foundation Secondary School

地址	葵涌華景山路4號
電話	27445117　傳真　27854153
電郵	calfss.mail@calfss.edu.hk
網址	www.calfss.edu.hk
校長	何玉芬博士　創校年份　1982
學校類別	資助　學生性別　男女
宗教背景	基督教
主要教學語言	初中:中、英及普通話　高中:中、英
一條龍小學	/
直屬小學	/
聯繫小學	/

教師專業資歷

教師人數	■編制內:50　■編制外:10
已接受特殊教育培訓教師人數　15　外籍　1
教師年資	■0-4年:21人 ■5-9年:6人 ■10年或以上:33人
教師專業訓練	■認可教師證書/教育文憑:100%
教師資歷	■大學學位:53% ■碩士或以上:47%

21/22學年收生情況

中一生總人數(班數)　127 (4)

學位分配百分比　　■自行:30%　■統一:70%

自行收生取錄人數　40　競爭情況　1:6.30　面試名額　所有申請人

22/23學年收生要求

收生準則	■學業成績:40%　■課外活動:15% ■操行及態度:25%　■面試表現:20%
面試內容	溝通技巧/應對；禮儀；常識；體藝才能；應變能力；中英文能力；數理能力；學習態度；家庭生活
派表日期	2022.01.03-2022.01.17
收表日期	2022.01.03-2022.01.17
自行收生預算學額　40

學校特色

■以「小步子」模式提升學習動力，爭取1%的進步
■全校參與，建立英語學習環境
■建立關愛共融及健康校園文化，創造多元機會，肯定學生不同潛能

21/22學年中一教學語言

全級英文為教學語言科目	英文、數學及科學有超過40%內容，而其他科目均有一個單元

中學文憑試成績（2021年7月畢業生）

33222率	+
中文科達3級率	+
英文科達3級率	+
數學科達2級率	+
通識科達2級率	+
人均優良成績	+
入讀本地大專文憑率	51%
入讀本地大學率	24%
入讀(只限港大、中大、科大)率	+
入讀非本地大學率	14%

香港四邑商工總會陳南昌紀念中學 The HKSYC & IA Chan Nam Chong Memorial College

地址	葵涌祖堯邨敬祖路12號
電話	27410326　傳真　27859831
電郵	info@cnc.edu.hk
網址	www.cnc.edu.hk
校長	陸詠恩　創校年份　1979
學校類別	資助　學生性別　男女
宗教背景	沒有
主要教學語言	初中:中文　高中:中文
一條龍小學	/
直屬小學	/
聯繫小學	/

教師專業資歷

教師人數	■編制內:+　■編制外:+
已接受特殊教育培訓教師人數　+　外籍　+
教師年資	+
教師專業訓練	+
教師資歷	+

21/22學年收生情況

中一生總人數(班數)　+ (+)

學位分配百分比　　■自行:+　■統一:+

自行收生取錄人數　+　競爭情況　　面試名額　+

22/23學年收生要求

收生準則	+
面試內容	+
派表日期	
收表日期	
自行收生預算學額　+

學校特色

+

21/22學年中一教學語言

全級英文為教學語言科目	不提供

中學文憑試成績（2021年7月畢業生）

33222率	+
中文科達3級率	+
英文科達3級率	+
數學科達2級率	+
通識科達2級率	+
人均優良成績	+
入讀本地大專文憑率	+
入讀本地大學率	+
入讀(只限港大、中大、科大)率	+
入讀非本地大學率	+

香港道教聯合會圓玄學院第一中學 HKTA The Yuen Yuen Institute No.1 Secondary School

地址	葵涌和宜合道42號
電話	24271641　傳真　24261644
電郵	hktayy1@yy1.edu.hk
網址	www.yy1.edu.hk
校長	簡偉鴻　創校年份　1979
學校類別	資助　學生性別　男女
宗教背景	道教
主要教學語言	初中:中文　高中:中文
一條龍小學	/
直屬小學	/
聯繫小學	/

教師專業資歷

教師人數	■編制內:61　■編制外:67
已接受特殊教育培訓教師人數　22　外籍　2
教師年資	■0-4年:9人 ■5-9年:6人 ■10年或以上:52人
教師專業訓練	■認可教師證書/教育文憑:93%
教師資歷	■大學學位:61% ■碩士或以上:39%

21/22學年收生情況

中一生總人數(班數)　126 (4)

學位分配百分比　　■自行:30%　■統一:70%

自行收生取錄人數　40　競爭情況　+　面試名額　所有申請人

22/23學年收生要求

收生準則	■學業成績:40%　■獎項:10% ■面試表現:20%　■操行及態度:20% ■課外活動:10%
面試內容	溝通技巧/應對；常識；中英文能力；數理能力；學習態度
派表日期	2021.11.21-2022.01.17
收表日期	2022.01.03-2022.01.17
自行收生預算學額　40

學校特色

■人本教育：珍視學生品賦，強調啟發潛能，讓其確立自我發展方向
■多元課程：着重知識貫通，注入科技元素，讓學習更見趣味和實用
■學習經歷：提供多元活動，讓學生塑造自我，擴闊眼界，服務社群

21/22學年中一教學語言

全級英文為教學語言科目	英文

中學文憑試成績（2021年7月畢業生）

33222率	+
中文科達3級率	+
英文科達3級率	+
數學科達2級率	+
通識科達2級率	+
人均優良成績	+
入讀本地大專文憑率	+
入讀本地大學率	+
入讀(只限港大、中大、科大)率	+
入讀非本地大學率	+

葵青區

註：+表示學校沒有提供資料；/表示沒有或不適用

荔景天主教中學 Lai King Catholic Secondary School

地址	新界葵涌荔景邨
電話	27441610　傳眞　27449134
電郵	lkcss@lkcss.edu.hk
網址	http://www.lkcss.edu.hk/
校長	劉廣業校長　創校年份　1978
學校類別	資助　學生性別　男女
宗教背景	天主教
主要教學語言	初中：中、英　高中：中、英
一條龍小學	/
直屬小學	/
聯繫小學	/

教師專業資歷

教師人數	■編制內：54　■編制外：3
已接受特殊教育培訓教師人數	22　外籍　1
教師年資	■0-4年：16人 ■5-9年：4人 ■10年或以上：37人
教師專業訓練	■認可教師證書/教育文憑：95%
教師資歷	■大學學位：60% ■碩士或以上：40%

21/22學年收生情況

中一生總人數(班數)　+ (4)

學位分配百分比　■自行：30%　■統一：70%

自行收生取錄人數　40　競爭情況　1：5　面試名額　所有申請人

22/23學年收生要求

收生準則	■操行：20%　■面試表現：20% ■教育局成績次第及學業成績：50% ■課外活動（包括體藝潛能）、校內或校外服務、獎項：10%
面試內容	溝通技巧/應對；禮儀；常識；體藝才能；應變能力；中英文能力；家庭生活
派表日期	2022.01.03-2022.01.17
收表日期	2022.01.03-2022.01.17
自行收生預算學額	40

學校特色

■致力天主教信仰培育工作，推行正向教育

■推行電子學習，培育自主學習者，STEM教育發展迅速

■啟發潛能教育獲獎學校，學生在各範疇的活動及比賽中均有出色表現

21/22學年中一教學語言

全級英文為教學語言科目　英文、科學

中學文憑試成績
（2021年7月畢業生）

33222率	+
中文科達3級率	+
英文科達3級率	+
數學科達2級率	+
通識科達2級率	+
人均優良成績	+
入讀本地大專文憑率	+
入讀本地大學率	+
入讀(只限港大、中大、科大)率	+
入讀非本地大學率	+

循道衛理聯合教會李惠利中學 The Methodist Lee Wai Lee College

地址	葵涌葵盛圍葵葉街2-4號
電話	24279121　傳眞　24245157
電郵	info@lwlc.edu.hk
網址	www.lwlc.edu.hk
校長	張欽龍　創校年份　1977
學校類別	資助　學生性別　男女
宗教背景	基督教
主要教學語言	初中：中文　高中：中文
一條龍小學	/
直屬小學	/
聯繫小學	/

教師專業資歷

教師人數	■編制內：56　■編制外：9
已接受特殊教育培訓教師人數	23　外籍　1
教師年資	■0-4年：11人 ■5-9年：7人 ■10年或以上：47人
教師專業訓練	■認可教師證書/教育文憑：95.4%
教師資歷	■大學學位：66.2% ■碩士或以上：33.8%

21/22學年收生情況

中一生總人數(班數)　108 (4)

學位分配百分比　■自行：30%　■統一：70%

自行收生取錄人數　40　競爭情況　+　面試名額　所有申請人

22/23學年收生要求

收生準則	■課外活動：20%　■面試表現：30% ■學業成績及操行：50%
面試內容	溝通技巧/應對；禮儀；常識；中英文能力；數理能力；學習態度；家庭生活；應變能力
派表日期	2021.11.01-2022.01.17
收表日期	2022.01.03-2022.01.17
自行收生預算學額	40

學校特色

■照顧學業差異：以小班教學，多元化學習策略，拔尖小組，照顧不同程度學生

■齊做課業與早讀計劃：每星期進行早讀兩次及第九節節生齊做課業

■提升學生英語水平：舉辦英語補習班、拼音班及音樂劇班以增加學生興趣

21/22學年中一教學語言

全級英文為教學語言科目　英文、部分視藝及數學課題

中學文憑試成績
（2021年7月畢業生）

33222率	+
中文科達3級率	+
英文科達3級率	+
數學科達2級率	+
通識科達2級率	+
人均優良成績	+
入讀本地大專文憑率	+
入讀本地大學率	+
入讀(只限港大、中大、科大)率	+
入讀非本地大學率	+

棉紡會中學 Cotton Spinners Association Secondary School

地址	葵涌葵盛圍350號
電話	24220028　傳眞　24012705
電郵	csa@csa.edu.hk
網址	www.csa.edu.hk
校長	黃定康　創校年份　1975
學校類別	資助　學生性別　男女
宗教背景	沒有
主要教學語言	初中：中文　高中：中文
一條龍小學	/
直屬小學	/
聯繫小學	/

教師專業資歷

教師人數	■編制內：48　■編制外：8
已接受特殊教育培訓教師人數	21　外籍　2
教師年資	■0-4年：12人 ■5-9年：9人 ■10年或以上：35人
教師專業訓練	■認可教師證書/教育文憑：94.64%
教師資歷	■大學學位：41.07% ■碩士或以上：58.93%

21/22學年收生情況

中一生總人數(班數)　83 (4)

學位分配百分比　■自行：30%　■統一：70%

自行收生取錄人數　30　競爭情況　1：2.63　面試名額　所有申請人

22/23學年收生要求

收生準則	■學業成績：20%　■課外活動：20% ■操行及態度：20%　■面試表現：30% ■小學班主任對學生各方面的評語 10%
面試內容	溝通技巧/應對；禮儀；體藝才能；中英文能力；學習態度；家庭生活；應變能力
派表日期	+
收表日期	+
自行收生預算學額	30

學校特色

■多元課程，從實踐中學習。開設校本生活技能科，照顧學生的不同學習需要及興趣，因應個別學生的潛能，發展所長

■校風淳樸，紀律嚴明。本校曾獲「第二屆品德教育傑出教學獎」，並配合校訓，推行正向教育，培育有品有為的棉紡學生

■訓輔合一，嚴中有愛。本校曾獲「行政長官卓越教學獎」之訓育及輔導範疇」及「卓越關愛校園之『最關顧新來港學生適應』」主題大獎，營造一個愉快、關愛和健康的校園環境，培養學生健全品格

21/22學年中一教學語言

全級英文為教學語言科目　英文

中學文憑試成績
（2021年7月畢業生）

33222率	2.3%
中文科達3級率	23.8%
英文科達3級率	2.5%
數學科達2級率	42.9%
通識科達2級率	60.7%
人均優良成績	0.2
入讀本地大專文憑率	42.5%
入讀本地大學率	2.3%
入讀(只限港大、中大、科大)率	0%
入讀非本地大學率	21.6%

葵青區

註：+表示學校沒有提供資料；/表示沒有或不適用

順德聯誼總會李兆基中學 STFA Lee Shau Kee College

地址	葵涌葵盛圍303號
電話	24294051　傳真　24207693
電郵	office@lskc.edu.hk
網址	www.lskc.edu.hk
校長	張巧欣　　創校年份　1978
學校類別	資助　學生性別　男女
宗教背景	沒有
主要教學語言	初中：英文　高中：英文
一條龍小學	/
直屬小學	/
聯繫小學	/

教師專業資歷

教師人數	■編制內：50　■編制外：7
已接受特殊教育培訓教師人數	17　外籍　1
教師年資	■0-4年：14人 ■5-9年：3人 ■10年或以上：40人
教師專業訓練	■認可教師證書/教育文憑：97%
教師資歷	■大學學位：49% ■碩士或以上：51%

21/22學年收生情況

中一生總人數(班數)　132 (4)

學位分配百分比　■自行：30%　■統一：70%

自行收生取錄人數　40　競爭情況　+　面試名額　所有申請人

22/23學年收生要求

收生準則　■教育局成績次第　■獎項　■課外活動　■操行及態度　■面試表現　■學業成績　■收生要求詳見學校網頁有關內容

面試內容　溝通技巧/應對；禮儀；常識；體藝才能；應變能力；中英文能力；數理能力；學習態度；家庭生活

派表日期　2021.12.04起
收表日期　2022.01.03-2022.01.17
自行收生預算學額　40

學校特色

■培育品學兼優、五育並重、出類拔萃之領袖，讓學生學會學習、服務社群
■致力營造和諧、開放、接納的校園氣氛，讓學生發揮潛能
■凝聚團隊力量，建立優良教學文化，接受各界意見，以求自我完善

21/22學年中一教學語言

全級英文為教學語言科目　英文、歷史、數學、科學、地理、電腦、音樂、視藝、體育、家政、設計與科技、生活與社會

中學文憑試成績（2021年7月畢業生）

33222率	+
中文科達3級率	+
英文科達3級率	+
數學科達2級率	+
通識科達2級率	+
人均優良成績	+
入讀本地大專文憑率	+
入讀本地大學率	+
入讀(只限港大、中大、科大)率	+
入讀非本地大學率	+

獅子會中學 Lions College

地址	葵芳興盛路90號
電話	26147938　傳真　26145117
電郵	info@lchk.org
網址	www.lionscollege.edu.hk
校長	郭銳涵　　創校年份　1996
學校類別	資助　學生性別　男女
宗教背景	沒有
主要教學語言	初中：中文　高中：中文
一條龍小學	/
直屬小學	/
聯繫小學	/

教師專業資歷

教師人數	■編制內：56　■編制外：7
已接受特殊教育培訓教師人數	16　外籍　2
教師年資	■0-4年：10人 ■5-9年：10人 ■10年或以上：43人
教師專業訓練	■認可教師證書/教育文憑：100%
教師資歷	■大學學位：38% ■碩士或以上：62%

21/22學年收生情況

中一生總人數(班數)　126 (4)

學位分配百分比　■自行：30%　■統一：70%

自行收生取錄人數　40　競爭情況　1:3　面試名額　所有申請人

22/23學年收生要求

收生準則　■教育局成績次第：15%　■學業成績：15%　■課外活動：20%　■操行及態度：30%　■面試表現：20%

面試內容　溝通技巧/應對；禮儀；常識；中英文能力；數理能力；學習態度；家庭生活；應變能力

派表日期　2022.01.03-2022.01.17
收表日期　2022.01.03-2022.01.17
自行收生預算學額　40

學校特色

■推行 70 分鐘課節時間表架構，配合高中靈活選科機制，讓學生按能力及興趣選修科目
■推行班級經營，提升班的團結及凝聚力
■課室設置電子白板，有助電子學習

21/22學年中一教學語言

全級英文為教學語言科目　英文

中學文憑試成績（2021年7月畢業生）

33222率	+
中文科達3級率	+
英文科達3級率	+
數學科達2級率	+
通識科達2級率	+
人均優良成績	+
入讀本地大專文憑率	+
入讀本地大學率	+
入讀(只限港大、中大、科大)率	+
入讀非本地大學率	+

聖公會林護紀念中學 SKH Lam Woo Memorial Secondary School

地址	新界葵涌葵盛圍397號
電話	24208893　傳真　24205850
電郵	lwmss@lamwoo.edu.hk
網址	www.lamwoo.edu.hk
校長	鄭航勇　　創校年份　1970
學校類別	資助　學生性別　男女
宗教背景	基督教
主要教學語言	初中：英文　高中：英文
一條龍小學	/
直屬小學	/
聯繫小學	聖公會仁立小學；聖公會仁立紀念小學

教師專業資歷

教師人數	■編制內：52　■編制外：9
已接受特殊教育培訓教師人數	14　外籍　2
教師年資	■0-4年：11人 ■5-9年：5人 ■10年或以上：45人
教師專業訓練	■認可教師證書/教育文憑：92%
教師資歷	■大學學位：38% ■碩士或以上：62%

21/22學年收生情況

中一生總人數(班數)　128 (4)

學位分配百分比　■自行：30%　■統一：70%

自行收生取錄人數　40　競爭情況　1:10　面試名額　所有申請人

22/23學年收生要求

收生準則　■教育局成績次第：30%　■學業成績：10%　■獎項：5%　■課外活動：5%　■面試表現：40%　■與中學聯繫：10%（以上收生準則待定）

面試內容　溝通技巧/應對；禮儀；常識；中英文能力；數理能力；學習態度

派表日期　2022.01.03-2022.01.17
收表日期　2022.01.03-2022.01.17
自行收生預算學額　40

學校特色

■培養學生「林護人」八項素質：領導才能、熱誠、謙遜、智慧、樂觀、創意、同理心、責任感
■提供多方面機會，推動全方位學習、全人發展及照顧學習差異
■八個部門組成管理與組織、學與教、校風及學生支援三個群組，助學生多方面發展

21/22學年中一教學語言

全級英文為教學語言科目　英文、歷史、數學、科學、地理、電腦、音樂、視藝、家政、設計與科技、生活與社會、跨科目英語學習

中學文憑試成績（2021年7月畢業生）

33222率	90.1%
中文科達3級率	100%
英文科達3級率	100%
數學科達2級率	100%
通識科達2級率	100%
人均優良成績	2.58
入讀本地大專文憑率	9.3%
入讀本地大學率	98.3%
入讀(只限港大、中大、科大)率	43.1%
入讀非本地大學率	10.3%

葵青區

註：+表示學校沒有提供資料；/表示沒有或不適用

葵涌循道中學 Kwai Chung Methodist College

地址 葵涌麗瑤邨華瑤路
電話 27450010　傳眞 23108900
電郵 office@kcmc.edu.hk
網址 www.kcmc.edu.hk
校長 林美儀　創校年份 1978
學校類別 資助　學生性別 男女
宗教背景 基督教
主要教學語言 初中:中文　高中:中、英
一條龍小學 /
直屬小學 /
聯繫小學 /

教師專業資歷

教師人數 ■編制內:60　■編制外:3
已接受特殊教育培訓教師人數 12　外籍 0
教師年資 ■0-4年:11人　■5-9年:6人　■10年或以上:46人
教師專業訓練 ■認可教師證書/教育文憑:89%
教師資歷 ■大學學位:98%　■碩士或以上:2%

21/22學年收生情況

中一生總人數(班數) 113 (4)
學位分配百分比 ■自行:30% ■統一:64%
自行收生取錄人數 31　競爭情況 +　面試名額 +

22/23學年收生要求

收生準則 ■學業成績:40%　■獎項:15%　■操行及態度:30%　■面試表現:15%
面試內容 溝通技巧/應對;禮儀;常識;體藝才能;應變能力;中英文能力;學習態度
派表日期 2022.01.03-2022.01.17
收表日期 2022.01.03-2022.01.17
自行收生預算學額 40

學校特色

■效法基督精神,重視生命教育,實踐正向思維,活出精彩人生
■重視語文學習能力,積極營造英語氛圍,促進語文學習素養
■實踐多元教學策略,推動教師專業發展,建構教師學習社群

21/22學年中一教學語言

全級英文為教學語言科目 英文

中學文憑試成績（2021年7月畢業生）

33222率	+
中文科達3級率	+
英文科達3級率	+
數學科達2級率	+
通識科達2級率	+
人均優良成績	+
入讀本地大專文憑率	+
入讀本地大學率	+
入讀(只限港大、中大、科大)率	+
入讀非本地大學率	+

葵涌蘇浙公學 Kiangsu-Chekiang College (Kwai Chung)

地址 葵涌榮芳路16號
電話 24202103　傳眞 24250500
電郵 kcckc@kcckc.edu.hk
網址 www.kcckc.edu.hk
校長 梁健文　創校年份 1982
學校類別 資助　學生性別 男女
宗教背景 沒有
主要教學語言 初中:中、英　高中:中、英
一條龍小學 /
直屬小學 /
聯繫小學 /

教師專業資歷

教師人數 ■編制內:57　■編制外:3
已接受特殊教育培訓教師人數 32　外籍 3
教師年資 ■0-4年:8人　■5-9年:8人　■10年或以上:44人
教師專業訓練 ■認可教師證書/教育文憑:95%
教師資歷 ■大學學位:58%　■碩士或以上:42%

註:2021/22學年學位分配百分比不包括一條龍小學學生

21/22學年收生情況

中一生總人數(班數) 122 (4)
學位分配百分比 ■自行:30% ■統一:70%
自行收生取錄人數 40　競爭情況 1:7.23　面試名額 110

22/23學年收生要求

收生準則 ■學業成績:50%　■面試表現:50%
面試內容 溝通技巧/應對;禮儀;常識;體藝才能;應變能力;中英文能力;數理能力;學習態度;家庭生活
派表日期 2021.09.30-2022.01.17
收表日期 2022.01.03-2022.01.17
自行收生預算學額 40

學校特色

■推動兩文三語、普教中,初中科學科、生物、物理及化學以英語授課,而個別組別以英語教授數學科
■增聘兩名外籍英語教師,開辦英語增潤課程,推行多元化英語活動
■全校推行閱讀計劃,培養學生閱讀興趣,加強語文能力,擴闊視野

21/22學年中一教學語言

全級英文為教學語言科目 英文、科學、科技與生活

中學文憑試成績（2021年7月畢業生）

33222率	+
中文科達3級率	+
英文科達3級率	+
數學科達2級率	+
通識科達2級率	+
人均優良成績	+
入讀本地大專文憑率	63.2%
入讀本地大學率	21.7%
入讀(只限港大、中大、科大)率	7.6%
入讀非本地大學率	10.4%

裘錦秋中學（葵涌） Ju Ching Chu Secondary School (Kwai Chung)

地址 葵涌安捷街1-11號
電話 24285858　傳眞 24815574
電郵 mailbox@jccsskc.edu.hk
網址 www.jccsskc.edu.hk
校長 岑小瑩　創校年份 1966
學校類別 資助　學生性別 男女
宗教背景 沒有
主要教學語言 初中:中文　高中:中文
一條龍小學 /
直屬小學 /
聯繫小學 /

教師專業資歷

教師人數 ■編制內:+　■編制外:+
已接受特殊教育培訓教師人數 +　外籍 +
教師年資 +
教師專業訓練 +
教師資歷 +

21/22學年收生情況

中一生總人數(班數) + (+)
學位分配百分比 ■自行:+ ■統一:+
自行收生取錄人數 +　競爭情況 +　面試名額 +

22/23學年收生要求

收生準則 +
面試內容 +
派表日期 +
收表日期 +
自行收生預算學額 +

學校特色

+

21/22學年中一教學語言

全級英文為教學語言科目 不提供

中學文憑試成績（2021年7月畢業生）

33222率	+
中文科達3級率	+
英文科達3級率	+
數學科達2級率	+
通識科達2級率	+
人均優良成績	+
入讀本地大專文憑率	+
入讀本地大學率	+
入讀(只限港大、中大、科大)率	+
入讀非本地大學率	+

葵青區

159

註:+表示學校沒有提供資料;/表示沒有或不適用

樂善堂梁植偉紀念中學 LST Leung Chik Wai Memorial School

地址	青衣長康邨第5期
電話	24955890　傳真　24342358
電郵	admin@lstlcw.edu.hk
網址	https://www.lstlcw.edu.hk
校長	陸詠宜　　創校年份　1985
學校類別	資助　學生性別　男女
宗教背景	沒有
主要教學語言	初中:中文　高中:中、英
一條龍小學	/
直屬小學	/
聯繫小學	/

教師專業資歷

教師人數	■編制內：57　■編制外：0
已接受特殊教育培訓教師人數	12　外籍　1
教師年資	■0-4年：5人 ■5-9年：5人 ■10年或以上：47人
教師專業訓練	■認可教師證書/教育文憑：93%
教師資歷	■大學學位：46% ■碩士或以上：53%

21/22學年收生情況

中一生總人數(班數)　132（4）

學位分配百分比　■自行:30%　■統一:70%

自行收生取錄人數　40　競爭情況　+　面試名額　所有申請人

22/23學年收生要求

收生準則	■教育局成績次第：25%　■課外活動：20% ■面試表現：25%　　■學業成績及品行：30%
面試內容	溝通技巧/應對；禮儀；常識；中英文能力； 數理能力；學習態度；家庭生活；應變能力
派表日期	2021.11.01
收表日期	2022.01.03-2022.01.17
自行收生預算學額	40

學校特色

■靈活推動自主學習，確立高效課堂，提升學習素養
■優化中英文課程，增益學與教及語文素質，拓展全方位語文學習氛圍
■以LSTLCW為領袖訓練平台，通過正面價值及生活教育，陶鑄梁中人優秀的素質

21/22學年中一教學語言

全級英文為教學語言科目	英文、數學、生活與社會及綜合科學有英語延展教學活動

中學文憑試成績（2021年7月畢業生）

33222率	+
中文科達3級率	+
英文科達3級率	+
數學科達2級率	+
通識科達2級率	+
人均優良成績	+
入讀本地大專文憑率	+
入讀本地大學率	+
入讀(只限港大、中大、科大)率	+
入讀非本地大學率	+

樂善堂顧超文中學 LST Ku Chiu Man Secondary School

地址	葵涌葵盛圍301號
電話	24295171　傳真　24191552
電郵	email@lstkcmss.edu.hk
網址	www.lstkcmss.edu.hk
校長	方鳳如　　創校年份　1978
學校類別	資助　學生性別　男女
宗教背景	沒有
主要教學語言	初中:中、英　高中:中、英
一條龍小學	/
直屬小學	/
聯繫小學	/

教師專業資歷

教師人數	■編制內：55　■編制外：0
已接受特殊教育培訓教師人數	14　外籍　1
教師年資	■0-4年：5人 ■5-9年：4人 ■10年或以上：46人
教師專業訓練	■認可教師證書/教育文憑：98%
教師資歷	■大學學位：44% ■碩士或以上：56%

註：教師年資只計算編制內教師人數

21/22學年收生情況

中一生總人數(班數)　131（4）

學位分配百分比　■自行:30%　■統一:65%

自行收生取錄人數　40　競爭情況　1:6.33　面試名額　所有申請人

22/23學年收生要求

收生準則	■教育局成績次第：40%　■面試表現：30% ■學業成績：15%　　■課外活動：5% ■操行及態度：10%
面試內容	溝通技巧/應對；禮儀；常識；中英文能力； 學習態度；家庭生活；應變能力
派表日期	2021.11.21-2022.01.17
收表日期	2022.01.03-2022.01.17
自行收生預算學額	40

學校特色

■校風淳樸：重視學生德育的培訓和輔導工作
■照顧學生學習多樣性：利用電子裝置推動自主學習，推展不同教學模式
■生涯規劃：引導學生關注個人學業及事業發展，探索發揮潛能的方向

21/22學年中一教學語言

全級英文為教學語言科目	英文

中學文憑試成績（2021年7月畢業生）

33222率	+
中文科達3級率	+
英文科達3級率	+
數學科達2級率	+
通識科達2級率	+
人均優良成績	+
入讀本地大專文憑率	+
入讀本地大學率	+
入讀(只限港大、中大、科大)率	+
入讀非本地大學率	+

嶺南鍾榮光博士紀念中學 Lingnan Dr. Chung Wing Kwong Memorial Secondary School

地址	葵涌荔景山道
電話	27439488　傳真　27443725
電郵	cwk@ldcwkmss.edu.hk
網址	www.ldcwkmss.edu.hk
校長	鄺綺詩　　創校年份　1978
學校類別	資助　學生性別　男女
宗教背景	基督教
主要教學語言	初中:中文　高中:中、英
一條龍小學	/
直屬小學	+
聯繫小學	+

教師專業資歷

教師人數	■編制內：60　■編制外：5
已接受特殊教育培訓教師人數	22　外籍　1
教師年資	■0-4年：4人 ■5-9年：4人 ■10年或以上：52人
教師專業訓練	■認可教師證書/教育文憑：95%
教師資歷	■大學學位：31% ■碩士或以上：69%

註：教師年資只計算編制內教師人數

21/22學年收生情況

中一生總人數(班數)　124（4）

學位分配百分比　■自行:31%　■統一:61%

自行收生取錄人數　40　競爭情況　+　面試名額　所有申請人

22/23學年收生要求

收生準則	■學業成績：30%　■課外活動：10% ■面試表現：30%　■操行及態度：15% ■其他傑出表現：15%
面試內容	溝通技巧/應對；禮儀；常識；體藝才能； 中英文能力；應變能力
派表日期	2022.01.03-2022.01.17
收表日期	2022.01.03-2022.01.17
自行收生預算學額	40

學校特色

■投放大量資源，致力提升學生英語能力，並積極推廣科技教育
■廣泛實用的初中課程，以提升學生學習興趣
■注重全人教育，推行青苗計劃，幫助學生解決學習上和社交上的困難

21/22學年中一教學語言

全級英文為教學語言科目	英文、中一部份班別在綜合人文及綜合科學科以英語教授單元

中學文憑試成績（2021年7月畢業生）

33222率	+
中文科達3級率	+
英文科達3級率	+
數學科達2級率	+
通識科達2級率	+
人均優良成績	+
入讀本地大專文憑率	+
入讀本地大學率	+
入讀(只限港大、中大、科大)率	+
入讀非本地大學率	+

葵青區

註：+表示學校沒有提供資料；/表示沒有或不適用

仁濟醫院林百欣中學 Yan Chai Hospital Lim Por Yen Secondary School

地址	荃灣荃景圍145至165號
電話	24937258　傳真　24922496
電郵	info@ychlpyss.edu.hk
網址	www.ychlpyss.edu.hk
校長	曹達明　創校年份　1982
學校類別	資助　學生性別　男女
宗教背景	沒有
主要教學語言	初中:中文　高中:中文
一條龍小學	/
直屬小學	/
聯繫小學	/

教師專業資歷

教師人數	■編制內:55　■編制外:7
已接受特殊教育培訓教師人數	25　外籍　1
教師年資	■0-4年:6人　■5-9年:8人　■10年或以上:48人
教師專業訓練	■認可教師證書/教育文憑:95%
教師資歷	■大學學位:27.4%　■碩士或以上:71%

註：2021/22學年學位分配百分比不包括一條龍小學學生

21/22學年收生情況

中一生總人數(班數)　121（4）

學位分配百分比　■自行:30%　■統一:70%

自行收生取錄人數　40　競爭情況　1:5.40　面試名額　所有申請人

22/23學年收生要求

收生準則	■教育局成績次第:30%　■學業成績:10%　■操行及態度:20%　■課外活動:10%　■面試表現:30%　■家長是校友:加5分
面試內容	溝通技巧/應對；禮儀；中英文能力；學習態度；家庭生活；應變能力
派表日期	2022.01.03-2022.01.17
收表日期	2022.01.03-2022.01.17
自行收生預算學額	40

學校特色

- 好學在百欣：促進學生自主學習
- 做個A+百欣人：訓練學生做好目標管理；培養學生同理心
- 百欣是我家：加強學生歸屬感

21/22學年中一教學語言

全級英文為教學語言科目　英文

中學文憑試成績（2021年7月畢業生）

33222率	+
中文科達3級率	+
英文科達3級率	+
數學科達2級率	+
通識科達2級率	+
人均優良成績	+
入讀本地大專文憑率	+
入讀本地大學率	+
入讀(只限港大、中大、科大)率	+
入讀非本地大學率	+

保良局李城璧中學 PLK Lee Shing Pik College

地址	荃灣安賢街12至20號
電話	24983393　傳真　24142077
電郵	inquiry@plklsp.edu.hk
網址	www.plklsp.edu.hk
校長	馮雅詩　創校年份　1982
學校類別	資助　學生性別　男女
宗教背景	沒有
主要教學語言	初中:中、英及普通話　高中:中、英
一條龍小學	/
直屬小學	/
聯繫小學	/

教師專業資歷

教師人數	■編制內:55　■編制外:8
已接受特殊教育培訓教師人數	10　外籍　1
教師年資	■0-4年:19人　■5-9年:5人　■10年或以上:39人
教師專業訓練	■認可教師證書/教育文憑:90%
教師資歷	■大學學位:50%　■碩士或以上:48%

21/22學年收生情況

中一生總人數(班數)　131（4）

學位分配百分比　■自行:30%　■統一:70%

自行收生取錄人數　40　競爭情況　1:7.50　面試名額　所有申請人

22/23學年收生要求

收生準則	■教育局成績次第及學業成績合共40%　■課外活動:15%　■操行及態度:15%　■面試表現:30%
面試內容	溝通技巧/應對；禮儀；常識；體藝才能；中英文能力；數理能力；學習態度；家庭生活；應變能力
派表日期	2022.01.03-2022.01.17
收表日期	2022.01.03-2022.01.17
自行收生預算學額	40

學校特色

- 本校在音樂、營商創業、體育及舞蹈聯校比賽中均獲取優異之成績
- 恆常海外考察外，2017/18起，均舉辦中四級際跨學科境外交流學習活動
- 致力融合不同教育領域，發展新教育方向如跨學科協作、STEAM、藝術表演、體驗教育及服務學習等

21/22學年中一教學語言

全級英文為教學語言科目　英文、數學、科學

中學文憑試成績（2021年7月畢業生）

33222率	+
中文科達3級率	+
英文科達3級率	+
數學科達2級率	+
通識科達2級率	+
人均優良成績	+
入讀本地大專文憑率	+
入讀本地大學率	+
入讀(只限港大、中大、科大)率	+
入讀非本地大學率	+

保良局姚連生中學 PLK Yao Ling Sun College

地址	新界荃灣石圍角邨
電話	24983331　傳真　24995136
電郵	info@plkylsc.edu.hk
網址	www.plkylsc.edu.hk
校長	梁玉冰　創校年份　1982
學校類別	資助　學生性別　男女
宗教背景	沒有
主要教學語言	初中:中文　高中:中文
一條龍小學	/
直屬小學	/
聯繫小學	/

教師專業資歷

教師人數	■編制內:59　■編制外:1
已接受特殊教育培訓教師人數	25　外籍　2
教師年資	■0-4年:9人　■5-9年:8人　■10年或以上:45人
教師專業訓練	■認可教師證書/教育文憑:100%
教師資歷	■大學學位:49%　■碩士或以上:49%

21/22學年收生情況

中一生總人數(班數)　123（4）

學位分配百分比　■自行:+　■統一:+

自行收生取錄人數　40　競爭情況　+　面試名額　所有申請人

22/23學年收生要求

收生準則	■學業成績:40%　■課外活動:15%　■操行及態度:15%　■面試表現:30%
面試內容	溝通技巧/應對；禮儀；常識；中英文能力；數理能力；學習態度
派表日期	2021.10.23-2022.01.17
收表日期	2022.01.03-2022.01.17
自行收生預算學額	40

學校特色

- 豐富各科課程英語元素，舉辦全校英語活動，全面提升學生英語能力
- 裝備學生規劃個人學習歷程，優化學與教策略，強化學習態度與能力
- 提升學生把握機遇的能力，助學生適應轉變，認識多元發展途徑

21/22學年中一教學語言

全級英文為教學語言科目　英文、電腦

中學文憑試成績（2021年7月畢業生）

33222率	+
中文科達3級率	+
英文科達3級率	+
數學科達2級率	+
通識科達2級率	+
人均優良成績	+
入讀本地大專文憑率	+
入讀本地大學率	+
入讀(只限港大、中大、科大)率	+
入讀非本地大學率	+

荃灣區

註：+表示學校沒有提供資料；/表示沒有或不適用

紡織學會美國商會胡漢輝中學 TIACC Woo Hon Fai Secondary School

地址	荃灣安賢街7號
電話	24908773　　傳真　24908330
電郵	whfinfo@tiaccwhf.edu.hk
網址	www.tiaccwhf.edu.hk
校長	劉景明　　創校年份　1987
學校類別	資助　　學生性別　男女
宗教背景	沒有
主要教學語言	初中:中文　高中:中文
一條龍小學	/
直屬小學	/
聯繫小學	/

教師專業資歷

教師人數	■編制內:46　■編制外:5
已接受特殊教育培訓教師人數	15　外籍　1
教師年資	■0-4年：3人 ■5-9年：3人 ■10年或以上：45人
教師專業訓練	■認可教師證書/教育文憑:100%
教師資歷	■大學學位:67% ■碩士或以上:33%

註：教師年資只計算編制內教師人數

21/22學年收生情況

中一生總人數(班數)　96（3）
學位分配百分比　　■自行:25%　■統一:75%
自行收生取錄人數　25　競爭情況　+　面試名額　所有申請人

22/23學年收生要求

收生準則　■學業成績：25%　■課外活動及服務：25%
　　　　　■面試表現：25%　■操行：25%

面試內容　溝通技巧/應對；禮儀；中英文能力；學習態度

派表日期　2022.01.03-2022.01.17
收表日期　2022.01.03-2022.01.17
自行收生預算學額　25

學校特色

+

21/22學年中一教學語言

全級英文為教學語言科目　英文、數學

中學文憑試成績（2021年7月畢業生）

33222率	+
中文科達3級率	+
英文科達3級率	+
數學科達2級率	+
通識科達2級率	+
人均優良成績	+
入讀本地大專文憑率	+
入讀本地大學率	+
入讀(只限港大、中大、科大)率	+
入讀非本地大學率	+

荃灣公立何傳耀紀念中學 Tsuen Wan Public Ho Chuen Yiu Memorial College

地址	荃灣石圍角邨屋邨中學校舍第1號
電話	24966000　　傳真　24158686
電郵	info@twphcymc.edu.hk
網址	www.twphcymc.edu.hk
校長	劉瑞儀　　創校年份　1977
學校類別	資助　　學生性別　男女
宗教背景	沒有
主要教學語言	初中:英文　高中:英文
一條龍小學	/
直屬小學	/
聯繫小學	/

教師專業資歷

教師人數	■編制內:+　■編制外:+
已接受特殊教育培訓教師人數	+　外籍　+
教師年資	+
教師專業訓練	+
教師資歷	+

21/22學年收生情況

中一生總人數(班數)　+（+）
學位分配百分比　　■自行:+　統一:+
自行收生取錄人數　+　競爭情況　+　面試名額　+

22/23學年收生要求

收生準則　+

面試內容　+

派表日期　+
收表日期　+
自行收生預算學額　+

學校特色

+

21/22學年中一教學語言

全級英文為教學語言科目　不提供

中學文憑試成績（2021年7月畢業生）

33222率	+
中文科達3級率	+
英文科達3級率	+
數學科達2級率	+
通識科達2級率	+
人均優良成績	+
入讀本地大專文憑率	+
入讀本地大學率	+
入讀(只限港大、中大、科大)率	+
入讀非本地大學率	+

荃灣官立中學 Tsuen Wan Government Secondary School

地址	荃灣海壩街70號
電話	24903307　　傳真　24906645
電郵	twgss@edb.gov.hk
網址	www.twgss.edu.hk
校長	鄧淑貞　　創校年份　1961
學校類別	官立　　學生性別　男女
宗教背景	沒有
主要教學語言	初中:英文　高中:英文
一條龍小學	/
直屬小學	/
聯繫小學	海壩街官立小學；荃灣官立小學；深水埗官立小學

教師專業資歷

教師人數	■編制內:+　■編制外:+
已接受特殊教育培訓教師人數	+　外籍　+
教師年資	+
教師專業訓練	+
教師資歷	+

21/22學年收生情況

中一生總人數(班數)　+（+）
學位分配百分比　　■自行:+　統一:+
自行收生取錄人數　+　競爭情況　+　面試名額　+

22/23學年收生要求

收生準則　+

面試內容　+

派表日期　+
收表日期　+
自行收生預算學額　+

學校特色

+

21/22學年中一教學語言

全級英文為教學語言科目　不提供

中學文憑試成績（2021年7月畢業生）

33222率	+
中文科達3級率	+
英文科達3級率	+
數學科達2級率	+
通識科達2級率	+
人均優良成績	+
入讀本地大專文憑率	+
入讀本地大學率	+
入讀(只限港大、中大、科大)率	+
入讀非本地大學率	+

荃灣區

註：+表示學校沒有提供資料；/表示沒有或不適用

荃灣聖芳濟中學 St Francis Xavier's School, Tsuen Wan

地址　荃灣鹹田街60~64號
電話　24920226　傳真　26146009
電郵　sfs-principal@hkedcity.net
網址　www.sfxs.edu.hk
校長　何志宏　創校年份　1963
學校類別　資助　學生性別　男
宗教背景　天主教
主要教學語言　初中:中、英　高中:中、英
一條龍小學　/
直屬小學　/
聯繫小學　/

教師專業資歷

教師人數　■編制內:55　■編制外:3
已接受特殊教育培訓教師人數　24　外籍　1

教師年資
■0~4年:16人
■5~9年:9人
■10年或以上:33人

教師專業訓練　■認可教師證書/教育文憑:98%

教師資歷
■大學學位:34%
■碩士或以上:66%

註:中一新生級別及本地大學入學率均持續上升中

21/22學年收生情況

中一生總人數(班數)　114 (4)
學位分配百分比　■自行:30%　■統一:70%
自行收生取錄人數　40　競爭情況　1:3.70　面試名額　所有申請人

22/23學年收生要求

收生準則
■教育局成績次第:25%　■學業成績:15%
■操行及態度:25%　■面試表現:20%
■課外活動:15%(堂區/社區服務佔5%)

面試內容　溝通技巧/應對;禮儀;常識;中英文能力;學習態度;應變能力

派表日期　2021.12.01~2022.01.17
收表日期　2022.01.03~2022.01.17
自行收生預算學額　40

學校特色

■天主教修會辦學校,提供公教教育,以陪伴學生成長為己任,培育學生靈德智體群美全人發展
■注重學術成績,拔尖、挺中、補底措施齊備,同時舉辦多元化課外活動,以擴闊學生視野,發揮潛能
■校風淳樸,學生敦厚溫良,校本全人教育,裝備學生迎接生活挑戰及改變

21/22學年中一教學語言

全級英文為教學語言科目　英文、數學、科學

中學文憑試成績（2021年7月畢業生）

33222率	+
中文科達3級率	+
英文科達3級率	+
數學科達2級率	+
通識科達2級率	+
人均優良成績	+
入讀本地大專文憑率	41.4%
入讀本地大學率	32%
入讀(只限港大、中大、科大)率	7%
入讀非本地大學率	17%

博愛醫院歷屆總理聯誼會梁省德中學 AD & FD POHL Leung Sing Tak College

地址　荃灣石圍角邨
電話　24145151　傳真　24158226
電郵　info@lstc.edu.hk
網址　www.lstc.edu.hk
校長　植文顯　創校年份　1979
學校類別　資助　學生性別　男女
宗教背景　沒有
主要教學語言　初中:中、英及普通話　高中:中、英
一條龍小學　/
直屬小學　/
聯繫小學　/

教師專業資歷

教師人數　■編制內:55　■編制外:4
已接受特殊教育培訓教師人數　20　外籍　1

教師年資
■0~4年:18人
■5~9年:10人
■10年或以上:32人

教師專業訓練　■認可教師證書/教育文憑:100%

教師資歷
■大學學位:45%
■碩士或以上:55%

註:教師年資只計算編制內教師人數

21/22學年收生情況

中一生總人數(班數)　131 (4)
學位分配百分比　■自行:30%　■統一:70%
自行收生取錄人數　40　競爭情況　1:5.35　面試名額　所有申請人

22/23學年收生要求

收生準則
■操行及態度:30%　■面試表現:20%
■教育局成績次第及校內成績:30%
■課外活動(獎項/服務:20%

面試內容　溝通技巧/應對;禮儀;常識;體藝才能;應變能力;中英文能力;數理能力;學習態度;家庭生活

派表日期　2022.01.03~2022.01.17
收表日期　2022.01.03~2022.01.17
自行收生預算學額　40

學校特色

■推展多元學習,提升學習效能
■培養閱讀習慣,擴闊學生視野
■提升學生責任,加強品德素養

21/22學年中一教學語言

全級英文為教學語言科目　英文、數學、科學

中學文憑試成績（2021年7月畢業生）

33222率	35.6%
中文科達3級率	64.4%
英文科達3級率	42.3%
數學科達2級率	82.5%
通識科達2級率	95.2%
人均優良成績	+
入讀本地大專文憑率	16.8%
入讀本地大學率	34.7%
入讀(只限港大、中大、科大)率	+
入讀非本地大學率	+

可風中學（嗇色園主辦） Ho Fung College (Sponsored By Sik Sik Yuen)

地址　葵涌和宜合道448號
電話　24253563　傳真　24259165
電郵　info@hofung.edu.hk
網址　www.hofung.edu.hk
校長　蕭志新　創校年份　1974
學校類別　資助　學生性別　男女
宗教背景　儒釋道
主要教學語言　初中:英文　高中:英文
一條龍小學　/
直屬小學　/
聯繫小學　/

教師專業資歷

教師人數　■編制內:49　■編制外:6
已接受特殊教育培訓教師人數　18　外籍　1

教師年資
■0~4年:8人
■5~9年:3人
■10年或以上:44人

教師專業訓練　■認可教師證書/教育文憑:98.1%

教師資歷
■大學學位:40%
■碩士或以上:60%

21/22學年收生情況

中一生總人數(班數)　131 (4)
學位分配百分比　■自行:32%　■統一:68%
自行收生取錄人數　41　競爭情況　+　面試名額　所有申請人

22/23學年收生要求

收生準則
■教育局成績次第:40%　■課外活動及獎項:15%
■面試表現:45%　■操行B或以上

面試內容　+

派表日期　2022.01.03~2022.01.17
收表日期　2022.01.03~2022.01.17
自行收生預算學額　41

學校特色

■全人教育,品德、學業及活動並重
■優良語文學習環境及氣氛
■培養學生領導、協作及溝通能力,明辨是非

21/22學年中一教學語言

全級英文為教學語言科目　英文、歷史、數學、科學、地理、電腦、音樂、家政、生活與社會

中學文憑試成績（2021年7月畢業生）

33222率	92.7%
中文科達3級率	94.5%
英文科達3級率	100%
數學科達2級率	100%
通識科達2級率	99.1%
人均優良成績	1.9
入讀本地大專文憑率	15.6%
入讀本地大學率	69.7%
入讀(只限港大、中大、科大)率	31.2%
入讀非本地大學率	10.1%

註:+表示學校沒有提供資料;/表示沒有或不適用

荃灣區

聖公會李炳中學 SKH Li Ping Secondary School

地址	荃灣和宜合道450號
電話	24238806　傳眞　24850734
電郵	info@liping.edu.hk
網址	https://liping.edu.hk
校長	彭君華　創校年份　1984
學校類別	資助　學生性別　男女
宗教背景	基督教
主要教學語言	初中:中文　高中:中文
一條龍小學	/
直屬小學	/
聯繫小學	/

教師專業資歷

教師人數	■編制內:61　■編制外:6
已接受特殊教育培訓教師人數	47　外籍 1
教師年資	■0-4年:24人 ■5-9年:8人 ■10年或以上:35人
教師專業訓練	■認可教師證書/教育文憑:96%
教師資歷	■大學學位:46% ■碩士或以上:54%

21/22學年收生情況

中一生總人數(班數)　+ (4)
學位分配百分比　■自行:30%　■統一:70%
自行收生取錄人數　40　競爭情況　+　面試名額　所有申請人

22/23學年收生要求

收生準則	■學業成績:35%　■操行及態度:35% ■面試表現:30%
面試內容	溝通技巧/應對;禮儀;常識;體藝才能;應變能力; 中英文能力;數理能力;學習態度;家庭生活
派表日期	2021.11.01 起
收表日期	2022.01.03-2022.01.17
自行收生預算學額	40

學校特色

■秉承基督眞理,培育學生德、智、體、群、美、靈六方面的成長
■以「I seek I act」爲宗旨,鼓勵學生積極探索,努力實踐,
　以建立學生主動學習的態度
■通過豐富全方位的學習經歷、校本課程設計及拔尖補底班等,
　全面照顧學習多樣性

21/22學年中一教學語言

全級英文為教學語言科目　英文

中學文憑試成績（2021年7月畢業生）

33222率	+
中文科達3級率	+
英文科達3級率	+
數學科達2級率	+
通識科達2級率	+
人均優良成績	+
入讀本地大專文憑率	+
入讀本地大學率	+
入讀(只限港大、中大、科大)率	+
入讀非本地大學率	+

路德會呂明才中學 Lui Ming Choi Lutheran College

地址	荃灣象山邨第一中學校舍
電話	24920195　傳眞　24172394
電郵	llc-mail@llc.edu.hk
網址	www.llc.edu.hk
校長	馬玉娟　創校年份　1978
學校類別	資助　學生性別　男女
宗教背景	基督教
主要教學語言	初中:中文　高中:中文
一條龍小學	/
直屬小學	/
聯繫小學	/

教師專業資歷

教師人數	■編制內:59　■編制外:6
已接受特殊教育培訓教師人數	17　外籍 1
教師年資	■0-4年:6人 ■5-9年:7人 ■10年或以上:52人
教師專業訓練	■認可教師證書/教育文憑:97%
教師資歷	■大學學位:42% ■碩士或以上:57%

21/22學年收生情況

中一生總人數(班數)　93 (4)
學位分配百分比　■自行:+　■統一:+
自行收生取錄人數　+　競爭情況　+　面試名額　+

22/23學年收生要求

收生準則	■操行及態度:40%　■學業成績:40% ■與中學聯繫:20%　■居住地區
面試內容	溝通技巧/應對;禮儀;常識;學習態度; 家庭生活;應變能力
派表日期	2022.01.03-2022.01.17
收表日期	2022.01.03-2022.01.17
自行收生預算學額	40

學校特色

■每年舉辦「國際文化校園計劃」,在校內創造英語學習環境
■重視成長教育,建立關愛文化,學生熱愛校園生活
■高中課程選科數目及組合甚多,學生能按興趣選讀,充分發展潛能

21/22學年中一教學語言

全級英文為教學語言科目　英文、英文語藝

中學文憑試成績（2021年7月畢業生）

33222率	+
中文科達3級率	+
英文科達3級率	+
數學科達2級率	+
通識科達2級率	+
人均優良成績	+
入讀本地大專文憑率	+
入讀本地大學率	+
入讀(只限港大、中大、科大)率	+
入讀非本地大學率	+

廖寶珊紀念書院 Liu Po Shan Memorial College

地址	荃灣蕙荃路22-66號
電話	24996711　傳眞　24909392
電郵	info@lpsmc.edu.hk
網址	www.lpsmc.edu.hk
校長	羅靈芝　創校年份　1956
學校類別	資助　學生性別　男女
宗教背景	沒有
主要教學語言	初中:中、英　高中:英文
一條龍小學	/
直屬小學	/
聯繫小學	/

教師專業資歷

教師人數	■編制內:54　■編制外:4
已接受特殊教育培訓教師人數	28　外籍 2
教師年資	■0-4年:11人 ■5-9年:4人 ■10年或以上:43人
教師專業訓練	■認可教師證書/教育文憑:95%
教師資歷	■大學學位:48% ■碩士或以上:52%

21/22學年收生情況

中一生總人數(班數)　128 (4)
學位分配百分比　■自行:+　■統一:+
自行收生取錄人數　40　競爭情況　1:12.43　面試名額　所有申請人

22/23學年收生要求

收生準則	■教育局成績次第:50%　■課外活動:5% ■操行及態度:10%　■面試表現:35%
面試內容	溝通技巧/應對;禮儀;常識;中英文能力; 學習態度;家庭生活;應變能力
派表日期	2022.01.03-2022.01.17
收表日期	2022.01.03-2022.01.17
自行收生預算學額	40

學校特色

■校訓爲「創業興仁」,五育並重,締造富創意而有活力的學習環境
■重視各學科的培訓,積極推動閱讀風氣
■校園「嚴而有愛,融洽有序」,積極發展學生不同潛能

21/22學年中一教學語言

全級英文為教學語言科目　英文、數學、科學

中學文憑試成績（2021年7月畢業生）

33222率	+
中文科達3級率	+
英文科達3級率	+
數學科達2級率	+
通識科達2級率	+
人均優良成績	+
入讀本地大專文憑率	+
入讀本地大學率	+
入讀(只限港大、中大、科大)率	+
入讀非本地大學率	+

註：教師年資只計算編制內教師人數

註：+表示學校沒有提供資料；/表示沒有或不適用

寶安商會王少清中學 Po On Commercial Association Wong Siu Ching Secondary School

地址	荃灣大壩街2號
電話	24140157　傳真　24123843
電郵	mail@pocawsc.edu.hk
網址	www.pocawsc.edu.hk
校長	陳志維　創校年份　1979
學校類別	資助　學生性別　男女
宗教背景	沒有
主要教學語言	初中:英文　高中:英文
一條龍小學	/
直屬小學	/
聯繫小學	/

教師專業資歷

教師人數	■編制內：+　■編制外：+
已接受特殊教育培訓教師人數	+　外籍　+
教師年資	+
教師專業訓練	+
教師資歷	+

21/22學年收生情況

中一生總人數(班數)　+（+）

學位分配百分比　■自行:+　■統一:+

自行收生取錄人數　+　競爭情況　+　面試名額　+

22/23學年收生要求

收生準則	+
面試內容	+
派表日期	+
收表日期	+
自行收生預算學額	+

學校特色

+

21/22學年中一教學語言

全級英文為教學語言科目　不提供

中學文憑試成績（2021年7月畢業生）

33222率	+
中文科達3級率	+
英文科達3級率	+
數學科達2級率	+
通識科達2級率	+
人均優良成績	+
入讀本地大專文憑率	+
入讀本地大學率	+
入讀(只限港大、中大、科大)率	+
入讀非本地大學率	+

十八鄉鄉事委員會公益社中學 SPHRC Kung Yik She Secondary School

地址	天水圍天城路20號
電話	24478123　傳真　24478242
電郵	mail@sphrc.edu.hk
網址	www.sphrc.edu.hk
校長	廖小蓮　創校年份　1996
學校類別	資助　學生性別　男女
宗教背景	沒有
主要教學語言	初中:中、英　高中:中、英
一條龍小學	/
直屬小學	/
聯繫小學	/

教師專業資歷

教師人數	■編制內：54　■編制外：6
已接受特殊教育培訓教師人數	15　外籍　1
教師年資	■0-4年：1人　■5-9年：1人　■10年或以上：52人
教師專業訓練	■認可教師證書/教育文憑:95%
教師資歷	■大學學位:50%　■碩士或以上:50%

註：教師年資只計算編制內教師人數

21/22學年收生情況

中一生總人數(班數)　130（4）

學位分配百分比　■自行:30%　■統一:70%

自行收生取錄人數　+　競爭情況　+　面試名額　所有申請人

22/23學年收生要求

收生準則	■教育局成績次第：40%　■課外活動：10% ■操行及態度：20%　■面試表現：30%
面試內容	溝通技巧/應對；禮儀；常識；中英文能力；學習態度；家庭生活；應變能力；時事
派表日期	2022.01.03-2022.01.17
收表日期	2022.01.03-2022.01.17
自行收生預算學額	38

學校特色

■創建「科學園」，致力發展STEM教育，讓學生發揮科學科技潛能
■舉辦多元英語活動及優化各科英語課程，進一步提升學生的英語水平
■培養學生具備提升自我的精神及建立正向人生

21/22學年中一教學語言

全級英文為教學語言科目　英文

中學文憑試成績（2021年7月畢業生）

33222率	+
中文科達3級率	+
英文科達3級率	+
數學科達2級率	+
通識科達2級率	+
人均優良成績	+
入讀本地大專文憑率	+
入讀本地大學率	+
入讀(只限港大、中大、科大)率	+
入讀非本地大學率	+

中華基督教會方潤華中學 CCC Fong Yun Wah Secondary School

地址	天水圍天業路6號
電話	24455833　傳真　24455252
電郵	info@fywss.edu.hk
網址	www.fywss.edu.hk
校長	吳俊雄　創校年份　2002
學校類別	資助　學生性別　男女
宗教背景	基督教
主要教學語言	初中:中文　高中:中文
一條龍小學	/
直屬小學	/
聯繫小學	中華基督教會方潤華小學

教師專業資歷

教師人數	■編制內：62　■編制外：6
已接受特殊教育培訓教師人數	23　外籍　2
教師年資	■0-4年：18人　■5-9年：5人　■10年或以上：45人
教師專業訓練	■認可教師證書/教育文憑:92.6%
教師資歷	■大學學位:53%　■碩士或以上:46%

註：教師年資只計算編制內教師人數；2021/22學年學位分配百分比不包括一條龍小學學生

21/22學年收生情況

中一生總人數(班數)　129（4）

學位分配百分比　■自行:31%　■統一:69%

自行收生取錄人數　40　競爭情況　+　面試名額　所有申請人

22/23學年收生要求

收生準則	■學業成績：30%　■課外活動：10% ■面試表現：30%　■操行及態度：25% ■與中學聯繫：5%
面試內容	溝通技巧/應對；禮儀；常識；體藝才能；應變能力；中英文能力；數理能力；學習態度；家庭生活
派表日期	+
收表日期	+
自行收生預算學額	40

學校特色

■培育學生成為具備「探索求真、堅毅鑽研、自律自主、逆境自強」的良好公民
■注重協助每位學生達至良好的學習水平，讓學生發展多元能力
■重視家校合作及致力啟發學生發展個人潛能和建立積極人生觀

21/22學年中一教學語言

全級英文為教學語言科目　英文

中學文憑試成績（2021年7月畢業生）

33222率	+
中文科達3級率	+
英文科達3級率	+
數學科達2級率	+
通識科達2級率	+
人均優良成績	+
入讀本地大專文憑率	+
入讀本地大學率	+
入讀(只限港大、中大、科大)率	+
入讀非本地大學率	+

荃灣區、元朗區

165

註：+表示學校沒有提供資料；/表示沒有或不適用

中華基督教會基元中學 CCC Kei Yuen College

地址　元朗鳳攸東街
電話　24750331　傳真　24745663
電郵　mail@ccckyc.edu.hk
網址　ccckyc.edu.hk
校長　鄭禮林博士　創校年份　1982
學校類別　按額撥　學生性別　男女
宗教背景　基督教
主要教學語言　初中：英文　高中：英文
一條龍小學　/
直屬小學　/
聯繫小學　/

教師專業資歷

教師人數　■編制內：54　■編制外：2
已接受特殊教育培訓教師人數　19　外籍　2
教師年資　■0-4年：4人
　　　　　■5-9年：1人
　　　　　■10年或以上：51人
教師專業訓練　■認可教師證書/教育文憑：98%
教師資歷　■大學學位：46%
　　　　　■碩士或以上：48%

21/22學年收生情況

中一生總人數(班數)　127（4）
學位分配百分比　■自行：32.3%　■統一：67.7%
自行收生取錄人數　40　競爭情況　1：10.88　面試名額　所有申請人

22/23學年收生要求

收生準則　■學業成績：40%　■課外活動：10%
　　　　　■操行及態度：10%　■面試表現：40%

面試內容　溝通技巧/應對；禮儀；常識；中英文能力；學習態度；應變能力

派表日期　+
收表日期　+
自行收生預算學額　40

學校特色

■追求學術卓越，重視英語教學，設語球教室，擴闊視野
■關注全人發展，推動成長思維，設其他學習經歷時段，促進學生多元智能發展
■強調關愛，師生關係良好，學生樂於服務社群

21/22學年中一教學語言

全級英文為教學語言科目　英文、歷史、數學、科學、地理、電腦、音樂、視藝、體育、家政、設計與科技

中學文憑試成績（2021年7月畢業生）

33222率	72.7%
中文科達3級率	83.8%
英文科達3級率	86%
數學科達2級率	94%
通識科達2級率	98%
人均優良成績	+
入讀本地大專文憑率	+
入讀本地大學率	+
入讀(只限港大、中大、科大)率	+
入讀非本地大學率	+

中華基督教會基朗中學 CCC Kei Long College

地址　元朗鳳攸南街8號
電話　24754781　傳真　24747344
電郵　mailbox@keilong.edu.hk
網址　www.keilong.edu.hk
校長　劉家倫　創校年份　1982
學校類別　資助　學生性別　男女
宗教背景　基督教
主要教學語言　初中：中、英　高中：中、英
一條龍小學　/
直屬小學　/
聯繫小學　/

教師專業資歷

教師人數　■編制內：50　■編制外：10
已接受特殊教育培訓教師人數　11　外籍　1
教師年資　■0-4年：11人
　　　　　■5-9年：6人
　　　　　■10年或以上：43人
教師專業訓練　■認可教師證書/教育文憑：92%
教師資歷　■大學學位：56.7%
　　　　　■碩士或以上：43.3%

21/22學年收生情況

中一生總人數(班數)　132（4）
學位分配百分比　■自行：30%　■統一：70%
自行收生取錄人數　40　競爭情況　1：13.40　面試名額　所有申請人

22/23學年收生要求

收生準則　■學業成績：40%　■面試表現：40%
　　　　　■個人特質：20%

面試內容　溝通技巧/應對；禮儀；常識；中英文能力；學習態度；家庭生活；應變能力

派表日期　2022.01.03-2022.01.17
收表日期　2022.01.03-2022.01.17
自行收生預算學額　40

學校特色

■價值教育，建立學生生命
■基督教教育使命，發展全人教育
■培養積極進取自學精神，達至終身學習

21/22學年中一教學語言

全級英文為教學語言科目　英文、數學、科學

中學文憑試成績（2021年7月畢業生）

33222率	37.5%
中文科達3級率	66%
英文科達3級率	53.9%
數學科達2級率	91.3%
通識科達2級率	98.1%
人均優良成績	+
入讀本地大專文憑率	47.1%
入讀本地大學率	26.9%
入讀(只限港大、中大、科大)率	6.7%
入讀非本地大學率	14.5%

元朗公立中學 Yuen Long Public Secondary School

地址　元朗公園南路22號
電話　24762357　傳真　24747119
電郵　ylpss@edb.gov.hk
網址　www.ylpss.edu.hk
校長　余國健　創校年份　1946
學校類別　官立　學生性別　男女
宗教背景　沒有
主要教學語言　初中：英文　高中：英文
一條龍小學　/
直屬小學　/
聯繫小學　天水圍公立小學

教師專業資歷

教師人數　■編制內：+　■編制外：+
已接受特殊教育培訓教師人數　+　外籍　+
教師年資　+
教師專業訓練　+
教師資歷　+

21/22學年收生情況

中一生總人數(班數)　+（+）
學位分配百分比　■自行：+　■統一：+
自行收生取錄人數　+　競爭情況　+　面試名額　+

22/23學年收生要求

收生準則　+

面試內容　+

派表日期　+
收表日期　+
自行收生預算學額　+

學校特色

+

21/22學年中一教學語言

全級英文為教學語言科目　不提供

中學文憑試成績（2021年7月畢業生）

33222率	+
中文科達3級率	+
英文科達3級率	+
數學科達2級率	+
通識科達2級率	+
人均優良成績	+
入讀本地大專文憑率	+
入讀本地大學率	+
入讀(只限港大、中大、科大)率	+
入讀非本地大學率	+

元朗區

註：+表示學校沒有提供資料；/表示沒有或不適用

元朗公立中學校友會鄧兆棠中學 YLPMSAA Tang Siu Tong Secondary School

地址	天水圍第3區屏廈路
電話	24461661　傳真　24706380
電郵	message@tstss.edu.hk
網址	www.tstss.edu.hk
校長	潘詠儀　創校年份　1999
學校類別	資助　學生性別　男女
宗教背景	沒有
主要教學語言	初中:中、英　高中:中、英
一條龍小學	/
直屬小學	/
聯繫小學	元朗公立中學校友會小學; 元朗公立中學校友會鄧英業小學

教師專業資歷

教師人數	■編制內 : 54　■編制外 : 5
已接受特殊教育培訓教師人數	10　外籍　1
教師年資	■0-4年 : 12人 ■5-9年 : 7人 ■10年或以上 : 40人
教師專業訓練	■認可教師證書/教育文憑:95%
教師資歷	■大學學位:58% ■碩士或以上:42%

21/22學年收生情況

中一生總人數(班數)　130 (4)

學位分配百分比　■自行:30%　■統一:70%

自行收生取錄人數　40　競爭情況　1 : 9.15　面試名額　+

22/23學年收生要求

收生準則	■教育局成績次第及校內成績:50% ■校內外活動參與及獎項:10% ■面試表現及操行:40%
面試內容	閱讀習慣;學習態度;應變能力;禮儀;常識
派表日期	2022.01.03-2022.01.17
收表日期	2022.01.03-2022.01.17
自行收生預算學額	40

學校特色

■「做人、做事、做學問及飲水思源」為教育核心價值
■關注心靈健康,提升抗逆力,學懂感恩
■培養積極向學,促進自主學習

21/22學年中一教學語言

全級英文為教學語言科目　英文

中學文憑試成績
（2021年7月畢業生）

33222率	+
中文科達3級率	+
英文科達3級率	+
數學科達2級率	+
通識科達2級率	+
人均優良成績	+
入讀本地大專文憑率	52%
入讀本地大學率	20%
入讀(只限港大、中大、科大)率	+
入讀非本地大學率	10%

元朗天主教中學 Yuen Long Catholic Secondary School

地址	元朗青山公路201號水邊圍邨
電話	24431363　傳真　24439772
電郵	principal@ylcss.edu.hk
網址	https://www.ylcss.edu.hk
校長	黃見儀　創校年份　1995
學校類別	資助　學生性別　男女
宗教背景	天主教
主要教學語言	初中:中文　高中:中文
一條龍小學	/
直屬小學	/
聯繫小學	/

教師專業資歷

教師人數	■編制內 : 53　■編制外 : 5
已接受特殊教育培訓教師人數	28　外籍　1
教師年資	■0-4年 : 8人 ■5-9年 : 4人 ■10年或以上 : 46人
教師專業訓練	■認可教師證書/教育文憑:93%
教師資歷	■大學學位:47% ■碩士或以上:53%

21/22學年收生情況

中一生總人數(班數)　116 (4)

學位分配百分比　■自行:40%　■統一:60%

自行收生取錄人數　40　競爭情況　1 : 2.33　面試名額　所有申請人

22/23學年收生要求

收生準則	■學業成績:30%　■獎項:10% ■面試表現:20%　■課外活動:10% ■操行及態度:30%　■與中學聯繫:5%
面試內容	溝通技巧/應對;禮儀;常識;體藝才能;應變能力;中英文能力;數理能力;學習態度;家庭生活
派表日期	2022.01.03-2022.01.17
收表日期	2022.01.03-2022.01.17
自行收生預算學額	40

學校特色

■S.A.L.T.(科學、體藝、關愛、科技)為本校的課程特色
■中一級設STEM基本課程,讓學生能在生活中實踐STEM理論,學以致用
■本校強調照顧學生多樣性,積極拓展資源,籌辦各類課程及延伸活動,訓練學生潛能,發揮所長

21/22學年中一教學語言

全級英文為教學語言科目　英文

中學文憑試成績
（2021年7月畢業生）

33222率	+
中文科達3級率	+
英文科達3級率	+
數學科達2級率	+
通識科達2級率	+
人均優良成績	+
入讀本地大專文憑率	+
入讀本地大學率	+
入讀(只限港大、中大、科大)率	+
入讀非本地大學率	+

元朗區

基督教香港信義會元朗信義中學 The ELCHK Yuen Long Lutheran Secondary School

地址	天水圍天耀邨
電話	24480622　傳真　24480698
電郵	tswyllss@yahoo.com.hk
網址	www.yll.edu.hk
校長	尹浩然　創校年份　1959
學校類別	資助　學生性別　男女
宗教背景	基督教
主要教學語言	初中:英文　高中:英文
一條龍小學	/
直屬小學	/
聯繫小學	/

教師專業資歷

教師人數	■編制內 : 65　■編制外 : 9
已接受特殊教育培訓教師人數	15　外籍　4
教師年資	■0-4年 : 30人 ■5-9年 : 11人 ■10年或以上 : 33人
教師專業訓練	■認可教師證書/教育文憑:100%
教師資歷	■大學學位:63% ■碩士或以上:37%

21/22學年收生情況

中一生總人數(班數)　165 (5)

學位分配百分比　■自行:30%　■統一:70%

自行收生取錄人數　50　競爭情況　+　面試名額　所有申請人

22/23學年收生要求

收生準則	■學業成績:40%　■獎項:10% ■面試表現:40%　■課外活動:10% ■具音樂專長的學生可獲特別加分,尤以擅長管弦樂者 詳情請參閱本校網頁之「中一自行分配學位申請表」
面試內容	溝通技巧/應對;禮儀;常識;中英文能力;數理能力;應變能力
派表日期	2021.12.12-2022.01.17
收表日期	2022.01.03-2022.01.17
自行收生預算學額	50

學校特色

■締結海外大學,經校長推薦,中六學生在上學期已優先取得學士學位
■多位全職外籍教師共建豐富語境,又於初中推行增潤課程,豐富學習經歷
■結合基督精神,強調品格教育,堅持優越有愛,服務他人

21/22學年中一教學語言

全級英文為教學語言科目　英文、英語文學、歷史、數學、科學、地理、電腦、音樂、視藝、體育、宗教、生活與社會、初中增潤課程SALep

中學文憑試成績
（2021年7月畢業生）

33222率	81%
中文科達3級率	84%
英文科達3級率	96%
數學科達2級率	99%
通識科達2級率	99%
人均優良成績	+
入讀本地大專文憑率	22%
入讀本地大學率	78%
入讀(只限港大、中大、科大)率	33%
入讀非本地大學率	4%

註:+表示學校沒有提供資料;/表示沒有或不適用

元朗商會中學 Yuen Long Merchants Association Secondary School

地址 元朗豐年路20號
電話 24787348　傳眞 24730076
電郵 info@ylmass.edu.hk
網址 www.ylmass.edu.hk
校長 丘志良　創校年份 1978
學校類別 資助　學生性別 男女
宗教背景 沒有
主要教學語言 初中:英文　高中:英文
一條龍小學 /
直屬小學 /
聯繫小學 /

教師專業資歷
教師人數 ■編制內:64　■編制外:9
已接受特殊教育培訓教師人數 18　外籍 3
教師年資 ■0-4年:28人　■5-9年:19人　■10年或以上:26人
教師專業訓練 ■認可教師證書/教育文憑:99%
教師資歷 ■大學學位:45%　■碩士或以上:55%

21/22學年收生情況
中一生總人數(班數) 165 (5)
學位分配百分比 ■自行:30%　■統一:70%
自行收生取錄人數 50　競爭情況 1:11　面試名額 所有申請人

22/23學年收生要求
收生準則 ■教育局成績次第:50%　■面試表現:30%
面試內容 +
派表日期 2022.01.03-2022.01.17
收表日期 2022.01.03-2022.01.17
自行收生預算學額 50

學校特色
■培養學生成爲一個自我調整學習者,促進學生進入深度學習
■本校培育學生七種首要的價值觀和態度,即:「堅毅」、「尊重他人」、「責任感」、「國民身分認同」、「承擔精神」、「誠信」和「關愛」,作爲推動德育及公民教育的方向
■培養學生的正面價值觀,增強學生的學習動機

21/22學年中一教學語言
全級英文爲教學語言科目 英文、歷史、數學、科學、地理、經公、電腦、音樂、視藝、體育、家政、設計與科技

中學文憑試成績（2021年7月畢業生）

33222率	+
中文科達3級率	+
英文科達3級率	+
數學科達2級率	+
通識科達2級率	+
人均優良成績	+
入讀本地大專文憑率	+
入讀本地大學率	+
入讀(只限港大、中大、科大)率	+
入讀非本地大學率	+

天水圍官立中學 Tin Shui Wai Government Secondary School

地址 天水圍天耀邨第2期
電話 24450967　傳眞 24463766
電郵 tswgss@edb.gov.hk
網址 www.tswgss.edu.hk
校長 郭建華　創校年份 1990
學校類別 官立　學生性別 男女
宗教背景 沒有
主要教學語言 初中:中、英　高中:中、英
一條龍小學 /
直屬小學 /
聯繫小學 /

教師專業資歷
教師人數 ■編制內:+　■編制外:+
已接受特殊教育培訓教師人數 +　外籍 +
教師年資 +
教師專業訓練
教師資歷

21/22學年收生情況
中一生總人數(班數) + (+)
學位分配百分比 ■自行:+　■統一:+
自行收生取錄人數 +　競爭情況 +　面試名額 +

22/23學年收生要求
收生準則 +
面試內容 +
派表日期 +
收表日期 +
自行收生預算學額 +

學校特色
+

21/22學年中一教學語言
全級英文爲教學語言科目 不提供

中學文憑試成績（2021年7月畢業生）

33222率	
中文科達3級率	
英文科達3級率	
數學科達2級率	
通識科達2級率	
人均優良成績	
入讀本地大專文憑率	
入讀本地大學率	
入讀(只限港大、中大、科大)率	
入讀非本地大學率	

天水圍循道衛理中學 Tin Shui Wai Methodist College

地址 天水圍第102區第四期(天富苑)
電話 31562500　傳眞 31562505
電郵 mail@tswmc.edu.hk
網址 www.tswmc.edu.hk
校長 黃秀蓮　創校年份 2001
學校類別 資助　學生性別 男女
宗教背景 基督教
主要教學語言 初中:中文　高中:中文
一條龍小學 天水圍循道衛理小學
直屬小學 /
聯繫小學 /

教師專業資歷
教師人數 ■編制內:52　■編制外:13
已接受特殊教育培訓教師人數 17　外籍 2
教師年資 +
教師專業訓練 ■認可教師證書/教育文憑:96.69%
教師資歷 ■大學學位:44.62%　■碩士或以上:55.38%

21/22學年收生情況
中一生總人數(班數) 131 (4)
學位分配百分比 ■自行:31%　■統一:7.6%
自行收生取錄人數 40　競爭情況 +　面試名額 所有申請人

22/23學年收生要求
收生準則 ■學業成績:30%　■面試表現:30%　■學業以外表現(包括操行、課外活動、服務、獎項):40%
面試內容 溝通技巧/應對;禮儀;學習態度;家庭生活;應變能力
派表日期 2022.01.03-2022.01.17
收表日期 2022.01.03-2022.01.17
自行收生預算學額 +

學校特色
■提升學生成就
■深化生命教育推動
■提升學生接軌未來的意識和能力

21/22學年中一教學語言
全級英文爲教學語言科目 英文、家政、生活與社會(LS)、科學(設有英語延展教學活動)

中學文憑試成績（2021年7月畢業生）

33222率	+
中文科達3級率	+
英文科達3級率	+
數學科達2級率	+
通識科達2級率	+
人均優良成績	+
入讀本地大專文憑率	+
入讀本地大學率	+
入讀(只限港大、中大、科大)率	+
入讀非本地大學率	+

註:教師年資只計算制內教師人數;2021/22學年自行學位分配百分比包括一條龍小學學生

註:+表示學校沒有提供資料;/表示沒有或不適用

天主教培聖中學 Pui Shing Catholic Secondary School

地址	天水圍天河路9號
電話	24450800　傳眞　24452018
電郵	info@puishing.edu.hk
網址	www.puishing.hk
校長	郭富華　　創校年份　1963
學校類別	資助　學生性別　男女
宗教背景	天主教
主要教學語言	初中:中、英　高中:中、英
一條龍小學	/
直屬小學	/
聯繫小學	天水圍天主教小學

教師專業資歷

教師人數	■編制內:61　　■編制外:10
已接受特殊教育培訓教師人數	35　外籍　1
教師年資	■0-4年:26人　■5-9年:9人　■10年或以上:36人
教師專業訓練	■認可教師證書/教育文憑:100%
教師資歷	■大學學位:47%　■碩士或以上:53%

註：教師年資只計算編制內教師人數

21/22學年收生情況

中一生總人數(班數) 122 (5)

學位分配百分比　　■自行:30%　■統一:70%

自行收生取錄人數　40　競爭情況　+　面試名額　所有申請人

22/23學年收生要求

收生準則	■操行及態度:20% ■曾就讀或在學兄弟姊妹或就讀天主教小學:10%
面試內容	溝通技巧/應對；禮儀；常識；體藝才能；應變能力；中英文能力；數理能力；學習態度；家庭生活
派表日期	2022.01.03-2022.01.17
收表日期	2022.01.03-2022.01.17
自行收生預算學額	40

學校特色

- 21世紀嶄新教學設備、初中STEM創客教育課程、人文學科VR/AR課程、綜合藝術課程
- 培聖教室、電子教學、閱讀計劃、自主學習
- 多元生涯規劃、外語訓練、國際升學路途、境外學習團、提升學生視野

21/22學年中一教學語言

全級英文為教學語言科目　英文

中學文憑試成績 （2021年7月畢業生）	
33222率	+
中文科達3級率	+
英文科達3級率	+
數學科達2級率	+
通識科達2級率	+
人均優良成績	+
入讀本地大專文憑率	+
入讀本地大學率	+
入讀(只限港大、中大、科大)率	+
入讀非本地大學率	+

天主教崇德英文書院 Shung Tak Catholic English College

地址	元朗洪水橋洪德路1號
電話	24764263　傳眞　24734437
電郵	mail@stc.edu.hk
網址	www.stc.edu.hk
校長	鄧瑞嬋　　創校年份　1958
學校類別	資助　學生性別　男女
宗教背景	天主教
主要教學語言	初中:英文　高中:英文
一條龍小學	/
直屬小學	/
聯繫小學	天水圍天主教小學

教師專業資歷

教師人數	■編制內:46　　■編制外:6
已接受特殊教育培訓教師人數	14　外籍　4
教師年資	■0-4年:9人　■5-9年:4人　■10年或以上:39人
教師專業訓練	■認可教師證書/教育文憑:94%
教師資歷	■大學學位:56%　■碩士或以上:44%

21/22學年收生情況

中一生總人數(班數) 129 (4)

學位分配百分比　　■自行:31%　■統一:69%

自行收生取錄人數　40　競爭情況　1:8.45　面試名額　所有申請人

22/23學年收生要求

收生準則	■學業成績:40%　　■獎項:5% ■面試表現:20%　　■課外活動:5% ■操行及態度:20%　與中學聯繫:10%
面試內容	溝通技巧/應對；禮儀；常識；中英文能力；數理能力
派表日期	2022.01.03-2022.01.17
收表日期	2022.01.03-2022.01.17
自行收生預算學額	40

學校特色

- 具有良好的英語學習環境，公開考試成績優異
- 以基督爲師，重視品德教育，致力培育學生成爲僕人領袖
- 鼓勵自主學習，重視學生多元化發展

21/22學年中一教學語言

全級英文為教學語言科目　英文、歷史、數學、科學、地理、電腦、音樂、視藝、體育、科技與生活

中學文憑試成績 （2021年7月畢業生）	
33222率	92.3%
中文科達3級率	92.4%
英文科達3級率	98.1%
數學科達2級率	100%
通識科達2級率	99%
人均優良成績	2.3
入讀本地大專文憑率	9.6%
入讀本地大學率	78.8%
入讀(只限港大、中大、科大)率	45.2%
入讀非本地大學率	7.7%

可道中學（嗇色園主辦）Ho Dao College (Sponsored by Sik Sik Yuen)

地址	洪水橋洪順路11號
電話	24799885　傳眞　24747324
電郵	mail@hodao.edu.hk
網址	www.hodao.edu.hk
校長	鄧志文　　創校年份　1990
學校類別	資助　學生性別　男女
宗教背景	儒釋道
主要教學語言	初中:中文　高中:中文
一條龍小學	/
直屬小學	/
聯繫小學	/

教師專業資歷

教師人數	■編制內:+　　■編制外:+
已接受特殊教育培訓教師人數	+　外籍　+
教師年資	+
教師專業訓練	+
教師資歷	+

21/22學年收生情況

中一生總人數(班數) + (+)

學位分配百分比　　■自行:+　■統一:+

自行收生取錄人數　+　競爭情況　+　面試名額　+

22/23學年收生要求

收生準則	+
面試內容	+
派表日期	2022.01.03-2022.01.17
收表日期	2022.01.03-2022.01.17
自行收生預算學額	+

學校特色

+

21/22學年中一教學語言

全級英文為教學語言科目　不提供

中學文憑試成績 （2021年7月畢業生）	
33222率	+
中文科達3級率	+
英文科達3級率	+
數學科達2級率	+
通識科達2級率	+
人均優良成績	+
入讀本地大專文憑率	+
入讀本地大學率	+
入讀(只限港大、中大、科大)率	+
入讀非本地大學率	+

元朗區

註：+表示學校沒有提供資料；/表示沒有或不適用

伊利沙伯中學舊生會中學 Queen Elizabeth School Old Students' Association Secondary School

地址　天水圍天城路18號
電話　23386122　　傳真　24482783
電郵　info@qos.edu.hk
網址　www.ss.qesosa.edu.hk
校長　羅惠金　　　創校年份　1996
學校類別　資助　學生性別　男女
宗教背景　沒有
主要教學語言　初中:不提供　高中:不提供
一條龍小學　伊利沙伯中學舊生會小學;
直屬小學　伊利沙伯中學舊生會小學分校
聯繫小學　/

教師專業資歷
教師人數　■編制內:53　　■編制外:10
已接受特殊教育培訓教師人數　17　外籍　2
教師年資
■0-4年:8人
■5-9年:7人
■10年或以上:48人
教師專業訓練　■認可教師證書/教育文憑:100%
教師資歷　■大學學位:35%
　　　　　■碩士或以上:65%

註:2021/22學年學位分配百分比不包括一條龍小學學生

21/22學年收生情況
中一生總人數(班數)　126 (4)
學位分配百分比　■自行:10.4%　■統一:8%
自行收生取錄人數　13　競爭情況　+　面試名額　+

22/23學年收生要求
收生準則　■教育局成績次第:30%　■課外活動:20%
　　　　　■操行及態度:20%　■面試表現:30%
面試內容　溝通技巧/應對;禮儀;中英文能力;學習態度;應變能力
派表日期　2022.01.03-2022.01.17
收表日期　2022.01.03-2022.01.17
自行收生預算學額　+

學校特色
■部分班別以英語作為教學語言,其餘則循序漸進地增加以英語學習的時數
■投放大量資源增強英語基礎,英文科團隊強大,包括外籍英語教師,全校英文教師共12位
■透過課程規劃、評核及課堂教學上的分層規劃及實踐,照顧學習差異

21/22學年中一教學語言
全級英文為教學語言科目　英文、科學

中學文憑試成績（2021年7月畢業生）

33222率	35.7%
中文科達3級率	63.4%
英文科達3級率	40.2%
數學科達2級率	83%
通識科達2級率	97.3%
人均優良成績	+
入讀本地大專文憑率	+
入讀本地大學率	33.9%
入讀(只限港大、中大、科大)率	+
入讀非本地大學率	+

伊利沙伯中學舊生會湯國華中學 QESOSA Tong Kwok Wah Secondary School

地址　天水圍天華路57號
電話　26175000　　傳真　26175222
電郵　info@qts.edu.hk
網址　www.qts.edu.hk
校長　朱國華　　　創校年份　2005
學校類別　資助　學生性別　男女
宗教背景　沒有
主要教學語言　初中:中、英　高中:中、英
一條龍小學　伊利沙伯中學舊生會小學;
直屬小學　伊利沙伯中學舊生會小學分校
聯繫小學　/

教師專業資歷
教師人數　■編制內:57　　■編制外:4
已接受特殊教育培訓教師人數　23　外籍　1
教師年資
■0-4年:12人
■5-9年:3人
■10年或以上:46人
教師專業訓練　■認可教師證書/教育文憑:93.4%
教師資歷　■大學學位:45.9%
　　　　　■碩士或以上:54.1%

註:2021/22學年學位分配百分比以扣減一條龍小學學生人數後計算

21/22學年收生情況
中一生總人數(班數)　128 (5)
學位分配百分比　■自行:74.4%　■統一:25.6%
自行收生取錄人數　29　競爭情況　1:1.48　面試名額　所有申請人

22/23學年收生要求
收生準則　■學業成績:35%　■獎項:10%
　　　　　■面試表現:35%　■課外活動:10%
　　　　　■操行及態度:10%
面試內容　溝通技巧/應對;禮儀;常識;體藝才能;中英文能力;學習態度;家庭生活
派表日期　2022.01.03-2022.01.17
收表日期　2022.01.03-2022.01.17
自行收生預算學額　25

學校特色
■規劃及優化課程,照顧學生學習多樣性,提升學生整體學習表現
■深化價值觀教育,培養學生正面的價值觀和態度
■加強生涯規劃教育,為學生增潤本地升學出路及開闊內地升學出路

21/22學年中一教學語言
全級英文為教學語言科目　英文

中學文憑試成績（2021年7月畢業生）

33222率	+
中文科達3級率	+
英文科達3級率	+
數學科達2級率	+
通識科達2級率	+
人均優良成績	+
入讀本地大專文憑率	+
入讀本地大學率	+
入讀(只限港大、中大、科大)率	+
入讀非本地大學率	+

佛教茂峰法師紀念中學 Buddhist Mau Fung Memorial College

地址　天水圍天柏路18號
電話　24457171　　傳真　26171038
電郵　bmf-mail@bmf.edu.hk
網址　www.bmf.edu.hk
校長　廖萬里　　　創校年份　1998
學校類別　資助　學生性別　男女
宗教背景　佛教
主要教學語言　初中:中文　高中:中文
一條龍小學　/
直屬小學　/
聯繫小學　/

教師專業資歷
教師人數　■編制內:64　　■編制外:1
已接受特殊教育培訓教師人數　24　外籍　1
教師年資
■0-4年:6人
■5-9年:1人
■10年或以上:58人
教師專業訓練　■認可教師證書/教育文憑:97%
教師資歷　■大學學位:38.5%
　　　　　■碩士或以上:60%

註:2021/22學年學位分配百分比不包括一條龍小學學生

21/22學年收生情況
中一生總人數(班數)　116 (4)
學位分配百分比　■自行:30%　■統一:70%
自行收生取錄人數　37　競爭情況　+　面試名額　+

22/23學年收生要求
收生準則　■教育局成績次第:30%　■操行及態度:20%
　　　　　■學業成績:20%　■活動及獎項:10%
　　　　　■面試表現:20%
面試內容　溝通技巧/應對;中英文能力;數理能力;學習態度;對本校的認識及情境題
派表日期　2022.01.03-2022.01.17
收表日期　2022.01.03-2022.01.17
自行收生預算學額　40

學校特色
■重視學習,設高中應試技巧訓練班、中一指導課及中、英、數增潤班
■校風淳樸,關顧周全,中一設三班主任、其他年級雙班主任。設一生一體藝、制服團隊、校園電視台及步操樂團等
■英語學習配套完善,設拔尖班、英語星期四及十大提升英語措施

21/22學年中一教學語言
全級英文為教學語言科目　英文

中學文憑試成績（2021年7月畢業生）

33222率	+
中文科達3級率	+
英文科達3級率	+
數學科達2級率	+
通識科達2級率	+
人均優良成績	+
入讀本地大專文憑率	+
入讀本地大學率	+
入讀(只限港大、中大、科大)率	+
入讀非本地大學率	+

元朗區

註:+表示學校沒有提供資料;/表示沒有或不適用

伯特利中學 Bethel High School

地址	元朗錦繡花園F段4街11號
電話	24712622　傳真　24715171
電郵	bhsmail@bethel.edu.hk
網址	www.bethel.edu.hk
校長	陳家輝　　創校年份　1950
學校類別	資助　學生性別　男女
宗教背景	基督教
主要教學語言	初中：中、英　高中：中、英
一條龍小學	/
直屬小學	/
聯繫小學	/

教師專業資歷

教師人數	■編制內：+　■編制外：+
已接受特殊教育培訓教師人數	+　外籍　+
教師年資	+
教師專業訓練	+
教師資歷	+

21/22學年收生情況

中一生總人數(班數)　+（+）
學位分配百分比　■自行：+　■統一：+
自行收生取錄人數　+　競爭情況　+　面試名額　+

22/23學年收生要求

收生準則	+
面試內容	+
派表日期	+
收表日期	+
自行收生預算學額	+

學校特色

+

21/22學年中一教學語言

全級英文為教學語言科目　不提供

中學文憑試成績（2021年7月畢業生）

33222率	+
中文科達3級率	+
英文科達3級率	+
數學科達2級率	+
通識科達2級率	+
人均優良成績	
入讀本地大專文憑率	
入讀本地大學率	
入讀(只限港大、中大、科大)率	+
入讀非本地大學率	+

圓玄學院妙法寺內明陳呂重德紀念中學 The Yuen Yuen Institute MFBM Nei Ming Chan Lui Chung Tak Memorial College

地址	天水圍天瑞邨第1期
電話	24458899　傳真　24456838
電郵	admin@clctmc.edu.hk
網址	www.clctmc.edu.hk
校長	馮金燕　　創校年份　1963
學校類別	資助　學生性別　男女
宗教背景	佛教
主要教學語言	初中：中、英　高中：中、英
一條龍小學	/
直屬小學	/
聯繫小學	/

教師專業資歷

教師人數	■編制內：62　■編制外：7
已接受特殊教育培訓教師人數	22　外籍　1
教師年資	■0-4年：12人 ■5-9年：17人 ■10年或以上：71人
教師專業訓練	■認可教師證書/教育文憑：97%
教師資歷	■大學學位：49% ■碩士或以上：51%

註：2021/22學年學位分配百分比不包括一條龍小學學生

21/22學年收生情況

中一生總人數(班數)　124（4）
學位分配百分比　■自行：30%　■統一：70%
自行收生取錄人數　40　競爭情況　+　面試名額　+

22/23學年收生要求

收生準則	■教育局成績次第：15%　■獎項：5% ■學業成績：15%　■課外活動：5% ■服務：10%　■面試表現：30% ■操行及態度：20%
面試內容	溝通技巧/應對；禮儀；常識；體藝才能；應變能力；中英文能力；數理能力；學習態度；家庭生活
派表日期	2022.01.03-2022.01.17
收表日期	2022.01.03-2022.01.17
自行收生預算學額	40

學校特色

■啟發潛能教育：使每個學生都能發揮其潛能、學得好，鼓勵學生、老師建立正面文化
■生本教育：強調學生的學習，讓學生從閱讀、活動中學習、實踐，培養學生達至自主學習的境界
■品質圈：成立各組品質圈，老師定期協作，共同處理學生學習、行為、情緒問題

21/22學年中一教學語言

全級英文為教學語言科目　英文

中學文憑試成績（2021年7月畢業生）

33222率	+
中文科達3級率	+
英文科達3級率	+
數學科達2級率	+
通識科達2級率	+
人均優良成績	
入讀本地大專文憑率	
入讀本地大學率	
入讀(只限港大、中大、科大)率	
入讀非本地大學率	

明愛元朗陳震夏中學 Caritas Yuen Long Chan Chun Ha Secondary School

地址	元朗西裕街66號
電話	24755432　傳真　24747318
電郵	cyshk@cys.edu.hk
網址	www.cys.edu.hk
校長	歐陽麗瓊　　創校年份　1988
學校類別	資助　學生性別　男女
宗教背景	天主教
主要教學語言	初中：中文　高中：中文
一條龍小學	/
直屬小學	/
聯繫小學	/

教師專業資歷

教師人數	■編制內：+　■編制外：+
已接受特殊教育培訓教師人數	+　外籍　+
教師年資	+
教師專業訓練	+
教師資歷	+

21/22學年收生情況

中一生總人數(班數)　+（+）
學位分配百分比　■自行：+　■統一：+
自行收生取錄人數　+　競爭情況　+　面試名額　+

22/23學年收生要求

收生準則	+
面試內容	+
派表日期	+
收表日期	+
自行收生預算學額	+

學校特色

+

21/22學年中一教學語言

全級英文為教學語言科目　不提供

中學文憑試成績（2021年7月畢業生）

33222率	+
中文科達3級率	+
英文科達3級率	+
數學科達2級率	+
通識科達2級率	+
人均優良成績	
入讀本地大專文憑率	
入讀本地大學率	
入讀(只限港大、中大、科大)率	
入讀非本地大學率	

註：+表示學校沒有提供資料；/表示沒有或不適用

東華三院馬振玉紀念中學 TWGHs C Y Ma Memorial College

地址	元朗坳頭友善街3號
電話	24439833　傳真　24432882
電郵	mail1@cyma.edu.hk
網址	www.cyma.edu.hk
校長	陳妙霞　創校年份　1994
學校類別	資助　學生性別　男女
宗教背景	沒有
主要教學語言	初中:中、英　高中:中、英
一條龍小學	/
直屬小學	/
聯繫小學	/

教師專業資歷

教師人數	■編制內:54　■編制外:3
已接受特殊教育培訓教師人數	10　外籍　1
教師年資	■0-4年:18人 ■5-9年:3人 ■10年或以上:36人
教師專業訓練	■認可教師證書/教育文憑:90%
教師資歷	■大學學位:56% ■碩士或以上:44%

21/22學年收生情況

中一生總人數(班數)　+ (4)

學位分配百分比　■自行:+　■統一:+

自行收生取錄人數　+　競爭情況　+　面試名額　+

22/23學年收生要求

收生準則	■學業成績及行為操守:40% ■課外活動及社區服務:30% ■面試表現及其他:30%
面試內容	+
派表日期	2022.01.03-2022.01.17
收表日期	2022.01.03-2022.01.17
自行收生預算學額	+

學校特色

■運用多元教學策略,促進學習,讓學生樂於學習
■全校協作,營造英語學習氛圍
■豐富學習經歷,發展多元人生

21/22學年中一教學語言

全級英文為教學語言科目　不提供

中學文憑試成績（2021年7月畢業生）

33222率	+
中文科達3級率	+
英文科達3級率	+
數學科達2級率	+
通識科達2級率	+
人均優良成績	
入讀本地大專文憑率	
入讀本地大學率	
入讀(只限港大、中大、科大)率	
入讀非本地大學率	

東華三院郭一葦中學 TWGHs Kwok Yat Wai College

地址	天水圍聚星路3號
電話	24471258　傳真　24474927
電郵	office@twghkywc.edu.hk
網址	www.twghkywc.edu.hk
校長	何世昌　創校年份　1995
學校類別	資助　學生性別　男女
宗教背景	沒有
主要教學語言	初中:中文　高中:中文
一條龍小學	/
直屬小學	/
聯繫小學	/

教師專業資歷

教師人數	■編制內:+　■編制外:+
已接受特殊教育培訓教師人數	+　外籍
教師年資	+
教師專業訓練	+
教師資歷	+

21/22學年收生情況

中一生總人數(班數)　+ (+)

學位分配百分比　■自行:+　■統一:+

自行收生取錄人數　+　競爭情況　+　面試名額　+

22/23學年收生要求

收生準則	+
面試內容	+
派表日期	+
收表日期	+
自行收生預算學額	+

學校特色

+

21/22學年中一教學語言

全級英文為教學語言科目　不提供

中學文憑試成績（2021年7月畢業生）

33222率	+
中文科達3級率	+
英文科達3級率	+
數學科達2級率	+
通識科達2級率	+
人均優良成績	
入讀本地大專文憑率	
入讀本地大學率	
入讀(只限港大、中大、科大)率	
入讀非本地大學率	

東華三院盧幹庭紀念中學 TWGHs Lo Kon Ting Memorial College

地址	元朗朗屏邨第3期
電話	24742678　傳真　24747086
電郵	lktss@tungwah.org.hk
網址	www.lktmc.edu.hk
校長	林志明　創校年份　1987
學校類別	資助　學生性別　男女
宗教背景	沒有
主要教學語言	初中:英文　高中:英文
一條龍小學	/
直屬小學	/
聯繫小學	/

教師專業資歷

教師人數	■編制內:50　■編制外:9
已接受特殊教育培訓教師人數	15　外籍　1
教師年資	■0-4年:12人 ■5-9年:2人 ■10年或以上:45人
教師專業訓練	■認可教師證書/教育文憑:92%
教師資歷	■大學學位:44% ■碩士或以上:53%

21/22學年收生情況

中一生總人數(班數)　131 (4)

學位分配百分比　■自行:30%　■統一:70%

自行收生取錄人數　38　競爭情況　1:8.39　面試名額　所有申請人

22/23學年收生要求

收生準則	■學業成績:60%　■課外活動:5% ■面試表現:35%
面試內容	溝通技巧/應對;禮儀;常識;中英文能力; 學習態度;應變能力
派表日期	2022.01.03-2022.01.17
收表日期	2022.01.03-2022.01.17
自行收生預算學額	30

學校特色

■校風淳樸,紀律嚴謹,德訓輔並重,着重培養學生自律及愛己愛人
■注重提高中英數水平及學習風氣,培養學生獨立思考和自學能力
■發展學生潛能,培養團隊歸屬感、合作精神、策劃及領導才能

21/22學年中一教學語言

全級英文為教學語言科目　英文、歷史、數學、科學、地理、電腦、音樂、視藝、體育、家政、設計與科技

中學文憑試成績（2021年7月畢業生）

33222率	68.6%
中文科達3級率	73.3%
英文科達3級率	93.3%
數學科達2級率	99%
通識科達2級率	98.1%
人均優良成績	+
入讀本地大專文憑率	21.9%
入讀本地大學率	64.8%
入讀(只限港大、中大、科大)率	12.3%
入讀非本地大學率	3.8%

元朗區

註:+表示學校沒有提供資料;/表示沒有或不適用

金巴崙長老會耀道中學 CPC Yao Dao Secondary School

地址	元朗舊墟康業街28號
電話	24730777　傳眞　24730177
電郵	info@cpcydss.edu.hk
網址	www.cpcydss.edu.hk
校長	柳子權　　創校年份　2005
學校類別	資助　學生性別　男女
宗教背景	基督教
主要教學語言	初中:中、英及普通話　高中:中、英
一條龍小學	金巴崙長老會耀道小學
直屬小學	/
聯繫小學	/

教師專業資歷

教師人數	■編制內：+　　■編制外：+
已接受特殊教育培訓教師人數	+　外籍　+
教師年資	+
教師專業訓練	+
教師資歷	+

21/22學年收生情況

中一生總人數(班數)　+ (+)
學位分配百分比　　■自行:+　■統一:+
自行收生取錄人數　+　　競爭情況　+　　面試名額　+

22/23學年收生要求

收生準則	+
面試內容	
派表日期	
收表日期	
自行收生預算學額	+

學校特色

+

21/22學年中一教學語言

全級英文為教學語言科目　不提供

中學文憑試成績（2021年7月畢業生）

33222率	+
中文科達3級率	+
英文科達3級率	+
數學科達2級率	+
通識科達2級率	+
人均優良成績	+
入讀本地大專文憑率	+
入讀本地大學率	+
入讀(只限港大、中大、科大)率	+
入讀非本地大學率	+

香港中文大學校友會聯會張煊昌中學 CUHK FAA Thomas Cheung Secondary School

地址	天水圍天瑞邨
電話	24483111　傳眞　24454746
電郵	info@tcss.edu.hk
網址	www.tcss.edu.hk
校長	梁國豪　　創校年份　1991
學校類別	資助　學生性別　男女
宗教背景	沒有
主要教學語言	初中:中、英　高中:中、英
一條龍小學	/
直屬小學	/
聯繫小學	/

教師專業資歷

教師人數	■編制內：54　　■編制外：10
已接受特殊教育培訓教師人數	20　外籍　3
教師年資	■0-4年：16人　■5-9年：2人　■10年或以上：46人
教師專業訓練	■認可教師證書/教育文憑：93.8%
教師資歷	■大學學位：57.8%　■碩士或以上：42.2%

21/22學年收生情況

中一生總人數(班數)　+ (4)
學位分配百分比　　■自行:+　■統一:+
自行收生取錄人數　+　　競爭情況　+　　面試名額　所有申請人

22/23學年收生要求

收生準則	+
面試內容	溝通技巧/應對；中英文能力；學習態度
派表日期	2022.01.03-2022.01.17
收表日期	2022.01.03-2022.01.17
自行收生預算學額	+

學校特色

■校風淳樸，學生品行受區內人士讚賞
■師生關係良好，家校同心
■公開試成績持續進步，推動學生在STEM及各範疇向外發展

21/22學年中一教學語言

全級英文為教學語言科目　英文、數學

中學文憑試成績（2021年7月畢業生）

33222率	+
中文科達3級率	+
英文科達3級率	+
數學科達2級率	+
通識科達2級率	+
人均優良成績	+
入讀本地大專文憑率	+
入讀本地大學率	+
入讀(只限港大、中大、科大)率	+
入讀非本地大學率	+

香港管理專業協會羅桂祥中學 THE HKMA K S LO COLLEGE

地址	天水圍天柏路26號
電話	24703363　傳眞　24701106
電郵	college@hkmakslo.edu.hk
網址	www.hkmakslo.edu.hk
校長	梁國基　　創校年份　1994
學校類別	資助　學生性別　男女
宗教背景	沒有
主要教學語言	初中:中、英　高中:中、英
一條龍小學	/
直屬小學	/
聯繫小學	/

教師專業資歷

教師人數	■編制內：+　　■編制外：+
已接受特殊教育培訓教師人數	+　外籍　+
教師年資	+
教師專業訓練	+
教師資歷	+

21/22學年收生情況

中一生總人數(班數)　+ (+)
學位分配百分比　　■自行:+　■統一:+
自行收生取錄人數　+　　競爭情況　+　　面試名額　+

22/23學年收生要求

收生準則	+
面試內容	
派表日期	+
收表日期	+
自行收生預算學額	+

學校特色

+

21/22學年中一教學語言

全級英文為教學語言科目　不提供

中學文憑試成績（2021年7月畢業生）

33222率	+
中文科達3級率	+
英文科達3級率	+
數學科達2級率	+
通識科達2級率	+
人均優良成績	+
入讀本地大專文憑率	+
入讀本地大學率	+
入讀(只限港大、中大、科大)率	+
入讀非本地大學率	+

元朗區

173

註：+表示學校沒有提供資料；/表示沒有或不適用

博愛醫院鄧佩瓊紀念中學 POH Tang Pui King Memorial College

地址　元朗朗屏邨第3期
電話　24741576　　傳眞　　24757933
電郵　pohtpkmc@tpk.edu.hk
網址　www.tpk.edu.hk
校長　陳京達　　　創校年份　1987
學校類別　　資助　學生性別　男女
宗教背景　　沒有
主要教學語言　初中:不提供　高中:不提供
一條龍小學　　/
直屬小學　　　/
聯繫小學

教師專業資歷

教師人數　■編制內：+　　　■編制外：+
已接受特殊教育培訓教師人數　+　外籍　+

教師年資　　+

教師專業
訓練　　　+

教師資歷　+

21/22學年收生情況

中一生總人數(班數) +（+）
學位分配百分比　　■自行:+　■統一:+
自行收生取錄人數　+　競爭情況　+　面試名額　+

22/23學年收生要求

收生準則　+

面試內容　+

派表日期
收表日期
自行收生預算學額

學校特色

+

21/22學年中一教學語言

全級英文
為教學語　不提供
言科目

中學文憑試成績
（2021年7月畢業生）

33222率	+
中文科達3級率	+
英文科達3級率	+
數學科達2級率	+
通識科達2級率	+
人均優良成績	+
入讀本地大專文憑率	+
入讀本地大學率	+
入讀(只限港大、中大、科大)率	+
入讀非本地大學率	+

順德聯誼總會翁祐中學 STFA Yung Yau College

地址　　天水圍天恆邨
電話　31570632　　傳眞　　31570635
電郵　info@stfa-yyc.edu.hk
網址　www.stfa-yyc.edu.hk
校長　紀思輝　　　創校年份　2001
學校類別　　資助　學生性別　男女
宗教背景　　沒有
主要教學語言　初中:不提供　高中:不提供
一條龍小學　　/
直屬小學　　　/
聯繫小學

教師專業資歷

教師人數　■編制內：+　　　■編制外：+
已接受特殊教育培訓教師人數　+　外籍　+

教師年資　　+

教師專業
訓練　　　+

教師資歷　+

21/22學年收生情況

中一生總人數(班數) +（+）
學位分配百分比　　■自行:+　■統一:+
自行收生取錄人數　+　競爭情況　+　面試名額　+

22/23學年收生要求

收生準則　+

面試內容　+

派表日期
收表日期
自行收生預算學額　+

學校特色

+

21/22學年中一教學語言

全級英文
為教學語　不提供
言科目

中學文憑試成績
（2021年7月畢業生）

33222率	+
中文科達3級率	+
英文科達3級率	+
數學科達2級率	+
通識科達2級率	+
人均優良成績	+
入讀本地大專文憑率	+
入讀本地大學率	+
入讀(只限港大、中大、科大)率	+
入讀非本地大學率	+

新界鄉議局元朗區中學 N.T. Heung Yee Kuk Yuen Long District Secondary School

地址　元朗教育路123號
電話　24766226　　傳眞　　24747376
電郵　nthykyldss@edb.gov.hk
網址　www.nthykyldss.edu.hk
校長　袁廣業　　　創校年份　1967
學校類別　　官立　學生性別　男女
宗教背景　　沒有
主要教學語言　初中:英文　高中:英文
一條龍小學　　/
直屬小學　　　/
聯繫小學　　元朗官立小學、南元朗官立小學、
屯門官立小學

教師專業資歷

教師人數　■編制內：+　　　■編制外：+
已接受特殊教育培訓教師人數　+　外籍　+

教師年資　　+

教師專業
訓練　　　+

教師資歷　+

21/22學年收生情況

中一生總人數(班數) +（+）
學位分配百分比　　■自行:+　■統一:+
自行收生取錄人數　+　競爭情況　+　面試名額　+

22/23學年收生要求

收生準則　+

面試內容　+

派表日期
收表日期
自行收生預算學額　+

學校特色

+

21/22學年中一教學語言

全級英文
為教學語　不提供
言科目

中學文憑試成績
（2021年7月畢業生）

33222率	+
中文科達3級率	+
英文科達3級率	+
數學科達2級率	+
通識科達2級率	+
人均優良成績	+
入讀本地大專文憑率	+
入讀本地大學率	+
入讀(只限港大、中大、科大)率	+
入讀非本地大學率	+

元朗區

註：+表示學校沒有提供資料；/表示沒有或不適用

聖公會白約翰會督中學 SKH Bishop Baker Secondary School

地址	元朗鳳攸南街10號
電話	24754778　傳眞　24799150
電郵	info@skhbbss.edu.hk
網址	www.skhbbss.edu.hk
校長	王力克　創校年份　1984
學校類別	資助　學生性別　男女
宗教背景	基督教
主要教學語言	初中:英文　高中:英文
一條龍小學	/
直屬小學	/
聯繫小學	/

教師專業資歷

教師人數	■編制內：49　■編制外：9
已接受特殊教育培訓教師人數	30　外籍　1
教師年資	■0–4年：4人　■5–9年：6人　■10年或以上：48人
教師專業訓練	■認可教師證書/教育文憑：97%
教師資歷	■大學學位：26%　■碩士或以上：74%

21/22學年收生情況

中一生總人數(班數)　130（4）

學位分配百分比　■自行:30%　■統一:70%

自行收生取錄人數　40　競爭情況　+　面試名額　所有申請人

22/23學年收生要求

收生準則	■學業成績：40%　■獎項：10%　■面試表現：30%　■課外活動：10%　■操行及態度：10%
面試內容	溝通技巧/應對；禮儀；常識；中英文能力；數理能力；應變能力
派表日期	2021.11.27–2022.01.17
收表日期	2022.01.03–2022.01.17
自行收生預算學額	40

學校特色

■提供優質全人教育，透過多元生命連結，給學生發展天賦機會
■建構具學校特色的資優及生命教育課程，與課程改革導向和需要緊密配合
■推動教師持續專業發展及培養學生終身學習能力

21/22學年中一教學語言

全級英文為教學語言科目	英文、數學、科學、地理、電腦、音樂、視藝、體育、家政、經濟及會計

中學文憑試成績（2021年7月畢業生）

33222率	+
中文科達3級率	+
英文科達3級率	+
數學科達2級率	+
通識科達2級率	+
人均優良成績	+
入讀本地大專文憑率	+
入讀本地大學率	+
入讀(只限港大、中大、科大)率	+
入讀非本地大學率	+

裘錦秋中學（元朗）　Ju Ching Chu Secondary School（Yuen Long）

地址	天水圍天湖路5號
電話	24450228　傳眞　24451637
電郵	enquiry@jccssyl.edu.hk
網址	www.jccssyl.edu.hk
校長	潘步釗　創校年份　1975
學校類別	資助　學生性別　男女
宗教背景	沒有
主要教學語言	初中:中、英　高中:中、英
一條龍小學	/
直屬小學	/
聯繫小學	/

教師專業資歷

教師人數	■編制內：+　■編制外：+
已接受特殊教育培訓教師人數	+　外籍　+
教師年資	+
教師專業訓練	+
教師資歷	+

21/22學年收生情況

中一生總人數(班數)　+（+）

學位分配百分比　■自行:+　■統一:+

自行收生取錄人數　+　競爭情況　+　面試名額　+

22/23學年收生要求

收生準則	+
面試內容	+
派表日期	+
收表日期	+
自行收生預算學額	+

學校特色

+

21/22學年中一教學語言

全級英文為教學語言科目	不提供

中學文憑試成績（2021年7月畢業生）

33222率	+
中文科達3級率	+
英文科達3級率	+
數學科達2級率	+
通識科達2級率	+
人均優良成績	+
入讀本地大專文憑率	+
入讀本地大學率	+
入讀(只限港大、中大、科大)率	+
入讀非本地大學率	+

路德會西門英才中學　Gertrude Simon Lutheran College

地址	元朗公園北路1號
電話	24782424　傳眞　24748173
電郵	schooladmin@gslc.edu.hk
網址	home.gslc.edu.hk
校長	簡加言　創校年份　1977
學校類別	資助　學生性別　男女
宗教背景	基督教
主要教學語言	初中:不提供　高中:不提供
一條龍小學	/
直屬小學	/
聯繫小學	/

教師專業資歷

教師人數	■編制內：+　■編制外：+
已接受特殊教育培訓教師人數	+　外籍　+
教師年資	+
教師專業訓練	+
教師資歷	+

21/22學年收生情況

中一生總人數(班數)　+（+）

學位分配百分比　■自行:+　■統一:+

自行收生取錄人數　+　競爭情況　+　面試名額　+

22/23學年收生要求

收生準則	+
面試內容	+
派表日期	+
收表日期	+
自行收生預算學額	+

學校特色

+

21/22學年中一教學語言

全級英文為教學語言科目	不提供

中學文憑試成績（2021年7月畢業生）

33222率	+
中文科達3級率	+
英文科達3級率	+
數學科達2級率	+
通識科達2級率	+
人均優良成績	+
入讀本地大專文憑率	+
入讀本地大學率	+
入讀(只限港大、中大、科大)率	+
入讀非本地大學率	+

元朗區

註：+表示學校沒有提供資料；/表示沒有或不適用

趙聿修紀念中學 Chiu Lut Sau Memorial Secondary School

地址	元朗體育路7號
電話	24778237 傳眞 24747319
電郵	clsmss@edb.gov.hk
網址	www.clsmss.edu.hk
校長	李小玉 創校年份 1979
學校類別	官立 學生性別 男女
宗教背景	沒有
主要教學語言	初中:英文 高中:英文
一條龍小學	/
直屬小學	/
聯繫小學	天水圍官立小學；元朗官立小學；南元朗官立小學

教師專業資歷

教師人數	■編制內:54 ■編制外:1
已接受特殊教育培訓教師人數	17 外籍
教師年資	■0-4年:0人 ■5-9年:7人 ■10年或以上:47人
教師專業訓練	■認可教師證書/教育文憑:100%
教師資歷	■大學學位:48% ■碩士或以上:50%

21/22學年收生情況

中一生總人數(班數) 134 (4)

學位分配百分比　■自行:30% ■統一:70%

自行收生取錄人數　+　競爭情況 +　面試名額 +

22/23學年收生要求

收生準則
- ■教育局成績次第:30% ■面試表現:40%
- ■與中學聯繫:10%
- ■課外活動、服務表現、才華及操守:20%

面試內容　溝通技巧/應對；常識；中英文能力；數理能力；學習態度；家庭生活；新聞時事

派表日期　2022.01.03-2022.01.17
收表日期　2022.01.03-2022.01.17
自行收生預算學額　43

學校特色

- ■校風淳樸，致力培養學生五育均衡發展
- ■英語授課，透過多元化教學活動，提升學生英語水平
- ■提供多元化課外活動，讓學生發展不同興趣與潛能

21/22學年中一教學語言

全級英文為教學語言科目　英文、歷史、數學、科學、地理、音樂、家政、設計與科技、電腦認知、科學

中學文憑試成績（2018年7月畢業生）

33222率	+
中文科達3級率	+
英文科達3級率	+
數學科達2級率	+
通識科達2級率	+
人均優良成績	+
入讀本地大專文憑率	+
入讀本地大學率	+
入讀(只限港大、中大、科大)率	+
入讀非本地大學率	+

賽馬會萬鈞毅智書院 Jockey Club Man Kwan EduYoung College

地址	新界元朗天水圍天榮路5號
電話	24472322 傳眞 24473058
電郵	eduyoung@jcmkec.edu.hk
網址	www.jcmkec.edu.hk
校長	雷志康 創校年份 1999
學校類別	資助 學生性別 男女
宗教背景	沒有
主要教學語言	初中:中文 高中:中文
一條龍小學	/
直屬小學	/
聯繫小學	/

教師專業資歷

教師人數	■編制內:62 ■編制外:3
已接受特殊教育培訓教師人數	13 外籍 1
教師年資	■0-4年:23人 ■5-9年:2人 ■10年或以上:40人
教師專業訓練	■認可教師證書/教育文憑:89%
教師資歷	■大學學位:58% ■碩士或以上:42%

21/22學年收生情況

中一生總人數(班數) 124 (4)

學位分配百分比　■自行:30% ■統一:70%

自行收生取錄人數 40　競爭情況 1:4.45　面試名額 所有申請人

22/23學年收生要求

收生準則
- ■教育局成績次第:40% ■學業成績:10%
- ■面試表現:20% ■操行及態度:20%
- ■課外活動:10%

面試內容　溝通技巧/應對；禮儀；常識；中英文能力；學習態度；家庭生活；應變能力

派表日期　2021.11.17-2022.01.17
收表日期　2022.01.03-2022.01.17
自行收生預算學額　40

學校特色

- ■英文科優化校本課程，推展翻轉教室及體驗式學習，提升學生協作及自學能力
- ■推行中一至中四級自攜電子設備（BYOD）上課，提升自主學習的能力
- ■全方位學習時段推行STEM PLUS課程，本年度主題爲「智慧校園」

21/22學年中一教學語言

全級英文為教學語言科目　英文

中學文憑試成績（2021年7月畢業生）

33222率	+
中文科達3級率	+
英文科達3級率	+
數學科達2級率	+
通識科達2級率	+
人均優良成績	+
入讀本地大專文憑率	+
入讀本地大學率	+
入讀(只限港大、中大、科大)率	+
入讀非本地大學率	+

中華基督教會何福堂書院 CCC Hoh Fuk Tong College

地址	屯門新墟靑山公路28號
電話	24596354 傳眞 24572648
電郵	hft-mail@hftc.edu.hk
網址	www.hftc.edu.hk
校長	梁文祺 創校年份 1963
學校類別	資助 學生性別 男女
宗教背景	基督教
主要教學語言	初中:中、英 高中:中、英
一條龍小學	/
直屬小學	/
聯繫小學	/

教師專業資歷

教師人數	■編制內:56 ■編制外:11
已接受特殊教育培訓教師人數	36 外籍 1
教師年資	■0-4年:14人 ■5-9年:3人 ■10年或以上:50人
教師專業訓練	■認可教師證書/教育文憑:96%
教師資歷	■大學學位:37% ■碩士或以上:63%

21/22學年收生情況

中一生總人數(班數) 132 (4)

學位分配百分比　■自行:30% ■統一:70%

自行收生取錄人數 40　競爭情況 1:9　面試名額 所有申請人

22/23學年收生要求

收生準則
- ■學業成績:50% ■課外活動:15%
- ■操行及態度:20% ■面試表現:15%

面試內容　溝通技巧/應對；禮儀；常識；中英文能力；學習態度；家庭生活；應變能力

派表日期　2022.01.03-2022.01.17
收表日期　2022.01.03-2022.01.17
自行收生預算學額　40

學校特色

- ■提升學生自主學習精神：優化各級自主學習課，強化學生學習習慣
- ■推行初中跨學科閱讀及英語延展教學活動，於不同科目滲入英語元素
- ■藉基督信仰改變生命，建立人生目標及方向，增強抗逆能力

21/22學年中一教學語言

全級英文為教學語言科目　英文、部分科目以英語授課：數學、科學

中學文憑試成績（2021年7月畢業生）

33222率	+
中文科達3級率	+
英文科達3級率	+
數學科達2級率	+
通識科達2級率	+
人均優良成績	+
入讀本地大專文憑率	+
入讀本地大學率	+
入讀(只限港大、中大、科大)率	+
入讀非本地大學率	+

元朗區、屯門區

註：+表示學校沒有提供資料；/表示沒有或不適用

中華基督教會譚李麗芬紀念中學 CCC Tam Lee Lai Fun Memorial Secondary School

地址 屯門新墟新和里10號
電話 24522422　傳真 24400304
電郵 tllf-mail@tllf.edu.hk
網址 www.tllf.edu.hk
校長 鄧智光　創校年份 1990
學校類別 資助　學生性別 男女
宗教背景 基督教
主要教學語言 初中:中文　高中:中文
一條龍小學 /
直屬小學 /
聯繫小學 /

教師專業資歷

教師人數	■編制內:48	■編制外:12
已接受特殊教育培訓教師人數	38	外籍 1

教師年資	■0-4年:11人
	■5-9年:3人
	■10年或以上:42人
教師專業訓練	■認可教師證書/教育文憑:82%
教師資歷	■大學學位:55%
	■碩士或以上:45%

21/22學年收生情況

中一生總人數(班數) 99 (3)
學位分配百分比　■自行:30%　■統一:70%
自行收生取錄人數 30　競爭情況 +　面試名額 +

22/23學年收生要求

收生準則	■教育局成績次第:10%　■課外活動:20% ■面試表現:15%　■學業成績:30% ■操行及態度:15%　■與中學聯繫:10%
面試內容	溝通技巧/應對；禮儀；常識；體藝才能；應變能力；中英文能力；數理能力；學習態度；家庭生活
派表日期	2022.01.03-2022.01.17
收表日期	2022.01.03-2022.01.17
自行收生預算學額	30

學校特色

■着重校風，校規嚴而有愛，培養學生德行，自律自愛，深得社區人士稱讚
■啟發潛能，營造信任，建立樂觀、尊重和關愛文化，提供多元體藝及科技活動
■為學生爭取外間資源：歷年獲優質教育基金撥款共超過八百萬元推行多元化的學校發展計劃，為學生締造優質卓越的教學

21/22學年中一教學語言

全級英文為教學語言科目　英文

中學文憑試成績（2021年7月畢業生）

33222率	+
中文科達3級率	+
英文科達3級率	+
數學科達2級率	+
通識科達2級率	+
人均優良成績	+
入讀本地大專文憑率	+
入讀本地大學率	+
入讀(只限港大、中大、科大)率	+
入讀非本地大學率	+

仁愛堂田家炳中學 Yan Oi Tong Tin Ka Ping Secondary School

地址 屯門山景邨
電話 24643731　傳真 24643243
電郵 office@email.yottkp.edu.hk
網址 www.yottkp.edu.hk
校長 吳潔容　創校年份 1987
學校類別 資助　學生性別 男女
宗教背景 沒有
主要教學語言 初中:英文　高中:英文
一條龍小學 /
直屬小學 /
聯繫小學 /

教師專業資歷

教師人數	■編制內:+	■編制外:+
已接受特殊教育培訓教師人數	+	外籍 +

教師年資	+
教師專業訓練	+
教師資歷	+

21/22學年收生情況

中一生總人數(班數) + (+)
學位分配百分比　■自行:+　■統一:+
自行收生取錄人數 +　競爭情況 +　面試名額 +

22/23學年收生要求

收生準則	+
面試內容	+
派表日期	+
收表日期	+
自行收生預算學額	+

學校特色

+

21/22學年中一教學語言

全級英文為教學語言科目　不提供

中學文憑試成績（2021年7月畢業生）

33222率	+
中文科達3級率	+
英文科達3級率	+
數學科達2級率	+
通識科達2級率	+
人均優良成績	+
入讀本地大專文憑率	+
入讀本地大學率	+
入讀(只限港大、中大、科大)率	+
入讀非本地大學率	+

屯門區

仁愛堂陳黃淑芳紀念中學 YOT Chan Wong Suk Fong Memorial Secondary School

地址 屯門旺賢街8號
電話 24666802　傳真 24629369
電郵 mail@yotcwsf.edu.hk
網址 yotcwsf.edu.hk
校長 劉碧珊　創校年份 1985
學校類別 資助　學生性別 男女
宗教背景 沒有
主要教學語言 初中:中文　高中:中文
一條龍小學 /
直屬小學 /
聯繫小學 /

教師專業資歷

教師人數	■編制內:58	■編制外:4
已接受特殊教育培訓教師人數	25	外籍 1

教師年資	■0-4年:19人
	■5-9年:8人
	■10年或以上:35人
教師專業訓練	■認可教師證書/教育文憑:95.2%
教師資歷	■大學學位:68%
	■碩士或以上:32%

21/22學年收生情況

中一生總人數(班數) 125 (4)
學位分配百分比　■自行:30%　■統一:70%
自行收生取錄人數 40　競爭情況 1:4.03　面試名額 100

22/23學年收生要求

收生準則	■教育局成績次第:20%　■獎項:10% ■學業成績:20%　■課外活動:10% ■操行及態度:20%　■面試表現:20%
面試內容	溝通技巧/應對；禮儀；常識；中英文能力；學習態度；家庭生活；應變能力
派表日期	2022.01.03-2022.01.17
收表日期	2022.01.03-2022.01.17
自行收生預算學額	40

學校特色

■CWSF校本課程「C:Creative富於創意，W:Well-rounded發展全面，S:Self regulated自律自主，F:Far-seeing具備視野」
■延展關愛校園，推動品德教育
■校風淳樸，教師嚴謹盡責，學生有禮受教，學習經歷豐富充實
■下午設自主學習課，在老師指導下學生進行自學/課業輔導

21/22學年中一教學語言

全級英文為教學語言科目　英文

中學文憑試成績（2021年7月畢業生）

33222率	+
中文科達3級率	+
英文科達3級率	+
數學科達2級率	+
通識科達2級率	+
人均優良成績	+
入讀本地大專文憑率	+
入讀本地大學率	+
入讀(只限港大、中大、科大)率	+
入讀非本地大學率	+

註：+表示學校沒有提供資料；/表示沒有或不適用

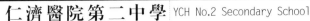

仁濟醫院第二中學 YCH No.2 Secondary School

地址	屯門第31區楊青路
電話	24673736　傳眞　24562302
電郵	school@ych2ss.edu.hk
網址	www.ych2ss.edu.hk
校長	鍾偉成　　創校年份　1987
學校類別	資助　學生性別　男女
宗教背景	沒有
主要教學語言	初中:中文　高中:中、英
一條龍小學	/
直屬小學	/
聯繫小學	仁濟醫院羅陳楚思小學；仁濟醫院何式南小學

教師專業資歷

教師人數	■編制內：58　■編制外：13
已接受特殊教育培訓教師人數	37　外籍　2
教師年資	■0-4年：14人 ■5-9年：8人 ■10年或以上：47人
教師專業訓練	■認可教師證書/教育文憑：93%
教師資歷	■大學學位：52% ■碩士或以上：48%

21/22學年收生情況

中一生總人數(班數)　123 (4)
學位分配百分比　■自行:30%　■統一:70%
自行收生取錄人數　40　競爭情況　+　面試名額　所有申請人

22/23學年收生要求

收生準則	■教育局成績次第：25%　■獎項：10% ■學業成績：25%　■課外活動：10% ■操行及態度：20%　■面試表現：10%
面試內容	溝通技巧/應對；禮儀；常識；中英文能力；學習態度；家庭生活；應變能力
派表日期	2022.01.03-2022.01.17
收表日期	2022.01.03-2022.01.17
自行收生預算學額	40

學校特色

■ 彈性課程及課業政策，兼顧「資優」與「主流」學生的學習需要
■ 英語廣泛閱讀方案，策勵不同水平學生，持續自信提升英語能力
■ 設六年一貫的日語選修科，德國、日本、紐西蘭海外姊妹學校，開拓國際視野

21/22學年中一教學語言

全級英文為教學語言科目　英文、設英語延展教學活動

中學文憑試成績（2021年7月畢業生）

33222率	+
中文科達3級率	+
英文科達3級率	+
數學科達2級率	+
通識科達2級率	+
人均優良成績	+
入讀本地大專文憑率	+
入讀本地大學率	+
入讀(只限港大、中大、科大)率	+
入讀非本地大學率	+

屯門天主教中學 Tuen Mun Catholic Secondary School

地址	屯門建生邨
電話	24632082　傳眞　24676036
電郵	info@home.tmcss.edu.hk
網址	www.tmcss.edu.hk
校長	蕭思銓　　創校年份　1987
學校類別	資助　學生性別　男女
宗教背景	天主教
主要教學語言	初中:中、英　高中:中、英
一條龍小學	/
直屬小學	/
聯繫小學	青山天主教小學；仁德天主教小學

教師專業資歷

教師人數	■編制內：47　■編制外：20
已接受特殊教育培訓教師人數	22　外籍　1
教師年資	■0-4年：26人 ■5-9年：6人 ■10年或以上：35人
教師專業訓練	■認可教師證書/教育文憑：82%
教師資歷	■大學學位：63% ■碩士或以上：37%

21/22學年收生情況

中一生總人數(班數)　129 (4)
學位分配百分比　■自行:24%　■統一:76%
自行收生取錄人數　33　競爭情況　1:10　面試名額　所有申請人

22/23學年收生要求

收生準則	■學業成績：40%　■課外活動：10% ■面試表現：50%　■良好操行
面試內容	溝通技巧/應對；禮儀；常識；中英文能力；數理能力；學習態度；應變能力；解難能力
派表日期	2021.10.18-2022.01.17
收表日期	2022.01.03-2022.01.17
自行收生預算學額	+

學校特色

■ 校風淳樸，校園氣氛溫馨，民主開放
■ 閱讀風氣濃厚，學生具備讀書、購書、藏書、愛書的情操，培養終身閱讀習慣
■ 重視社會服務，學習尊重個別差異，友愛互助，關愛校園

21/22學年中一教學語言

全級英文為教學語言科目　英文、數學、科學

中學文憑試成績（2021年7月畢業生）

33222率	+
中文科達3級率	+
英文科達3級率	+
數學科達2級率	+
通識科達2級率	+
人均優良成績	+
入讀本地大專文憑率	+
入讀本地大學率	+
入讀(只限港大、中大、科大)率	+
入讀非本地大學率	+

屯門官立中學 Tuen Mun Government Secondary School

地址	青山公路青山灣段393號
電話	24580459　傳眞　26183160
電郵	enquiry@mail.tmgss.edu.hk
網址	www.tmgss.edu.hk
校長	李慧冰　　創校年份　1982
學校類別	官立　學生性別　男女
宗教背景	沒有
主要教學語言	初中:英文　高中:英文
一條龍小學	/
直屬小學	/
聯繫小學	屯門官立小學

教師專業資歷

教師人數	■編制內：+　■編制外：+
已接受特殊教育培訓教師人數	+　外籍　+
教師年資	+
教師專業訓練	+
教師資歷	+

21/22學年收生情況

中一生總人數(班數)　+ (+)
學位分配百分比　■自行:+　■統一:+
自行收生取錄人數　+　競爭情況　+　面試名額　+

22/23學年收生要求

收生準則	+
面試內容	+
派表日期	+
收表日期	+
自行收生預算學額	+

學校特色

+

21/22學年中一教學語言

全級英文為教學語言科目　不提供

中學文憑試成績（2021年7月畢業生）

33222率	+
中文科達3級率	+
英文科達3級率	+
數學科達2級率	+
通識科達2級率	+
人均優良成績	+
入讀本地大專文憑率	+
入讀本地大學率	+
入讀(只限港大、中大、科大)率	+
入讀非本地大學率	+

屯門區

註：+表示學校沒有提供資料；/表示沒有或不適用

加拿大神召會嘉智中學 PAOC Ka Chi Secondary School

地址	屯門湖翠路273號
電話	24413818　傳眞　24048394
電郵	kcss@kachi.edu.hk
網址	www.kachi.edu.hk
校長	黃偉強　　創校年份　1954
學校類別	資助　學生性別　男女
宗教背景	基督教
主要教學語言	初中:中、英　高中:中、英
一條龍小學	/
直屬小學	/
聯繫小學	/

教師專業資歷

教師人數	■編制內:44　　■編制外:4
已接受特殊教育培訓教師人數	24　外籍　2
教師年資	+
教師專業訓練	■認可教師證書/教育文憑:100%
教師資歷	■大學學位:56%　■碩士或以上:42%

註：教師年資只計算編制內教師人數

21/22學年收生情況

中一生總人數(班數)　90 (3)

學位分配百分比　　■自行:30%　■統一:70%

自行收生取錄人數　+　競爭情況　+　面試名額　所有申請人

22/23學年收生要求

收生準則	■學業成績:40%　■操行及態度:30% ■面試表現:30%
面試內容	+
派表日期	2022.01.03-2022.01.17
收表日期	2022.01.03-2022.01.17
自行收生預算學額	+

學校特色

■ 重視照顧學習差異，按能力分組進行課堂教學
■ 「嘉智人」特質：凡事感恩，樂於服務，懂得節制，盡顯才華
■ 重視促進學習評估，老師及學生均進行持續評估

21/22學年中一教學語言

全級英文為教學語言科目　英文

中學文憑試成績（2021年7月畢業生）

33222率	+
中文科達3級率	+
英文科達3級率	+
數學科達2級率	+
通識科達2級率	+
人均優良成績	+
入讀本地大專文憑率	+
入讀本地大學率	+
入讀(只限港大、中大、科大)率	+
入讀非本地大學率	+

佛教沈香林紀念中學 Buddhist Sum Heung Lam Memorial College

地址	屯門大興邨屋邨中學第1號
電話	24377000　傳眞　24377099
電郵	info@bsc.edu.hk
網址	www.bsc.edu.hk
校長	呂恒森　　創校年份　1978
學校類別	資助　學生性別　男女
宗教背景	佛教
主要教學語言	初中:中文　高中:中文
一條龍小學	/
直屬小學	/
聯繫小學	/

教師專業資歷

教師人數	■編制內:41　　■編制外:7
已接受特殊教育培訓教師人數	18　外籍　1
教師年資	■0-4年：7人 ■5-9年：9人 ■10年或以上：32人
教師專業訓練	■認可教師證書/教育文憑:95.8%
教師資歷	■大學學位:50% ■碩士或以上:50%

21/22學年收生情況

中一生總人數(班數)　87 (3)

學位分配百分比　　■自行:35%　■統一:65%

自行收生取錄人數　30　競爭情況　1:2.67　面試名額　所有申請人

22/23學年收生要求

收生準則	■教育局成績次第:30%　■獎項:10% ■課外活動:10%　　■操行及態度:30% ■面試表現:20%
面試內容	溝通技巧/應對；禮儀；常識；中英文能力； 學習態度；家庭生活；應變能力
派表日期	2022.01.03-2022.01.17
收表日期	2022.01.03-2022.01.17
自行收生預算學額	30

學校特色

■ 培養學生良好學習習慣、自學能力和學習技巧
■ 建構健康關愛校園，以培養學生成為一個具責任感及勇於承擔的公民

21/22學年中一教學語言

全級英文為教學語言科目　英文

中學文憑試成績（2021年7月畢業生）

33222率	+
中文科達3級率	+
英文科達3級率	+
數學科達2級率	+
通識科達2級率	+
人均優良成績	+
入讀本地大專文憑率	+
入讀本地大學率	+
入讀(只限港大、中大、科大)率	+
入讀非本地大學率	+

香海正覺蓮社佛教梁植偉中學 HHCKLA Buddhist Leung Chik Wai College

地址	屯門湖景邨湖暉街7號
電話	24676672　傳眞　24552060
電郵	school@blcwc.edu.hk
網址	www.blcwc.edu.hk
校長	黃秀儀　　創校年份　1987
學校類別	資助　學生性別　男女
宗教背景	佛教
主要教學語言	初中:中文　高中:中、英
一條龍小學	/
直屬小學	/
聯繫小學	/

教師專業資歷

教師人數	■編制內:57　　■編制外:6
已接受特殊教育培訓教師人數	32　外籍　1
教師年資	■0-4年：13人 ■5-9年：12人 ■10年或以上：38人
教師專業訓練	■認可教師證書/教育文憑:94%
教師資歷	■大學學位:54% ■碩士或以上:46%

註：2021/22學年學位分配百分比不包括一條龍小學學生

21/22學年收生情況

中一生總人數(班數)　117 (4)

學位分配百分比　　■自行:30%　■統一:70%

自行收生取錄人數　40　競爭情況　+　面試名額　所有申請人

22/23學年收生要求

收生準則	■教育局成績次第:50%　■操行及態度:30% ■面試表現:20%
面試內容	溝通技巧/應對；禮儀；常識；中英文能力；家庭生活
派表日期	2022.01.03-2022.01.17
收表日期	2022.01.03-2022.01.17
自行收生預算學額	40

學校特色

■ 校風淳樸，關愛學生，訓輔合一，關顧學生成長
■ 全校參與照顧學生多樣性，發掘學生亮點，每一位學生皆能成功
■ 培育學生成為優秀人才，推行「傑出學生培訓計劃」

21/22學年中一教學語言

全級英文為教學語言科目　英文

中學文憑試成績（2021年7月畢業生）

33222率	+
中文科達3級率	+
英文科達3級率	+
數學科達2級率	+
通識科達2級率	+
人均優良成績	+
入讀本地大專文憑率	+
入讀本地大學率	+
入讀(只限港大、中大、科大)率	+
入讀非本地大學率	+

註：+表示學校沒有提供資料；/表示沒有或不適用

妙法寺劉金龍中學 Madam Lau Kam Lung Secondary School of MFBM

地址	屯門青山公路藍地段22號
電話	24619566　傳真　24643133
電郵	office@lkl.edu.hk
網址	www.lkl.edu.hk
校長	黃美珠　　創校年份　1973
學校類別	資助　學生性別　女
宗教背景	佛教
主要教學語言	初中:英文　高中:英文
一條龍小學	/
直屬小學	/
聯繫小學	/

教師專業資歷

教師人數	■編制內:51　■編制外:8
已接受特殊教育培訓教師人數	16　外籍　2
教師年資	■0-4年:7人 ■5-9年:12人 ■10年或以上:40人
教師專業訓練	■認可教師證書/教育文憑:98.3%
教師資歷	■大學學位:49.15% ■碩士或以上:50.85%

21/22學年收生情況

中一生總人數(班數)　121（4）

學位分配百分比　■自行:33%　■統一:67%

自行收生取錄人數　40　競爭情況　1:5.03　面試名額　所有申請人

22/23學年收生要求

收生準則	■教育局成績次第:30%　■課外活動:10% ■學業成績:20%　■操行及態度:10% ■面試表現:30%
面試內容	溝通技巧/應對;常識;中英文能力;學習態度;家庭生活
派表日期	2022.01.03-2022.01.17
收表日期	2022.01.03-2022.01.17
自行收生預算學額	40

學校特色

■區內唯一英文女校,重視英語發展,於各級開設英語文學課程,推行英語話劇活動,提高學生語文水準
■提供日文、法文課程、海外交流活動及交換生計劃,擴闊學生視野
■校風淳樸,學生發展全面,在朗誦及音樂比賽屢獲佳績

21/22學年中一教學語言

全級英文為教學語言科目：英文、英語文學、數學、科學、地理、電腦、體育、STEM、科技與生活、數學與科技

中學文憑試成績（2021年7月畢業生）

33222率	+
中文科達3級率	+
英文科達3級率	+
數學科達2級率	+
通識科達2級率	+
人均優良成績	
入讀本地大專文憑率	
入讀本地大學率	
入讀(只限港大、中大、科大)率	
入讀非本地大學率	

明愛屯門馬登基金中學 Caritas Tuen Mun Marden Foundation Secondary School

地址	屯門旺賢街3號
電話	24610304　傳真　30138634
電郵	info@tmmarden.edu.hk
網址	www.tmmarden.edu.hk
校長	袁國明　　創校年份　1977
學校類別	資助　學生性別　男女
宗教背景	天主教
主要教學語言	初中:中、英　高中:中、英
一條龍小學	/
直屬小學	/
聯繫小學	/

教師專業資歷

教師人數	■編制內:41　■編制外:8
已接受特殊教育培訓教師人數	9　外籍　0
教師年資	■0-4年:17人 ■5-9年:8人 ■10年或以上:24人
教師專業訓練	■認可教師證書/教育文憑:98%
教師資歷	■大學學位:47% ■碩士或以上:53%

21/22學年收生情況

中一生總人數(班數)　+（3）

學位分配百分比　■自行:+　■統一:+

自行收生取錄人數　+　競爭情況　+　面試名額　+

22/23學年收生要求

收生準則	■學業成績:30%　■獎項:10% ■面試表現:20%　■課外活動:10% ■操行及態度:30%
面試內容	溝通技巧/應對;禮儀
派表日期	2022.01.03-2022.01.17
收表日期	2022.01.03-2022.01.17
自行收生預算學額	30

學校特色

■着重學生的生涯規劃,本校與商界合作籌辦活動,學生有實習機會
■初中設國際班及本地班,高中採用英語授課。學生來自不同國籍
■本校為教育局專業發展學校,支援多所中小學非華語學生學習中文

21/22學年中一教學語言

全級英文為教學語言科目：英文、數學、科學、電腦、音樂、視藝、體育、人文學科、基本商業、德育、倫理/宗教教育

中學文憑試成績（2021年7月畢業生）

33222率	+
中文科達3級率	+
英文科達3級率	+
數學科達2級率	+
通識科達2級率	+
人均優良成績	
入讀本地大專文憑率	
入讀本地大學率	
入讀(只限港大、中大、科大)率	
入讀非本地大學率	

東華三院辛亥年總理中學 TWGHs Sun Hoi Directors' College

地址	屯門湖景邨
電話	24645220　傳真　24614724
電郵	mail@shd.edu.hk
網址	www.shd.edu.hk
校長	李志文　　創校年份　1981
學校類別	資助　學生性別　男女
宗教背景	沒有
主要教學語言	初中:中、英　高中:中、英
一條龍小學	/
直屬小學	/
聯繫小學	/

教師專業資歷

教師人數	■編制內:+　■編制外:+
已接受特殊教育培訓教師人數	+　外籍　+
教師年資	+
教師專業訓練	+
教師資歷	+

21/22學年收生情況

中一生總人數(班數)　+（+）

學位分配百分比　■自行:+　■統一:+

自行收生取錄人數　+　競爭情況　+　面試名額　+

22/23學年收生要求

收生準則	+
面試內容	+
派表日期	+
收表日期	+
自行收生預算學額	+

學校特色

+

21/22學年中一教學語言

全級英文為教學語言科目：不提供

中學文憑試成績（2021年7月畢業生）

33222率	+
中文科達3級率	+
英文科達3級率	+
數學科達2級率	+
通識科達2級率	+
人均優良成績	
入讀本地大專文憑率	
入讀本地大學率	
入讀(只限港大、中大、科大)率	
入讀非本地大學率	

屯門區

註：+表示學校沒有提供資料；/表示沒有或不適用

東華三院邱子田紀念中學 TWGHs Yau Tze Tin Memorial College

地址	兆康路1號
電話	24652205　傳真　24559466
電郵	mailbox@ytt.edu.hk
網址	www.ytt.edu.hk
校長	葉偉儀　創校年份　1982
學校類別	資助　學生性別　男女
宗教背景	沒有
主要教學語言	初中:中文　高中:中文
一條龍小學	/
直屬小學	/
聯繫小學	/

教師專業資歷

教師人數	■編制內:58　　■編制外:1
已接受特殊教育培訓教師人數	34　外籍　1
教師年資	■0-4年:8人 ■5-9年:5人 ■10年或以上:46人
教師專業訓練	■認可教師證書/教育文憑:93%
教師資歷	■大學學位:44% ■碩士或以上:56%

21/22學年收生情況

中一生總人數(班數) 120 (4)

學位分配百分比　■自行:30%　■統一:70%

自行收生取錄人數　+　競爭情況　+　面試名額　所有申請人

22/23學年收生要求

收生準則	■學業成績:30%　■課外活動:20% ■面試表現:50%
面試內容	溝通技巧/應對；禮儀；常識；體藝才能；家庭生活；中英文能力；數理能力；學習態度
派表日期	2021.11.22-2022.01.17
收表日期	2022.01.03-2022.01.17
自行收生預算學額	38

學校特色

■注重學生五育均衡發展，培養學生求知自學精神
■強調自主學習，活動多元化，為學生提供課堂以外各種不同的學習經歷
■校舍寬敞，環境優美，設施完善

21/22學年中一教學語言

全級英文為教學語言科目	英文

中學文憑試成績（2021年7月畢業生）

33222率	+
中文科達3級率	+
英文科達3級率	+
數學科達2級率	+
通識科達2級率	+
人均優良成績	+
入讀本地大專文憑率	+
入讀本地大學率	+
入讀(只限港大、中大、科大)率	+
入讀非本地大學率	+

東華三院鄺錫坤伉儷中學 TWGHs Mr & Mrs Kwong Sik Kwan College

地址	屯門松齡徑1號
電話	24699010　傳真　24699008
電郵	contact@twghsksk.edu.hk
網址	www.twghsksk.edu.hk
校長	陳圖健　創校年份　1998
學校類別	資助　學生性別　男女
宗教背景	沒有
主要教學語言	初中:中文　高中:中文
一條龍小學	/
直屬小學	/
聯繫小學	/

教師專業資歷

教師人數	■編制內:33　　■編制外:4
已接受特殊教育培訓教師人數	42.1　外籍　1
教師年資	■0-4年:6人 ■5-9年:6人 ■10年或以上:25人
教師專業訓練	■認可教師證書/教育文憑:97.4%
教師資歷	■大學學位:45.9% ■碩士或以上:54.1%

註：教師年資只計算編制內教師人數；2021/22學年學位分配百分比不包括一條龍小學學生

21/22學年收生情況

中一生總人數(班數) 46 (2)

學位分配百分比　■自行:78.3%　■統一:21.7%

自行收生取錄人數　34　競爭情況　1:1.76　面試名額　所有申請人

22/23學年收生要求

收生準則	■學業成績:30%　■獎項:5% ■面試表現:30%　■課外活動:5% ■操行及態度:30%
面試內容	溝通技巧/應對；禮儀；常識；體藝才能；應變能力；中英文能力；數理能力；學習態度；家庭生活
派表日期	2022.01.03-2022.01.17
收表日期	2022.01.03-2022.01.17
自行收生預算學額	34

學校特色

■提升教育品質，展示學與教成果
■優化促進學習的評估策略，提升學生的學習自信
■培養學生以正面積極的態度作出合理的生涯規劃和管理

21/22學年中一教學語言

全級英文為教學語言科目	英文

中學文憑試成績（2021年7月畢業生）

33222率	+
中文科達3級率	+
英文科達3級率	+
數學科達2級率	+
通識科達2級率	+
人均優良成績	+
入讀本地大專文憑率	+
入讀本地大學率	+
入讀(只限港大、中大、科大)率	+
入讀非本地大學率	+

青松侯寶垣中學 Ching Chung Hau Po Woon Secondary School

地址	屯門恆富街21號
電話	24577154　傳真　24597785
電郵	email@cchpwss.edu.hk
網址	www.cchpwss.edu.hk
校長	鄭鍾榮　創校年份　2000
學校類別	資助　學生性別　男女
宗教背景	道教
主要教學語言	初中:中、英及普通話　高中:中、英及普通話
一條龍小學	/
直屬小學	/
聯繫小學	/

教師專業資歷

教師人數	■編制內:46　　■編制外:5
已接受特殊教育培訓教師人數	30　外籍　1
教師年資	■0-4年:4人 ■5-9年:5人 ■10年或以上:42人
教師專業訓練	■認可教師證書/教育文憑:98%
教師資歷	■大學學位:37% ■碩士或以上:63%

註：收生準則分數多於100，總分是：100

21/22學年收生情況

中一生總人數(班數) +

學位分配百分比　■自行:30%　■統一:70%

自行收生取錄人數　30　競爭情況　1:2.33　面試名額　不設面試

22/23學年收生要求

收生準則	■獎項:10%　　■學業成績:50% ■課外活動:15%　■操行及態度:10% ■面試表現:15%
面試內容	溝通技巧/應對；禮儀；常識；中英文能力；數理能力；學習態度；家庭生活
派表日期	2022.01.03-2022.01.17
收表日期	2022.01.03-2022.01.17
自行收生預算學額	30

學校特色

■持續「一人一體藝」計劃及「領袖訓練課程」，推動自主學習及STEM教育
■以小班教學，連續16年獲得關愛校園大獎及連續5年獲美國啟發潛能大獎
■耗資近百萬，外聘專業導師提供課後增潤、支援特殊需要及資優訓練課程

21/22學年中一教學語言

全級英文為教學語言科目	英文

中學文憑試成績（2021年7月畢業生）

33222率	+
中文科達3級率	+
英文科達3級率	+
數學科達2級率	+
通識科達2級率	+
人均優良成績	+
入讀本地大專文憑率	+
入讀本地大學率	+
入讀(只限港大、中大、科大)率	+
入讀非本地大學率	+

屯門區

註：+表示學校沒有提供資料；/表示沒有或不適用

保良局百周年李兆忠紀念中學 PLK Centenary Li Shiu Chung Memorial College

地址	屯門大興邨晨才里1號
電話	24623945　傳真　24533094
電郵	office@plkclscmc.edu.hk
網址	www.plkclscmc.edu.hk
校長	丁永興　　創校年份　1978
學校類別	資助　學生性別　男女
宗教背景	沒有
主要教學語言	初中:英文　高中:英文
一條龍小學	/
直屬小學	/
聯繫小學	屯門區內5所保良局津貼小學

教師專業資歷

教師人數	■編制內：52　　■編制外：1
已接受特殊教育培訓教師人數	19　外籍　1
教師年資	■0-4年：8人 ■5-9年：4人 ■10年或以上：41人
教師專業訓練	■認可教師證書/教育文憑:96%
教師資歷	■大學學位:56.6% ■碩士或以上:43.4%

21/22學年收生情況

中一生總人數(班數)　129 (4)

學位分配百分比　　■自行:30%　■統一:70%

自行收生取錄人數　40　競爭情況　+　面試名額　所有申請人

22/23學年收生要求

收生準則	■學業成績：50%　■課外活動：20% ■面試表現：30%　■操行必須良好
面試內容	溝通技巧/應對；禮儀；常識；中英文能力
派表日期	2021.12.01-2022.01.17
收表日期	2022.01.03-2022.01.17
自行收生預算學額	40

學校特色

■校風淳樸，紀律嚴謹，學生表現優秀
■高質素教與學，推動閱讀，培育自主學習能力，公開試成績卓越
■學生多元發展，例如辯論、音樂、視藝、舞蹈、書法、朗誦、奧數、游泳、乒乓球、籃球及足球等方面皆表現出色

21/22學年中一教學語言

全級英文為教學語言科目	英文、歷史、數學、科學、地理、電腦、音樂、視藝、體育、家政

中學文憑試成績（2021年7月畢業生）

33222率	+
中文科達3級率	+
英文科達3級率	+
數學科達2級率	+
通識科達2級率	+
人均優良成績	+
入讀本地大專文憑率	+
入讀本地大學率	+
入讀(只限港大、中大、科大)率	+
入讀非本地大學率	+

保良局董玉娣中學 PLK Tang Yuk Tien College

地址	屯門湖景邨
電話	24631766　傳真　24616900
電郵	email@plktytc.edu.hk
網址	www.plktytc.edu.hk
校長	張家邦　　創校年份　1987
學校類別	資助　學生性別　男女
宗教背景	沒有
主要教學語言	初中:英文　高中:英文
一條龍小學	/
直屬小學	/
聯繫小學	屯門區內保良局屬下津貼小學

教師專業資歷

教師人數	■編制內：52　　■編制外：4
已接受特殊教育培訓教師人數	24　外籍　1
教師年資	■0-4年：5人 ■5-9年：12人 ■10年或以上：39人
教師專業訓練	■認可教師證書/教育文憑:100%
教師資歷	■大學學位:48% ■碩士或以上:52%

21/22學年收生情況

中一生總人數(班數)　130 (4)

學位分配百分比　　■自行:30%　■統一:70%

自行收生取錄人數　40　競爭情況　1:10　面試名額　所有申請人

22/23學年收生要求

收生準則	■課外活動：25%　■面試表現：25% ■教育局成績次第及學業成績：50%
面試內容	溝通技巧/應對；禮儀；常識；中英文能力； 數理能力；學習態度；應變能力； 表達能力、理解能力、解難能力及創意等
派表日期	2021.12.01-2022.01.17
收表日期	2022.01.03-2022.01.17
自行收生預算學額	40

學校特色

■提供多元學習機會，啟發學生潛能
■學生於學業及活動方面皆有傑出表現，獲教育局外評組高度評價
■校風淳樸，師生關係融洽，學生對學校有強烈歸屬感

21/22學年中一教學語言

全級英文為教學語言科目	英文、歷史、數學、科學、地理、電腦、音樂、視藝、體育、家政、設計與科技

中學文憑試成績（2021年7月畢業生）

33222率	92.5%
中文科達3級率	92.5%
英文科達3級率	99.1%
數學科達2級率	100%
通識科達2級率	100%
人均優良成績	2.2
入讀本地大專文憑率	9.3%
入讀本地大學率	90.7%
入讀(只限港大、中大、科大)率	42.6%
入讀非本地大學率	0%

南屯門官立中學 South Tuen Mun Government Secondary School

地址	新界屯門湖山路218號
電話	24045506　傳真　26183151
電郵	stmgss@edb.gov.hk
網址	stmgss.edu.hk/tc/
校長	陳耀明　　創校年份　1988
學校類別	官立　學生性別　男女
宗教背景	沒有
主要教學語言	初中:英文　高中:英文
一條龍小學	/
直屬小學	/
聯繫小學	屯門官立小學

教師專業資歷

教師人數	■編制內：52　　■編制外：0
已接受特殊教育培訓教師人數	16　外籍　1
教師年資	■0-4年：4人 ■5-9年：10人 ■10年或以上：38人
教師專業訓練	■認可教師證書/教育文憑:94%
教師資歷	■大學學位:66% ■碩士或以上:33%

21/22學年收生情況

中一生總人數(班數)　116 (4)

學位分配百分比　　■自行:34%　■統一:66%

自行收生取錄人數　40　競爭情況　+　面試名額　所有申請人

22/23學年收生要求

收生準則	■教育局成績次第：60%　■課外活動：15% ■面試表現：25%
面試內容	溝通技巧/應對；禮儀；常識；中英文能力； 學習態度；應變能力
派表日期	2022.01.03-2022.01.17
收表日期	2022.01.03-2022.01.17
自行收生預算學額	40

學校特色

■本校為一所英文中學，校風淳樸，包含關愛文化洋溢整個校園
■品德情意與學業成績兩者並重，學校活動多姿多彩，人才輩出
■近年致力推動科技與創意教育，更提供平台，讓學生得以展露才華

21/22學年中一教學語言

全級英文為教學語言科目	英文、數學、科學、地理、電腦、音樂、視藝、體育、家政、歷史

中學文憑試成績（2021年7月畢業生）

33222率	+
中文科達3級率	+
英文科達3級率	+
數學科達2級率	+
通識科達2級率	+
人均優良成績	+
入讀本地大專文憑率	+
入讀本地大學率	+
入讀(只限港大、中大、科大)率	+
入讀非本地大學率	+

屯門區

註：+表示學校沒有提供資料；/表示沒有或不適用

宣道中學 Christian Alliance College

地址	屯門良才里11號
電話	24692080　傳真　24637225
電郵	cac@cactm.edu.hk
網址	www.cactm.edu.hk
校長	吳聲展　創校年份　1965
學校類別	資助　學生性別　男女
宗教背景	基督教
主要教學語言	初中:中文　高中:中文
一條龍小學	/
直屬小學	/
聯繫小學	/

教師專業資歷

教師人數	■編制內：59　■編制外：5
已接受特殊教育培訓教師人數	26　外籍　1
教師年資	+
教師專業訓練	■認可教師證書/教育文憑:98.2%
教師資歷	■大學學位:41%　■碩士或以上:58%

21/22學年收生情況

中一生總人數(班數)　124 (4)

學位分配百分比　　■自行:30%　■統一:70%

自行收生取錄人數　+　競爭情況　+　面試名額　+

22/23學年收生要求

收生準則	■教育局成績次第：30%　■課外活動：20% ■操行及態度：10%　■面試表現：40% ■與中學聯繫：5% ■小五全年及小六上學期操行等級均須乙級或以上
面試內容	溝通技巧/應對；禮儀；中英文能力；數理能力；應變能力
派表日期	2022.01.03-2022.01.17
收表日期	2022.01.03-2022.01.17
自行收生預算學額	+

學校特色

■推行「自主學習」及「正向教育」
■設置「英語」及「數學」拔尖班
■初中中文、英文及數學以小班教學模式加強照顧學生的學習多樣性

21/22學年中一教學語言

全級英文為教學語言科目　英文

中學文憑試成績 （2021年7月畢業生）

33222率	+
中文科達3級率	+
英文科達3級率	+
數學科達2級率	+
通識科達2級率	+
人均優良成績	
入讀本地大專文憑率	+
入讀本地大學率	+
入讀(只限港大、中大、科大)率	+
入讀非本地大學率	+

宣道會陳瑞芝紀念中學 Christian Alliance S C Chan Memorial College

地址	屯門友愛邨友愛路7號
電話	24591166　傳真　24402141
電郵	info@scc.edu.hk
網址	www.scc.edu.hk
校長	陳凱茵　創校年份　1980
學校類別	資助　學生性別　男女
宗教背景	基督教
主要教學語言	初中:英文　高中:英文
一條龍小學	/
直屬小學	/
聯繫小學	/

教師專業資歷

教師人數	■編制內：+　■編制外：+
已接受特殊教育培訓教師人數	+　外籍　+
教師年資	+
教師專業訓練	+
教師資歷	+

21/22學年收生情況

中一生總人數(班數)　+ (+)

學位分配百分比　　■自行:+　■統一:+

自行收生取錄人數　+　競爭情況　+　面試名額　+

22/23學年收生要求

收生準則	+
面試內容	+
派表日期	+
收表日期	+
自行收生預算學額	+

學校特色

+

21/22學年中一教學語言

全級英文為教學語言科目　不提供

中學文憑試成績 （2021年7月畢業生）

33222率	+
中文科達3級率	+
英文科達3級率	+
數學科達2級率	+
通識科達2級率	+
人均優良成績	
入讀本地大專文憑率	+
入讀本地大學率	+
入讀(只限港大、中大、科大)率	+
入讀非本地大學率	+

迦密唐賓南紀念中學 Carmel Bunnan Tong Memorial Secondary School

地址	屯門湖景邨湖月街2號
電話	24651585　傳真　24663528
電郵	mail@cbt.edu.hk
網址	www.cbt.edu.hk
校長	楊秀鳳　創校年份　1982
學校類別	資助　學生性別　男女
宗教背景	基督教
主要教學語言	初中:中、英　高中:中、英
一條龍小學	/
直屬小學	/
聯繫小學	/

教師專業資歷

教師人數	■編制內：57　■編制外：1
已接受特殊教育培訓教師人數	29　外籍　2
教師年資	■0-4年：12人 ■5-9年：5人 ■10年或以上：40人
教師專業訓練	■認可教師證書/教育文憑:98%
教師資歷	■大學學位:49%　■碩士或以上:51%

21/22學年收生情況

中一生總人數(班數)　132 (4)

學位分配百分比　　■自行:30%　■統一:70%

自行收生取錄人數　40　競爭情況　1:6.675　面試名額　所有申請人

22/23學年收生要求

收生準則	■教育局成績次第：40%　■課外活動：10% ■操行及態度：20%　■面試表現：30%
面試內容	溝通技巧/應對；禮儀；常識；中英文能力；數理能力；學習態度；家庭生活
派表日期	2022.01.03-2022.01.17
收表日期	2022.01.03-2022.01.17
自行收生預算學額	40

學校特色

■英文小班教學照顧不同學生進度，並聘請兩名外籍英語教師，推行英文閱讀計劃
■推行電子教學、資優教育及培養自主學習，部分班別以普通話教授中文
■以聖經真理培育生命；訓輔合一、管教並重；各級按同學需要推行生涯規劃

21/22學年中一教學語言

全級英文為教學語言科目　英文

中學文憑試成績 （2021年7月畢業生）

33222率	+
中文科達3級率	+
英文科達3級率	+
數學科達2級率	+
通識科達2級率	+
人均優良成績	
入讀本地大專文憑率	+
入讀本地大學率	+
入讀(只限港大、中大、科大)率	+
入讀非本地大學率	+

屯門區

183

註：+表示學校沒有提供資料；/表示沒有或不適用

TECHNOLOGY INFUSED ENVIRONMENT

INQUIRY-DRIVEN LEARNING

GLOCALIZED CURRICULUM

CHRISTIAN EDUCATION

Application is Open Now!

2022/23
Year 7 Admissions

ELCHK Lutheran Academy is the first and only DSS EMI through-train school in Hong Kong offering both the International Baccalaureate Primary Years Programme (PYP), the International Baccalaureate Middle Years Programme (MYP), the International Baccalaureate Diploma Programme (DP), alongside with the Hong Kong Diploma of Secondary Education (HKDSE).

DUAL EXITS

HKDSE	IBDP
Year 12	Year 12
Year 11	Year 11
HKDSE	IB APPROACH
Year 10	
Year 7 - 9 MYP	

ONLINE APPLICATION

1st Round :
20 SEPT 2021 (MON)
to
15 NOV 2021 (MON)

2nd Round :
22 NOV 2021 (MON)
to
25 FEB 2022 (FRI)

▶▶ Apply Now   http://admissions.luac.edu.hk

Scan me 📱

ONLINE ADMISSIONS SEMINARS

English Session Only

13 JAN 2022 (THU)
at
04:30PM

Online Platform : Zoom

▶▶ Sign Up Now

Scan me 📱

http://www.luac.edu.hk/Admissions/y7admissions_seminar

  Diploma Programme  Middle Years Programme  Primary Years Programme  香港中學文憑 HKDSE HONG KONG DIPLOMA OF SECONDARY EDUCATION

ENQUIRY HOTLINE **820 820 92**   🌐 www.luac.edu.hk   ✉ info@luac.edu.hk   📍 Lutheran Academy, 25 Lam Hau Tsuen Road, Yuen Long, N.T.

恩平工商會李琳明中學 YPICA Lee Lim Ming College

地址	屯門山景邨
電話	24618818/24670652 傳眞 24670775
電郵	school@mail.ypicallmc.edu.hk
網址	www.ypicallmc.edu.hk
校長	郭潤偉 創校年份 1987
學校類別	資助 學生性別 男女
宗教背景	沒有
主要教學語言	初中:中文 高中:中、英
一條龍小學	/
直屬小學	/
聯繫小學	/

教師專業資歷

教師人數	■編制內：39 ■編制外：3
已接受特殊教育培訓教師人數	17 外籍 1
教師年資	■0-4年：7人 ■5-9年：3人 ■10年或以上：32人
教師專業訓練	■認可教師證書/教育文憑:95%
教師資歷	■大學學位:52% ■碩士或以上:48%

21/22學年收生情況

中一生總人數(班數) ＋
學位分配百分比 ■自行:＋ ■統一:＋
自行收生取錄人數 ＋ 競爭情況 ＋ 面試名額 ＋

22/23學年收生要求

收生準則 ＋

面試內容 溝通技巧/應對；禮儀；中英文能力
派表日期 2022.01.03-2022.01.17
收表日期 2022.01.03-2022.01.17
自行收生預算學額 ＋

學校特色

＋

21/22學年中一教學語言

全級英文為教學語言科目 英文

中學文憑試成績（2021年7月畢業生）

33222率	＋
中文科達3級率	＋
英文科達3級率	＋
數學科達2級率	＋
通識科達2級率	＋
人均優良成績	＋
入讀本地大專文憑率	＋
入讀本地大學率	＋
入讀(只限港大、中大、科大)率	＋
入讀非本地大學率	＋

浸信會永隆中學 Baptist Wing Lung Secondary School

地址	屯門河興街6A大興花園第2期
電話	24643638 傳眞 24634382
電郵	bwlss@bwlss.edu.hk
網址	www.bwlss.edu.hk
校長	鄭繼霖 創校年份 1996
學校類別	資助 學生性別 男女
宗教背景	基督教
主要教學語言	初中:中文 高中:中文
一條龍小學	/
直屬小學	/
聯繫小學	/

教師專業資歷

教師人數	■編制內：56 ■編制外：11
已接受特殊教育培訓教師人數	8 外籍 1
教師年資	■0-4年：15人 ■5-9年：2人 ■10年或以上：50人
教師專業訓練	■認可教師證書/教育文憑:100%
教師資歷	■大學學位:63% ■碩士或以上:34%

21/22學年收生情況

中一生總人數(班數) 132 (4)
學位分配百分比 ■自行:30% ■統一:70%
自行收生取錄人數 40 競爭情況 1:10.15 面試名額 所有申請人

22/23學年收生要求

收生準則 ■學業成績：50% ■面試表現(包括操行、課外活動、獎項、表現等)：50%

面試內容 溝通技巧/應對；禮儀；常識；中英文能力；學習態度；家庭生活；應變能力
派表日期 2022.01.03-2022.01.17
收表日期 2022.01.03-2022.01.17
自行收生預算學額 40

學校特色

■中英兼擅，成效顯著，近年中學文憑試成績不俗，11科成績高於全港平均水平（包括中英數通四主科），亦有學生考獲34分優異成績
■推行環境教育，學校獲多年傑出綠色學校榮譽；在科學科推動自主學習，更獲得行政長官卓越教學獎（科學教育）
■校風淳樸，紀律嚴明，推行生活教育，建立關愛校園文化，屢獲關愛校園獎項

21/22學年中一教學語言

全級英文為教學語言科目 英文、數學、科學

中學文憑試成績（2021年7月畢業生）

33222率	＋
中文科達3級率	＋
英文科達3級率	＋
數學科達2級率	＋
通識科達2級率	＋
人均優良成績	＋
入讀本地大專文憑率	＋
入讀本地大學率	＋
入讀(只限港大、中大、科大)率	＋
入讀非本地大學率	＋

馬錦明慈善基金馬可賓紀念中學 STEWARDS MKMCF Ma Ko Pan Memorial College

地址	屯門石排頭路17號
電話	24077440 傳眞 24077443
電郵	mkpcollege@makopan.edu.hk
網址	www.makopan.edu.hk
校長	張冠康 創校年份 1997
學校類別	資助 學生性別 男女
宗教背景	基督教
主要教學語言	初中:英文 高中:英文
一條龍小學	/
直屬小學	/
聯繫小學	/

教師專業資歷

教師人數	■編制內：55 ■編制外：7
已接受特殊教育培訓教師人數	16 外籍 1
教師年資	■0-4年：9人 ■5-9年：2人 ■10年或以上：51人
教師專業訓練	■認可教師證書/教育文憑:98%
教師資歷	■大學學位:56% ■碩士或以上:44%

21/22學年收生情況

中一生總人數(班數) 129 (4)
學位分配百分比 ■自行:30% ■統一:70%
自行收生取錄人數 40 競爭情況 1:12.75 面試名額 所有申請人

22/23學年收生要求

收生準則 ■教育局成績次第：25% ■獎項：10% ■操行及態度：30% ■面試表現：25% ■多元智能：10%

面試內容 溝通技巧/應對；禮儀；常識；中英文能力；學習態度；應變能力
派表日期 2022.01.03-2022.01.17
收表日期 2022.01.03-2022.01.17
自行收生預算學額 40

學校特色

■英語爲教學語言，以全人發展及鼓勵全體學生升讀大學爲目標
■中學文憑試學生表現優異
■培養學生「享受閱讀樂趣，培養正向品格」的態度

21/22學年中一教學語言

全級英文為教學語言科目 英文、歷史、數學、科學、地理、電腦、音樂、視藝

中學文憑試成績（2021年7月畢業生）

33222率	78%
中文科達3級率	87%
英文科達3級率	87%
數學科達2級率	99%
通識科達2級率	100%
人均優良成績	＋
入讀本地大專文憑率	12%
入讀本地大學率	85%
入讀(只限港大、中大、科大)率	/%
入讀非本地大學率	1%

註：教師年資只計算編制內教師人數

註：＋表示學校沒有提供資料；/表示沒有或不適用

屯門區

崇真書院 Tsung Tsin College

地址	屯門良才里9號
電話	24637373　傳真　24637535
電郵	ttc@ttc.edu.hk
網址	www.ttc.edu.hk
校長	區國年博士　創校年份　1950
學校類別	資助　學生性別　男女
宗教背景	基督教
主要教學語言	初中：中、英　高中：中、英
一條龍小學	/
直屬小學	/
聯繫小學	/

教師專業資歷

教師人數	■編制內：55　　■編制外：6
已接受特殊教育培訓教師人數　23　外籍　1	
教師年資	■0-4年：18人 ■5-9年：6人 ■10年或以上：37人
教師專業訓練	■認可教師證書/教育文憑：93%
教師資歷	■大學學位：41% ■碩士或以上：59%

註：將於2022-2023年度中一級開設一班全英文班

21/22學年收生情況

中一生總人數(班數) 126（4）

學位分配百分比　　■自行：30%　■統一：70%

自行收生取錄人數　40　競爭情況　1:10.30　面試名額 所有申請人

22/23學年收生要求

收生準則	■教育局成績次第：50%　■獎項：9% ■課外活動：8%　　■操行及態度：18% ■面試表現：20%
面試內容	溝通技巧/應對；禮儀；常識；中英文能力； 學習態度；家庭生活；應變能力
派表日期	2022.01.03-2022.01.17
收表日期	2022.01.03-2022.01.17
自行收生預算學額	+

學校特色

■採用參與式管理模式，強調師生家長參與，師生關係良好
■數學、科學、物理、生物、化學及會計科以英語授課
■採用全方位學習策略，建立「嚴而有愛」的學習環境

21/22學年中一教學語言

全級英文為教學語言科目	英文、數學、科學

中學文憑試成績（2021年7月畢業生）

33222率	+
中文科達3級率	+
英文科達3級率	+
數學科達2級率	+
通識科達2級率	+
人均優良成績	+
入讀本地大專文憑率	+
入讀本地大學率	+
入讀(只限港大、中大、科大)率	+
入讀非本地大學率	+

深培中學 Semple Memorial Secondary School

地址	屯門兆麟街18號
電話	24524702　傳真　24517154
電郵	info@semple.edu.hk
網址	www.semple.edu.hk
校長	黃佩儀　創校年份　1967
學校類別	資助　學生性別　男女
宗教背景	基督教
主要教學語言	初中：不提供　高中：不提供
一條龍小學	/
直屬小學	/
聯繫小學	/

教師專業資歷

教師人數	■編制內：+　　■編制外：+
已接受特殊教育培訓教師人數　+　外籍　+	
教師年資	+
教師專業訓練	+
教師資歷	+

21/22學年收生情況

中一生總人數(班數) +（+）

學位分配百分比　　■自行：+　■統一：+

自行收生取錄人數　+　競爭情況　+　　面試名額　+

22/23學年收生要求

收生準則	+
面試內容	
派表日期	
收表日期	
自行收生預算學額	+

學校特色

+

21/22學年中一教學語言

全級英文為教學語言科目	不提供

中學文憑試成績（2021年7月畢業生）

33222率	+
中文科達3級率	+
英文科達3級率	+
數學科達2級率	+
通識科達2級率	+
人均優良成績	+
入讀本地大專文憑率	+
入讀本地大學率	+
入讀(只限港大、中大、科大)率	+
入讀非本地大學率	+

順德聯誼總會梁銶琚中學 STFA Leung Kau Kui College

地址	屯門安定邨
電話	24580766　傳真　24400692
電郵	info@lkkc.edu.hk
網址	www.lkkc.edu.hk
校長	英佩詞　創校年份　1981
學校類別	資助　學生性別　男女
宗教背景	沒有
主要教學語言	初中：英文　高中：英文
一條龍小學	/
直屬小學	/
聯繫小學	順德聯誼總會胡少渠紀念小學； 順德聯誼總會何日東小學； 順德聯誼總會李金小學

教師專業資歷

教師人數	■編制內：53　　■編制外：1
已接受特殊教育培訓教師人數　18　外籍　1	
教師年資	■0-4年：5人 ■5-9年：7人 ■10年或以上：42人
教師專業訓練	■認可教師證書/教育文憑：98%
教師資歷	■大學學位：39% ■碩士或以上：59%

21/22學年收生情況

中一生總人數(班數) 120（4）

學位分配百分比　　■自行：32%　■統一：68%

自行收生取錄人數　40　競爭情況　1:5.68　面試名額 所有申請人

22/23學年收生要求

收生準則	■教育局成績次第：30%　■課外活動：10% ■面試表現：50%　　■操行及態度：5% ■英語能力：5%
面試內容	溝通技巧/應對；常識；體藝才能；中英文能力； 學習態度；家庭生活；應變能力
派表日期	2022.01.03-2022.01.17
收表日期	2022.01.03-2022.01.17
自行收生預算學額	40

學校特色

■秉承校訓之、行、思、信，致力學生五育均衡發展，透過參與課外活動，盡顯學生潛能
■同學在全港及本區校際比賽屢獲佳績。本校連續23年蟬聯屯門區中學男子組及22年蟬聯女子組全年體育成績總錦標冠軍
■2021/22學年學校主題：協升全面上佳效能，開創健康豐盛人生

21/22學年中一教學語言

全級英文為教學語言科目	英文、歷史、數學、科學、地理、電腦、音樂、視藝、體育、家政、設計與科技

中學文憑試成績（2021年7月畢業生）

33222率	88%
中文科達3級率	89%
英文科達3級率	97%
數學科達2級率	100%
通識科達2級率	100%
人均優良成績	2.1
入讀本地大專文憑率	13%
入讀本地大學率	74%
入讀(只限港大、中大、科大)率	42%
入讀非本地大學率	13%

屯門區

187

註：+表示學校沒有提供資料；/表示沒有或不適用

香港四邑商工總會陳南昌紀念中學
HKSYC & IA Chan Nam Chong Memorial College

關愛與包容
笑聲滿校園

在人生路上，人人的起跑線並不一樣。我們相信，通過「關愛」與「包容」，不同起跑線、不同步速和不同能力的孩子都能跑出一條康莊大道，追尋自己的夢想。一路上，我們希望看見的是孩子純真的笑臉。

照顧不同學習需要
讓孩子各展所長

孩子有不同的學習興趣，我們期望所有同學能發揮專長，故設計多元化課程，讓他們可以學習多媒體創作、電腦軟件設計和3D打印、產品設計等。我們開辦「新TEEN 新地」支援小組，讓新來港的同學能盡快融入香港的生活；亦為有學習需要的同學提供全方位的學習支援及個人化關顧，讓所有同學都能愉快學習。

「主動學習」
畢業生持續升學進修

2021年
97%
畢業生升讀大學及大專課程，持續進修。

多元化學習經歷
讓孩子建立自信

通過經歷，發自內心，自主性的學習，才能帶來最大的學習效能。本校設計了多元化的學習經歷活動，帶領同學走出教室，培養同學良好品德，建立人生的目標和方向。

畢業生心聲

林雨蕭（香港中文大學）
與同窗的嬉笑打鬧、考試時的奮筆疾寫、師長的諄諄教誨，這些記憶都化為最溫暖的力量，支持我們跨越一個個難關。

羅佑安（香港中文大學）
無論是學業還是課外活動上，CNC提供很多資源給同學，老師亦給予我們很多幫助。能升讀大學，亦令我個人變得更加成熟，向夢想再邁向一步！

YouTube　　Facebook　　Instagram　　Website

校址：新界葵涌祖堯邨敬祖路12號(港鐵荔景站A1出口)
電話：27410326 ┃ 傳真：27859831 ┃ 電郵信箱：info@cnc.edu.hk

順德聯誼總會譚伯羽中學 STFA Tam Pak Yu College

地址	友愛邨
電話	24501402　傳真　24401994
電郵	info@tpyc.edu.hk
網址	www.tpyc.edu.hk
校長	尹仲其　　創校年份　1980
學校類別	資助　學生性別　男女
宗教背景	沒有
主要教學語言	初中：中、英　高中：中、英
一條龍小學	/
直屬小學	/
聯繫小學	順德聯誼總會胡少渠紀念小學、順德聯誼總會何日東小學、順德聯誼總會李金小學

教師專業資歷

教師人數	■編制內：48　　■編制外：7
已接受特殊教育培訓教師人數	＋　外籍　1
教師年資	■0-4年：16人　■5-9年：9人　■10年或以上：30人
教師專業訓練	■認可教師證書/教育文憑：95%
教師資歷	■大學學位：56%　■碩士或以上：44%

21/22學年收生情況

中一生總人數(班數)　127（4）

學位分配百分比　■自行：＋　■統一：＋

自行收生取錄人數　＋　競爭情況　＋　面試名額　＋

22/23學年收生要求

收生準則	■學業成績：40%　■課外活動：20%　■面試表現：40%
面試內容	溝通技巧/應對；禮儀；常識；中英文能力；學習態度；應變能力
派表日期	2022.01.03-2022.01.17
收表日期	2022.01.03-2022.01.17
自行收生預算學額	＋

學校特色

■秉承校訓文、行、忠、信作為施教綱目
■以學生為本，關心學生的成長與需要，發掘專長
■注重家校合作，讓學生全面成長

21/22學年中一教學語言

全級英文為教學語言科目　英文、數學、科學、資訊科技

中學文憑試成績（2021年7月畢業生）

33222率	＋
中文科達3級率	83.3%
英文科達3級率	71.1%
數學科達2級率	95.6%
通識科達2級率	100%
人均優良成績	＋
入讀本地大專文憑率	28%
入讀本地大學率	61%
入讀(只限港大、中大、科大)率	＋
入讀非本地大學率	＋

嗇色園主辦可藝中學 Ho Ngai College (Sponsored By Sik Sik Yuen)

地址	屯門愛明里8號
電話	24417100　傳真　24416753
電郵	info@hongai.edu.hk
網址	www.hongai.edu.hk
校長	張建新　　創校年份　1991
學校類別	資助　學生性別　男女
宗教背景	儒釋道
主要教學語言	初中：中、英　高中：中、英
一條龍小學	/
直屬小學	/
聯繫小學	/

教師專業資歷

教師人數	■編制內：＋　　■編制外：＋
已接受特殊教育培訓教師人數	＋　外籍　＋
教師年資	＋
教師專業訓練	＋
教師資歷	＋

21/22學年收生情況

中一生總人數(班數)　＋（＋）

學位分配百分比　■自行：＋　■統一：＋

自行收生取錄人數　＋　競爭情況　＋　面試名額　＋

22/23學年收生要求

收生準則	＋
面試內容	＋
派表日期	＋
收表日期	＋
自行收生預算學額	＋

學校特色

＋

21/22學年中一教學語言

全級英文為教學語言科目　不提供

中學文憑試成績（2021年7月畢業生）

33222率	＋
中文科達3級率	＋
英文科達3級率	＋
數學科達2級率	＋
通識科達2級率	＋
人均優良成績	＋
入讀本地大專文憑率	＋
入讀本地大學率	＋
入讀(只限港大、中大、科大)率	＋
入讀非本地大學率	＋

新生命教育協會平安福音中學 NLSI Peace Evangelical Secondary School

地址	屯門恒貴街3號
電話	24401828　傳真　24407611
電郵	enquiry@nlsipess.edu.hk
網址	www.nlsipess.edu.hk
校長	劉美姿　　創校年份　1999
學校類別	資助　學生性別　男女
宗教背景	基督教
主要教學語言	初中：中、英　高中：中、英
一條龍小學	/
直屬小學	/
聯繫小學	/

教師專業資歷

教師人數	■編制內：53.6　　■編制外：7.4
已接受特殊教育培訓教師人數	29　外籍　1
教師年資	■0-4年：9人　■5-9年：2人　■10年或以上：50人
教師專業訓練	■認可教師證書/教育文憑：96.7%
教師資歷	■大學學位：50.8%　■碩士或以上：49.2%

21/22學年收生情況

中一生總人數(班數)　124（4）

學位分配百分比　■自行：30%　■統一：70%

自行收生取錄人數　40　競爭情況　1：7　面試名額　所有申請人

22/23學年收生要求

收生準則	■教育局成績次第：25%　■課外活動：12.5%　■學業成績：25%　■操行及態度：12.5%　■面試表現：25%
面試內容	溝通技巧/應對；禮儀；常識；體藝才能；應變能力；中英文能力；數理能力；學習態度；家庭生活
派表日期	2022.01.03-2022.01.17
收表日期	2022.01.03-2022.01.17
自行收生預算學額	40

學校特色

■培育學生自主學習及高階思維的能力
■銳意提升學生語文能力
■關愛校園，讓學生閃耀

21/22學年中一教學語言

全級英文為教學語言科目　英文

中學文憑試成績（2021年7月畢業生）

33222率	＋
中文科達3級率	＋
英文科達3級率	＋
數學科達2級率	＋
通識科達2級率	＋
人均優良成績	＋
入讀本地大專文憑率	＋
入讀本地大學率	＋
入讀(只限港大、中大、科大)率	＋
入讀非本地大學率	＋

屯門區

註：教師年資只計算編制內教師人數

註：＋表示學校沒有提供資料；/表示沒有或不適用

新會商會中學 San Wui Commercial Society Secondary School

地址　屯門良景邨
電話　24632660　　傳眞　24643232
電郵　swcs@swcs.edu.hk
網址　www.swcs.edu.hk
校長　黃冬柏　　創校年份　1988
學校類別　資助　學生性別　男女
宗教背景　沒有
主要教學語言　初中：中文　高中：中、英
一條龍小學　/
直屬小學　/
聯繫小學　/

教師專業資歷
教師人數　■編制內：42　　■編制外：11
已接受特殊教育培訓教師人數　21　外籍　1
教師年資　■0-4年：18人　■5-9年：3人　■10年或以上：32人
教師專業訓練　■認可教師證書/教育文憑：83%
教師資歷　■大學學位：73%　■碩士或以上：27%

21/22學年收生情況
中一生總人數(班數)　+（3）
學位分配百分比　■自行：30%　■統一：70%
自行收生取錄人數　+　競爭情況　+　面試名額　+

22/23學年收生要求
收生準則　■學業成績：25%　■課外活動：25%　■操行及態度：25%　■面試表現：25%
面試內容　溝通技巧/應對；禮儀；常識；課外活動、小學生活、申請入學原因
派表日期　2022.01.03-2022.01.17
收表日期　2022.01.03-2022.01.17
自行收生預算學額　30

學校特色
■在初中推行小班教學，提升學與教效能，加強照顧學生學習
■提供多元機會，增加學生其他學習經歷，發揮學生潛能
■校本管理以ISO09001：2015爲藍本，着重「服務對象」及「持續改進」

21/22學年中一教學語言
全級英文爲教學語言科目　英文

中學文憑試成績（2021年7月畢業生）
33222率	+
中文科達3級率	+
英文科達3級率	+
數學科達2級率	+
通識科達2級率	+
人均優良成績	+
入讀本地大專文憑率	+
入讀本地大學率	+
入讀(只限港大、中大、科大)率	+
入讀非本地大學率	+

聖公會聖西門呂明才中學 SKH St. Simon's Lui Ming Choi Secondary School

地址　屯門鄉事會路85號
電話　24598236　　傳眞　26183155
電郵　lmc@skhsslmc.edu.hk
網址　www.skhsslmc.edu.hk
校長　謝素茵署任校長　創校年份　1973
學校類別　資助　學生性別　男女
宗教背景　基督教
主要教學語言　初中：中文　高中：中文
一條龍小學　/
直屬小學　/
聯繫小學　/

教師專業資歷
教師人數　■編制內：+　　■編制外：+
已接受特殊教育培訓教師人數　+　外籍　+
教師年資　+
教師專業訓練　+
教師資歷　+

21/22學年收生情況
中一生總人數(班數)　+（+）
學位分配百分比　■自行：+　■統一：+
自行收生取錄人數　+　競爭情況　+　面試名額　+

22/23學年收生要求
收生準則　+
面試內容　+
派表日期　+
收表日期　+
自行收生預算學額　+

學校特色
+

21/22學年中一教學語言
全級英文爲教學語言科目　不提供

中學文憑試成績（2021年7月畢業生）
33222率	+
中文科達3級率	+
英文科達3級率	+
數學科達2級率	+
通識科達2級率	+
人均優良成績	+
入讀本地大專文憑率	+
入讀本地大學率	+
入讀(只限港大、中大、科大)率	+
入讀非本地大學率	+

裘錦秋中學（屯門） Ju Ching Chu Secondary School（Tuen Mun）

地址　屯門楊靑路28號
電話　24611555　　傳眞　24646161
電郵　mail@jcctm.edu.hk
網址　www.jcctm.edu.hk
校長　陳月平　　創校年份　1977
學校類別　資助　學生性別　男女
宗教背景　沒有
主要教學語言　初中：中文　高中：中文
一條龍小學　/
直屬小學　/
聯繫小學　/

教師專業資歷
教師人數　■編制內：+　　■編制外：+
已接受特殊教育培訓教師人數　+　外籍　+
教師年資　+
教師專業訓練　+
教師資歷　+

21/22學年收生情況
中一生總人數(班數)　+（+）
學位分配百分比　■自行：+　■統一：+
自行收生取錄人數　+　競爭情況　+　面試名額　+

22/23學年收生要求
收生準則　+
面試內容　+
派表日期　+
收表日期　+
自行收生預算學額　+

學校特色
+

21/22學年中一教學語言
全級英文爲教學語言科目　不提供

中學文憑試成績（2021年7月畢業生）
33222率	+
中文科達3級率	+
英文科達3級率	+
數學科達2級率	+
通識科達2級率	+
人均優良成績	+
入讀本地大專文憑率	+
入讀本地大學率	+
入讀(只限港大、中大、科大)率	+
入讀非本地大學率	+

屯門區

註：+表示學校沒有提供資料；/表示沒有或不適用

路德會呂祥光中學 Lui Cheung Kwong Lutheran College

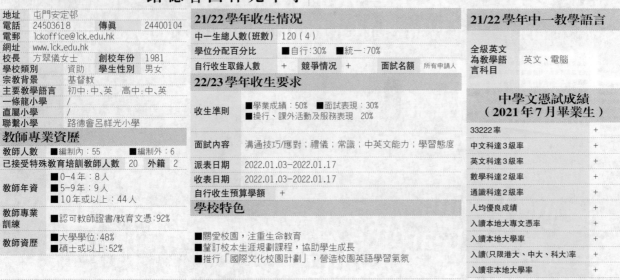

地址	屯門安定邨
電話	24503618　傳真　24400104
電郵	lckoffice@lck.edu.hk
網址	www.lck.edu.hk
校長	方翠儀女士　創校年份　1981
學校類別	資助　學生性別　男女
宗教背景	基督教
主要教學語言	初中：中、英　高中：中、英
一條龍小學	/
直屬小學	/
聯繫小學	路德會呂祥光小學

教師專業資歷

教師人數	■編制內：55　　■編制外：6
已接受特殊教育培訓教師人數	20　外籍　2
教師年資	■0-4年：8人　■5-9年：9人　■10年或以上：44人
教師專業訓練	■認可教師證書/教育文憑：92%
教師資歷	■大學學位：48%　■碩士或以上：52%

21/22學年收生情況

中一生總人數(班數) 120 (4)

學位分配百分比　■自行:30%　■統一:70%

自行收生取錄人數　+　競爭情況　+　面試名額　所有申請人

22/23學年收生要求

收生準則	■學業成績：50%　■面試表現：30% ■操行、課外活動及服務表現　20%
面試內容	溝通技巧/應對；禮儀；常識；中英文能力；學習態度
派表日期	2022.01.03-2022.01.17
收表日期	2022.01.03-2022.01.17
自行收生預算學額	+

學校特色

■關愛校園，注重生命教育
■釐訂校本生涯規劃課程，協助學生成長
■推行「國際文化校園計劃」，營造校園英語學習氣氛

21/22學年中一教學語言

全級英文為教學語言科目　英文、電腦

中學文憑試成績（2021年7月畢業生）

33222率	+
中文科達3級率	+
英文科達3級率	+
數學科達2級率	+
通識科達2級率	+
人均優良成績	+
入讀本地大專文憑率	+
入讀本地大學率	+
入讀(只限港大、中大、科大)率	+
入讀非本地大學率	+

廠商會蔡章閣中學 CMA Choi Cheung Kok Secondary School

地址	屯門青海圍1號
電話	24520681　傳真　24589083
電郵	info@cmacck.edu.hk
網址	www.cmacck.edu.hk
校長	劉世蒼　創校年份　1984
學校類別	資助　學生性別　男女
宗教背景	沒有
主要教學語言	初中：中、英　高中：中、英
一條龍小學	/
直屬小學	/
聯繫小學	/

教師專業資歷

教師人數	■編制內：+　　■編制外：+
已接受特殊教育培訓教師人數	+　外籍　+
教師年資	+
教師專業訓練	+
教師資歷	+

21/22學年收生情況

中一生總人數(班數) + (+)

學位分配百分比　■自行:+　■統一:+

自行收生取錄人數　+　競爭情況　+　面試名額　+

22/23學年收生要求

收生準則	+
面試內容	+
派表日期	+
收表日期	+
自行收生預算學額	+

學校特色

+

21/22學年中一教學語言

全級英文為教學語言科目　不提供

中學文憑試成績（2021年7月畢業生）

33222率	+
中文科達3級率	+
英文科達3級率	+
數學科達2級率	+
通識科達2級率	+
人均優良成績	+
入讀本地大專文憑率	+
入讀本地大學率	+
入讀(只限港大、中大、科大)率	+
入讀非本地大學率	+

鐘聲慈善社胡陳金枝中學 CSBS Mrs. Aw Boon Haw Secondary School

地址	屯門兆麟街20號
電話	24524688　傳真　24588130
電郵	info@csbs.edu.hk
網址	www.csbs.edu.hk
校長	劉德銘　創校年份　1948
學校類別	資助　學生性別　男女
宗教背景	沒有
主要教學語言	初中：中、英及普通話　高中：中、英及普通話
一條龍小學	/
直屬小學	/
聯繫小學	/

教師專業資歷

教師人數	■編制內：+　　■編制外：+
已接受特殊教育培訓教師人數	+　外籍　+
教師年資	+
教師專業訓練	+
教師資歷	+

21/22學年收生情況

中一生總人數(班數) + (+)

學位分配百分比　■自行:+　■統一:+

自行收生取錄人數　+　競爭情況　+　面試名額　+

22/23學年收生要求

收生準則	+
面試內容	+
派表日期	+
收表日期	+
自行收生預算學額	+

學校特色

+

21/22學年中一教學語言

全級英文為教學語言科目　不提供

中學文憑試成績（2021年7月畢業生）

33222率	+
中文科達3級率	+
英文科達3級率	+
數學科達2級率	+
通識科達2級率	+
人均優良成績	+
入讀本地大專文憑率	+
入讀本地大學率	+
入讀(只限港大、中大、科大)率	+
入讀非本地大學率	+

屯門區

註：+表示學校沒有提供資料；/表示沒有或不適用

明愛柴灣馬登基金中學
Caritas Chai Wan Marden Foundation Secondary School

創校43周年

專注學習 善盡本份

充滿愛心　Loving
主動學習　Learning
領導才能　Leading

學校簡介 School Introduction

本校乃香港明愛轄下九間資助中學之一，於一九七九年九月由馬登基金撥款興建創辦，位於港島東區，是一間學業與輔導並重的天主教學校。本校採用母語教學，以多元化課程啟發學生全人發展。同時亦由初中開始逐漸於非語文科目加入英語延展教學活動，以提升學生運用英語的能力。

Our school is one of nine Caritas Hong Kong subsidized secondary schools. It was founded in 1979 and funded by the Marden Foundation. We are a Catholic school located in the Eastern District. We focus on both studies and counselling. Our school uses Chinese medium instruction while some English activities are also included in different subjects to increase students' opportunities for using English.

辦學理念 Philosophy

著重德、智、體、群、美、靈、全人教育，體驗及發揚基督精神。以學生為本，讓不同學習性向及能力之學生各展潛能，配合升學及就業需要。

We emphasize the areas of ethics, intellect, physical well-being, social skills, aesthetics, emotional well-being and an all-round education, to experience and glorify the spirit of Christ. Our school is student-centered and helps all types of learners develop their potential to meet their needs for future studies and careers.

明愛柴灣馬登基金中學

地址：香港柴灣新廈街330號　　電話：2558 4133　9342 6226　(86)150 1253 9857
傳真：2898 4423　　網址：http://www.ccm.edu.hk　　電郵：ccmss@ccmss.edu.hk